*Philosophie der symbolischen Formen*
Zweiter Teil   das Mythische Denken

当代世界学术名著

# 符号形式哲学
## 第二卷 神话思维

[德] 恩斯特·卡西尔（Ernst Cassirer）／著
李彬彬／译

中国人民大学出版社
·北京·

# "当代世界学术名著"
# 出版说明

中华民族历来有海纳百川的宽阔胸怀，她在创造灿烂文明的同时，不断吸纳整个人类文明的精华，滋养、壮大和发展自己。当前，全球化使得人类文明之间的相互交流和影响进一步加强，互动效应更为明显。以世界眼光和开放的视野，引介世界各国的优秀哲学社会科学的前沿成果，服务于我国的社会主义现代化建设，服务于我国的科教兴国战略，是新中国出版工作的优良传统，也是中国当代出版工作者的重要使命。

中国人民大学出版社历来注重对国外哲学社会科学成果的译介工作，所出版的"经济科学译丛"、"工商管理经典译丛"等系列译丛受到社会广泛欢迎。这些译丛侧重于西方经典性教材；同时，我们又推出了这套"当代世界学术名著"系列，旨在迻译国外当代学术名著。所谓"当代"，一般指近几十年发表的著作；所谓"名著"，是指这些著作在该领域产生巨大影响并被各类文献反复引用，成为研究者的必读著作。我们希望经过不断的筛选和积累，使这套丛书成为当代的"汉译世界学术名著丛书"，成为读书人的精神殿堂。

由于本套丛书所选著作距今时日较短，未经历史的充分淘洗，加之判断标准见仁见智，以及选择视野的局限，这项工作肯定难以尽如人意。我们期待着海内外学界积极参与推荐，并对我们的工作提出宝贵的意见和建议。我们深信，经过学界同仁和出版者的共同努力，这套丛书必将日臻完善。

中国人民大学出版社

为了纪念保尔·纳托普

# 译者说明

一、本书由德国哲学家恩斯特·卡西尔所作。书名《符号形式哲学》德语原文为 *Philosophie der symbolischen Formen*，共有三卷，第一卷《语言》，第二卷《神话思维》，第三卷《知识现象学》，分别于1923年、1925年、1929年由柏林的布鲁诺·卡西尔出版社出版。中文译稿就是分别按照这一版译出的。为方便读者查找比对原文，本译稿的边页码标注的也是这一版的页码。

二、原书正文中节以下各级标题多有省略，目录中则有完整的章节目标题，为方便读者阅读，本译稿参照原书目录补足了原文省略的标题，并在补充的地方以脚注标明。

三、本书在翻译过程中参考了黄龙保、周振选等翻译的《神话思维》，也参考了英语译本。

四、德语原文中突出强调的关键词是以"疏排法"刊印的，今参照汉语图书出版惯例以加粗黑体字标出。原书引文中以斜体字突出的关键词，也以加粗黑体字标出。

五、本书注释有三种：一种是德语第一版中由作者所附的注释，本书直接列于脚注之中；一种是菲利克斯·迈纳出版社（Felix Meiner Verlag）2010年重新刊印《符号形式哲学》所增补的注释，这些注释补足了原书遗漏的一些重要文献及出处，本书脚注收录这些注释时以中括号标注，与原书注释加以区别；还有一种是我所加的注释，以"——中译者注"标出。

六、本书"关键术语、人名对照表"参考了英语译本和迈纳出版社2010年版本，我也有所增补。

七、本书的翻译起于2008年春季学期，那时我还在北京师范大学跟随张曙光老师攻读马克思主义哲学硕士学位，在张老师的指导下我开始研读并翻译《符号形式哲学》。2010年硕士研究生毕业之后，我考到北京大学攻读马克思主义哲学博士学位，由于学业压力，翻译的进度更慢了。2014年到中央党校工作之后，教学科研压力陡增，翻译更是一度中断。直到2018年才抽出整块时间开始翻译。但在重新翻译的过程中，我几乎完全舍弃了旧有译稿并进行了彻底的重译。就算如此，也很难说得上完全满意。非常感谢中国人民大学出版社同意出版本书，感谢学术出版中心的杨宗元老师和责任编辑吴冰华老师付出的艰辛努力！

本书的翻译出版获得了教育部哲学社会科学后期资助（重大）项目"恩斯特·卡西尔《符号形式哲学》翻译研究"（项目号：21JHQ002）的资助。

# 目　录

前　言 ········································································· 1
导　论　"神话哲学"的问题 ················································ 1

## 第一部分　作为思维形式的神话 / 35

第一章　神话对象意识的特征和基本方向 ······························ 37
第二章　神话思维的个别范畴 ············································· 76

## 第二部分　作为直观形式的神话
## 神话意识中时空世界的建构和分节 / 89

第一章　基本的对立 ························································ 91
第二章　神话形式学说的基本特征
　　　　——空间、时间和数 ·········································· 102
　一、神话意识中空间的分节 ············································ 102
　二、空间与光——"定向"问题 ······································· 115

三、神话的时间概念 …………………………………………… 127
　　四、神话与宗教意识中时间的构形 …………………………… 143
　　五、神话的数与"圣数"体系 ………………………………… 169

## 第三部分　作为生命形式的神话
## 神话意识中主观现实性的发现和规定 / 185

第一章　自我与灵魂 ……………………………………………… 187
第二章　自我感形成于神话的统一感和生命感 ………………… 211
　　一、有生命者的共同体与神话的类别形成——图腾 ………… 211
　　二、人格性概念与人格神——神话自我概念的诸阶段 ……… 241
第三章　崇拜与献祭 ……………………………………………… 264

## 第四部分　神话意识的辩证法 / 281

关键术语、人名对照表 …………………………………………… 315

# 前　言

《符号形式哲学》当前这第二卷试图完成一种"神话意识批判"。用当前批判的和科学的哲学的状态来衡量，这种意义上的"神话意识批判"看起来必定不仅是一种鲁莽，而且也是一种悖论。因为自康德以来批判这个表达就包含了如下前提，即有一种事实（ein Faktum）是哲学问题所关注的——这种事实的独特含义和有效性类型并不是由哲学创造的，而是哲学在发现它之后才研究"其可能性的条件"。但是，神话世界是这种可以以某种方式与理论知识的世界、艺术或伦理意识的世界相比较的事实吗？或者说，这个世界从一开始不就属于假象的领域吗？——而假象是哲学这一关于本质的学说要远离、不能沉浸于其中、要越来越清楚明确地与之分离开的。事实上，科学哲学的整个历史都可以被视为一场为了与之分离开并摆脱它的一往无前的斗争。尽管这一斗争的形态在理论性自我意识所达到的各个阶段上都不相同，但是其基本方向和一般趋势却清楚明白地表现出来了。尤其在哲学唯心主义中，这种对立首次完全明确地表现了出来。在哲学唯心主义达到其自身概念的那一刻，即在它意识到存在的思想是其基本问题和原初问题的那一刻，神话的世界立刻便被归入了非-存在的领域（Gebiet des Nicht-Seins）。从古代以来，巴门尼德的格言——要让纯粹思想远离非存在者（"ἀλλὰ σὺ τῆσδ' ἀφ' ὁδοῦ διζήσιος εἶργε νόημα"）——就是作为警告的记号树立在这个领域前面的。尽管哲学在关注经验知觉世界时早就抛弃了这一警告，但是在关注神话世界时依旧固执地坚守这一警告。自从思想占领了自己的王国和自己的独立规律（Selbstgesetzlichkeit）以来，神话世界看起来至少已经被一劳永逸地克服和遗忘了。自从19世纪初浪漫派（die Romantik）重新发现了这个沉没的世界以来，自从谢林试图在哲学体系内赋予它确定的地位以来，在这里似乎确实发生了一种转变。但是，对神话和比较神话学基本问题的新复苏的兴趣更有利于研究神话的材料而不是对神话**形式**的哲学分析。由于系统性的宗教科学、宗教史和民族学在这个领域已经完成的工作，今天在我们面前有大量丰富的这类材料。但是在今天，要么一般而言不再有人提有关这一杂多和异质材料之**统一性**的系统问题，要么就算有人抛出这一问题，也只是试图用发展心理学和一般民族心理学的方法来解决该问题。如果能够把神话在"人类本性"的特定基本资质（Grundanlagen）中的起源（Herkunft）变得为人们所理解，并能够指明神话在从这一原初胚芽（Keim）中发展起来时所遵循的心理学规则，那么，神话就被视为"得到了解释"（begriffen）。如果逻辑学、伦理学和美学主张自己具有相对于这种解释和推论的系统独立性（Eigenrecht），那么这是因为它们都是以一个具有"客观"有效性的独立原理为基础的，这种原理反对任何心理主义的还原（psychologistischer Auflösung）。与它们相反，神话似乎没有任何这样的支撑，因而看起来总是要托付给心理学和心理主义并受它们摆布。洞察神话的产生条件（Entstehungsbedingungen）与否认其独立持存（selbständiger Bestand）具有同等含义。理解其内容——这似乎只能意味着证明它客观上的虚无（seine objektive Nichtigkeit），似乎只能意味着去识破那个虽然具有普遍性但又完全"主观"的幻象（Illusion），似乎神话的定在（Dasein）就得益于这一"主观"幻象。

这一"幻象论"（Illusionismus）不仅反复出现于神话表象理论中，而且在为美学和艺术理论奠基的尝试中也反复出现。然而，一旦人们从精神性表达形式的体系（das System der geistigen Ausdrucksformen）的立场来考察这一"幻象论"，立即就会发现其中包含着一个严重的问题和一个严重的危险。因为如果这些形式的整体（die Gesamtheit dieser Formen）真的构成了一种系统的统一体（eine systematische Einheit），那么其中任何一个形式的命运都与所有其他形式的命运紧密结合在一起。因此，就这个整体不是被视为单纯的汇集（Aggregat）而是被视为精神的有机统一体（geistig-organische Einheit）而言，对某个形式的每一次否定（Negation）都必然会直接或间接地涉及其他形式——对一个个别部分的每一次毁灭（Vernichtung）都会危及整体。一旦人们认识到精神文化基本形式的起源（Genesis）在神话意识中，那么立即就能看出，神话在这个整体中具有至关重要的含义，同时对于这个整体也具有至关重要的含义。这些形式从一开始都没有独立的存在，也没有自身明确限定的形态（Gestalt）；相反，它们每一种似乎都隐藏在某种神话形态（Gestalt des Mythos）中。可以证明，几乎每一个"客观精神"（das objektive Geist）领域最初都是与神话精神交融在一起的，都与之形成了具体的统一性。艺术的构成物（Gebilde）和知识的构成物——风俗、法、语言、技术的内容：它们全都表现出了相同的基本关系。追问"语言起源"的问题（Frage）与追问"神话起源"的问题是密不可分地交织在一起的——一般而言，这两个问题中的一个只有与另一个一起并相互联系着对方才能提出来。艺术、文字、法和科学的开端问题（das Problem der Anfänge）同样会把我们带回到这个阶段：那时它们全都停留在神话意识的直接的、无差别的统一体中。知识的基本理论概念（空间、时间和数的概念）或者法的和共同体的概念（如财产概念），甚至更进一步像经济、艺术和技术的个别构形（Gestaltungen），都只是非常缓慢地才从这种牵连（Umschließung）和拖累

（Verklammerung）中摆脱出来。只要人们还把这种发生学的关联（dieser genetische Zusammenhang）视为单纯的发生学关联，那么就还没有把握住该关联的真正含义和深度。像人类精神生活的所有领域一样，在这里"生成"（das Werden）也要追溯到一种"存在"（ein Sein），离开存在就不能理解生成，就不能认识其独特的"真理"。心理学本身，现代科学形态的心理学已经揭示了这种关联：因为现代心理学让如下洞见变得越来越清楚了，即发生学问题（die genetischen Probleme）从来不能纯粹就其自身来解决，而是只能密切结合着"结构问题"（Strukturprobleme）同时无一例外地联系着"结构问题"才能得到解决。如果这一原初基础（Urgrund）本身仍是一个不解之谜（ein unbegriffenes Rätsel）——如果这一原初基础没有被视为**精神赋形**（geistige Formung）的一种独特方式而只是被视为无形的混沌（gestaltloses Chaos），那么，就不能真正理解精神的个别特殊构成物从神话意识的一般性（Allgemeinheit）和无差别性（Indifferenz）中的产生（Hervorgehen）。

以这种方式来看，神话问题就突破了各种心理学和心理主义的狭小范围，而在黑格尔称为"精神现象学"的那个一般问题域中占有一席之地。神话与精神现象学的普遍任务之间有一种内在的和必然的关系：这一观点已经间接地从黑格尔本人对现象学概念的表述和规定中推断出来了。"这样发展起来并知道自己就是精神的那种精神，"《精神现象学》的序言如此写道，"就是**科学**。科学是精神的现实性，是精神依靠它的固有要素而为自己建造起来的王国。……哲学的开端有一个前提或要求，即意识必须处于这个**要素**之内。但是这个要素只有通过它的转变运动才获得完满性和明澈性。纯粹的精神性是一个**普遍者**，可以表现为一种单纯的直接性……科学从它那个方面要求自我意识提升到这个以太，要求自我意识能够并且真正做到与科学一起生活，在科学之内生活。反过来，个体也有权要求科学给他一个至少能够达到这个立场的梯子，要求科学在个体自身内向他揭示出这个立场。……意识的立场，就是不但知道客观事物与自己对立，而且知道自己与客观事物对立。如果这个立场被看作科学的一个**他者**，那么反过来，科学的要素对意识而言也是一个遥远的彼岸世界，意识在那里不再占有它自己。这两个方面的任何一方在对方看来都是真理的颠倒。……不管科学就其自身而言是什么样子，当它与一个直接的自我意识发生关系，就呈现为一种与后者相对立的颠倒物。换言之，因为直接的自我意识在其自身确定性中掌握有它的现实性原则，所以当它自为地存在于科学之外时，科学在形式上就呈现为一种不现实的东西。因此，科学必须与这个要素合并，或者毋宁说必须表明，这个要素属于科学本身，以及它是怎样隶属于科学的。一旦缺乏真正的现实性，科学就仅仅是这样一种内容，它是**自在体**或目的，但目前仅仅是一个**内核**，仅仅是一个精神性的实体，还不是真正意义上的精神。这个**自在体**必须把自身外化，必须变为**自己的**目的，必须变为它自己的对象，而这无非是说，自在体必须与自我意识合并为一个单一体。……最初的知识，亦即一个**直接的精神**，是一种缺乏精神的东西，是一种**感性意识**。为了成为真正的知识，或者说为了创造出科学的那个要素（即科学的纯粹概念本身），它必须经历一番漫长的辛勤劳作。"① 黑格尔用来标明"科学"与感性意识关系的这些词句非常贴切地适用于知识和神话意识的关系。因为一切科学生成的真正起点，其直接的开端，与其说是在感性东西领域，不如说是在神话直观领域。人们习惯于称作感性意识、"知觉世界"持存（der Bestand einer »Wahrnehmungswelt«）——知觉世界本身又进一步分节（gliedern）为有明确区分的诸单个知觉范围、颜色音调等感性的"要素"——的那种东西本身就已经是抽象的产物，已经是对"给定的东西"进行理论加工的产物。在自我意识提升到这种抽象以前，它就存在于神话意识的构成物（Gebilden des mythischen Bewußtseins）中

---

① [Georg Wilhelm Friedrich Hegel, *Phänomenologie des Geistes*, hrsg. v. Johann Schulze (*Werke*. Vollständige Ausgabe durch einen Verein von Freunden des Verewigten, Bd. II), Berlin 1832, S. 20—22.] （参见：黑格尔. 精神现象学. 先刚，译. 北京：人民出版社，2013：16—18。——中译者注）

并生活在这里——这个世界与其说是一个由"物"及其"属性"构成的世界，不如说是由神话潜能（Potenzen）和力量、精灵和诸神形态（Dämonen- und Göttergestalten）构成的世界。因此，按照黑格尔的要求，如果"科学"想要为自然意识提供通向自身的阶梯，那么，科学就必须首先把这个阶梯降得比自然意识更低一阶。只有证明了科学是如何从神话直接性（mythische Unmittelbarkeit）领域中产生形成的，并说明这一运动的方向和法则，对科学的"生成"（das» Werden « der Wissenschaft）——在观念意义上而非时间意义上的"产生过程"——的洞见才算大功告成。

这里涉及的并不仅仅是哲学体系的要求，也是知识本身的要求。因为当知识简单地把神话驱逐到自己的边界之外，它并没有战胜神话。毋宁说，对于知识而言，它能够真正征服的只是它首先已经理解了其独特内容和特殊本质的那些东西。只要这项精神任务还没有完成，那么理论知识相信自己已经彻底获胜的战争，将总是会重新爆发。知识发现那个它似乎已经永远击败的对手现在又出现在了自身的腹地。"实证主义"的知识学说正好为这一事实提供了一个清晰的证据。在这里，构成了研究的真正目标的是，把纯粹的事实性东西、实际给定的东西与神话精神或形而上学精神的一切"主观"成分都分离开。只有通过把一切神话和形而上学的部分都从自身中驱逐出去，科学才达到了它自己的形式。但是，孔德学说的发展恰恰表明了，正是他认为自己在一开始就已经摆脱了的那些要素和主题依然存在并活跃于他的学说中。孔德的体系开始于把一切神话性的东西（alles Mythischen）都放逐到原始时代（Urzeit）或前科学的时代（Vorzeit der Wissenschaft），本身却结束于一种神话-宗教的上层结构（mythisch-religiöser Oberbau）。一般说来这表明了，在理论知识意识与神话意识之间绝没有如下意义上的断裂，即没有把二者彼此割裂开来的——在孔德的"三阶段法则"意义上——明确**时间上的**分界线。科学很长一段时间都保留着远古的神话遗产，只是给它打上了一种新的形式。就理论自然科学而言，在这里回忆一场持续了数世纪之

# 前　言

久直到今天仍未完结的斗争就足够了，这场斗争试图使力的概念（Kraftbegriff）摆脱一切神话成分而变成纯粹的功能概念（Funktionsbegriff）。我们在这里谈论的并不仅仅是在确立个别基本概念的内容时总是反复爆发出来的对立（Gegensatz），而是在谈论深入地沉浸到理论知识自身形式中的冲突（Konflikt）。关于这种形式何等微弱地达到了神话与逻各斯之间真正明确的划界的最好证明就是，今天即使在纯粹方法论领域中神话也在一再主张自己的居住权和公民权（Heimat- und Bürgerrecht）。人们已经在直言不讳地谈论如下观点，即从来不可能在神话与历史之间画出清晰的逻辑分界线，毋宁说一切历史理解（alles historische Begreifen）都掺杂着真正的神话要素而且必然是与之结合在一起的。如果这个主张成立，那么不仅历史本身而且以之为基础的整个人文科学体系（das gesamte System der Geisteswissenschaften）都将退出科学领域而归类到神话领域。只有当人们能够首先在神话自身的领域内去认识它，能够首先认识它的精神本质以及它能够达到的精神成就，才能够防止神话侵入（Eingriffe）科学的范围并凌驾（Übergriffe）于科学之上。必须首先获得关于神话的知识并承认它，才能真正克服它：只有通过分析它的精神结构，才能够一方面规定它的独特意义（Sinn），另一方面规定它的边界（Grenze）。

这个一般性的任务在研究的进展中越明确地向我表现出来，我其实也就越清晰地感受到完成它的困难。与第一卷所处理的语言哲学的问题相比，这里更是不存在可靠地铺好的道路，甚至没有固定的标记出来的道路。如果说对于语言而言，系统性的研究即使不能在内容上那么也能在方法论上与威廉·冯·洪堡的奠基性研究联系起来，那么，在神话思维领域则没有这样的方法论"指南"。过去数十年的研究发掘出来的过剩材料没有为神话研究提供任何补救办法，相反，这些材料只是让对神话性东西的"内在形式"缺乏系统洞见的状况越来越明确地表现了出来。希望本书的研究已经走上了一条可以趋近这一洞见的道路——但是我相信该研究远没有走完这条路。该研究所包含的绝不希望是终结，而只希望是最初的开端。只有当本书所尝试的问题提法（Fragestellung）不仅被系统哲学而且也被个别的科学学科（die wissenschaftlichen Einzeldisziplinen）——尤其是宗教史（Religionsgeschichte）和民族学（Völkerkunde）——接受并进一步推进时，才能希望在持续不断的进一步研究中真正实现这项研究最初设定的目标。

在我被聘任到汉堡并与瓦尔堡图书馆建立起密切联系之前，本卷的草创和准备工作早就已经开始了。我在这里不仅发现了神话研究和宗教通史领域几乎无与伦比的丰富材料，而且这些材料的分节和编排以及瓦尔堡图书馆赋予它们的精神特征（geistige Prägung）都指向一个统一的中心问题，这个问题与我自己著作的基本问题密切相关。这种一致性总是一再激励我沿着曾经选择的道路走下去——因为这似乎说明了，我这本书所提出的那个系统任务，与从人文科学（Geisteswissenschaften）本身的具体著作中以及从强化和深化其历史基础的各种努力中生长出来的那些趋势、要求是内在关联在一起的。在我利用瓦尔堡图书馆时，**弗里茨·萨克斯尔**（Fritz Saxl）始终是一位乐于助人的、内行的向导。我意识到，如果没有他有效的帮助，如果缺少了他对我的著作一开始就表现出来的活跃的个人参与，在获取和探究材料时遇到的许多困难都将是几乎无法克服的。如果此处不说出我衷心的感谢，这本书就不应该出版。

1924年12月于汉堡

恩斯特·卡西尔

# 导论 "神话哲学"的问题

## 一

对神话意识内容所做的哲学研究以及从理论上把握和解释该内容的尝试，可以追溯到科学哲学（die wissenschaftliche Philosophie）的最初开端。哲学在关注其他重大文化领域之前就已经在关注神话及其构成物。从历史上和体系上看，这都是可以理解的：因为只有在讨论神话思维时，哲学才能进步到明确理解它自身的概念并清晰地意识到自身的任务。只要哲学试图把自己建构为理论世界观和对世界的理论解释，那么它所面对的与其说是直接的现象现实（Erscheinungswirklichkeit），不如说是对该现实的神话理解和重塑。哲学并没有发现它后来——不是在缺少哲学反思本身的关键参与下——通过发达的经验意识所了解到的那种构形（Gestaltung）的"自然"，而是定在的一切形态（alle Gestalten des Daseins）首先都好像是掩盖在神话思维和神话幻想的氛围中而发生的。只有通过这种氛围，定在的各种形态才获得了自身的形式和色彩，以及自身的特殊规定。早在世界作为经验"事物"的整体和经验"属性"复合体被给予意识之前，它就已经作为神话力量和效果的整体被给予意识了。哲学观点和特定的哲学视角也不能直接就使世界概念脱离它的这一精神性原初基础和沃土。哲学思维的开端很长时间内在对起源问题的神话式理解和真正哲学理解之间保持一种中间的、似乎犹豫不决的立场。在早期希腊哲学为这一问题所创造的概念中，在 $\alpha\rho\chi\eta$（开端）概念中，就简洁而清楚地表达出了这种双重联系。它指称的是神话与哲学之间的边界——但这个边界本身还参与到了被它分割开的这两个领域；它表述的是神话式开端概念与哲学"原理"概念之间的交汇点和缓冲带。哲学方法论上的自我觉悟（Selbstbesinnung）越进展，自埃利亚学派以来哲学在存在概念本身（Seinsbegriff selbst）中展开的"批判"（$\kappa\rho\iota\sigma\iota\varsigma$）越尖锐——现在产生出来并主张自己是独立构成物的那个新的逻各斯世界（der neue Welt des Logos）事实上与神话力量和诸神形态（der mythischen Göttergestalten）的世界也就越清晰地分离开了。但是，如果说这两个世界现在不能再直接共存了，那么至少还可以尝试着主张并证明其中一个是另一个的准备阶段。在这里存在着"寓言式的"神话释义（»allegorische« Mythendeutung）的萌芽，它也是古代学科的固定构成部分。只要相对于哲学思维在进步中所达到的那个新的存在和世界概念（Seins- und Weltbegriff）神话还剩下某种本质性的含义，还剩下某种——即使只是间接的——"真理"，那么很显然我们都必须把神话视为达到这种世界概念的一种提示和准备。神话的图像内容（Bildgehalt）包裹和隐藏着一种理性的知识内容（Erkenntnisgehalt），反思需要剥出这个知识内容并揭示出它是神话的真正内容。因此，尤其是自公元前 5 世纪以来，即自古希腊"启蒙运动"以来，这种神话释义方法反复被人们使用。在这类神话释义方法中，智者派尤其偏爱使用并试验它们新创立的"智慧学说"（Weisheitslehre）的力量。智者派通过把神话转变为大众哲学（Popularphilosophie）的概念语言，通过把它理解为思辨真理、自然科学真理或伦理真理的外衣来理解和"解释"神话。

导论 "神话哲学"的问题

正是那位内心中还直接活跃着神话的独特构形力量（Gestaltungskraft）的希腊思想家最尖锐地反对这种完全拉平神话图像世界的观点，这并不是偶然的。柏拉图带着讽刺的优越感面对智者派和修辞学家所做的各种神话释义的尝试——对于他而言，这些尝试只不过是一种才智的游戏，只不过是一种笨拙且费力的智慧（即 ἄγροικος σοφία）。① 如果说歌德曾经赞美柏拉图的自然观"简单"，并把它与无限多样、琐碎和复杂的现代自然学说相对立，那么，柏拉图与神话之间的关系也表现出了相同的基本典型特征。因为柏拉图在研究神话世界时从不驻留于大量的特殊题材（Motive），相反，对他而言，这个世界表现为一个与纯粹知识构成的整体相并列的自足整体，以便用其中一个去衡量另一个。现在，从哲学上"挽救"神话——同时也意味着在哲学上消灭（Aufhebung）神话——的做法是，把神话看作认知本身（Wissen selbst）的一种形式和一个阶段——这种形式必然从属于特定对象领域，并且是这个对象领域的充分表达。因此，对柏拉图来说，神话也包含着一种确定的概念内容（Begriffsgehalt）：因为神话是一种这样的概念语言（Begriffssprache），只有它才能表达生成的世界（die Welt des Werdens）。对于那些从来不存在（ist）而总是在"生成"（wird）的东西，对于那些与逻辑和数学知识的构成物不同，并且不固守某种同一的规定性而是时刻都表现得不同的东西，只能做一种神话式的描述。因此，神话的单纯"或然性"（Wahrscheinlichkeit）与严格科学的"真理性"区别得越明显，那么，借助这种区分，神话世界与那个我们习惯于称为现象的经验"现实"、自然现实的东西之间的方法论上的关联就越紧密。这样一来神话就超出了单纯质料性的（stofflich）含义；在这里它被认为是理解世界（Weltbegreifen）的一种确定的、有自己必然位置的功能。现在在柏拉图哲学结构的细节上，神话也能够证明自己是一种真正创造性

---

① Platon, *Phaidros* 229 D f. [Cassirer zitiert Platon unter Angabe der Stephanus-Paginierung. Die Verifizierung des originalsprachlichen Textes erfolgt nach: Opera omnia uno volumine comprehensa, hrsg. v. Gottfried Stallbaum, Leipzig/London 1899.]

的因素、一种生成性的和构形的因素。事实上，这里达到的这一更深刻的观点在希腊思维的发展中并没有能够维持贯彻下去。斯多亚派学者和新柏拉图主义者又退回到了思辨的-寓言式的神话释义的老路上——通过他们，这种释义传递到了中世纪和文艺复兴时期。在文艺复兴时期，最早重新介绍柏拉图学说的那位思想家在这里可以被视为这一思维方向的典型例子：**格奥尔吉乌斯·格弥斯托士·卜列东**（Georgios Gemistos Plethon）把理念论的表述融入了他自己的神话-寓言式的神灵论中，以至于把二者混合为了一个不可分割的整体。

神话的各种形象（die Gestalten des Mythos）在新柏拉图主义的思辨中经历了客观化的"独立化"（diese objektivierende »Hypostase«）。与这种做法相对立，在这一点上转入"主观东西"（die Umwendung ins »Subjektive«）越来越确定地贯彻到了现代哲学中。就神话说出了一种原初的**精神**方向，说出了**意识**的一种独立构形方式（Gestaltungsweise）而言，神话变成了哲学的问题。只要有建立一种全面的精神体系的要求，就必然要追溯到神话研究。由此来看，**詹巴蒂斯塔·维科**（Giambattista Vico）——正如他是现代语言哲学的奠基人一样——从根本上说也成为一种全新的神话学哲学的奠基人。对于维科而言，精神真正的统一性概念（Einheitsbegriff des Geistes）表现在语言、艺术和神话的三一体（Trias）中。① 但是只有在浪漫派哲学为人文科学奠基之后，维科的这一思想才达到了完全系统的规定性和清晰性。如同在其他领域一样，浪漫派的诗学和浪漫派的哲学也互相开辟了通达彼此的道路：也许是为了回应荷尔德林，谢林在他20岁时创立的客观精神体系第一草稿中要求"理性的一神论"与"想象力的多神论"合一，亦即要求一种"**理性**的神话学"。② 但是，在实现这一要求的过程中，绝对唯心论哲学看见自己在这里——像在

---

① 参见：Ernst Cassirer, *Philosophie der symbolischen Formen*. Erster Teil：Die Sprache, S. 89 ff.。

② 关于这一点参见我的论文：《荷尔德林与德国唯心论》(»Hölderlin und der deutsche Idealismus«)［收录于拙著：《理念与形态：歌德-席勒-荷尔德林-克莱斯特》(*Idee und Gestalt. Goethe-Schiller-Hölderlin-Kleist*), 2d ed. Berlin, 1924, S. 115ff.］。

导论 "神话哲学"的问题

一切地方一样——也依赖于康德批判学说所创造的概念工具（Begriffsmittel）。康德为理论判断、伦理学和美学判断提出的那个批判的"起源"问题，被谢林应用到神话和神话意识领域。像在康德那里一样，这个问题并不适用于心理学起源（die psychologische Entstehung），而是适用于纯粹的持存（Bestand）和内容（Gehalt）。从现在起，神话像知识、伦理和艺术一样也表现为一个独立的、自足的"世界"，不可以用陌生的、外来的价值标准和现实性标准（Wert- und Wirklichkeitsmaßstäben）来衡量它，而是只能就其内在的结构规律（immanente Strukturgesetzlichkeit）来理解它。试图通过把这个世界视为单纯间接东西、仅仅把它视为其他东西的外壳的一切尝试，现在都被一劳永逸地放弃了。正像赫尔德在语言哲学中的作为一样，谢林在神话哲学中也克服了寓言的原则——他不再通过寓言做表面的解释，而是退回到了符号表达的根本问题（das Grundproblem des symbolischen Ausdrucks）。对神话世界的寓言式的释义被他用"同义的"（tautegorisch）释义代替了——神话形象被视为精神的自主构成物，人们必须从其自身即从一种特殊的赋义和赋形原则（ein spezifisches Prinzip der Sinn- und Gestaltgebung）中才能理解它们。尤赫默主义的解释把神话变成了历史，物理阐释把神话变成了一种原始的自然解释。正如谢林《神话哲学》导论所详细说明的，它们以相同的方式错失了这个原则。它们并不解释神话（das Mythische）对于意识所具有的独特实在性（Realität），而是稀释和否认这种实在性。真正的思辨所走的道路与这种消解式的研究所走的方向正好相反。它不想做分析性的拆解，而是想做综合性的理解；它力图追溯到精神和生命最后的实证东西。神话也必须被理解为这样一种完全实证的东西（ein solches durchaus Positives）。对神话的哲学理解始于如下洞见，即神话绝不是在一个纯粹"虚构"或"捏造"的世界中活动，而是有其自身的**必然性**模式（eine eigne Weise der Notwendigkeit），如此一来，从唯心论的对象概念来看，它也有其自身的**实在性**模式（eine eigene Weise der Realität）。只有在可以证明这种必然性的地方，才有理性因而也才有哲学的位置。单纯任意的东西、完全偶然和随机的东西压根儿不可能构成哲学问题的对象——因为在绝对的虚空中和没有实质真理的领域里，哲学即关于本质的学说完全不能立足。乍一看确实没有比真理与神话更迥然不同的了，因而也没有比哲学与神话学更加势不两立的了。"但是，正是在这种对立之中存在着一种确定的要求和任务，在这看似无理性的东西中发现理性，在这明显无意义的东西中发现意义，不像人们迄今做的那样，做任意的区分，亦即把自己相信理性的和有意义的东西解释为本质，而把其他所有东西单纯解释为偶然的，视为伪装或歪曲。毋宁说，这里的意图必然在于，让这种形式也成为必然的因而也是理性的东西。"①

按照谢林哲学的整体构思，必须从两个方向——既从主体的方面也从客体的方面，既参照自我意识也参照绝对者——来落实这一基本意图。就自我意识以及神秘东西（das Mythische）在自我意识中**经历**的形式而言——更细致的研究就会发现——单是这种形式本身就已经足够排除任何把神话奠基于单纯"虚构"之上的理论。因为这种理论已经错失了它本该解释的那种现象的纯粹**事实上**的持存。这里应该要理解的真正现象其实并不是神话**表象内容**本身（Vorstellungsinhalt als solcher），而是该内容对于人类意识所具有的**含义**（Bedeutung）以及它在人类意识上施加的精神力量。这里构成问题（das Problem）的并不是神话的质料性内容，而是该内容在何种强度上被体验到、被**人相信**——只有某种客观定在的和现实的东西才会被相信。神话意识的这一原初事实（Urfaktum）已经足以让每一种从虚构——不管是诗性的虚构还是哲学的虚构——中寻找神话意识的最后根源的尝试都落空。因为即使我们承认以这种方式能够让神话的纯粹理论内容、理智内容为人所理解，然而如此一来，神话意识的动力、它在人类精神史中反复证明的无与伦比的力量仍旧完全没有得到解释。

---

① Friedrich Wilhelm Josef Schelling, *Einleitung in die Philosophie der Mythologie* (*Sämmtliche Werke*, Abt. II, Bd. I), Stuttgart/Augsburg 1856, S. 220f., vgl. bes. S. 194ff.

导论 "神话哲学"的问题

在神话与历史的关系中，神话证明自己完全是首要的东西（das Primäre），历史证明自己是第二位的和派生的东西（das Sekundäre und Abgeleitete）。一个民族的神话不是由它的历史决定的，而是相反，它的历史是由它的神话决定的——或者说，神话并没有**决定**这个民族的命运（Schicksal），而是它本身就**是**这个民族的命运，是从一开始就降临在它身上的命运（Los）。印度人、希腊人以及其他一些民族的整个历史都已经与它们的神学（Götterlehre）一起被给定了。因此在这里，对于单个民族与对于整个人类一样，都没有自由的选择、没有漠不相关的自由选择（liberum arbitrium indifferentiae）使他能够接受或拒绝特定的神话表象；相反，在这里处于支配地位的到处都是严格的必然性。在神话中控制着意识的是一种相对于意识而言**实在的**力量（Macht），即一种不受意识控制的力量。在真正的意义上，神话产生于某种不依赖任何虚构的东西（etwas von aller Erfindung Unabhängiges），实际上在形式和本质上都与一切虚构相对立的东西：它产生于一种（从意识的观点来看）必然的过程，这个过程的起点消失在超历史的东西中，意识或许能反抗这个过程的个别环节，但是在整体上它不能阻挡更不能取消这个过程。在这里，我们看见自己退回到一个不论单个人还是一个民族都还没有时间来做虚构（Erfindung）的领域，一个没有时间做人为的装饰（künstlicher Einkleidung）或产生误解（Mißverstand）的领域。任何人只要理解了一个民族的神话对这个民族意味着什么，它对那个民族拥有怎样的内部力量（innere Gewalt）以及在这个民族身上表现出了何种实在性，他就不会轻易地认为神话有可能由单个人虚构出来，也不能轻易地认为一个民族的**语言**是由单个人的努力创造的。由此来看，只有思辨的哲学研究——按照谢林的观点——才触及了神话真正的生命基础（Lebensgrund），但是它只能指出这个基础，而不能对它做进一步的"解释"。谢林公开表明，他独特的思想成就在于，用人类意识本身替代了虚构者、诗人和一般个体，并证明了前者是神话的处所（Sitz）即主观动源（subjectum agens）。他提出，神话在意识之外其实没有任何实在性；但是尽管神话只是运行在意识的规定中，即只是运行在表象中，但是这个进程，表象本身的这种延续却不能单纯**被表象**为一个这样的进程，相反这个进程必然是**确实**发生过的，在意识中真的出现过的。因此，神话不是单纯作为被连续表象的诸神学说（sukzessiv vorgestellte Götterlehre）而存在的，而是只有当人们同意，人类的意识（das Bewußtsein der Menschheit）实际上已经逐一地在多神论的所有要素中都逗留过，相继的多神论（der sukzessive Polytheismus）才能得到解释，而相继的多神论就构成了神话。"相继出现的诸神实际上相继主宰了意识。神话作为诸神的历史（Göttergeschichte）……只能产生于生命本身，它必然是**被体验过、被经历过的东西**（etwas *Erlebtes* und *Erfahrenes*）。"①

但是，如果这样一来就证明了神话是一种独特的、原初的**生命形式**（Lebensform），那么它也就摆脱了单纯片面主观性的一切假象。因为按照谢林的观点，"生命"既不意味着一种单纯主观的东西（ein bloß Subjektives），也不意味着一种单纯客观的东西（ein bloß Objektives），而是正处于二者之间的分界线上：它是在主观东西与客观东西之间的无差别（Indifferenz）。如果我们把这一点应用到神话上，那么，就神话表象在人类意识中的运动和发展有内在的真理而言，神话表象在人类意识中的运动和发展与一个客观事件即在绝对本身中的一种必然发展，是一致的。神话过程是一个神起源的过程（ein theogonischer Prozeß）：神本身在这个过程中**生成**，逐步把自己创造（erzeugt）为真正的神。由于这种创造的每一个个别阶段都可以被理解为必要的中转点（Durchgangspunkt），它们都有自身的含义，但是只有在整体中，只有在神话经历全部环节的运动的完整无缺的前后关联中，神话的全部意义和真正目标才能被揭示出来。于是，每一个特殊的、偶然的个别阶段（Einzelphase）在这种关联中看来都是必然的，因而也都是合理的。神话过程是真理重新产生自身并由此把自身

---

① *Philosophie der Mythologie*, a. a. O., S. 124f. [Zitat S. 125]; vgl. bes. S. 56ff. u. 192ff.

导论 "神话哲学"的问题

现实化的过程。"因此,真理事实上并不存在于个别要素中,因为否则的话,它就不需要进展为前后相继的东西,就不需要过程了;但是真理是在这个过程中创造出来的,因此真理——作为一种自我创造的东西——就存在于这个过程中,真理是这个过程的终点,因而这个过程的**整体**包含着完善的真理。"①

通过更仔细的考察可以发现,对于谢林来说,这个发展的规定在于,从神的单一性(die Einheit Gottes)——单纯存在着但还没有意识到自己是神——进展到复多性(Vielheit),从这种单一性中即从与复多性的对立中才获得了真正单一性,即才获得了一种并非单纯存在着的而是被承认了的单一性。我们可以返回到的人的最早的意识必须同时被思考为一种神性意识(ein göttliches Bewußtsein),一种对神的意识:就其真正的、特殊的意义而言,人的意识是一种这样的意识,这种意识并不是在自身之外拥有神,而是包含着与神的联系,虽然它不知道、不愿意也不是以任意的自由而行动,但是依其本性就包含着与神的这种联系。"原始人不是在行动中(actu)而是**在本性中**(natura sua)就设定了神,而且原初意识完全是就其真理性和绝对统一性来设定神的。"② 即使这是一神论,那么它也只是一种**相对的**一神论:这里设定的神只是**一位抽象意义上的神**,在它自身之中还不存在任何内在区别,还不存在任何它可以与之比较的东西,也不存在任何与之对立的东西。只是在朝向多神论的进展中才达到了这种"他者"(dieses »andere«);宗教意识现在在自身之中经历了一种分裂、分离和内在的"变异",神的复多性只是这一点的图像化的-对象性的表达。但是,通过这一进展才打开了一条路,使人能够从"相对的一"(Relativ-Einen)提升到"绝对的一"(Absolut-Einen),"绝对的一"才是在"相对的一"中真正受人敬拜的。如果意识要把真神(即始终是唯一者和永恒者本身的神)与原初的神(即对于意识而言只是"相对的一"以及只是暂时的永恒者)区分开,那么意识必须经历分裂、

---

① [*Philosophie der Mythologie*, a. a. O., S. 209.]
② [a. a. O., S. 185.]

经历多神论的"危机"。没有第二种神，没有向着多神论的发展（Sollizitation），就不会有朝向真正一神论的进展。没有任何学说，也没有任何科学告诉原始时代的人什么是神——"关系是一种**实在的**关系，因此只能是与神的**现实**的关系，而不是与神的本质的关系，因此也不是与**真正的神**的关系；因为现实的神并非立即就是真正的神……史前的神是一种现实的和实在的神，真正的神也**存在**于（*Ist*）这种神中，但没有被了解为**真正的**神。因此，人类向之祈祷的是**他们并不了解的东西**，他们与这种东西之间没有理想的（自由的）关系，而只有一种实在的关系。"① 建立这种理想的、自由的关系，把存在着的统一性（die seiende Einheit）变成认识到的统一性（die gewußte）：这就是整个神话的过程或真正的"神起源的"过程（das eigentlich »theogonische« Prozesses）的意义和内容。人类意识与神之间的一种**实在的**关系在这里又表现了出来，而过去的全部哲学都只了解"理性的宗教"，因此也只了解与神的一种理性关系，并把一切宗教发展都只视为**观念**中的亦即表象和思想中的发展。如此一来，从谢林的观点来看，解释的圆圈就闭合了——主观性和客观性在神话中被置于了正确的关系中。

在神话过程中人们处理的一般而言并不是事物，而是**在意识内部产生推动意识运动的力量**。由于那个产生出了神话的神起源过程是发生于意识之中的，而且通过制造表象证明了自己，因此这个神起源过程是一个**主观**过程，但是这些表象的原因以至其对**象事实上本身**都是神起源的力量（die *wirklich* und *an sich* theogonischen Mächte），是意识借以设定神的力量。这个过程的内容不仅包含了单纯**被表象的**潜能（bloß *vorgestellte* Potenzen），而且也包含了那些创造了意识同时——由于意识只不过是自然的目的——也创造了自然并因此成为现实力量（wirkliche Mächte）的**潜能**。神话过程处理的不是自然**客体**（Naturob-

---

① ［*Philosophie der Mythologie*, a. a. O., S. 175f.］

导论 "神话哲学"的问题

jecten），而是纯粹创造性的潜能，其最初的产物就是意识本身。因此，我们的解释在这里完全突破到了客观的东西中，变得完全客观了。①

事实上，在这里达到了谢林的哲学体系本身所了解的"客观性"的最高形式。当神话被理解为绝对者自我展开过程中的一个必然要素时，它就达到了自己的"本质性"真理。它与幼稚的-实在论世界观意义上的"事物"（Dingen）没有任何关系，而是仅仅表现了**精神**的一种现实性和潜能（Potenz）；这种观点不能作为反对其客观性、本质性和真理性的基础，因为**自然**也没有与此不同或高于这一点的真理。自然本身也只不过是精神发展和自我展开中的一个阶段——自然**哲学**的任务恰恰在于这样来理解自然，并以此看透自然。我们称作自然的那种东西——"先验唯心论体系"已说出了这一点——是一首闭锁在隐秘奇妙文字中的诗：只要能破解这个谜题，我们就能从中认出精神的奥德赛，精神奇妙地欺骗了自己，它在追寻自己时又避开了自己。现在，自然的这种秘密文字通过研究神话及其必然的发展阶段而从一个新的方面被解开了。在这里，"精神的奥德赛"（die »Odyssee des Geistes«）②处在一个这样的阶段上，我们在这个阶段上不再像在感官世界（Sinnenwelt）中那样只是透过半透明的迷雾来感知它的最终目标（ihr letztes Ziel），而是在与精神相似又没有被精神完全渗透的形象（Gestalten）中直接在面前看见该最终目标。神话是关于神的纯粹意识（reines Gottesbewußtsein）的奥德赛，它的展开在多大程度上是由自然和世界意识（das Natur- und Weltbewußtsein）决定及中介的，它也就在多大程度上是由自我意识（das Ichbewußtsein）决定及中介的。在这里表现出了一个与在自然中流行的法则类似但又具有更高必然性类型的内在法则。正是因为只能通过精神进而只能通过主观

---

① *Philosophie der Mythologie*, a. a. O., S. 207 ff. [Zitat S. 207]; vgl. bes. S. 175 ff. u. 185 ff.

② [Ders., *System des transcendentalen Idealismus*, in: Sämmtliche Werke, Abt. I, Bd. III, Stuttgart/Augsburg 1858, S. 327–634: S. 628.]

性才能理解和说明宇宙，因此反过来说，神话表面上的单纯主观内容直接就具有宇宙意义（kosmische Bedeutung）。

神话并不是在自然的影响下产生的，毋宁说人的内心要在这个过程中**脱离**自然的影响，相反，神话过程**按照相同的法则**经历了自然一开始经历的那些相同的阶段。……因此，神话过程并不具有单纯的宗教含义，它具有**普遍的**含义，因为在神话过程中重复的是普遍的过程；以此来看，神话过程所具有的真理性也是一种无所不包的普遍真理。我们不能像人们通常所做的那样，否认神话的**历史性**真理（die *historische* Wahrheit），因为产生了神话的那个过程本身就是一种真正的历史，就是一个现实的过程（Vorgang）。我们也不能排除神话具有物理性真理（physikalische Wahrheit），因为自然既是神话过程中的一个必然的中转点（Durchgangspunkt），也是普遍过程中的一个必然的中转点。①

谢林唯心论的优点和局限在这段文字中清楚地表现了出来。绝对者的统一性概念（Der Einheitsbegriff des Absoluten）也是只有通过人类意识才真正地、确定地保证了自身的绝对统一性，因为它从一个共同的最终根源中引申出了精神行为（das geistige Tun）的每一种特殊成就和每一个特定的方向。但是这个统一性概念事实上同时包含着如下危险，一切具体的和特殊的区别最终都被它吞并且变得无法辨认了。因此对谢林来说神话就变成了第二"自然"，因为自然此前已经被转变成了一种神话，而且其纯粹**经验**含义和真理已经被扬弃在了其精神含义，已经被扬弃在了其功能——绝对者的自我开显（die Selbstoffenbarung des Absoluten）——之中。如果人们拒绝迈出第一步，那么由此似乎也必然放弃了第二步，因此，似乎就没有别的道路能够通向神话的特殊本质和真理，能够通向其独特的客观性。或者说，是不是有这么一种方法或可能性，既能保留谢林《神话哲学》提出的**问**

---

① Ders., *Einleitung in die Philosophie der Mythologie*, S. 216.

导论 "神话哲学"的问题

题（Frage），同时又把该问题从绝对哲学的地基上转移到批判哲学的地基上？其中既包含形而上学问题（Problem），又包含能够做出批判的-先验解答的纯粹"先验"问题？如果我们在严格的康德哲学的意义上理解"先验的"概念，那么甚至连抛出（aufwerfen）这样的问题其实都是非常离奇的（paradox）。因为康德先验问题的提法本身已经明确地与**经验**的可能性条件联系起来了而且局限于这个条件。但是什么样的"经验"能够表明，神话世界能够借以证明自己是可信的且本身就具有某种客观真理性和对象性的有效性？如果可以证明神话一般而言具有这样的客观真理性和对象性的有效性，那么似乎任何时候都只能在神话的**心理学**真理性和心理学必然性中寻找其客观真理性和对象性的有效性。神话必然（mit der Notwendigkeit）在精神发展的特定阶段上以相对一致的形式**产生**出来，这种必然性（Die Notwendigkeit）似乎同时也构成了它唯一可以客观地把握住的（einzigen objektiv faßbaren）**内容**。事实上，在德国思辨唯心主义的时代之后，神话问题就只能在这个意义上提出来，也只能在这条道路上寻求答案。现在对神话产生的自然原因的探究取代了对神话最终的绝对根据的探究：**民族心理学**（Völkerpsychologie）的方法取代了形而上学的方法。看起来只有在经验的发展概念完全取代了谢林和黑格尔的辩证发展概念之后，通向神话世界并对其进行解释的真正通道才打开。人们理所当然地认为，神话世界是单纯"表象"的总和；同时只有当我们能够从表象形成的普遍规则，即从联想和再生的基本法则（Elementargesetzen der Assoziation und Reproduktion）中理解这些表象，才能认为理解了这些表象。现在，神话在一种完全不同的意义上表现为精神的"自然形式"，而为了理解精神的"自然形式"只需要经验自然科学和经验心理学的方法。

但是，我们就不能思考神话的第三种"形式规定"（Formbestimmung）吗？它既不从绝对者的本质出发解释神话世界，也不局限于把神话简单地归结为经验-心理学力量的游戏（das Spiel）。如果这个规定与谢林以及与心理学的方法在如下这一点上是一致的，即它们都只是在人类意识中寻找神话的**主观动源**（*subjectum agens*），那么，我们就必须要么按照意识的经验-心理学的概念，要么按照意识的形而上学概念来理解意识吗？——或者，难道就不存在一种与这两种研究方式都不同的对意识的批判分析形式？现代的知识批判、对认识的法则和原理的分析既越来越确定地摆脱了形而上学的前提，也越来越确定地摆脱了心理主义的前提。心理主义与纯粹逻辑学的斗争在今天似乎终于见了分晓，而且人们可以大胆地说，这种斗争绝不会以与过去相同的形式重演。但是，适用于逻辑学的东西，同样也适用于精神的一切独立领域和一切原初的基本功能。规定了它们的纯粹内容、规定了它们意味着什么以及是什么的问题，与追问它们的经验性生成以及追问它们的心理学产生条件的问题都无关。正如能够而且必须在纯粹客观的意义上追问科学的"存在"、追问科学真理性的内容和原则，而不用反思诸单个真理和特殊知识在经验意识中表现出何种时间顺序，相同的问题对于所有精神形式都反复出现。我们从来都不能通过把追问其"本质"的问题变成一种经验的-发生学问题来取消这个问题。对于艺术、神话以及知识来说，接受这种本质统一性意味着接受一种决定了特殊者的一切构形的普遍意识规律。从批判的基本观点来看，我们只有通过把自然的统一性"注入"现象（Erscheinungen）之中，只有当我们不是从个别现象（Einzelphänomen）中引申出思想形式的统一性，而是把思想形式的统一性展现在及建立在个别现象之中时，我们才能拥有自然的统一性——这一点同样适用于文化的统一性以及每一种原初文化方向的统一性。对于它而言，在现象中实际地（faktisch）证明它是不够的，我们必须从精神的一种确定"结构形式"的统一性中使之变得可以被理解。像在知识理论中一样，批判的分析方法在这里也处于形而上学的-演绎的方法与心理学的-归纳的方法之间。像知识理论一样，批判的分析方法必须始终从"既定的东西"、从由经验确立和证实的文化意识的事实出发；但是它不能停留于这些单纯给定的东西（bloß Gegebenen）上。它必须从事实的现实性追溯到"其可能性的条件"。批判哲学试图在这些条件中

导论 "神话哲学"的问题

揭示出特定的等级结构，揭示出相应领域结构法则的上下隶属关系（Über- und Unterordnung der Strukturgesetze），以及个别构成要素的关联和交互规定。在这个意义上追问神话意识"形式"意味着，既不寻求其最终的形而上学根据（Gründen），也不寻求其心理学的、历史的或社会的原因（Ursachen）。毋宁说，如此一来提出的只是追问精神**原则**统一性的问题，该精神原则最终支配了其一切特殊构形，其各种差异性和无数的经验多样性。①

如此一来，追问神话"主题"（Subjekt）的那个问题也出现了新的转变。这个问题被形而上学和心理学从相反的意义上回答了。在形而上学中，我们位于"神起源学"的地基上；在心理学中，我们位于"人类起源学"的地基上。在形而上学中，神话过程被解释成"绝对过程"的一个特定的和必然的个别阶段；在心理学中，神话统觉是从表象形成的普遍因素和规则中引申出来的。但是如此一来，对神话的那种"寓言性"理解——谢林的《神话哲学》已经从原则上克服了这种理解——从根本上说不是又重新出现了吗？在这两种情况下，我们不是都把神话关联于并还原为某种**不同于**它直接所是和直接意味着的东西了吗？谢林写道：

> 只有当我们在神话过程中认识神话时，才能认识它的真相，因而才能真正认识它。但是，在神话中重复出现的过程——尽管是以特殊方式重复出现——是**普遍的**过程、**绝对的**过程，因而是真正的神话科学，它表现出了神话中的绝对过程。但是，表现这

---

① 埃德蒙德·胡塞尔现象学的其中一个重要成就是，让我们对文化"结构形式"多样性的知觉再次变得敏锐，并指明一条不同于心理学方法的通向它们的新路径。在这里，把心理"行动"与它所意欲的"对象"明确区分开是至关重要的。胡塞尔本人从《逻辑研究》（两卷本，哈勒，1913—1922）到《纯粹现象学观念》（哈勒，1928）的发展使得下面这一点越来越清楚了，即现象学的任务，如胡塞尔所看见的，并没有穷尽于知识分析，而是要求按照它们所"意味"的东西而对完全不同的对象领域进行研究，而不关注其对象的"实在性"。这种研究也必须包括神话"世界"，不是为了通过归纳从人种学经验和民族心理学经验的多样性中引申出神话世界独特的"持存"，而是为了在一种纯粹观念的分析中理解它。然而，就我所能看到的，不论是在现象学中，还是在神话研究中，都还没有做出任何这种尝试，毋宁说，在这里几乎无可置疑地占据统治地位的是发生学-心理学导向的问题提法。

个过程是哲学的事情；因此，**真正的神话科学就是神话哲学**。①

民族心理学用人性的同一性（Identität der Menschennatur）取代了这种绝对者的同一性（Identität des Absoluten），人性的同一性总是并必然会产生出相同的"基本神话思想"。但是，当它以这种方式从人性的恒常性和统一性出发并把它提升为一切解释尝试的前提时，它最终又陷入了循环论证（petitio principii）。因为它不是通过分析来说明精神的统一性，而是把这种统一性作为一种自在存在的、自明的材料（Datum）。但是在这里就像在知识中一样，体系统一性的确定性与其说位于起点，不如说位于终点；它不是研究的起点而是研究的目标。在批判研究方法的范围内，我们不能从形而上学的或心理学的**基础**（Substrat）的某种先在的或预设的统一性中推论出**功能**的统一性（die Einheit der Funktion），也不能把功能统一性奠基于前一种统一性，而是必须纯粹从功能本身（Funktion als solche）出发。如果我们在功能中从个别因素的各种变化中发现了相对持久的"内在形式"，那么，我们不应该从这种形式追溯到精神的实体统一性；相反，对我们来说，是精神的实体统一性构成了内在形式。换句话说，统一性并没有表现为这种形式规定性本身的**基础**（Grund），而只是这种形式规定性本身的另一种**表达**。这种统一性——作为纯粹内在的规定性——必须在其内在含义中才能得到理解，为此不用回答那个追问其基础——不论是先验的基础，还是经验的基础——的问题。因此，我们可以追问神话功能的纯粹本质规定性（reine Wesensbestimmtheit）——苏格拉底意义上的τί ἔστι——并把这种纯粹形式与语言、审美和逻辑概念功能的纯粹形式相对照。对谢林来说，神话具有哲学真理性，因为在神话中不仅说出了人类意识与神的一种思想关系，而且说出了人类意识与神的一种实在关系，因为正是绝对者（das Absolute）、神本身在神话中从最初的"在-自身中-存在"的潜能（die erste Potenz des »In-sich-Seins«）变成了"在-自身之外-存在"的潜能

---

① Schelling, *Einleitung in die Philosophie der Mythologie*, S. 216f.

(Potenz des »Außer-sich-Seins«），并在经过了神话之后变成了完善的"与-自身-存在"(das vollendete »Bei-sich-Sein«）。对于相反的观点而言，即对于**费尔巴哈**（Feuerbach）及其后继者所代表的"人类起源论"的立场而言，**人性**的经验-实在统一性被当作起点——当作神话过程的原初的基本因果性因素，它解释了，神话在极为不同的条件下，从极为多样的时空起点出发，为什么是以本质上一致的方式发展的。批判的神话意识现象学不同于这些方法，它既不是从作为形而上学原初事实（Urtatsache）的神（Gottheit）出发的，也不是从作为经验原初事实的人（Menschheit）出发的，而是试图仅仅在其纯粹现实性及其构形方式的多样性中来理解文化过程的主体和"精神"，并试图规定它们所遵循的内在准则。只是在这些活动的整体中，"人"(die »Menschheit«）才按照其自身的理想概念及其具体的历史定在建构起了自己；只是在这些活动的整体中，"主体"与"客体"、"我"与"世界"才逐渐分离开来，通过这个逐步的分离过程，意识才从其模糊性，从它被局限于单纯定在和感性印象、情绪的状态中脱离出来，使自己成为(formen)文化意识（Kulturbewußtsein）。

从这种提问的立场来看，神话所具有的相对"真理性"也不可能再是问题了。现在既不会这样来解释神话的相对"真理性"，即神话是一个超验过程的表达和反映，也不会解释它是特定的持续性心灵力量在经验变化中造成的影响。它的"客观性"——从批判的观点看，这适用于每一种精神客观性——不能被规定为物性的（dinglich），而是要被规定为功能性的（funktionell）：这种客观性不存在于位于其**背后**的形而上学存在或经验-心理学存在中，而是存在于神话本身所是和所造就的东西（was er selbst ist und leistet）中，存在于神话所完成的**客观化**方式和形式中。就神话被视为一种决定因素（einer der bestimmenden Faktoren）而言，它是"客观的"，意识借助这些决定因素使自身摆脱了被动地束缚于感性印象中的状态，并进步到按照一种精神原则创造出一个自己的世界。如果人们在这个意义上把握该问题，那么，从神话世界的"非实在性"出发能够引申出反驳其含义和真理性的那些反对意见就消失了。事实上，神话世界不仅是而且保持为"单纯表象"的世界，但是就其内容而言，就其单纯**材料**而言，知识的世界也只是如此。我们不是由于抓住了我们表象背后的绝对原象（Urbild）、超验对象（transzendenter Gegenstand），而是在我们表象本身之中并通过我们的表象发现了那个决定它们的秩序和次序的规则（Regel），才达到了科学的自然概念（wissenschaftlichen Begriff der Natur）。当我们去除了表象的偶然性并表明其中有一种普遍性的东西、一个具有客观必然性的法则时，对我们而言表象才有了对象性**特征**（gegenständlicher Charakter）。因此，我们也只能在如下意义上对神话提出客观性的问题：我们研究它是否也表现出一种内在于它的规则，一种它所独有的"必然性"。事实上，我们在这里似乎被局限于一种低层次的客观性，因为在真正的真理、科学的真理面前，在通过纯粹知识获得的自然和对象概念面前，这种规则不是注定要消失吗？随着科学的洞见初露光芒，神话的梦境世界和魔法世界（die Traum- und Zauberwelt des Mythos）似乎永远消失、化为乌有了。但是如果我们不是把神话的内容与知识的最终世界图像（Weltbild）的内容相比较，而是把神话世界建构的**过程**与科学自然概念的逻辑**起源**相对比，那么甚至这一关系也表现出另一番光景。在这里有一些阶段，其中不同的客观化阶段（Objektivierungsstufen）和客体化领域（Objektivationskreise）还完全没有明确地区分开。事实上，甚至我们直接经验的世界——在我们还位于有意识的、批判的-科学的反思之外时，这个世界就是我们所有人一直生活和存在于其中的世界——也包含着很多从上述反思的立场来看只能称为神话的特征。尤其是因果性概念和"力"的一般概念，必须首先经历神话的活动直观才能融入数学的-逻辑的功能概念中。因此，直到我们知觉世界的构形（Gestaltung），亦即直到我们从幼稚的立场上习惯于称为真正"现实性"的领域，到处都有神话的基本题材和原初题材（mythische Grund- und Urmotive）的这种特有的延续（Fortleben）。尽管这些因素很少与对象直接一致，但是就它们之中表观出了精神赋形

导论 "神话哲学"的问题

(Formung)的一种特定的——不是偶然的而是必然的——方式而言，它们又处于走向"对象性"一般的过程中。因此，神话的客观性首先在于，在它看起来距离事物的实在性、距离幼稚实在论和教条主义意义上的"现实性"最远的地方——神话的客观性的根基在于，神话不是一种给定定在的反映，而是一种特殊的和典型的形成方式（Weise des Bildens），意识就是在这种形成方式中摆脱了感性印象的纯粹接受性并与之对立的。

对这种关系的证明（der Nachweis dieses Verhältnisses）事实上不能自上而下地在纯粹建构性的结构（rein konstruktiver Aufbau）中来寻求，相反，该证明以神话意识的事实（die Tatsachen）、以比较神话研究和比较宗教史的经验材料为前提。"神话哲学"的问题已经被这类材料——尤其是19世纪下半叶以来发现的越来越丰富的素材——极大地扩展了。谢林主要的依据是**克罗泽**（Georg Creuzer）的《古老民族的符号和神话》，对于谢林而言，所有神话本质上都是诸神的学说（Götterlehre）和诸神的历史（Göttergeschichte）。对于他而言，神的概念和神的知识构成了一切神话思维的**起点**——构成了一个"**原始标记**"（notitia insita），这是神话思维的真正起点。有些人不是把神的概念的统一性（Einheit des Gottesbegriffes），而是把部分表象的复多性或者甚至把一开始局部性表象的复多性，把所谓拜物教或一种从来不崇拜（vergöttern）概念或类而崇拜个别的自然客体如这棵树或这条河的自然崇拜（Naturvergötterung）作为人类宗教发展的开端，谢林激烈地批评这些人。"不，人类不是开始于这种贫乏，历史的壮阔历程有一个完全不同的开端，人类意识的基调始终是那位伟大的一—（jener große Eine），他还不了解自己的相同者其实充满了天空和大地，即充满了一切。"① 现代人种学研究——**安德鲁·朗斯**（Adrew Langs）和**威尔海姆·施密特**（Wilhelm Schmidt）的理论——试图恢复谢林首要的"原初一神论"基本观点（Grundthese

---

① *Philosophie der Mythologie*, aohte Vorlesung, o. a. O., S. 178.

eines primären »Urmonotheismus«），并试图用丰富的经验材料支撑这一基本观点。① 但是，他们走得越远，就越明显不可能把神话意识的诸构形（Gestaltungen）归结为一种统一体，不可能像从一个共同根源中一样从这种统一性中本源性地引申出那些构形。自从**泰勒**（Tylor）的奠基性著作问世以来，万物有灵论在相当长的时间内支配着整个神话解释。如果说万物有灵论相信，发现这一根源的地方不是在首要的对神的直观（die primäre Gottsanschauung）中，而是在原始的灵魂表象（die primitive Seelenvorstellung）中，那么，今天这种解释方式似乎也越来越多地受到怀疑，而且其唯一有效性和普遍有效性似乎也动摇了。神话基本直观的特征越来越肯定地表明了，它的开端既不是已经形成的神的概念（Gottesbegriff），也不是已经形成的灵魂和位格概念（Seelen- und Persönlichkeitsbegriff），而是对巫术活动（das magische Wirken）的一种还完全无区分的直观、对事物固有的魔法力量实体（zauberische Kraftsubstanz）的直观。这里表现出了神话思维内部的一种独特的"分层"——其结构要素的上下隶属关系，即使对于那些不敢依据神话的**时间上**最初的要素，而是按照其经验的**开端**来回答该问题的人来说，这种"分层"在纯粹现象学上也具有重要意义。② 但是如此一来，我们在另一个研究方向上被带向了一个相同的要求，谢林也把这个要求作为其神话哲学的基本假设提

---

① 在威尔海姆·施密特的《上帝观念的起源》中尤其可以发现对这些材料的一种概括和对安德鲁·朗斯的理论的反对意见的验证。参见：Wilhelm Schmidt, *Der Ursprung der Gottesidee. Eine historisch-kritische und positive Studie*, Bd. I：*Historisch-kritischer Teil*, Münster 1912. 也可参见：*Die Stellung der Pygmäenvölker in der Entwicklungsgeschichte des Menschen*, Stuttgart 1910（*Studien und Forschungen zur Menschen- und Völkerkunde*, Bd. 6/7）。

② 关于所谓"前泛灵论"理论的讨论，除了参见普罗伊斯（Preuß）和菲尔坎特（Vierkandt）的论文：Konrad Theodor Preuß, *Der Ursprung der Religion und Kunst*, in：Globus. *Illustrierte Zeitschrift für Länder- und Völkerkunde* 86 (1904), S. 321–327, 355–363, 375–379, 388–392 u. Globus 87 (1905), S. 333–337, 347–350, 380–384, 394–400 u. 413–419, 以及 Alfred Vierkandt, *Die Anfänge der Religion und Zauberei*, in：Globus. *Illustrierte Zeitschrift für Länder- und Völkerkunde* 92 (1907), S. 21–25, 40–45 u. 61–65, 尤其可参见马雷特（Marett）的论文：Robert Ranulph Marett,»Pre-Animistic Religion« und »From Spell to Prayer« (in：Folk-Lore. *Transactions of the Folk-Lore Society* 11 (1900), S. 162–182 und Folk-Lore 15 (1904), S. 132–165, 重印于 *The Threshold of Religion*, London 1909, S. 1–32 und S. 33–84）。

导论 "神话哲学"的问题

了出来。这个要求就是,不可以把神话思维进展中的任何要素——无论它看起来多么不明显、多么虚幻任意或者多么随意武断——视为完全微不足道的,而是必须在神话思维的**整体**中指明它的确切位置,每个要素都由于它所占据的这个位置而获得了自己的观念性意义(ideeller Sinn)。就这个整体指明了人类进展到其明确的自我意识和明确的客体意识的多条道路中的一条道路而言,这个整体包含着其自身内在的"真理"。

## 二

即使是在纯粹经验研究和经验性的比较神话学内部,一段时间以来有一种努力也越来越清晰地表现了出来,即不是仅仅度量神话思维和表象的范围,而是把它描述为一种具有特别明确的典型特征的统一性意识形式。同样的哲学趋势在其他领域中——例如在自然科学或语言科学中——也出现过,即颠倒问题的提法,从"实证主义"退回"唯心主义"。正如在物理学中追问"物理世界图像之统一性"[1] 的问题更新并深化了其一般性原理学说,在民族学中,"一般神话学"的问题在过去数世纪的专题研究中被越来越肯定地提了出来。现在来看,走出个别学派和思路之间论战的出路最终似乎只能是,回溯(zurückbesinnen)到统一的研究准则(Richtlinien)同时回溯到固定的研究导向点(Orientierungspunkte)上。但是只要人们相信能够简单地从神话的**对象**中提取出这些准则,只要它们把神话客体的分类作为出发点,那么人们很快就会看到,以这种方式并没有消除基本观点中的冲突。即使在还缺少一切直接时空关联也不能直接借用时空关联的地方,人们还是能够达到对神话基本主题的一种分门别类的整体认识(eine gruppierende Übersicht),表明全世界的神话之间都有一种亲缘关系。但是一旦人们尝试着在这些

---

[1] [S. Max Planck, *Die Einheit des physikalischen Weltbildes. Vortrag, gehalten am 9. Dezember 1908 in der naturwissenschaftlichen Fakultät des Studenten-korps an der Universität Leiden*, Leipzig 1909.]

主题中做出划分，把一些标明为真正原初性的，把另一些标明为派生性的，那么，各种意见分歧立即又赤裸裸地以最尖锐的形式表现了出来。人们解释说，民族学以及民族心理学的任务是，在各种现象的转变中确立起一种普遍有效的东西，并规定一切特殊神话形态的原则。① 但是这些原则的统一性——人们几乎还不相信它们是可靠的——立即又重新消失于具体客体的丰富性（Fülle）和差异性（Verschiedenheit）中。在自然神话学之外还有灵魂神话学——前者又分为不同的方向，它们都坚决地试图证明，某种特定的自然客体是一切神话形成（Mythenbildung）的核心和源头。它们的出发点是，对于每一种个别的神话而言——如果它一般而言可以从科学上"阐明"（wissenschaftlich »erklärbar«）——必然要求与某个自然存在或事件确定地结合在一起，因为只有在这条道路上才能限制形成幻想的任性（die Willkür der Phantasiebildung），并把研究纳入严格"客观"的轨道。② 但是最终证明了，这条假想的严格客观道路上所表现出来的假设形成的任意（die Willkür der Hypothesenbildung）并不亚于幻想形成的任意（die der Phantasiebildung）。更古老形式的风暴和雷雨神话与星宿神话是并列的，星宿神话很快又分裂为太阳神话、月亮神话和天体神话等不同形式。这些形式都努力地排斥其他形式，把自己建构为唯一的解释原则并主张自己是唯一的解释原则，由此越来越清楚地表明了，与特定的经验对象领域结合起来完全不能保证解释的客观清晰性。

如果把神话形成（Mythenbildung）的统一性规定为精神统一性而非自然统一性——因此如果把它理解为历史文化领域的统一性而非客体领域的统一性，那么，通向神话形成的最终统一性的另一条道路

---

① 尤其参见：Paul Ehrenreich, *Die allgemeine Mythologie und ihre ethnologischen Grundlagen*, Leipzig 1910 (Mythologische Bibliothek, hrsg. v. der Gesellschaft für vergleichende Mythenforschung, Bd. 4, H. 1)，以及 Heinrich Lessmann, *Aufgaben und Ziele der vergleichenden Mythenforschung*, Leipzig 1908 (Mythologische Bibliothek, hrsg. v. der Gesellschaft für vergleichende Mythenforschung, Bd. 1, H. 4)。

② 作为每一种神话解释的"预设"，这一原理是由例如埃伦赖希（Ehrenreich）确立的：Ehrenreich, *Die allgemeine Mythologie*, S. 41, 192 ff. u. 213。

导论 "神话哲学"的问题

似乎就打开了。如果成功地证明了，一个这样的文化领域是诸重大基本神话因素的共同起源，是它们逐渐扩散到全世界的中心点，那么由此似乎也就自动地（von selbst）解释了这些因素的内在关联（Zusammenhang）和系统性后果（Konsequenz）。不论这种关联在这些派生性的和间接的形式中是何等模糊——一旦人们返回到最终的历史源头和相对简单的产生条件，这种关联必然立即重新表现出来。如果说更古老的理论——像**本菲**（Benfey）的童话理论——在**印度**寻找最重要神话因素的真正家园，那么只有当**巴比伦**文化的内容越来越多地向研究呈现出来时，看起来才可能得到关于神话形成（Mythenbildung）的历史关联和历史统一性的确凿证据。现在，追问神话原初性的和统一性的结构问题似乎与追问原初文化家园的问题一并得到了解答。假如神话仅仅产生于原始的巫术表象（magische Vorstellungen）、梦境体验（Traumerlebnisse）、灵魂信仰（Seelenglauben）或其他迷信（Aberglauben），那么神话——事实上"**泛巴比伦主义**"的理论的结论是——就完全不能发展成为一种内在一贯的"**世界观**"。毋宁说，只有先有一种确定的概念，即世界是一个有序整体的**思想**，才有发展出这种世界观的路径——只有巴比伦的占星术和宇宙起源论才满足这个条件。这一思想性的和历史性的定向似乎首次打开了如下可能性，即不是把神话理解为幻想的纯粹怪胎，而是理解为一个自足的和自明的**体系**。我们在这里不需要更进一步深入这一泛巴比伦主义理论的**经验基础**[①]——让该理论在纯粹**方法论**意义上也值得注意的

---

① 关于支持"泛巴比伦主义"基本观点的论据，尤其可参见胡果·温克勒的著作：Hugo Winckler, *Himmels- und Weltenbild der Babylonier als Grundlage der Weltanschauung und Mythologie aller Völker*, Leipzig 1902 (Der alte Orient, 3. Jg., H. 2/3); *Die Weltanschauung des alten Orients*, in: Ex Oriente Lux 1 (1905), S. 1–50; Der Alte Orient und die Bibel, in: Ex Oriente Lux 2 (1906), S. 1–35; *Die babylonische Geisteskultur in ihren Beziehungen zur Kulturentwicklung der Menschheit*, Leipzig 1907 (Wissenschaft und Bildung, Bd. 15). 也可参见阿尔弗雷德·耶利米亚斯的著作：Alfred Jeremias, *Handbuch der altorientalischen Geisteskultur*, Leipzig 1913. 对"泛巴比伦主义"的批判，可参见：Morris Jastrow jr., *Aspects of Religious Belief and Practice in Babylonia and Assyria*, New York/London 1911 (American Lectures on the History of Religions, Bd. 8), S. 413 ff., 以及 Carl Bezold, *Astronomie, Himmelsschau und Astrallehre bei den Babyloniern*, Heidelberg 1911 (Sitzungsberichte der Heidelberger Akademie der Wissenschaften, Philosophisch-Historische Klasse, Bd. II/2).

是——更仔细的研究可以证明，它绝不是对**神话**实际历史起源的单纯经验主张，而是对神话**研究**方向和目标的一种先天主张。一切神话都必然有星象起源，它们最终必然都是"历法神话"：这一观点恰恰被泛巴比伦主义的追随者指认为基本的方法要求，即唯一能够引导我们穿过神话迷宫的"阿里阿德涅之线"。这个一般性的假设总是一再被要求用来填补经验传统和经验证明的空白——但是，实际上它越来越清楚地表明了，通过纯粹经验研究和历史-客观研究的方法不可能为神话意识统一性这个基本问题提供任何最终的解答。

　　如下洞见越来越多地得到了确证：即使神话基本构成物的单纯**事实统一性**是无可置疑的，除非能够把这个统一性追溯到神话幻想和神话思维的一种更深刻的**结构形式**，那么这个统一性必然依旧是一个谜题。但是，如果人们不愿意脱离纯粹描述性研究的地基，那么最后就只剩下巴斯蒂安的"民族思想"概念（Begriff der »Völkergedanken«）①还可以用来指称这种结构形式了。从原则上看，这一概念相对于所有纯粹客观的解释形式具有一个至关重要的优点，即现在问题不再单纯指向神话的内容和对象，而是也指向神话本身的**功能**。巴斯蒂安表明，不论这一功能发挥作用的条件多么不同，不论它影响到了多少不同的客体，这一功能的基本方向始终是相同的。因此，被欲求的统一性从一开始就似乎是从外面植入进来的，从物的现实性（die Wirklichkeit der Dinge）变成了精神的现实性（die des Geistes）。但是，只要仅仅从心理学上去把握这种理想并用心理学的范畴来规定这种理想，那么即使是这种理想也无法被界定为清楚的。如果把神话说成是人类的一种共同精神财产（ein geistiger Gesamtbesitz），而且神话的统一性最终要从人类"心灵"及其行为的一致性中得以解释，那么，心灵的统一性立即又会分解为多种不同的潜能和"能力"。一旦如下问题——这些潜能中的哪一个在建构神话世界时起着

---

① [S. Adolf Bastian, *Der Völkergedanke im Aufbau einer Wissenschaft vom Menschen und seine Begründung auf ethnologische Sammlungen*, Berlin 1881.]

导论 "神话哲学"的问题

决定性的作用——被提了出来,不同解释方式之间又会出现竞争和对立。神话是起源于主观**幻想**的游戏,还是在每一种个别情况中都源于它以之为根据的"实在直观"?它是表现了**知识**的一种原始形式因而从本质上说是**理智**的一种构成物,还是说就其基本表现而言它属于**情绪**和意志的领域?这个问题的每一种不同答案似乎都开启了科学神话研究和神话解释的一种完全不同的道路。正如理论一开始按照把哪个客体范围视为对于神话的形成至关重要的而区分开了,它们现在按照神话的形成被还原为何种基本的心灵力量而区分开了。在这里,原则上不同的各种可能解释似乎在不停地重新出现,彼此接续形成了一个圆圈。即使是长久以来都被视为被克服了的纯粹"理智神话学"这种形式——其见解为,神话的核心需要须在对现象的一种理智解释中寻找——最近又强势登场了。与谢林要求对神话形象进行"同义的"解释相对立,现在又在试图重新恢复"寓言和比喻"(Allegorie und Allegorese)的解释方式。① 所有这些都表明了,神话的**统一性**问题持续面临着迷失在某种**个别性**之中并满足于某种个别性的危险。在这里,这种个别性是被视为一个自然客体领域的个别性、一个特定历史文化领域的个别性,还是最终被视为一个特殊心理学基本力量的个别性,在原则上都是差不多的。因为在所有这些情况下,都不是在典型形式(它从这些要素中创造出一种新的精神整体、一个符号"含义"世界)中寻找被意欲获得的统一性,而是被意欲获得的统一性都被错误地置于这些要素中。正如批判的认识论把知识——它所指向的对象具有各种无法忽视的杂多性,它所实际运用的心理力量具有各种差异性——理解为一个理想整体,它寻求的是这个整体的普遍性构成条件,那么,这一相同的研究方法适用于每一种精神性的"意义"统一体。这种统一性最终必然总是——不是在发生学-因果关系方面,而是在**目的论**方面——被确定和确证为意识在建构精神现实性时所遵循的一个目标方向。不论我们是否看透了它产生的方式,也不论我

---

① Vgl. Fritz Langer, *Intellektualmythologie. Betrachtungen über das Wesen des Mythus und die mythologische Methode*, Leipzig/Berlin 1916, bes. Kap. 10–12.

们以何种方式思考其产生，在这种目标方向中产生的东西，亦即最终作为自足的形成物出现在我们面前的东西，都将具有一种自足的"存在"（Sein）和一种独立的意义（Sinn）。尽管神话并不局限于任何个别的事物或事件范围，而是包括并渗透了存在的整体，尽管它把最为不同的精神潜能作为自己的工具，神话还是代表了意识的一个统一的"焦点"，从这个焦点出发，自然与灵魂、"外部"与"内部"都表现出了一种新的形态。这种"样式"（Modalität）才是我们必须把握住的，而其条件才是我们需要理解的。① 经验科学、种族学（如比较神话研究和比较宗教史）在这里只是提出了**问题**，因为它们研究的范围越宽泛，神话形式的"同步性"（Gleichläufigkeit）就越明显。② 但是我们现在必须在这种经验**规则**（Regelmäßigkeit）背后再次探究派生出它们的原初精神**规律**（Gesetzlichkeit）。正如"知觉的梦幻曲"③ 在知识中借助特定的思维形式法则变成了一个认知体系，因此在神话领域也必须追问其形式统一性的属性，形态无限多样的神话世界（die unendlich vielgestaltige Welt des Mythos）就是由于这种统一性而不再是任意表象和没有联系的观念的单纯混合物，而是统合为一个典型的精

---

① 关于"样式"概念，参见：Ernst Cassirer, *Philosophie der symbolischen Formen*. Erster Teil: Die Sprache, Berlin 1923, S. 29ff. [ECW 11, S. 28ff.]。

② 在我看来，从纯粹"实证主义"的立场出发描述这种"同步性"中所包含的问题是由维格纳利（Tito Vignoli）最明确地指明的。Tito Vignoli, *Mito e scienza*. Saggio, Mailand 1879（*Biblioteca scientifica internazionale*, Bd. 22），德语翻译为：*Mythus und Wissenschaft. Eine Studie*, Leipzig 1880 [*Internationale wissenschaftliche Bibliothek*, Bd. 47]）。撇开其严格经验主义的基本方向，维格纳利把神话视为一种"必要的和自发的理解功能"（a. a. O., S. 2），精神的一种"固有的"活动，他试图把其根源追溯到动物思维。在这里已经出现了那种朝向对象化的趋势，即朝向感官印象的"实体化"和"人格化"的趋势，当这个趋势从个别（Einzelne）转向一般（Allgemeine）、从单一（Singuläre）转向典型（Typische）时，神话形态的世界就从这个趋势中进一步发展出来了。在这个意义上，一个特殊的"先验原则"——个独特的形成法则被归于神话，这个原则和法则在精神朝着经验和精密科学的进展中并没有完全消失，而是在严格科学之外确证了自己："纯粹思维在神话的不断进展的发展中所占据的部分恰恰是引起科学并使科学得以可能的知性活动。"（a. a. O., S. 99 f.）

③ [Immanuel Kant, *Kritik der reinen Vernunft*, in: *Werke*, in Gemeinschaft mit Hermann Cohen u. a. hrsg. v. Ernst Cassirer, 11 Bde., Berlin 1912 – 1921, Bd. III, hrsg. v. Albert Görland, Berlin 1913, S. 152 (B 195).]

导论 "神话哲学"的问题

神构成物。在这里,只要我们的事实性认知(faktische Kenntnis)的单纯增长(Bereicherung)没有同时深化原则性的知识(prinzipielle Erkenntnis),它就是无益的,因为原则性的知识让我们看到的不是个别因素之间的一种单纯聚集,而是赋形要素之间的一种连贯的分节、一种确定的上下隶属关系。

如果说从这一方面可以证明把神话归属于"符号形式"的整个体系是直接有益的,那么正如看起来的那样,这里面其实也包含着一种确定的危险。因为一旦人们在纯粹**内容的**意义(rein inhaltlicher Sinne)上来比较神话形式与其他的精神性基本形式,并且试图在单纯内容性的一致或联系(bloß inhaltliche Übereinstimmungen oder Beziehung)的基础上完成这种比较,那么这种比较就有抹平它们真正内容的危险。事实上,从来都不缺少尝试把神话**还原**为某种别的精神形式(不论是还原为知识、艺术,还是还原为语言)的做法。如果说谢林规定语言与神话之间关联的做法是把语言视为"褪色的神话"(verblichene Mythologie)①——那么,比较神话研究最近的方向则颠倒过来,证明语言是首要的构成物,神话是第二位的构成物。例如,**麦克斯·米勒**(Max Müller)试图以如下方式把神话与语言捆绑在一起,他致力于证明**语词**及其歧义性是神话概念构成的第一诱因。在他看来,二者之间的链环是**隐喻**,隐喻根植于语言的本质和功能之中,并赋予**表象**(Vorstellen)通向神话构成物的方向。

> 神话是不可避免的;如果说我们在语言中看到的是思想的外部形式,那么神话就是语言的内在必然性;它是[……]语言投在思想上的阴影,而且只要语言与思想没有充分重合——这是绝对不可能的——这阴影就永远不会消失。[……]在语词的最高意义上,神话是语言在精神活动的每一个可能领域里对思想施加

---

① 参见:Schelling, *Einleitung in die Philosophie der Mythologie* (Dritte Vorlesung), S. 52。

的力量。①

在这里，"同音异义"的事实——同一个词用来表达全然不同的表象构成物（Vorstellungsgebilde）——变成了神话释义的钥匙（Schlüssel der Mythendeutung）。一切神话意义的源头和起源都是语言的双关意义（Doppelsinn）——因此神话本身只不过是精神的一种疾病，其最终根源在"语言疾病"② 中。因为希腊语的"$δάφνη$"指称的是月桂树，其梵语词根 Ahana 的含义是黎明，因此，月桂女神神话（月桂女神在逃避阿波罗时被变成了月桂树）的核心只是描述了太阳神在追逐他的新娘黎明，她最后在其大地母亲的怀中得救——因为在希腊语中，男人（$λαοί$）与石头（$λᾶας$）这两个词听起来很像，所以古希腊神话在著名的丢卡利翁和皮拉的故事中，男人是从石头产生的。③ 对神话因素的语言"解释"确实不会再以这种幼稚的形式出现了，但它似乎仍然试图证明语言在整体和细节上都是神话形成的真正手段。④ 事实上，像比较宗教史一样，比较神话研究总是一再通向如下事实，这些事实看起来从最为不同的方面证明了神意（numina）=名称（nomina）这个等式。**乌斯纳**（Usener）把这个公式所奠定的思想带到了全新的深度和多产性（Fruchtbarkeit）上。对"神的名称"的分析和批判在这里被证明是一种精神工具，如果正确使用，就能开启对宗教**概念形成**（Begriffsbildung）过程的理解。如此一

---

① [Friedrich Max Müller, *Über die Philosophie der Mythologie*. Vorlesung, gehalten im Jahre MDCCCLXXI an der Royal Institution in London, in: *Einleitung in die vergleichende Religionswissenschaft*. Vier Vorlesungen, im Jahre MDCCCLXX an der Royal Institution in London gehalten, nebst zwei Essays, »Über falsche Analogien« und »Über Philosophie der Mythologie«, Straßburg $^2$ 1876, S. 301-353; S. 316.]

② [S. ders., Beiträge zu einer wissenschaftlichen Mythologie, aus dem Englischen übers, v. Heinrich Lüders, autoris., v. Verf. durchges. Ausg., Bd. I, Leipzig 1898, S. 36 u. 66 f.]

③ Vgl. ders., *Über die Philosophie der Mythologie*.

④ 米勒的基本观点最近以改变了的形式被例如布林顿（Daniel Garrison Brinton）再次接纳了。参见他的著作：*Religions of Primitive Peoples*, New York/London 1897 (American Lectures on the History of Religions, 2. Serie, 1896-1897), S. 115 ff.。

导论 "神话哲学"的问题

来，就打开了一种普遍**意义理论**，它把语言和神话不可分割地结合在一起并相互关联起来。通过乌斯纳的理论，语文学和宗教史在哲学方面取得的进步在于，现在不再追问个别神话的赤裸裸的内容，而是追问作为整体的神话和语言，把它们视为具有内在规律的精神形式。对于乌斯纳而言，神话学只不过是关于神话的学说（λόγος），或"宗教表象的形式学说"。它的追求只不过是"揭示神话表象的必然性和规律性，并借此不仅理解民间宗教的神话构成物，而且理解一神论宗教的表象形式"。这种方法能够在多大程度上从诸神的名称以及这些名称的历史中读出诸神的本质，以及这种方法能够在多大程度上阐明神话世界的结构——乌斯纳的《神名论》为此提供了令人钦佩的例子。在这里不仅从语言学和语言史出发在细节上阐明了古希腊诸神形象的意义与转变，而且同时试图揭示神话与语言表象中的普遍的、典型的次序并由此揭示它们双方发展中的相互一致性。① 但由于神话包含了关于世界的一种知识的最初开端和尝试，进一步说来由于它也许表现了**美学幻想**的最早的、最普遍的产物，因此，我们在神话中又看到了精神"本身"的直接统一性（jene unmittelbare Einheit »des« Geistes），所有的个别形式（Sonderformen）都只是该统一性的碎片（Bruchstücke）和个别表现（einzelne Manifestationen）。但是在这里，我们的一般任务也要求，不是探寻一种所有对立似乎都消失于其中并在其中互相转化的起源统一性，而是探寻一种批判的-先验的概念统一性，这种统一性旨在保持、清晰地规定和限定个别形式。如果人们把含义问题与指称问题结合起来，亦即如果我们反思不同精神表达形式把"对象"与"图像"、"内容"与"记号"结合起来的方式，同时反思二者彼此脱离开来并获得相对对方的独立性的方式，这种分离的原则（Prinzip dieser Sonderung）就表达清楚了。

---

① S. Hermann Usener, *Götternamen. Versuch einer Lehre von der religiösen Begriffsbildung*, Bonn 1896 [Zitat S. VI]. ——更多内容参见我的著作：*Sprache und Mythos. Ein Beitrag zum Problem der Götternamen*, Leipzig/Berlin 1925 (Studien der Bibliothek Warburg, hrsg. v. Fritz Saxl, Bd. 6)。

因为基本的一致性要素在这里表现为，在神话、语言、艺术性构形（Gestaltung）和关于世界及其关联的诸基本理论概念的形成（Bildung）中都确证了记号（Zeichen）的积极的、创造性的力量。**洪堡**说，人把语言置于他自己与从内部和外部作用于他的自然**之间**——他用一个声音的世界包围着自己以便接受对象世界并加工对象世界：这一说法同样适用于神话幻想和美学幻想的构成物。它们不是对从外部作用于精神的印象的反应（Reaktionen），而是真正的精神行动（echte geistige Aktionen）。在最初的亦即在一定意义上"最原始"的神话表现中，下面这一点就已经很清楚了，即我们在这些表现中不得不面对的不是存在的单纯反映（eine bloße Spiegelung des Seins），而是一种独特的构成性的加工和表现（eine eigentümliche bildende Bearbeitung und Darstellung）。在这里也可以发现，"主体"与"客体"、"内在"与"外在"之间一开始存在的张力是如何由于一个新的、越来越形态多样和丰富的中间王国出现在了这两个世界之间而逐步消失的。精神把一个独立的图像世界（Bildwelt）与包围着和支配着自身的事物世界（Sachwelt）相对立——"表达"的主动力量（die tätige Kraft zum »Ausdruck«）逐渐越来越清晰地且有意识地与"印象"的力量（Macht des »Eindrucks«）相对立。但是，这种创造事实上还不具有自由精神行为（Tat）的特征，而是带有自然必然性的特征、一种明确的心理学"机械论"的特征。正是因为在这个阶段还不存在任何独立的、有自我意识的、自由地活在其生产中的自我（frei in seinen Produktionen lebendes Ich），正是因为我们在这里还处在那个注定要划分开"我"与"世界"的精神过程的**门槛**上，所以，新的记号世界必然向意识本身表现为一种完全"客观的"现实。神话的一切开端，尤其是一切巫术世界观（alle magische Weltauffassung），都充满了对记号的客观本质性和客观力量的这种信仰。语词的魔法（Wortzauber）、图像的魔法（Bildzauber）、文字的魔法（Schriftzauber）构成了巫术活动（magische Betätigung）和巫术世界观的基本要素。如果人们看一下神话意识的整个结构，就能够在这里

导论 "神话哲学"的问题

发现一种独特的悖论。因为如果——按照一种广为流行的见解——神话的基本冲动是一种赋予生命的冲动（ein Trieb zur Belebung），即对一切定在要素（Daseinselemente）达到具体的-**直观**的把握和表现的冲动，那么这动力何以尤其强烈地指向"最不真实的东西"和无生命的东西呢？语词、图像和记号的阴影王国何以获得了对神话意识的一种如此真实的控制呢？在一个这样的世界里，普遍概念一无是处，感受、直接的本能、感性的知觉和直观似乎是一切，对抽象的这种信仰是如何形成的呢？这种符号崇拜（Kult des Symbols）是如何形成的呢？只有当人们认识到这个问题——至少在这种形式中——提错了，才能发现这个问题的答案——因为这个问题把我们在思想性研究、反思和科学知识阶段上才开始做出而且必然要做出的区分带进了一个先于这种区分且对这种区分漠不关心的精神生活领域。神话世界之所以是"具体的"，这并不是因为它只与感性-对象性的内容有关，并不是因为它排除和排斥了一切单纯"抽象的"要素、一切只是含义和记号的东西——神话之所以是具体的，是因为在神话中，物的要素与含义的要素这两个要素还是无区分地融合在一起的，它们在这里是一同生长在一个直接统一体中的，是"融为一体"的。神话作为一种原初的**构形**方式从一开始也建立起了一条与感性的-被动的印象相对立的确定界限（eine bestimmte Schranke）——与艺术和知识一样，神话也是在与直接的"现实性"即完全给定的东西分离开来的过程中产生的。尽管在这个意义上它意味着超出"给定东西"最初的一步，但是它的产物立即又退回到了给定东西的形式中。神话在精神上把自己提升到物的世界之上，但是在它借以取代物的世界的形态和图像中，它只是换上了另一种形式的定在以及与物的世界的另一种联系形式。看起来使精神摆脱了物的锁链的东西现在变成了它的一条新锁链，而且这新的锁链还更无法撕碎，因为它不是单纯的物理力量，而是一种精神力量。但是，**这种**强制事实上已经包含着自身将要被消除（künftige Aufhebung）的内在条件，包含着精神解放过程（geistiges Befreiungsprozess）的可能性，这个精神解放过程在从**巫术-神话**世界观向着真正**宗教**世界观的进步中在实际地发生着。正如我们接下来的研究详尽证明的，这一转化的条件在于，精神把自己置于与"图像"和"记号"世界的一种新的自由的关系中——在它还直接生活于其中并利用它的时候，同时又以另一种方式了解了它们，并由此超越了它们。

如果我们在这里把神话与符号表达的其他领域相比较，那么，精神通过自身创造的图像世界所经历到的这种连接与分离（Bindung und Lösung）的基本关系辩证法还会在更大的范围内因此也会在更高的清晰度上表现出来。对于语言来说，一开始并不存在把语词与其含义、表象的事实内容（Sachgehalt）与单纯记号的内容明确分离开的分界线，相反，二者是直接合一并相互转化的。对于"唯名论"而言，语词是习惯性记号，是**单纯的声息**（*flatus vocis*），这种观点只是后来反思的产物，而不是"自然的"、直接的语言意识的表达。对于"自然的"语言意识来说，事物的"本质"不仅在语词中被间接地指明了，而且以某种方式包含在语词中，在语词中就是在场的。在"原始人"的语言意识中以及在儿童的语言意识中，名称与事物（Sache）的完全"共生关系"（Konkreszenz）——人们在这里只需要思考一下不同形式的名称禁忌——还有非常丰富的例子。但是在语言精神发展的进展中，它们也越来越明确、越来越有意识地分离开了。如果说与神话世界一样，语言世界最初还坚持语词和本质、"能指"和"所指"的等同性（Einerleiheit），那么，随着其内部出现独立的基本**思想**形式，即真正的逻各斯力量，语言才越来越明确地摆脱这种等同性。不同于一切其他单纯物理定在和一切物理效果，语词作为一种特殊的和独特的东西表现出了自己纯粹**观念性**的、"指意性的"（signifikativ）功能。艺术引导我们达到了"摆脱"这种等同性的一个新阶段。在这里，一开始也没有在"观念"与"实在"之间画出任何明确清晰的分界线；在这里，"构成物"也没有立即就被视为创造性的形成过程（Prozess des Bildens）的结果、被视为"生产性的想象力"（produktive Einbildungskraft）的纯粹创造。毋宁说，造型艺术的开

导论 "神话哲学"的问题

端似乎退回到一个这样的领域,在这里形成活动本身(die Tätigkeit des Bildens selbst)还直接根植于巫术表象领域,并指向特定的巫术**目的**,因此图像本身还完全没有独立的、纯粹"审美的"意义。尽管如此,在精神表达形式的发展中,真正艺术构形的最初冲动(Regung)已经达到了一个全新的开端和新的"原则"。因为在这里图像世界(Bildwelt)首次获得了与单纯事实和事物世界的精神相对立的纯粹**内在**的有效性和真理。它并不以别的东西为目标,也不指向别的东西;而是它单纯"存在着"(ist),并自我持存(besteht in sich selbst)。我们现在走出神话意识所依附的**效果**领域和语言记号所依附的**含义**领域,而进入如下领域,在这里似乎只有纯粹的"存在"、只有图像本身所固有的本质性才被理解为这样的东西。如此一来,图像世界首次形成了一个停靠在自身重心上的自足宇宙。只有现在精神才能与图像世界发生真正自由的关系。用物性的、"实在论"的观点来衡量,审美世界变成了"假象"的世界(Welt des »Scheines«)——但当这个假象抛开与直接现实的联系,抛开与定在和活动世界(巫术和神话观点就活动在这个世界中)的联系时,它由此又包含着走向"真理"的全新的一步。因此,尽管神话、语言和艺术的构形(Gestaltungen)在它们具体的、历史的现象中彼此直接相互交织,它们之间的关系还是表现出一种确定的、系统的发展,即朝着如下目标的观念性进步;在达到这些目标时,精神不仅存在于(ist)和生活于(lebt)其自身的形态(Bildungen)、其自主创造的符号中,而且理解了这些形态和符号是什么。正如**黑格尔**在他的《精神现象学》中所表明的,发展的目标在于,不是单纯地把精神存在理解和表达为实体,而是"同样"理解和表述为"**主体**"①。在**这**方面,从"神话哲学"中生长出来的问题又与从纯粹知识哲学和逻辑学中产生的问题直接相关。因为科学与精神生活的其他阶段的区别并不在于,科学不需要任何记号和符号的媒介直接面对赤裸的真理、"物自体"

---

① [Hegel, *Phänomenologie des Geistes*, S. 14.]

的真理，而在于，科学以不同于其他精神生活阶段的方式并比它们更深刻地知道和理解了，它所使用的符号就是**符号**。但是对于科学而言，这一步也不是一下子就能完成的；毋宁说，精神与其自身创造物典型的基本关系在这里又在一个新的阶段上重复出现了。在这里，必然也是只有在持续的批判的劳作中才能获得并确保相对于这些创造物的自由。在认知（Wissen）中，人们也是先**使用**知识（Erkenntnis）的诸"假设"和"基础"（Grundlegungen），然后才把它们的独特功能理解为基础，而且只要还没有达到这种知识，认知就只能以物性的（dinglich）亦即半神话的形式去表达和直观它自己的原则（Prinzipien）。

这些一般性的研究暂时规定了神话在精神形式体系中占据的位置。但是现在为了把我们的注意力转向神话的"实在"概念以及神话具有的客观性意识（Objektivitätsbewußtsein）的特殊性，我们要离开这些一般性的研究。

# 第一部分
## 作为思维形式的神话

# 第一章　神话对象意识的特征和基本方向

批判哲学的一个最初的、本质性的洞见是，对象不是以完成的和僵死的、赤裸的自在状态（Ansich）"给予"意识的，相反，表象与对象的联系以意识的一种独立的、自发的行动为前提。对象并不是先于和外在于综合的统一性存在的，而是只有通过综合的统一性才构成的——对象不是烙印在意识上的固定形式（Form），而是借助意识的基本工具、借助直观和纯粹思维的条件才完成的赋形的产物（das Ergebnis einer Formung）。《符号形式哲学》接受这一批判的基本思想，接受这一构成康德"哥白尼式革命"基础的原则，并努力予以拓宽。它不仅在理论的-理智的领域寻找对象意识的范畴，而且其出发点在于，当一个宇宙、一种特殊的和典型的"世界图像"（Weltbild）从印象的混沌中形成时，这种范畴必定在发挥着作用。只有通过特殊的客观化行动，只有通过把单纯的"印象"变为本身确定的和被赋予形态的"表象"（in sich bestimmten und gestalteten» Vorstellungen«）的塑造行动，所有这些世界图像才可能存在。即使我们能够以这种方式把客观化的**目标**追溯到那些位于我们的经验、我们的科学世界图像的理论性对象意识之前的层次，但是当我们下沉到这些层次时，客观化过程的**道路**和**工具**还是都发生了改变。只要这条道路的**方向**还没有被辨认出来、还没有被一般性地指出来，那么，这条道路的特殊进程、其个别阶段、其停顿点和转折点就不可能清晰。这一方向绝不是"简单的"和唯一的，感官印象的杂多性被统摄为精神统一性的方式和趋势又能够表现为最多样的含义的细微差别；如果我们现在观察一下神话思维中的客观化过程与理论思维、纯粹经验思维中的客观化过程之间的对立，我们到目前为止研究的这一整体结论就能够得到清晰丰富的证实。

当我们考虑经验思维的最高形态即科学的构形和结构，尤其是"精密"自然科学的基础时，经验思维的逻辑形式表现得最为明显。但是，在这里**达到**最高完善程度的东西已经**存在于**经验判断的每一种最简单的行动（jeder einfachste Akt）中，已经存在于对特定知觉内容进行经验性比较和搭配（Zuordnen）的每一种最简单的行动中。用康德的话来说，科学的发展只是让作为"全部感觉可能性"①之基础的那些原理获得了完全的现实性、充分发展和彻底的逻辑规定。但是，实际上被称为我们的知觉世界的那种东西绝不是简单的东西，绝不是从一开始就自明的给定东西，而是只有当它经历了特定的理论性基本行动并被该行动把握住（erfaßt）、"理解了"（apprehendiert）和规定了（bestimmt）时，它才"存在"（ist）。如果我们从知觉世界的原初直观形式（anschauliche Urform）出发，从知觉世界的**空间性**构形（Gestaltung）出发，这种普遍性的基本关系也许表现得最清晰。在空间中"共存"、"并存"、"分离"和"并列"这些关系，并不是与"简单的"感受、与在空间中组织起来的感性"材料"一起被给予的，相反，它们是经验思维最为复杂的、完全**间接的**产物。如果我们把一个特定的尺寸、位置和距离归属于空间中的事物，那么我们由此说出的并不是感官感受的简单材料，相反，我们把感性材料置于一

---

① ［S. Kant, *Kritik der reinen Vernunft*, S. 171（B 226）.］

第一部分 作为思维形式的神话

种关系关联和体系关联（Relations- und Systemzusammenhang）之中，最终可以证明这种关系关联和体系关联只是一种纯粹的**判断关联**（Urteilszusammenhang）。空间中的每一种分节（Gelierderung）都以判断中的一种分节为前提；只是由于个别的感性印象受到判断的不同评价，只是由于它们被赋予了不同的**含义**，所以方位、尺寸和距离上的每一种差异才是可以把握住和设定的。对空间问题的知识批判的和心理学的分析已经从各个方面阐明了这种关系，并且确立了其基本特征。无论人们是与赫尔姆霍茨（Helmholtz）一起谈论"无意识推论"（unbewuBte[n] Schlüsse）①，还是拒绝这个**表达**（它事实上包含着特定的危险和歧义），"先验的"研究和生理-心理学的研究都表明了，无论是在整体上还是在细节上，知觉世界的空间秩序都可以追溯到辨别、区分、比较和归类的行动，就它们的基本形式而言，它们都是纯粹的理智行动。只有当印象借助于这些行动被分节（gegliedert）了，只有当这些印象被分配到不同的**含义层**（Bedeutungsschichte）时，对于我们而言才产生了"在"空间"中"的分节，它似乎是理论含义分层（Bedeutungsschichtung）的直观反映。而且假如印象的这些不同的"分层"——正如我们在生理光学中了解到的——不是以又一个普遍的原理、一个普遍使用的标准为基础，那么这种分层本身就是不可能的。从直接的感官印象世界向间接的直观"表象"的尤其是空间"表象"的世界转变的基础是，在流动的始终等同的印象系列中，恒常的**关系**（这些印象就处于这些稳固的关系中，并且是按照该关系重新出现的）必须逐步作为一种独立的东西突出出来，并由此与不停变动的、完全不稳定的感官内容典型地区分开来。现在这些稳固的关系构成了"客观性"的固定结构和似乎固定的框架。如果说幼稚的、尚未被认识论的怀疑和问题触动的思维习惯于大方地谈论"事物"及其属性的恒常性，那么，对于批判的研究而言，如果人们追溯到这种恒常性的源头和最

---

① [Hermann Helmholtz, *Handbuch der physiologischen Optik*（*Allgemeine Encyklopädie der Physik*, hrsg. v. Gustav Karsten, Bd. IX), Leipzig 1867, S. 430.]

后的逻辑基础，关于恒常事物和属性的这种主张又消失于这种关系的确定性中，尤其是消失于始终不变的尺度关系和数字关系的确定性中。正是这些关系建构起了经验客体的存在（das Sein der Erfahrungsobjekte）。但是如此一来，这又表明了，对一种特殊经验"事物"或一个特定的经验事件的每一种**理解**都包含着一种**评估**行动（ein Akt der Schätzung）。经验"现实"即"客观"存在的固定核心与单纯的表象或想象世界的区别是，持存的东西与流动的东西、始终不变的东西与变化的东西、固定的东西与转变的东西越来越明确清晰地区别开了。个别感官印象并没有因简单地按照它是什么和立即给出了什么而为人所接受，相反，它面临着如下问题，即它在经验的整体中在多大程度上证明（bewähren）了自己，以及在多大程度上相对于这个**整体**确证（behaupten）了自己？只有当它承受住了这个问题和这种批判的检验，它才会被视为和接受进入现实的王国、客观规定性的王国。而且这种检验、证明在经验思维和经验认知的任何阶段都没有终点，而是总会一再重新开始。我们经验的常量（die Konstanten）一再证明自己只是相对的常量，这种常量同样需要其他更固定的东西的支持和奠基。因此，"客观东西"与"主观东西"之间的界限从来都不是从一开始就不可动摇的，而只是在经验及其理论奠基的持续过程中才形成和确定的。正是通过持续更新的精神劳作，我们称为客观存在的东西才在不停地改变自己的轮廓，以期在改变了的和更新的形态中重新生产（wiederherstellen）出自己。但是这一劳作本质上是**批判**的。到目前为止被视为稳固的、有效的、"客观-现实的"那些要素被越来越多地排除了，因为很显然，它们并不能没有矛盾地嵌入整个经验的统一体中，或者说，它们至少——按照这个统一体来衡量——拥有一种只是相对的和有限的而非绝对的含义。被用来作为**个别**经验现象（Phänomen）以及这个现象所属的那个"存在"（Sein）的真理性标准的，始终都是现象**一般**的秩序和规律。因此，在这里，在经验世界关联的理论建构中，所有特殊者都间接地或直接地与一个普遍者有联系并且是

第一部分 作为思维形式的神话

由普遍者衡量的。"表象与对象的联系"① 最终说的只是而且从根本上说只不过是把它归并到一个更大系统性的整体背景（Gesamtzusammenhang）中，它在这个整体背景中有一个明确规定的位置。因此，在这种思维形式中，对个别者的把握（Erfassung）和单纯领会（die bloße Apprehension）已经是在法则概念之下（*sub specie* des Gesetzesbegriff）完成的。个别者即特殊的存在和具体的-特殊的事件存在着（ist）并且持存着（besteht）；但是，只是由于我们能够把它思考为而且必须把它思考为普遍法则的一个特殊情形（Sonderfall），或者更精确地说，普遍法则的总和（Inbegriff）或体系（System）的一个特殊情形。因此，这种世界图像的客观性只不过是其完全自足性（vollständige Geschlossenheit）的表达，只不过是如下事实的表达，即我们在每一个个别的东西中以及伴随着每一个个别的东西必然同时想到整体的形式（die Form des Ganzen），从而似乎只是把它视为这个整体形式（Gesamtform）的一个特殊表达及"代表"（Repräsentanten）。

但是，现在从对理论性的经验思维提出的这项任务中必然也产生出了进一步解决该任务的思想**工具**。如果说它的目标在于一种最高的和最普遍的**综合**，在于把一切特殊的东西都统摄（Zusammenfassung）为经验的普遍统一性（durchgängige Einheit），那么，唯一能够达到这一目标的方法毋宁说指向了明显相反的方向。在这些内容能够以这种方式被重新排列（umordnen）之前，在它们能够进入体系性整体的形式之前，这些内容本身必然经历了一番改造（Umbildung）；这些内容必然被还原为了——而且在一定意义上是融入——不能在直接感性印象中得到理解而只能在理论思维中才能被设定的最终"要素"。如果不设定这些要素，经验和科学的法则思维（Gesetzesdenken）似乎还缺少能够与之连接起来的基础。因为知觉本身

---

① [Immanuel Kant, *Erste Einleitung in die Kritik der Urteilskraft*, in: Werke, Bd. V, hrsg. v. Otto Buek, Berlin 1914, S. 177–231 [u. 590–605 (Lesarten)]; S. 202 (Akad.-Ausg. XX, 221).]

(Wahrnehmung als solche）的完整内容和构形并没有给这种思想提供任何支撑或支点。这些内容和构形并不适应任何普遍的和固定的秩序，它们并不具有真正**明晰的**规定性特征，而是说，就其直接定在来理解，它们表现为一种全然流动和易逝的东西，这种流动和易逝的东西反对任何试图在它们身上区分出真正明确和精确"边界"的尝试。只有当人们从现象的直接定在和直接属性退回到一种别的东西，这种东西本身不再是现象（nicht mehr erscheint）而毋宁要被思考为现象的"根据"（Grund）时，才能确定这样的"边界"。因此，举例来说，只要我们还简单地在具体知觉对象领域寻找运动的主体，那么就不能对运动的真正"精确"法则做出公式化的表述（Formulierung）。只有当思想超出这个范围，只有当思想开始把原子设定为运动的"真正"主体和新的观念性要素时，思维才能从数学上把握运动的现象（Phänomen）。正如在这里一样，理论性的经验思维所追求的**综合**一般说来都以一个对应的**分析**为前提，而且只能在这种分析的基础上建构起来。在这里，结合（Verknüpfung）以分离（Trennung）为前提，正如分离的目标只在于让结合得以可能和为这种结合做好准备一样。如果人们按照其历史上的原初含义即按照柏拉图赋予它的含义来理解辩证法概念，如果人们把它思考为结合和分离、"$συναγωγή$"和"$διαίρεσις$"的统一体的话，那么，在这个意义上，所有的经验思维本身都是辩证的（in sich dialektisch）。这里存在的逻辑圆圈只不过是经验思维本身的那种不断循环的表达，经验思维本身必定始终同时是分析的和综合的、进步的和复归的，因为经验思维把特殊内容分解为其构成性的因素以便从这些作为其前提的因素中重新"在源头"（genetisch）生产出这些内容。

认知的世界（die Welt des Wissens）正是在这两个基本方法的交互作用（Wechselwirkung）、相互关系（Korrelation）中才获得了自身典型的形式。把认知世界与感性印象世界区分开来的，不是建构起感性印象的材料，而是把握住这些材料的那种新秩序。这种秩序形式要求，逐渐越来越确定地和明确地分离开在直接知觉中还是无区分地

第一部分　作为思维形式的神话

并列存在的东西；单纯共存的东西被改造为一种上下隶属关系——一个"原因"和"结果"系统。思维在这个原因和结果范畴中发现了真正有效的分割工具（Scheidemittel），这个工具使得思想有可能对感性材料完成新的结合（Verknüpfung）方式。在感性世界观只看到一种平静的共存（Beieinander）、只看到"事物"的一种聚集（ein Konglomerat von »Dingen«）的地方，经验的-理论思维看到的却是一种相互渗透（Ineinandergreifen），即"诸条件"的复合体（eine Komplexion von »Bedingungen«）。在这些条件的等级结构（Stufenbau）中，每一个特殊的内容都被分配了确定的位置。在感性的见解满足于确立个别内容"是什么"（Was）时，这种单纯的"是什么"现在变成了"原因"（Weil）的形式，内容的单纯共存（Koexistenz）或连续（Succession）——这些内容在时空中的共同给定性（Mitgegebenheit）——被这些内容的观念的依赖性（它们互为-基础的-存在）取代了。但是如此一来，同时又实现了从最初的未反思的事物观点的简单性和似乎幼稚性进步到了客体概念含义（Bedeutung des Objektbegriffs）的精细化和差异化。"客观"——在理论世界观及其知识理想的意义上——不再意味着按照感受的证据在我们面前表现为简单的"定在"（ein einfaches »Dasein«）和简单的"如此存在"（ein einfaches »Sosein«）的一切东西，而是意味着拥有持久性保证的东西，即拥有持续和彻底规定性的保证的东西。因为这种规定性——正如"感官上的错觉"的每一个现象所证明的——不是知觉的一种直接的属性，因此，知觉越来越多地脱离了它一开始似乎所处的客观性中心，移到了边缘。一个经验要素的客观含义现在不再依赖于感觉的要素逐个地施加到意识上的感性力量（sinnlichen Gewalt），而是依赖于整体的形式和规律表达反映在感觉要素中的清晰性。但是由于这种形式不是一下子就出现的（vorhanden），而只是在持续的阶梯中建构起来的，因此这里表现出了经验真理概念的分化（Differenzierung）和渐变（Abstufung）。单纯的感官假象（Sinnenschein）不同于关于客体的经验真理，这种真理不是被直接把握住的，而是只有在理论的进步中、在科学法则思维的进步中才达到的。这种真理本身之所以不具有任何绝对的特征，而具有相对的特征，恰恰是因为这种真理与一般的条件背景（Bedingungszusammenhang）及作为该背景之基础的那些前提和"假设"是一致的。常量（das Konstante）总是有别于变量（das Veränderliche），客观性总是有别于主观性，真理总是有别于假象：经验的东西正是在这种运动中才向思维表现出了确定性——才表现出了它真正的逻辑特征。经验客体的肯定存在似乎是通过一种双重的否定：一方面通过与"绝对者"区别开，另一方面通过与感官的假象（Sinnenschein）区别开，才为我们所获得。经验客体的肯定存在是"现象"（Erscheinung）的客体，但是，就这个"现象"以知识的必然法则为基础而言——就它是一种"**牢固基础上的……现象**"①（*phaenomenon* [...] *bene fundatum*）而言，它不是"假象"（Schein）。这又表明了，在理论思维领域中，客观性的普遍概念，正如其个别的具体实现一样，都以对经验要素的持续**区分**行动（Akt der Sonderung）、以一种批判性的精神劳作为基础，在这种精神劳作中，"偶然性的东西"与"本质性的东西"、变动的东西与恒常的东西、偶然的东西与必然的东西越来越多地分离开了。

没有哪个经验意识阶段——不论它多么"原始"和未经反思——是不能清晰地辨认出这种基本特征的。事实上，认识论的研究经常把纯粹直接性、单纯给定性的状态视为一切经验知识的起点，在这种状态下，只应该在印象简单的感性属性中接受印象并在这种属性中"体验"印象——而印象没有获得任何赋形（Formung），也没有获得任何思想的处理（denkende Bearbeitung）。因此，在这里，一切内容似乎都还处在一个平面上，本身还不存在朴素简单的"定在"之分裂开和分离出来的特征。但是人们在这里太轻易地就忘记了，这里预设的全然"幼稚的"经验意识（Erfahrungsbewußtsein）阶段本身并不是

---

① [Gottfried Wilhelm Leibniz, *Brief Nr. 33 an Burcher de Volder*, in: *Philosophische Schriften*, hrsg. v. Carl Immanuel Gerhardt, 7 Bde., Berlin 1875–1890, Bd. II, S. 275–278; S. 276.]

## 第一部分　作为思维形式的神话

事实，而只是一种理论结构——从基本上说它只不过是知识批判的反思所创造的一种边界概念（Grenzbegriff）。即使在经验知觉意识（Wahrnehmungsbewußtsein）还没有发展到抽象科学的知识意识（Erkenntnisbewußtsein）的地方，经验知觉意识也已经隐含地（implizit）包含在知识意识中以显明的（explizit）逻辑形式表现出来的那些划分（Scheidungen）和分离（Trennungen）。这一点已经由**空间意识**的例子表明了，但是，适用于空间的，也完全适用于构成"经验对象"之基础并建构起"经验对象"的其他秩序形式。因为每一种朴素的"知觉"（Wahrnehmung）都已经包含一种"视为真的"（Für-Wahr-nehmen）——因而包含一种确定的客观性规范和一种客观性尺度。更仔细地加以研究可以发现，知觉已经是意识对"印象"的混乱大量的东西（chaotischen Masse der »Eindrücke«）进行的一个选择和区分的过程。必须从这些在任一给定的时间点上涌现出的印象中把确定的特征（bestimmte Züge）作为重复出现的和"典型的"固定下来，并把它们与其他单纯偶然的和短暂的东西对立起来——必须强调一些确凿的要素（gewisse Momente），与之相反，另一些则作为"非本质性的"要素被排除了。我们对从各个方面涌现出来的知觉材料进行"选择"，赋予该知觉材料一种确定的形式从而获得一个确定"对象"，这一切之所以可能是因为以这种"选择"为基础；把知觉与一个客体联系起来的可能性也以这种"选择"为基础。因此，就在知觉中已经存在和起作用的有效性区分（Geltungsunterschiede）在科学经验中被提升为了**知识**的形式，亦即被固定在概念和判断中而言，知觉的对象意识（Gegenstandsbewußtsein）与科学经验的对象意识并没有原则上的不同，而只有程度上的不同。①

但是，如果我们考虑一下我们在神话意识中面对的那些其他类型的对象和对象性，那么，我们就朝着"直接东西"的方向（Richtung

---

① 对于这些知识论预先研究的更详细的论战，必须提到我在著作《实体概念与功能概念》中的深入描述：*Substanzbegriff und Funktionsbegriff. Untersuchungen über die Grundfragen der Erkenntniskritik*，Berlin 1910 [ECW 6]（bes. Kap. 4 u. 6）。

auf das »Unmittelbare«）更近了一步。神话也生活在一个纯粹形态（Gestalten）的世界里，对于神话而言，这个世界是一个完全客观的东西（ein durchaus Objektives），是全然客观的（das Objektive schlechthin）。但是，神话与这个世界的联系还没有表现出作为经验性的和概念性的认知的开端的那个决定性"危机"的丝毫迹象。如果说神话的内容是在对象性的含义上（in gegenständlicher Fassung）并作为"现实的内容"给予神话的，那么，这种现实性的形式还是完全同质的和无差别的。在这里还完全缺少知识（Erkenntnis）表象在其客体概念中的含义和值的细微差别（Bedeutungs- und Wertnuancen），这种细微差别使得知识能够把不同的客体领域严格地分离开，并能够在"真理"世界与"假象"世界之间画出一条分界线。神话停留在其客体的当下（Gegenwart）里——停留在它在某个特定时刻抓住意识并占有意识的强度里。因此，神话缺乏把这个时刻拓展到其自身之外、看到该时刻之前或之后的那些时刻，把它作为一个特殊的东西与现实性要素的整体联系起来的一切可能性。在这里存在的只是单纯地屈服于印象本身，屈服于印象当时的"在场"（Präsenz），而没有思维的辩证运动，对于思维的辩证运动而言，每一个给定的特殊东西都只是变成了一个与其他东西结合起来、组合为一个系列、最终以这种方式归入事件的一种普遍**规律**（eine allgemeine Gesetzlichkeit des Geschehens）的机会（Anlaß）。意识是作为一种简单的定在着的东西被局限在神话中的——它既没有动力也没有可能去纠正或批判此时此地给定的东西，由于意识是被一种还没有给予的东西、按照一种过去的或未来的东西来**衡量**的，它还局限在自己的客观性中。但是如果这种间接的尺度失效了，一切存在、一切"真理"和现实都变为内容的单纯在场（Präsenz），那么，如此一来，所有一般性的现象（alles überhaupt Erscheinende）都被置于一个唯一的平面（Ebene）上。在这里没有不同的实在性**等级**（Realitätsstufen），没有彼此分离开的客观确定性程度（Grade）。因此，以这种方式产生出来的实在性图像似乎还缺少深度的维度（Tiefendimension）——前景（Vordergrund）和背景

第一部分　作为思维形式的神话

(Hintergrund) 还没有分离，在经验-科学概念、在"原因"（Grund）与"结果"（Begründeten）的区分中都典型地完成了这种分离。

在这里，神话思想的这一基本特征首先得到的是最一般性的说明，现在神话思维大量进一步的特征也已经被规定为这一基本特征的简单的和必然的结果，——神话现象学已经粗线条地指明了这一基本特征。事实上，只要短暂地看一眼神话意识的**事实**就可以发现，神话意识一般说来还不了解任何确定的分界线（Trennungslinien），而经验概念和经验科学思维把这种分界线视为完全必然的。首先，神话意识还缺少单纯的"表象"与"现实的"知觉之间、愿望与实现之间、图像（Bild）与事实（Sache）之间的任何固定的边界（Grenzscheide）。这一点被**梦境体验**（Traumerlebnisse）在神话意识的起源和建构中所具有的决定性含义最清晰地表现了出来。万物有灵论试图从这一个源头引申出神话的整个内容，它主要把神话解释为从梦境经验与清醒经验的"混淆"和混合中产生的，这一理论在主要由泰勒赋予它的形式中依旧是片面的、不充分的。① 但是，只有当我们考虑到，对于神话思维和神话"经验"而言，在梦境世界与客观"现实"世界之间总是存在着一种持续摇摆，特定的基本神话概念的独特结构才是毫无疑问可以理解的和可以看透的。即使在纯粹实践的意义上，亦即在人类不是在单纯的表象中而是在对现实的行动和行为中，特定的梦境经验也拥有与在清醒状态下体验到的相同的力量和含义（Bedeutsamkeit），因而也间接地具有相同的"真理"。许多"原始民族"的整个生命和活动，直至最细小的细节，都是由它们的梦境决定和引导的。② 而且，对于神话思维而言，生与死之间的区别并不比梦境与

---

① 奥托（Walter Friedrich Otto）最近正确地强调了，原始"灵魂概念"的内容中最与众不同的特征不能完全从梦的经历（Traumerlebnisse）中引申出来，也不能从中得到理解。Walter Friedrich Otto, *Die Manen oder Von den Urformen des Totenglaubens. Eine Untersuchung zur Religion der Griechen, Römer und Semiten und zum Volksglauben überhaupt*, Berlin 1923, bes. S. 67 ff.

② 在这里，关于这一点的大量材料尤其可参见列维-布留尔所汇总的：Lucien Levy-Bruhl, *La mentalite primitive*, Paris ²1922 (Travaux de l'annee sociologique). 也可参见：Brinton, *Religions of Primitive Peoples*, S. 65 ff. 。

47

清醒之间的区别更大。二者之间的关系与存在和非存在之间的关系不一样，而是像同一个存在的两个相似的、同质的部分。对于神话思维而言，并不存在把生变成死、死变成生的确定的和清晰地区分开的要素。正如它认为出生是重现（Wiederkehr），也认为死亡是延续（Fortdauer）。在这个意义上，神话的所有"不朽学说"最初所具有的与其说是积极的-独断的含义，不如说是消极的含义。本身无区分和未反思的意识拒绝做出实际上并不直接存在于经验内容中的区分，相反，这个最终结果只是对生命的经验**条件**进行思索（Besinnung）的结果，因此是**因果分析**的一种特定形式的结果。如果仅仅按照它在直接印象中的样子来接受所有的"现实"——如果就其作用在表象生命、情绪生命和意志生命上的力量而言，所有的"现实"都被视为充分证明了的，那么，即使死者过去的表现形式（Erscheinungsform）已经发生变化，即使单纯的影子的无肉身的定在（Dasein）取代了感性的、物质的实存（Existenz），死者仍旧"存在"（ist）。在这里，"真实存在"（»wirklich sein«）和"有作用"（»wirksam sein«）变成了一个东西（eins），只有死者的**继续存在**（Fortbestand）才能表达和"解释"如下事实，即生者与死者在梦境现象（Traumerscheinungen）以及在爱、恐惧等情感中始终有**关联**。毋宁说，在这里对"定在"本身无差别的直观取代了发达的经验思维在生的现象与死的现象之间以及在这些现象的经验前提之间所运用的分析的审慎（die analytische Diskretion）。按照这种直观，**物理**定在没有在死的瞬间突然中断，而只是改变其舞台（Schauplatz）。所有死者崇拜（Totenkult）本质上都以如下信仰为前提，即死者也需要物理手段来保存他的存在，他也需要自己的食物、衣服和财产。如果说在**思维**的阶段上、在形而上学的阶段上，思想必然努力地提供灵魂在死后还继续存在（Fortdauer）的"证据"，那么，在人类精神史的初期则是相反的关系在起作用。在这里，必须"被证明的"，亦即必须在理论上弄清的，只有通过逐步的反思在直接经验内容中画下的分割线才逐步证明和证实的，不是永生性（Unsterblichkeit），而是有死性（Sterblichkeit）。

第一部分　作为思维形式的神话

如果人们不是从外部来反思神话意识的内容，而是希望从内部理解其内容，那么，人们必须一直记住的是，由经验思维和批判知性所区分开的所有这些不同的客观化等级在这里是典型地相互渗透的，是被忽视的。我们习惯于把这些内容理解为"符号的"，寻找其背后它们间接地指向的隐藏意义。神话（Mythos）由此变成了神秘（Mysterium）：其真正含义和真正深度并不在于它自身的内容所揭示（offenbaren）的东西，而在于它所隐藏的东西。神话意识等同于一种密码，只有那个拥有其钥匙的人，亦即那个认为这种意识的特殊内容从根本上说并不是它们之中不包含的一个"他物"的约定记号的人，才能理解和识读它。由此形成了神话释义的各种不同方式和方向——揭示神话中包含的理论性的或道德的意义内容的各种尝试。① 中世纪哲学把这种解释区分为三个等级：寓言义（sensus allegoricus）、灵意义（sensus anagogicus）和神秘义（sensus mysticus）。尽管浪漫派试图用对神话的一种纯粹"同义的"理解来代替"寓言"的理解，因此从神话的基本现象自身出发而不是从它与个别东西的联系出发来理解神话的基本现象，但是即使浪漫派也没有**从原则上**克服这种"寓意法"。克罗泽的《古老民族的符号和神话》以及**格雷斯**（Görres）的《亚洲的神话故事》把神话看作一种寓言式-符号性的语言，其中包含着一种隐秘的和更深刻的意义、一种纯粹观念性的内容，该意义和内容是通过图像化的表达投射出来的。但是，如果人们观察一下神话本身，观察一下它是什么以及它**知道**自身是什么，那么人们就会看到，观念性东西与实在东西的**分离**（Trennung）、直接存在的世界与间接含义的世界之间的区别（Scheidung）、"图像"与"事实"之间的对立恰恰是它所不了解的。只有我们，即不再生活于和存在于神话中而只是反思着面对神话的观察者，才把这些分离和对立放进了神话

---

① 关于神话解释的历史，参见：Otto Gruppe, *Geschichte der klassischen Mythologie und Religionsgeschichte während des Mittelalters im Abendland und während der Neuzeit*, Leipzig 1921 (*Ausführliches Lexikon der griechischen und römischen Mythologie*, im Verein mit Theodor Birt u. a. hrsg. v. Wilhelm Heinrich Roscher, Supplement-Bd. 4)。

中。在我们看到单纯"再现"（bloße »Repräsentation«）关系的地方，毋宁说对于神话而言——就其还没有背离其基本形式和原初形式（Grund- und Urform），还没有脱离其原初性而言——存在的是真正**同一性**（reale Identität）的关系。"图像"（Bild）并不表现"事实"（Sache）——它就是事实；它不只代表它，而是与它有相同的作用（es wirkt gleich ihr），以至于代替了事物的直接在场（unmittelbare Gegenwart）。因此，神话思维的特征在于，它还缺少"观念东西"的范畴（die Kategorie des »Ideellen«），因此，为了理解纯粹的含义（ein rein Bedeutungsmäßiges），神话思维必须把它转变为一个物性的东西（ein Dingliches）或存在的东西（ein Seinsartiges）。这一基本关系都在神话思维的不同阶段上重复出现，但是从来没有像在神话**行为**（mythischen Tun）中那样表达得如此清楚。所有神话行为中都有一种真正的变体（eine wahrhafte Transsubstantiation）要素——这种行为的主体转变为它所表现的神或精灵。从巫术世界观的最原始表现（Äußerungen）到宗教精神的最高表现（Kundgebungen），都能觉察到神话的这种基本特征。有人正确地强调说，在**神话**（Mythos）与**仪式**（Ritus）的关系中，仪式在先，神话在后。不能从信仰的内容出发，把仪式行为解释为单纯的表象内容，毋宁说，我们必须采取相反的路径：我们必须把其中属于理论表象世界、只是单纯报道或被采信的记述的那一部分神话理解为直接存在于人的行为及其情绪和意志中的那一部分神话的间接释义。由此看来，一切仪式最初都没有单纯"寓意式的"、模仿性的或表现性的意义，而是具有彻底的**实在**意义：一切仪式都被如此深入地交织进活动的实在性（die Realität des Wirkens）中，以至于形成了该实在性的一个必不可少的部分。在最多样的形式和最不同的文化形式上都可以碰到一个普遍的信念，即人类生命的延续以及事实上世界本身定在的延续都依赖于正确地执行仪式。普罗伊斯（Preuß）报道说，对于科拉印第安人和维托托的印第安人（Cora- und den Uitoto-Indianern）而言，神圣仪式、节日和歌唱的完成似乎比田野劳作的产品更加重要——因为所有的生长繁育都

第一部分 作为思维形式的神话

依赖于它们的完成。崇拜（der Kult）是人类借以在纯粹物理的意义上而非精神的意义上驾驭世界的真正工具——世界创造者对于人的主要益处是赋予人借以驾驭自然力量的不同崇拜形式（Formen des Kults）。因为尽管自然界的进程是规则的，但是离开了仪式它也产生不了任何东西。[1] 而且，把存在变成巫术-神话行动以及这种行动对存在的直接反作用，在主观意义和客观意义上都是有效的。参与神话戏剧表演的舞蹈者并不只是在演出剧本和剧情；相反，舞蹈者就**是**神，他**变成**了神。尤其是在庆祝神的死亡和复活的一切种植仪式（Vegetationsriten）中，反复表现出来的是对同一性（Identität）、对真实的同一化（Identifizierung）的基本感觉。在这些仪式以及在大多数神秘崇拜（Mysterienkult）中所发生的，并不是对一个过程（Vorgang）的单纯模仿性**表现**，而就是这个过程本身及其直接的**完成**；它是一种 δρώμενον，即一个真实的、现实的事件（Geschehen），因为它是一个完全有效的事件。[2] 我们能够把所有戏剧艺术都追溯到

---

[1] 参见：Preuß, *Der Ursprung der Religion und Kunst*, Globus 87 (1905), S. 336; Preuß, *Die Nayarit-Expedition. Textaufnahmen und Beobachtungen unter mexikanischen Indianern*, Bd. I: *Die Religion der Cora-Indianer in Texten nebst Wörterbuch*, Leipzig 1912, S. LXVIII u. LXXXIX ff.; Preuß, *Religion und Mythologie der Uitoto. Textaufnahmen und Beobachtungen bei einem Indianerstamm in Kolumbien, Südamerika*, Bd. I: *Einführung und Texte (Erste Hälfte)*, Göttingen/Leipzig 1921 (*Quellen der Religionsgeschichte*, Bd. 10, Gruppe 11), S. 123 ff., 以及论文：»Die höchste Gottheit bei den kulturarmen Völkern«, in: *Psychologische Forschung. Zeitschrift für Psychologie und ihre Grenzwissenschaften* 2 (1922), S. 161-208; S. 165。

[2] 关于古代的神话（die antiken Mysterien），尤其参见：Richard Reitzenstein, *Die hellenistischen Mysterienreligionen. Nach ihren Grundgedanken und Wirkungen. Vortrag, ursprünglich gehalten in dem Wissenschaftlichen Predigerverein für Elsaß-Lothringen den 11. November 1909*, 2, umgearb. Aufl., Leipzig/Berlin 1920, 以及乌斯纳的决定性文献：Hermann Usener, *Heilige Handlung*, in: *Kleine Schriften*, Bd. IV: *Arbeiten zur Religionsgeschichte*, Leipzig/Berlin 1913, S. 422-467; S. 424。按照爱德华·德·荣（Karel Hendrik Eduard de Jong, *Das antike Mysterienwesen in religionsgeschichtlicher, ethnologischer und psychologischer Beleuchtung*, Leiden 1909, S. 19) 的观点，神话仪式只是在克雷门斯的一些段落中才被称为戏剧（ein Drama），而在其他地方通常被称为"Dromena"，在规则上其含义为仪式，尤其是隐藏的仪式，但是从来不是一种剧场表演（eine theatralische Aufführung）。从来没有仪式是没有舞蹈的：关于展露神秘并不是说，说出了它，而是"跳出"它。"原始人"的仪式也是类似的。普罗伊斯评论道："动物舞蹈和精灵舞蹈有一个共同点，即它们都以一个巫术为目标。任何神话叙事都不是被描述的，目标从来都不是对场景和思想的单纯描述。只有当舞蹈变得神圣或者达到一个更高的发展阶段之后，这一目标才能达到。"（Preuß, *Der Ursprung der Religion und Kunst*, Globus 86 [1904], S. 392）

这种模仿形式（Form des Mimus），这种模仿形式所涉及的从来都不是一种单纯的审美游戏（bloßes ästhetisches Spiel），而是悲剧的严肃——构成了神圣行动本身（die heilige Handlung als solche）之特征的那种严肃。相应地，人们通常用"类似魔法"（Analogiezauber）来表达一个特定方向的巫术活动（das magische Wirken），这个表达与这种活动的真正**意义**并不是一致的：因为**我们在这里只看到了单纯的记号**（Zeichen）和一种记号的相似性，巫术意识以及所谓的巫术知觉看到的是对象本身（der Gegenstand selbst）。只有这样，对巫术的"信仰"才是可以理解的：巫术不仅需要相信魔法工具的有效性，而且在我们认为只是工具的东西中，巫术相信它所拥有的是事物本身（die Sache als solche），而且直接地控制了事物本身。

　　神话思维没有能力理解单纯的含义、纯粹观念性和指意性的东西，这一点在**语言**赋予它的地位中表现得最明显。神话和语言一直都相互接触——它们的内容互为条件并且相互制约。除了图像魔法（Bildzauber），语词和名称魔法（Wort- und Namenzauber）也构成了巫术世界观的一个有机组成部分。但是，在这里巫术的决定性条件也在于，语词和名称拥有的并不是单纯的表现功能（Darstellungsfunktion），而是在语词和名称中包含着对象本身及其真实的**力量**。语词和名称并不是指称和意味着某种东西，而是它们就是这种东西并且起着它的作用。形成语言的单纯感性材料、人类每一次发声都内含着一种高于事物之上（über die Dinge）的独特力量。广为人知的是，在原始民族那里，可怕的事件和灾害是如何被歌唱、大声号叫及呼喊击退和"招来"的。日食、月食、严重的风暴和雷雨都以这种方式被赶走了。① 但是，只有在语言已经表现出清晰的声音形式时，语言真正的神话-巫术力量才出现。有形式的语词本身就是一个内在地有界限

---

① 有关原始民族，参见：Preuß, *Der Ursprung der Religion und Kunst*, Globus 87 (1905), S. 384；古代文献中关于这一相同观点的证据，例如参见：Erwin Rohde, P*syche. Seelencult und Unsterblichkeitsglaube der Griechen*, 2 Bde., 2, verb. Aufl., Freiburg i. Brsg./Leipzig/Tübingen 1898, Bd. II, S. 28, Anm. 2 u. S. 77。

第一部分　作为思维形式的神话

的东西和一个个体性的东西——每个语词都支配一个特殊的存在领域或一个个别的范围，它对这个领域拥有无限的控制。**专名**尤其以这种方式被各种秘密的纽带与**存在物**的特性（die Eigenheit des Wesens）连接在了一起。对专名的这种独特恐惧以及如下感觉——专名不是外在地与人联系在一起的，而是以某种方式"属于"这个人的——也经常对我们产生影响。"一个人的专有名称，"**歌德**（Goethe）在《诗与真理》一段广为人知的话中说道，"并不像一件披在他身上的外套，人们可以随意地解开和系上，而是一件完全合适的衣服，就像皮肤从他身上不停地长出来，人们不可能在刮掉它或剥掉它的时候而不伤害到他。"① 但是，对于最初的神话思维而言，名称甚至比这种皮肤更重要：它说出了人的内心和本质，而且恰恰就"是"这种内心和本质。名称与人格性在这里合而为一。② 在成人礼和其他入会仪式（Initiationsbräuchen）中，一个人被赋予新的名字，因为他在入会仪式中获得了一个新的自我。③ **神**的名称首先构成了其本质和活动的一个真实部分。它指明了每一个特殊的神存在和活动的力量范围。因此，在祈祷、圣歌和一切形式的宗教话语中，都必须极其谨慎地关注用适合的名称称呼每个神；因为只有在以正确的方式呼叫他时，他才会接受向他提供的献祭。在罗马人那里，在任何时候都用合适的形式

---

① [Johann Wolfgang von Goethe, *Dichtung und Wahrheit*. Zweiter Theil (*Werke*, hrsg. im Auftrage der Großherzogin Sophie von Sachsen, 4 Abt., insge S. 133 Bde. in 143 Bdn., Weimar 1887-1919, 1. Abt., Bd. XXVII), S. 311.]

② 在罗马的国家法中，奴隶没有名字，由于他们没有人格性，所以也没有权利；参见：Theodor Mommsen, *Römisches Staatsrecht* (*Handbuch der römischen Alterthümer*, Bd. III/1), Leipzig 1887, S. 201, Anm. 3 (引文出处：Rudolf Hirzel, *Der Name. Ein Beitrag zu seiner Geschichte im Altertum und besonders bei den Griechen*, Leipzig 1918 [*Abhandlungen der Philologisch-Historischen Klasse der Sächsischen Gesellschaft der Wissenschaften*, Bd. 36, Nr. 2], S. 10, Anm. 4).

③ 关于这一点的大量证据，参见：Brinton, *Religions of Primitive Peoples*, S. 86ff., 也可参见：Edwin Oliver James, *Primitive Ritual and Belief. An Anthropological Essay*, London 1917, S. 16 ff., 以及 Arnold van Gennep, *Les rites de passage. Etüde systematique des rites de la porte et du seuil, de l'hospitalite de l'adoption, de la grossesse et de l'accouchement de la naissance, de l'enfance, de la puberte de l'initiation, de l'ordination, du couronnement des fiangailles et du mariage des funerailles, des saisons, etc.*, Paris 1909.

呼叫正确的神的能力，发展成了一项由主教实施并记录在他们掌管的神名册（Indigitamenta）中的专门艺术。① 在宗教史的其他地方，我们也总是遇到这样的观点，即神的真正本性、其行为的力量与多样性似乎包含和集中在其名称中。在名称中存在着神的丰富性的秘密：神的名称的多样性、神性的"多义"和"变名"都是神的活动的全能性的真正标记。对神的名称的信仰直接进入了《旧约圣经》中，这是众所周知的。② 埃及在其宗教史上最明显地表现为巫术（Magie）和名称魔法（Namenzauber）的经典国度，在这里，不仅宇宙被视为由神性的逻各斯创造的，而且第一位神本身也被视为是由自身强有力的名称产生的——最初有名（im Anfang war der Name），之后它产生了一切存在，包括神性的存在。谁要是知晓神或精灵的真正名称，他也就对该名称的载体拥有无限的力量。一则埃及故事报道：伟大的女巫伊西斯（Isis）怎样通过狡计让太阳神拉（Sonnengott Ra）向她泄露了自己的名称，以及她如何控制了太阳神，进而控制了所有其他的神。③

---

① 参见：Georg Wissowa, *Religion und Kultus der Römer* (*Handbuch der klassischen Altertums-Wissenschaft in systematischer Darstellung mit besonderer Rücksicht auf Geschichte und Methodik der einzelnen Disziplinen*, in Verb, mit Paul Arndt u. a. hrsg. v. Iwan von Müller, Bd. V/4), München ²1912, S. 37；尤其参见：Eduard Norden, *Agnostos Theos. Untersuchungen zur Formengeschichte religiöser Rede*, Leipzig/Berlin 1913, S. 144 f.。

② 更多内容参见：Friedrich Giesebrecht, *Die alttestamentliche Schätzung des Gottesnamens und ihre religionsgeschichtliche Grundlage*, Königsberg 1901。

③ 关于这里的"名称的全能"及其宇宙论含义，参见我的著作：»*Sprache und Mythos*«, S. 41。我也顺带地指出，对语词的全部"实体性"的信仰支配着一切神话思维，其在特定的病理现象中可以以几乎不变的形式被观察到，在这种现象中，它几乎以相同的精神症状、以"诸客观化阶段"的相互渗透为基础，而这些阶段在批判性的思维和分析性的概念形成中是被分离开的。在这方面，希尔德在其著作中介绍的那种情况是重要的和有教益的。参见：Paul Schilder, *Wahn und Erkenntnis. Eine psychopathologische Studie*, Berlin 1918（*Monographien aus dem Gesamtgebiete der Neurologie und Psychiatrie*, H. 15），S. 66ff.。这里报道的那位病人对于"什么是世界上是真正有作用的？"这个问题的回答是，"语词"。天体"给出了"特定的语词，人们通过有关语词的知识统治了事物。不仅作为整体的每一个语词，而且它的每一个部分也以同样的方式是有效的。病人确信，人们能够分解像"混沌"这样的语词，其片段同样还是有意义的；因此，他与"其语词的关系与化学家面对一个复杂地组合起来的实体是一样的"（s. 71）。

第一部分　作为思维形式的神话

而且与名称一样，一个人（Person）或事物（Sache）的**图像**表明了神话思维对"客观化诸阶段"的一切区别都漠不关心。对于神话思维而言，所有的内容都聚集在一个唯一的存在平面（eine einzige Seinsebene）内；所有被知觉到的东西本身都已经拥有实在性的特征（Realitätscharakter）；看见的图像与说出或听见的语词具有同等有效性——都被赋予了实在的力量。图像不仅对于第三者即观察者的主观反思表现了事实（die Sache），而且就是其本身的现实性和效果（Wirksamkeit）的一部分。像一个人自己的名称一样，他的图像也是他的另一个自我：它所遭遇的，人本身也会遭遇。① 因此，在巫术表象领域，图像魔法和实物魔法（Sachzauber）从来都不是明确分离开的。正像巫师能够把人的一个确定的物理部分，像他的指甲和头发，作为工具和手段一样，他也能够选择图像作为起点达到同样的成功。如果用针扎敌人的图像或用箭刺穿它，这也会直接伤害到敌人。图像不仅具有这种消极的作用能力（Wirkungsfähigkeit），而且也具有完全积极的作用能力；——一种与对象本身的作用能力完全相同的作用能力。对象的蜡制模型与它所表现的客体是一样的，起到了一样的作用。② 一个人的影子也起到了与其图像相同的作用。影子是他的一个真实的易受伤害的部分——对影子的每一次伤害对这个人本身也是同样的伤害。踩一个人的影子是禁止的，因为这会带来疾病。有报道说，有的原始民族的人们在看见彩虹时会害怕，因为他们把彩

---

① 关于中国人的表象范围中的这种关系，格鲁特给出了大量的例子：Johann Jakob Maria de Groot, *The Religious System of China*, *Its Ancient Forms*, *Evolution*, *History and Present Aspect. Manners*, *Customs and Social Institutions connected therewith*, Bd. IV/2：On the Soul and Ancestral Worship, Teil 1：The Soul in Philosophy and Folkconception, Leiden 1901, S. 340ff. ［Zitat S. 340］："一个图像——尤其是如果这个图像是图片或雕像，并因此接近现实——是有生命的现实的另一面（alter ego），死去灵魂的一个居所（abode），不但如此，它还是那个现实本身。有大量这样的图像是为死者做的，很明显是为了能够使死者作为保护者和建议者直接在场。……这种强烈的联系事实上是中国的偶像崇拜和拜物教崇拜，相应地，也是一种在其宗教体系中具有至高重要性的现象。"

② 关于这一点的典型例子，参见：Ernest Alfred Wallis Budge, *Egyptian Magic*, London ²1901 (Books on Egypt and Chaldaea), "巫术图像" 一节 (S. 104 ff.)。

虹看作一位强大的巫师为了逮住他们的影子而撒下的网。① 在西非，一个人遭到秘密谋杀，有时是因为人们用一根钉子或一把刀子刺入了他的影子。② 如果人们试图从万物有灵论上解释影子的含义，把一个人的影子等同于他的**灵魂**，那么，这似乎也只是我们后来才置于神话思维现象中的一种较晚的反思。事实上，这里存在的似乎还是一种远远更为简单和原初的等同（Identifikation）——这种等同把清醒和梦境、名称和事实等连接在了一起，一般说来还完全没有在"摹仿性"（abbildlich）存在和"原本性"（urbildlich）存在之间做出任何严格的区分。因为任何这种区分所要求的都不同于单纯直观地沉溺于内容本身之中；这种区分所要求的是，不是就其单纯的在场来理解该个别内容，而是追溯到它在意识中产生的条件，追溯到支配其产生的因果法则——但这又预设了一种在这里还完全不存在的分析和纯粹思想性的分解。——③

一般说来，神话思维的特殊性及其与纯粹"理论"世界观的决定性的对立既可以从其**客体概念**（Objektbegriff）方面也可以从其**因果性概念**（Kausalbegriff）方面出发来把握。因为这两个概念互为条件：因果性思维的形式决定了客体思维的形式，反之亦然。神话思维压根儿不缺少"原因"和"结果"的一般性范畴，其实，该范畴在一定意义上正是神话思维的真正基础。不仅试图回答世界起源和诸神诞生问题的神话宇宙起源论和神谱学证明了这一点，而且拥有十足"解释"特征的大量神话童话（Mythenmärchen）也证明了这一点，它希望对任一种具体的单个事物的起源，石头或月亮、人或某一种动物和植物物种的起源给出一种专门的"解释"。文化童话（Kulturmärchen）把拥有一种文化财富追溯到单个的英雄或"救星"，这类童话也属于

---

① 弗雷泽汇集起了非常丰富的民族学材料，参见：James George Frazer, *The Golden Bough. A Study in Magic and Religion*, Bd. II: *Taboo and the Perils of the Soul*, London ³1911, S. 77ff. 。

② Mary Henrietta Kingsley, *West African Studies*, London/New York 1899, S. 208.

③ 原文本段结尾处有一短横线，本译文中用破折号标出。下同。——中译者注

第一部分　作为思维形式的神话

这一直观领域（Anschauungskreis）。但是，神话的因果性与科学知识所要求和确立的因果性解释形式的区别在于这双方的客体概念最终还原的那个特征。根据康德的观点，因果性原则是一个"综合原则"——它使我们能够拼写出现象（Erscheinungen zu buchstabieren）并把它们阅读为经验。但是，这种因果概念的综合——与客体概念本身的综合一样——同时包含着一种完全确定的分析方向。在这里，综合和分析也证明自己是互相补充、互为条件的方法。休谟对因果性概念的心理学见解以及他对因果性概念的心理学批判有一个基本缺陷，即因果性概念所固有的这种**分析**功能并没有得到恰如其分的承认和重视。在休谟这里，一切因果性表象最终都是从单纯的并存表象中引申出来的。这两种内容经常一起出现在意识中，它们借助于中介性的心理学的"想象力"功能，从单纯接近的关系、从简单的空间性共存或时间性相继的关系中最终一起生长为一种因果关系。地点上的或时间上的连续性通过一种简单的"联想"机制形成了因果性。但是实际上，科学知识获得其因果概念和因果判断的方式表现为正好相反的情况（Verhalten）。在直接的感性印象面前临近的东西被这些概念和判断逐步分解了，并分化为不同的条件复合体。在单纯的知觉中，先是时间点 $A_1$ 上的特定状态 A，接着是时间点 $A_2$ 的另一状态 B。但是，不论这种接续如何经常重复，它都不会产生 A 是 B 的"原因"的想法——除非在这里插入了一个新的中间概念，否则，"在这之后"（post hoc）永远不会变成"由于这"（propter hoc）。思维从 A 这个整体状态中分离出一个特定的要素 α，并把它与 B 中的一个因素 β 连接起来。α 和 β 处于一种"必然的"关系中，处于一种"原因"和"结果"、"条件"和"后果"的关系中：这一点并不是仅仅从一个给定的知觉或多数这样的知觉中被动地阅读出来的，而是我们先**制造出**条件 α，然后寻找与之相关的结果，从而完成对它的检验。物理学中因果判断最终都归因于物理实验，物理**实验**尤其以这样把事件分解为个别的条件范围（Bedingungskreise）、不同的关系层次（Relationsschichten）为基础。借助于这种逐步深入的分析，最初作为一个单纯的印象游戏、作为一支"知觉的梦幻曲"① 给予我们的时空事件才具有了新的**意义**，这一意义为它打上了因果事件的标签。我们眼前的个别过程现在不再被单纯地视为这样的过程：它变成了其中所表现的那个普遍的、全面的规律的载体和表达。在伽伐尼实验室（Laboratorium Galvanis）里，青蛙腿的抽搐并不是作为完整的现象本身就变成了新的"电流学"基本力量的证据和证明，而是通过对这一现象进行的分析的思维过程才证明了这一点。科学所创造的那些因果联系并不是在简单地重复一个感性-经验定在，毋宁说它们打断了经验要素的单纯连续性：就其单纯定在而言，并存的内容按照"基础"和"本质"彼此区分开了，同时对于概念而言，对于思想性的现实建构而言，在直接的感性观点看来距离很远的其他内容则彼此紧密地结合起来，并互相联系在了一起。牛顿就是以这种方式发现了万有引力的新因果性概念的，通过这一概念，像自由落体、行星的运行和潮汐现象等最为不同的现象都被归结为一种统一体，并且服从同一个普遍的事件**规则**。

正是这种隔离性的抽象（isolierende Abstraktion）从总的复合体中提炼出一个特定的个别要素，并把它理解为"条件"，但是，神话思维方式现在还不了解而且永远无法了解这种抽象。每一种同时性、每一种空间上的共存和联系都已经包含着一种实在的因果"顺序"。人们已经把它称作神话因果性原则和"物理学"原则，在这里，时间和空间中的每一种联系都直接被视为一种原因和结果关系。除了"在这个之后发生，所以因为这个"（*post hoc*, *ergo propter hoc*）的原则之外，"接近这个，所以因为这个"（*juxta hoc*, *ergo propter hoc*）的原则对于神话思维而言也尤其典型。因此，在某个季节出现的动物通常被认为是这个季节的带来者或创造者，这一思维的一个常见观点是：对于神话观点而言，事实上是燕子创造了夏季。② 例如，**奥尔登**

---

① ［S. 26, Anm. 25.］

② 关于此更多的讨论，参见：Preuß, *Der Ursprung der Religion und Kunst*，关于神话的"接近这个，所以因为这个"的原则，尤其参见列维-布留尔在其著作中汇总起来的丰富材料：Lucien Levy-Bruhl, *Les fonctions mentales dans les societes inferieures*, Paris 1910 (Travaux de l'annee sociologique) (deutsche Ausg. unter dem Titel »Das Denken der Naturvölker«, übers., hrsg. u. eingel. v. Wilhelm Jerusalem, Wien/Leipzig 1921, S. 252 ff.).

第一部分　作为思维形式的神话

贝格（Oldenberg）如此描述吠陀教的献祭和巫术的习俗（Opfer- und Zauberbräuchen）："非常任意的关系网络，网罗了一切……存在物，据信这些存在物的行动能够解释献祭的结构及其对世界的进程和自我的影响。这些存在物通过接触、通过它们内在的数、通过任何附属于它们的东西而互相影响。它们互相畏惧，互相转化，互相交织，互相配对。……一个事物转变为另一个事物，变成另一个事物，是另一个事物的一种形式，就是另一个事物。……人们乐于认为，如果两个表象一旦相距比较近，就不可能分开它们了。"① 如果这是真的，我们就可以得出一个值得注意的结论：当休谟表面上在分析科学的因果判断时，毋宁说他揭示了对世界的一切神话性解释的一个根源。用一个从语言分类中借来的表达来说，人们事实上把神话表象指称为"多词素综合"的，并把这一术语解释为，对于神话思维而言，并不存在把一个整体表象划分为个别部分的做法，而是只存在一个唯一的、无区分的直观整体，在这个整体中，还没有个别要素的"分离"（Dissoziation），尤其是还没有客观知觉要素和主观感觉要素的"分离"。② 神话的-复合表象方式的这种特性与概念思维的分析性见解是相对立的。**普罗伊斯**是这样来解释神话的-复合表象方式的这种特性的，他指出，举例来说像在科拉印第安人的宇宙论和宗教表象中不是一个个别的星宿、不是月亮或太阳占据着统治地位，而是整个星宿作为一个还没有区分开的整体占据着统治地位，它们是作为一个整体受人敬拜的。他说，从整体上理解夜里的天空和白天的天空要早于对个别天体（Himmelskörper）的理解："因为整体被理解为一个统一的存在物，与星宿（Gestirne）有联系的宗教表象经常与整个天空混合在一起，它们不能脱离关于整体的理解。"③ 但是，我们现在认识到，与我们

---

① Hermann Oldenberg, *Die Lehre der Upanishaden und die Anfänge des Buddhismus*, Göttingen 1915, S. 20ff. [Zitat S. 20f.]
② Levy-Bruhl, *Das Denken der Naturvölker*, S. 30.
③ Preuß, *Die Nayarit-Expedition*, S. Lff.; 参见：Preuß, *Die geistige Kultur der Naturvölker*, Leipzig/Berlin 1914 (Aus *Natur und Geisteswelt. Sammlung wissenschaftlich-gemeinverständlicher Darstellungen*, Bd. 452), S. 9ff. [Zitat S. 9.]

到目前为止的讨论相一致，神话思维的这个经常受到强调和得到描述的特征①不是外在地或偶然地依附于它的，而是必然从这种思维的**结构**中产生出来的。我们在这里似乎看见了**知识批判**的重要洞见的对立面，科学的因果概念的基本逻辑功能并不仅限于，只是在事后通过"想象力"或知性把感觉中已经给定的各要素"结合"起来，而是说，科学的因果概念才把这些要素设定为如此这般的，才规定了这些要素。只要还缺少这种规定，那么就也缺少我们的发达感觉意识（它已经完全被因果"推理"充满了）把不同客体和客体范围划分开的那种分割线和分界线。

尽管经验因果性的思维形式本质上指向的是在**确定的**"原因"和**确定的**"结果"之间建立一种明确的关系，而神话思想，即使在它提出起源问题本身（die Ursprungsfrage als solche）的地方，也是完全自由地选择"诸原因"的。在这里，任何东西都能从任何东西中**生成**，因为一切东西都与其他一切东西有着时间或空间的联系。因此，在经验因果思维谈论"变化"并试图从普遍规则中来理解它的时候，毋宁说，神话思维只知道简单的变形（是奥维德〔Ovid〕而非歌德意义上理解的变形）。当科学思维面对"变化"的事实时，它的兴趣实质上并不在于从一个单个的和感性上给定的**事物**向另一个事物的转变，毋宁说，只有就该转变表达了一个普遍**法则**而言，只有就该转变以那些既不依赖于单纯的此时此地（Hier und Jetzt），也不依赖于此时此地中的事物的每一种形势，而是被视为普遍有效的特定功能性联系和规定为基础而言，这种转变才表现为"可能的"和容许的。相反，神话的"变形"总是一个单个事件的报道——是从一个单个的、具体的事物形式和定在形式转变为另一个形式的报道。世界是从海洋深处捞出来的并按照乌龟的样子构成的——地球是按照一种巨兽的躯体或按照一朵在水面上漂浮的莲花赋形的；太阳是从一块石头中产生的，

---

① 例如参见：Richard Thurnwald, *Die Psychologie des Totemismus*, St. Gabriel-Mödling o. J. (*Anthropos. Internationale Zeitschrift für Völker- und Sprachenkunde*, Bd. 14-15, 1919/20, Sonderabdruck), S. 48ff. [Zitat S. 49]，这里谈论的不是"复合"思维（»komplexes« Denken），而是"全图像"（Vollbildern）思维。

第一部分　作为思维形式的神话

人是从岩石或树木中产生的。所有这些多样化的神话"解释",尽管就它们的单纯**内容**而言是混乱的和无规律的,却都表现出了理解世界的同一种**方向**。当概念性的因果判断把一个事件分割为连续的要素,并试图从这些要素的复合体和相互渗透中,从它们千篇一律的重复中来理解该事件时,神话思维却固执于整体表象本身(Gesamtvorstellung als solche)并满足于事件的简单进程的图像。在这个事件中,某些典型的特征在任何情况下都反复出现,以至于完全不能谈论生成的规则,从而也不能谈论生成的确定的限定性形式条件。

事实上,需要先对法则与任意、"必然性"与"偶然性"之间的对立做一种更明确的批判分析和更严格的规定,才能把这一对立运用到神话思维和科学思维之间的关系上。当**留基伯**(Leukipp)和**德谟克里特**(Demokrit)提出如下命题时,即世界上没有"随机"产生的事物,每一事物的产生都有其原因和必然性,他们似乎正好说出了对世界的科学解释的原则及其与神话的最终分离。"没有任何事情是随便发生的,每一件事情都有理由,并且是遵循必然性的。"(οὐδὲν χρῆμα μάτην γίνεται, ἀλλὰ πάντα ἐκ λόγου τε καὶ ὑπ' ἀνάγκης.)① 第一眼看来,这一因果性原则对于神话世界的结构而言完全适用,而且还是在更大程度上适用。神话思维一般说来不能思考任何意义上的"偶然"事件,人们至少把这一点已经指称为神话思维的一个独特本质特征。在我们从对世界的科学解释的立场上谈论"偶然"的地方,经常可以发现,神话意识坚决地要求一个"原因",并在每一个别情况中都设定一个这样的原因。因此,举例来说,对于原始民族的思维来说,一个降临到大地上的不幸、一个人遭受的伤害以及疾病和死亡从来不是"偶然的"事件,相反它们总是可以追溯到巫术的影响作为其真正的原因。尤其死亡从来都不是"由其自身"发生的,而总是从外部由魔力的影响导致的。②

---

① [Leukipp, *Fragm.* 2, 转引自: Diels, *Fragmente*, S. 365。]
② 非洲宗教中的例子参见: Carl Meinhof, *Religionen der schriftlosen Völker Afrikas*, Tübingen 1913 (Religionsgeschichtliches Lesebuch, in Verb, mit Wilhelm Grube u. a. hrsg. v. Alfred Bertholet, Neue Folge, Einzelausgaben), S. 15 ff.。

64 因此，在神话思维中似乎很少能够谈论没有法则的任意，以至于与科学相反，人们试图谈论的只是一种过度的因果性"本能"和一种过度的因果性解释需要。事实上，人们有时恰恰把如下命题——世界上没有偶然产生的东西，一切都是有意识有目的产生的——指称为神话世界观的基本命题。① 因此，在这里，不是因果性概念本身，而是特定**形式**的因果解释构成了这两个精神世界之间区别和对立的基础。纯粹知识意识与神话意识似乎在完全不同的位置上被用作"解释"的杠杆。科学满足于，在它成功地把空间和时间中的单个事件理解为一般法则的一个特例时，不再更进一步追问个体化本身（die Individualisierung selbst），即此时此地本身的"原因何在"（Warum）。与之相反，神话意识的"原因何在"的问题恰恰指向的是特殊的东西、个别的和一次性的东西。它通过设定和假设单个的意愿行动来"解释"单个的事件。即使把我们的因果性法则概念用来理解和规定特殊的东西，虽然能够满足如下目的，即把这些特殊的东西区分开了，使它们相互补充和规定，但是，我们的因果性法则概念在这些特殊的东西上还是在一定程度上留下了一个不确定的领域。正是因为因果性法则概念是概念，它们才不能穷尽直观的、具体的定在和时间，不能穷尽一般情况的大量"变异"（Modifikationen）。因此，在这里虽然一切特殊的东西都完美地服从普遍的东西，但是不能完全仅仅从普遍的东西中引导出特殊的东西，甚至"特殊的自然法则"表现的是与普遍原理相对立、与因果性本身的基本原则相对立的一种新的、特殊的东西。这些法则**服从**该基本原理；它们归在该基本原理之下，但是这些法则的具体表述不是仅仅**由**该基本原理设定的，它们不是仅仅**由**它规定的。在这里，"偶然性"问题相对于理论思维和理论自然科学产生出来了——因为对于二者而言，"偶然性"的含义并不是背离了普遍必然性形式的东西，而是以不能完全从该形式中推导出来的变异为基础的东西。如果理论思维希望以某种方式理解和规定这个从普遍的因果

---

① 参见：Brinton, *Religions of Primitive Peoples*, S. 47 f.；Levy-Bruhl, *La mentalite primitive*。

第一部分 作为思维形式的神话

法则的立场看来"偶然的东西"（Zufällige），那么，它就必须——像《判断力批判》详细表明的——进入另一个范畴。目的原理（Zweckprinzip）现在取代了纯粹的因果原理（Kausalprinzip）：因为，"偶然的东西的规律"就是那种我们称为合目的性的东西。① 但是，在这里神话走的恰恰是相反的路。神话**开始于**对目的性活动的直观——因为自然的一切"力量"对于神话而言只不过是魔鬼的或神的意志表现（dämonische oder göttliche Willensäußerungen）。这个原则构成了逐步为它照亮整个存在的光源，但是，对于神话而言，不可能在这个整体之外理解世界。对于科学思维而言，"理解"一个过程只不过意味着追溯到特定的普遍条件，只不过意味着把它归入我们称为"自然"的那个普遍条件复合体（Bedingungskomplex）。只有成功地指明一个像人的死亡这样的现象在这个复合体中的位置——只有从生命的生理学条件出发，把这个现象视为"必然的"，这个现象才被理解。但是，即使神话能够提升到形成普遍"自然过程"必然性的思想，对于神话而言，这种必然性也只是单纯的偶然性，因为必然性恰恰无法解释那些吸引了神话的兴趣和目光的东西，因为必然性无法解释个别情况的此时和此地（das Hier und Jetzt des Einzelfalles），即无法解释正好是这个人在这个时刻死亡。只有当我们成功地把事件的这种个别性还原为个别东西，还原为一种人格性的意志行动、一种不能加以进一步解释也不需要进一步解释的自由行动时，事件的这种个别性似乎才变得"可以理解"。如果说一般性概念的趋势是把行为的一切自由都视为确定的并被一个明确的因果性秩序规定了的，那么，神话是把事件的一切规定性都变成行为的自由——当人们从自己独特的视角解释（deuten）了一个过程时，他们都"说明"（erklären）了这个过程。

---

① 上面提到的对《判断力批判》的分析的补充材料，参见我的著作：*Kants Leben und Lehre*，3. Aufl．，Berlin 1922，S. 310ff. [ECW 8，S. 280 ff. Zitat：Immanuel Kant, *Kritik der Urteilskraft*，in：Werke，Bd. V，S. 233－568：S. 483（Akad.-Ausg. V, 404）. *Cassirer verweist offensichtlich auf das 1923 erschienene 7. bis 9. Tausend der 1921 erschienenen unveränderten 2. Auflage*］．

神话世界观的另一个总是被强调的尤其典型的特征与对因果性概念的这种理解有密切联系：神话世界观认为，在一个具体客体的**整体**与其个别**部分**之间存在着独特的关系。对于我们的经验性理解而言，整体由其部分"构成"；对于自然知识的逻辑而言，对于分析性的-科学的因果概念的逻辑而言，整体是由其部分"引起的"；但是，对于神话的见解而言，这两种主张都不成立，而是说在这里处于支配地位的是一种事实上的无区分性，是对整体与部分的一种思想上的和实际上的"漠不关心"。整体既不"拥有"各个部分，也不分解为各个部分；而是说部分在这里直接就是整体，并且像整体一样活动，起着与整体一样的功能。人们恰恰把这个"以部分代表整体"（pars pro toto）的原则指称为"原始逻辑"的基本原则。但是，在这里部分绝不只是整体的一个单纯代表，而且是整体的一个真实规定；部分与整体之间的关联不是符号性的-思想上的关联，而是物性的-现实的关联。从神话上说，部分与整体还是同一个事物，因为部分是真正的活动载体（Wirkungsträger）——因为部分所遭受或造成的一切、在它身上积极或消极发生的一切同时都是整体的一种遭遇或行为。对部分本身的意识，对作为一个"单纯的"部分的意识，还不属于对现实东西的直接的、"幼稚的"直观，而是属于中介性思维的那种划分和结合功能，这种功能从作为具体事物统一体的对象追溯到了它们的构成性条件。如果人们追随科学思维的进展，那么就会看到，因果性概念的构成以及整体和部分范畴的构成在科学思维中是如何发展的；二者如何属于同一个分析方向。在古希腊思辨的开始，追问"存在"起源的问题与神话宇宙起源论的起源问题的区别在于，它同时还关注追问存在的"要素"的问题。在其新的**哲学**意义上，在"原则"的意义上"ἀρχή"（原则）现在既表示起源又表示要素。世界不仅像在神话中那样从原水（Urwasser）中"产生出来"，而且水也构成了它的"持存"、它的持久的物质成分（bleibende stoffliche Konstitution）。如果说一开始还是在个别的物质中、在具体的原初质料中寻找这种成分，那么，随着数学直观以及**数学分析**的基本形式取代了有关世界的物理

第一部分 作为思维形式的神话

观点，要素概念本身立即也在相同的尺度上发生了变化。构成事物"要素"的不再是土、气、水和火——把这些要素互相结合起来以及把它们彼此又分离开的不再是"爱"和"恨"这些半神话的基本力量；而是说最简单的空间形态和运动以及它们由以排列起来的普遍的、必然的法则现在把存在建构为数学-物理学的宇宙。在古代原子论的起源中可以清楚地看到，新的"根据"概念、新的因果性概念如何要求提出一个新的要素概念以及整体与部分之间的一种新的关系，以及如何推动这一概念和关系的提出。在德谟克里特的自然规律概念、"病因学"（Aitiologie）概念中所表达的那个一般存在观点的建构和展开中，原子思想只构成了一个个别的要素。① 原子概念在科学史上所经历的进一步发展充分证明了这种关联。只是当人们相信对**生成**的分析在原子中发现了最终根据（Ruhepunkt）时，原子才被视为存在（Sein）的最后的、不可进一步分解的部分。与此相反，对生成进行因果性分析，把它分解为其个别的因素，一旦这个过程持续下去并超出这个根据，原子的图像就改变了。原子"分解"为其他的、更简单的要素，这些要素现在被确立为事件的真正载体，被确立为描述确定的因果关系的基础（Ansatzpunkte）。因此，我们看到，科学知识对存在进行的划分和细分，始终只是对科学借以把握生成的世界并清晰地规定它的那些规律性联系的表达，而且似乎是其概念性外壳。在这里，与其说整体是其部分的总和，不如说整体是在与其部分的相互关系中建构起来的，它所说的是一种动态结合的统一体，每一个个别部分都"加入"了这个统一体中，并帮助它发展完善。

在这里，神话现在向我们表现出了这种关系的相反方面，并让我们从反面证实了我们的观点。因为神话还不了解因果分析的思维形式，因此，对于神话而言，这种思维形式在整体与部分之间设定

---

① 关于这一点的更多讨论，参见我对希腊哲学史的描述：*Die Philosophie der Griechen von den Anfängen bis Platon*, in: *Lehrbuch der Philosophie*, hrsg. v. Max Dessoir, *Die Geschichte der Philosophie*, dargest. v. Ernst von Aster u. a., Berlin o. J. [1925], S. 7—139 u. 253—256 [Literatur].

的明确界限也是不存在的。即使在经验感性直观似乎把事物作为——可以说由于自身而——分离开和分隔开的东西给予我们的地方，神话也用一种它所独有的"交织"形式（Form des »Ineinander«）取代了这种感性上的分离和接近（Aus- und Nebeneinander）。整体与其部分相互交织，似乎是命中注定结合在一起的——即使当它们在纯粹事实上已经彼此脱离开时，它们也保持了这种关系。即使在这样分离开之后，笼罩着部分的东西，同样也笼罩着整体。谁要是控制了一个人最微不足道的一个身体部分，如他的名字、影子、镜中像——这些东西在神话直观的意义上与他的实在的"部分"是完全一样的，那么，他就因此获得了控制这个人的力量，获得了高于他的巫术力量。从纯粹形式上来研究，整个"巫术现象学"都可以追溯到那个把神话的"复合的"直观与"抽象"（abstrakt）概念，或更精确地说与抽离出来的（abstrahierend）和分析开来的（analysierend）概念尤其清晰地区分开的基本前提。

　　这种思维形式的运用可以在**时间**这个方向和**空间**这个方向追踪到：它按照自身塑造了对连续性东西和共时性东西的理解。神话思维在这两种情况下都具有如下倾向，即尽一切可能地阻止那种分析性地把存在分解为独立的子要素（Teilmomente）和子条件（Teilbedingungen）的做法——这种子要素和子条件是科学地理解自然（das wissenschaftliche Naturbegreifen）的起点，而且依旧是它的典型特点。按照"交感巫术"的基本观点（Grundvorstellung），在空间上接近的一切东西之间，或者由于属于同一个物性整体而被如此外在地指称为"息息相关的"一切东西之间，都有着一种普遍的结合、一种真正的因果联系（Kausalnexus）。丢下一个人吃过的食物残渣或啃过的动物骨头会带来很严重的危险：因为这些剩下的东西由于敌意的魔法影响而遭受的东西，都会同时影响吃到体内的食物和吃过该食物的人体。一个人剪下来的头发、指甲或排泄物必须通过掩埋藏起来或用火毁掉，以免落入敌对的巫师手中。在个别印第安人部落那里，如果能够拿到敌人的唾沫，就把它封在土豆里并放入烟囱内：随着土豆被

第一部分 作为思维形式的神话

烟熏干,敌人的力量也随之消失了。① 正如人们看到的,身体的个别部分之间存在的这种"交感"关联,完全不受它们物理和空间分离的影响。由于这种关联,既不可能把整个有机体分割为部分,也不可能固定地区分开这些部分本身是什么以及它们对于整体的含义是什么。概念的-因果性见解在描述和解释生命过程(Lebensvorgänge)时把有机体中整个事件(Gesamtgeschehen)分割为个别的典型活动和成就,而神话的观点并没有划分出基本过程(Elementarprozesse),因而也没有达到对有机体的真正"划分"(Artikulation)。但是,身体的任何一个不论多么"无机的"部分,像指甲或小脚趾在**巫术**上对整体的含义与任何其他部分都是一样重要的:在这里处于主导地位的是简单的等价性,而不是有机的结构,有机的结构总是以一种有机的差异化为条件。因此,我们在这里还停留在对物性**部件**(dingliche Stücke)的一种简单并存的直观,而没有按照它们的特殊条件加以区分,并对它们的**功能**分出上下隶属关系(Über- und Unterordnung)。因此,正像有机体的各个物理部分不是按照它们的含义而明确区分开的,事件的时间规定、个别的时间要素也不是按照它们的因果性含义而彼此区分开的。如果一位斗士被箭射伤,那么,按照巫术的观念,如果他把这支箭挂在一个凉爽的地方或者给这支箭涂上膏油,就能治愈或减轻他的痛苦。尽管这种"因果性"对我们而言似乎是很罕见的,但是,如果人们考虑到,箭和伤——像"原因"和"结果"一样——在这里依然是完全简单的和尚未区分开的事物统一体,那么,这种"因果关系"立即又变得可以理解了。从科学世界观的立场上来看,一个"事物"从来都不完全是另一个事物的原因,相反,那个事物只有在完全确定的情况下而且首先是在一种严格限定的**时间点**上才对这个事物产生影响。因果关系在这里是在确定时间和确定客体上发生的**各种改变**(Veränderungen)之间的关系,而不是一种事物关系。通过追随时间的过程以及把它分割为不同的、清楚地划分开的

---

① 参见:Frazer, *The Golden Bough*, Bd. II, S. 126f., 258 ff., 287 u. ö.。

"诸阶段"，因果关联随着科学知识的进步变得越来越复杂和间接。在这里，"那支"箭不能被视为"这个"伤的原因——相反，箭只是在射进身体的那个特定的瞬间（$t_1$）在这个身体上引起特定变化，并且这种变化（在接下来的时间 $t_2$、$t_3$ 等）接着其他的变化系列，接着身体有机体的特定变化，所有这些变化都必须被视为伤的必然的子条件（Teilbedingungen）。因为神话和巫术没有着手这样划分出子条件（diese Sonderung in Teilbedingungen），这些子条件中的每一个在作用关联（Wirkungszusammenhang）的整体中都只有一个明确的**相对**价值，它们从根本上说既不了解把时间要素分离开的确定界限，也不了解任何把空间整体划分为各个部分的特定界限。交感的-巫术关联既忽视空间的区别，也忽视时间的区别：正如空间并存的消解、身体的一个部分与身体整体的物理上的分离并没有消除它们之间的作用关联（Wirkungszusammenhang），所以，"前"与"后"、"较早"与"稍晚"之间的界限也融合在了一起。更确切地说，巫术并不需要在空间上和时间上分离的要素之间**制造**出联系——这种联系只是这种关系的间接的和反思性的表达，相反地，巫术从一开始就阻止这样分离为各个要素：甚至在**经验**直观似乎表现出这种分离的地方，经验直观立即又被巫术直观消除了（aufgehoben）。空间的和时间的各种区分之间的张力似乎被消溶在了巫术"原因"的简单同一性中。①

神话式见解所面对的这种局限的一个更进一步后果，在**对活动的物性-实体性的观点**中表现得很清楚，而这种物性-实体性的观点是神话式见解无处不在的特征。对事件的逻辑-因果分析本质上是，把给定的东西最终分解为一些我们本身能够观察到而且能够统览其规则的简单**过程**——神话直观看到的则相反，即使在它关注事件的过程（Betrachtung des Geschehensprozesses）时，即在它提出了产生和起

---

① 神话"因果性"的相同思维形式如何证明自己不仅在巫术中而且在神话思维的最高阶段，尤其在星象学中也是有效的，我曾经试图在我的著作中做过描述：*Die Begriffsform im mythischen Denken*，Leipzig/Berlin 1922（Studien der Bibliothek Warburg, hrsg. v. Fritz Saxl, Bd. 1）。

第一部分　作为思维形式的神话

源问题（Entsehungs- und Ursprungsfrage）时，"起源"本身（Genese）也总是已经与一个具体的和给定的定在结合在一起的。神话直观始终把活动的过程仅仅了解为和理解为诸具体的-个别的定在形式之间的简单变换。在科学分析中，路径是从"事物"到"条件"、从"实体性的"直观到"功能性的"直观；在巫术直观中，对生成的直观仍然是与对简单定在的直观联系在一起的。知识越进步，它也就越多地满足于追问生成的纯粹"何以如此"（Wie）、追问其规律性的形式；而神话则仅仅追问生成"是什么"（Was），追问来自何处和去往何方。神话要求的是在完全的物性规定性中看到来自何处和去往何方。在这里，因果性并不是中介性思维的联系形式，因为中介性思维似乎把自己作为独特的东西和独立的东西置于个别要素"之间"，以期把这些个别的要素结合和划分开来。与之相反，生成被分解为的那些要素在这里还真正拥有和保存着**原初事实**（Ur-Sachen）的特征、独立的和具体的事物特征（Dingcharakter）。概念思维把一系列事件序列分解为"原因"和"结果"，因而本质上指向的是**转化**的方式、持续性和规则；而对于神话式的解释需要而言，只要把过程的**起点**和**终点**明确区分开来就足够了。大量的创世神话报道了世界是如何从一个这样的简单原初事实和初始事实（Ur- und Anfangssache）、从世界之蛋或世界之树中产生出来的。在北欧神话中，世界是由巨人伊米尔（Ymir）的身体形成的：从伊米尔的肉体创造出了大地，从他的血液创造出了汹涌澎湃的大海，从他的骨骼创造出了山脉，从他的头发创造出了树木，从他的颅骨创造出了苍穹。吠陀教的一首创世赞美诗证明了，这是一种典型的表象形式。这首赞美诗描述了有生命的存在物、空中和荒野上的动物、太阳、月亮和天空是如何从原人普鲁沙（Purusha）即献祭给众神的人的各部分产生出来的。一种独特的事物化（Verdinglichung）在这里更加明确地出现了，它对所有神话思想都是本质性的：因为不仅个别的具体的-知觉客体的起源以这种方式得到了解释，而且完全复杂的和经过中介了的形式联系（Formbeziehungen）也以这种方式得到了解释。歌曲和旋律、计量仪和祭司箴言也是从原人普鲁沙的个别部分中产生出来的；社会差别和秩序表现出了相同的具体-物性起源。"婆罗门是他的嘴；两臂成为战士；他的两腿就是吠舍；从两足生出首陀罗。"① 因此，当概念性的因果思维试图把所有的存在者都变成联系并从这些联系中理解它们的时候，与此相反，神话的起源问题是通过如下方法解决的，即它把复杂的联系复合体——例如一段旋律的韵律或种姓的划分——还原为一种事先存在的物性定在。对于神话而言，一切单纯的状态或属性必须按照它的这种原初的思维形式最终变成**物体**。只有通过如下方式才能理解婆罗门、战士和首陀罗彼此之间的差别，即它们包含着不同的实体：婆罗门（Brahman）、刹帝利和首陀罗，这些实体把它们的特殊属性赋予了一个阶层中的所有人。按照吠陀神学的观点，在一个坏的不忠贞的妇女身上住着"杀害丈夫的物体"，在一个没有子嗣的妇女身上住着"无子的物体"。② 在这种规定中，那种内在的冲突，即神话表象在其中运动的辩证法变得尤其明显。神话想象坚持活化论、有灵论，坚持宇宙的普遍"精神化"；但是，神话**思维**形式把一切的质和活动、一切的状态和联系都与一个固定的基础联系在一起，它总是一再追溯到相反的极端：把精神内容物质化。

虽然神话思维通过在作为起点状态与终点状态的"原因"和"结果"之间插入了一系列中间环节，试图在"原因"和"结果"之间创造一种**连续性**，但是，即使是这些中间环节也保持着单纯的事实特征（Sachcharakter）。从分析的-科学的因果性立场来看，一个事件的连续性之所以能够确立起来，本质上是因为揭示出一个在思想上控制了该事件整体，而且规定了一个时刻向另一个时刻进展的统一性法则和一种分析功能。事件的一个确定"状态"，可以在数学上用确定的大

---

① 参见：《梨俱吠陀》（第十卷第 90 首第 12 颂），德语翻译：Alfred Hillebrandt, Göttingen/Leipzig 1913 (*Quellen der Religionsgeschichte*, Bd. 5, Gruppe 7: *Indische Religionen*), S. 131; 这首诗歌描述了巨人伊米尔身体的创造，其翻译参见：Wolfgang Golther, *Handbuch der germanischen Mythologie*, Leipzig 1895, S. 517.

② 更多讨论参见：Hermann Oldenberg, *Die Religion des Veda*, Stuttgart/Berlin ²1917, S. 478 ff. [Zitat S. 478].

第一部分　作为思维形式的神话

小值表达的"状态"与一个时刻搭配起来；但是，所有这些**不同的**值在整体上又构成了一个**唯一的**变化系列，因为正是这些不同的值所经历的变化本身服从一个一般性的规则，而且被思考为必然从该规则中产生出来的。在这个规则中表现出了事件之特殊要素的统一和分离、"连续性"和"离散性"。与之相反，神话思维既不了解结合的这种统一，也不了解这样的分离。即使在神话思想似乎把一种活动过程（Wirkensprozeß）划分为多个阶段的地方，它仍然以完全实体性的形式来理解该活动过程。它通过如下方式解释了活动的所有特性，即一种确定的物性的质从它所依附的一个事物（Sache）连续地转变为其他事物。在经验的和科学的思维中表现为单纯依附性的"属性"或单纯状态的东西，在这里获得了完全实体性的从而也是可转移性的特征。据报道，对于胡帕印第安人而言，疼痛也被视为实体。①控制着这一转移的大量仪式规定表明了，即使是纯粹"精神的"、纯粹"道德的"属性在这个意义上也被理解为可转移的实体。因此，一个共同体已经受到的玷污或瘴气（Miasma）能够转移到一个单个的人身上，例如能够转移到一个奴隶身上，并且能够通过献祭这个奴隶而消除灾难。在希腊的敬神节以及在某些爱奥尼亚城市举行的特殊活动上包含一种赎罪仪式②，这种意识可以追溯到最古老的传播广泛的神话基本直观。③如果人们关注该习俗的原初意义，那么在所有这些涤罪和赎罪仪式中所涉及的绝不是单纯的符号性替代（Stellvertretung），而是一种完全实在的转移，事实上正是物理的转移。④在巴塔克人那里，

---

① Pliny Earle Goddard, *Life and Culture of the Hupa*, Berkeley 1903（University of California Publications, American Archaeology and Ethnology, Bd. 1, Nr. 1），Pliny Earle Goddard, *Hupa Texts*, Berkeley 1904（University of California Publications, American Archaeology and Ethnology, Bd. 1, Nr. 2）.
② 更多内容的例子参见：Rohde, *Psyche*, Bd. II, S. 78。
③ 关于"替罪羊"这一广泛流传的表象，尤其参见：James George Frazer, *The Golden Bough*, Bd. VI: *The Scapegoat*, London ³1913。
④ 更多相关讨论参见：Lewis Richard Farnell, *The Evolution of Religion. An Anthropological Study*, London/New York 1905（Crown Theological Library, Bd. 12），S. 88ff. u. 117ff.。

一个人可以把他遭受的不幸转移给一只燕子并让这只燕子飞远,从而"让"他遭受的不幸"飞走"。① 而且,例如,就像日本神道教的一种习俗所表明的,这种转移可以在一个有灵魂的或有生命的主体上取得成功,也可以在一个单纯的客体上取得成功。在这里,一个渴望解除负罪的人从教士那里得到一张剪成人形的白纸,其名为"Kata-shi-ro",即"人的形态的代表",在纸上写下他的出生年月和姓氏,把这张纸在他身上摩擦并朝它吐气,通过这个流程,他的罪就转移给了"Kata-shiro"。在涤罪仪式结束时,这些"替罪羊"被扔进河里或海里,以便让四位涤罪神把它们带进地狱,并在那里消失得无影无踪。② 对于神话意识而言,所有其他的精神属性和能力都表现出了与某种特定的物性**基础**(Substrat)的联系。在埃及人的国王加冕典礼上,如何在一个完全确定的阶段上把神的所有属性和性质通过单个的王位标记——权杖、鞭和剑转移到法老身上,有着精确的说明。在这里,它们不是作为单纯的符号,而是作为真正的护身符,作为各种属神力量的载体和护卫者而存在的。③ 一般说来,神话的力的概念通过如下方式与科学的力的概念区分开来了,对前者而言,力从来都没有表现

---

① Johann Warneck, *Die Religion der Batak. Ein Paradigma für die amnestischen Religionen des indischen Archipels*, Göttingen/Leipzig 1909 (*Quellen der Religionsgeschichte*, Bd. 1, Gruppe 12), S. 13;在印度人和日耳曼人的民族信仰中有完全一致的观点。霍普金斯(Edward Washburn Hopkins)说:"印度的每一个受苦的农民妇女在路上丢下一块感染了她的病的破布,希望别人会捡起它,因为她把自己的病留在了它上面,当另一个人捡起它时,她就解除了病痛。"参见:Edward Washburn Hopkins, *Origin and Evolution of Religion*, New Häven, Conn./London/Oxford 1923, S. 163。关于日耳曼领域的情况,参见:Karl Weinhold, *Die mystische Neunzahl bei den Deutschen*, in: *Philosophische und historische Abhandlungen der Königlichen Akademie der Wissenschaften zu Berlin. Aus dem Jahre 1897*, Berlin 1897, Abh. 2 [sep. pag.], S. 51。

② Karl Florenz, *Die Religionen der Japaner. I. Der Shintoismus*, in: Edvard Lehmann u. a., *Die Religionen des Orients und die altgermanische Religion*, 2, verm. u. verb. Aufl., Leipzig/Berlin 1913 (*Die Kultur der Gegenwart*. Ihre Ent-wicklung und ihre Ziele), Teil 1, Abt. III/1), S. 191-216; S. 193 f. [Klammern im Original.]

③ 参见:Alexandre Moret, *Du caractere religieux de la royaute pharaonique*, Diss., Paris 1902;同样的情况也适用于其他仪式,例如婚姻仪式。范杰纳(van Gennep)评论道:"不能仅仅在符号的意义上,而且必须在严格物质的意义上对待它们:连接的绳子、环形的手镯桂冠等都有一种真正的、共同起作用的行动。"参见:van Gennep, *Les rites de passage*, S. 191。

第一部分　作为思维形式的神话

为一种动态的**关系**，从来都没有表现为因果关系整体的表达，而是总是表现为一种物性的和实体性的东西（ein Ding- und Substanzartiges）。①这种物性的东西（Dingartiges）扩展到了整个世界；但是看起来它似乎集中于个别被赋予威力的人格、巫师和教士、酋长和勇士身上。诸个别的部分能够从这种实体性的整体中、从这种力量储存中分离出来，并通过单纯的接触而转移到个别的部分上。教士或酋长所具有的巫术魔法，即集中于他们身上的"曼纳"（Mana）不是与作为个体性主体的他们结合在一起的，而是能够以最多样的改变和中介与其他人结合在一起的。因此，神话力量并不像物理的力量一样只是因果性因素和条件的一种统摄性的表达，一种成果（Ergebnis）和"结果"（Resultante），这种因果性因素和条件只有在它们结合在一起、相互联系起来时才能被思考为"有效的"——相反，神话的力量是一种独立的质料性存在，它作为这种质料性存在可以从一个位置移动到另一个位置，从一个主体移动到另一个主体。例如，在埃维人那里，能够通过购买获得属于巫师的器皿和秘密；但是，人们只有通过物理的转移才能获得魔法力量，这种转移主要是通过混合卖者和买者的血液与

---

① 关于神话思维的这一见解似乎与格莱布纳（Fritz Graebner）的观点是直接冲突的，后者试图在刚刚出版的著作中提出如下观点，对于这种思维而言，"特殊客体的属性、其作用及其与其他客体的关系……比该客体的实体进入意识时的力量更大。""比起在我们这里，属性在原始思维中的作用更大，实体的作用更小。"参见：Fritz Graebner, *Das Weltbild der Primitiven. Eine Untersuchung der Urformen weltanschaulichen Denkens bei Naturvölkern*, München 1924 (Geschichte der Philosophie in Einzeldarstellungen, Abt. 1: Das Weltbild der Primitiven und die Philosophie des Morgenlandes, Bd. 1), S. 23 u. 132。如果人们观察格莱布纳用来支持其观点的具体例子，那么就会发现，对立与其说涉及的是事实（Sachverhalt selbst），不如说涉及的是其表述（Formulierung）。因为这些例子恰恰清楚地表明了，神话思维并不了解实体与"属性"、"联系"和"力量"之间的区别，而是把我们仅仅视为单纯属性或单纯依赖性关系的东西浓缩为了独立的、独自存在的事物。用康德的话说，按照批判的-科学的观点，"时间中的持存"[*Kritik der reinen Vernunft*, S. 145 (B 183)]是实体的图式，是其在经验上得到确认的特点。神话思维对于有关实体概念的批判的-科学的见解确实是陌生的。神话思维允许实体不受限制地相互"转变"。但是从这一事实中并不能得出格莱布纳的结论："在人类思维的这两个最重要的范畴中，即因果性范畴和实体范畴中，前者在神话思维中远比后者更重要。"参见：Graebner, *Das Weltbild der Primitiven*, S. 24——因为正如上面所表明的，在神话意义上能够被称为"因果性"的东西和科学的"因果性"概念之间的距离与这两种实体概念之间的距离一样大。

唾沫而实现的。① 一个人所患的疾病，用神话术语来说，从来都不是在经验上可知的和普遍的条件下发生在他体内的一个**过程**，而是说，这个疾病是一个控制了他的魔鬼（Dämon）。在这里，重点并没有放在物活论的见解上，而是放在了实体性的见解上——因为正如疾病可以理解为一个有生命的精灵实体（dämonisches Wesen），它也可以被理解为进入人体的一种陌生**物体**（Fremdkörper）。② 举例来说，如果我们把希波克拉底的文集与埃皮达鲁斯古镇的阿斯克勒庇俄斯教士的医学加以比较，那么，神话形式的医学与在古希腊思想中首次出现的经验-科学形式的医学之间的深刻鸿沟就变得很显眼了。在神话思维中，属性、过程、力量和活动的物化（Verdinglichung）总是反复出现，这种物化还经常导致它们直接的物质化（Materialisierung）。③ 人们曾经用支配着神话思维的"精神主义"

---

① Jakob Spieth, *Die Religion der Eweer in Süd-Togo*, Leipzig 1911 (*Religions-Urkunden der Völker*, hrsg. v. Julius Boehmer, Abt. 4, Bd. 2), S. 12. ——曼纳，即魔法力量的这种转化在神话观点的意义上并不是转化，因为该力量是以完全的实体同一性被保存下来的，这种转化被毛利人的一种传说卓越地说明了。据报道，毛利人是在一条独木船，即库拉胡普船或库拉浩普船（Kurahoupo-oder Kurahaupo-Boot）上到达他们现在的住处的。"按照毛利人蒂·卡胡依·卡拉雷赫（Te Kahui Kararehe）讲述的版本，独木船在出发前往新家乡时在哈瓦基（Hawaiki）海岸损坏了。从对这条船特殊的曼纳力量（manakura）的嫉妒中产生的魔法破坏了这条船。但是敌人消灭这条船的曼纳的意图被挫败了，因为库拉胡普船的船长蒂·孟伽罗阿（Te Moungaroa）作为这条船的曼纳的化身到了新西兰，即使他乘的是另一条船……与这种化身理论相对应，蒂·孟伽罗阿在到达时用'我是库拉胡普船'这句话向其他毛利人部落介绍自己。"（Te Kahui Kararehe, The Kurahoupo Canoe, in: *Journal of the Polynesian Society*, Bd. II, Leipzig ²1909, S. 186–191；S. 186f.，转引自：Friedrich Rudolf Lehmann, *Mana. Der Begriff des »außerordentlich Wirkungsvollen« bei Südseevölkern*, Leipzig 1922 [Institut für Völkerkunde, 1. Reihe：Ethnographie und Ethnologie, Bd. 2], S. 13.）

② 更多讨论参见：Georg Thilenius, *Kröte und Gebärmutter*, in：*Globus. Illustrierte Zeitschrift für Länder- und Völkerkunde* 87 (1905), S. 105–110，以及 Vierkandt, *Die Anfänge der Religion und Zauberei*, S. 45；也可参见：Alfred William Howitt, *The Native Tribes of South-East Australia*, London/New York 1904, S. 380ff.。

③ 因此，举例来说，北美的阿尔贡金部落的曼尼图（Manitu）可以视为一种"神秘的力量材料"，它能够表现在一切地方并能够渗透到一切地方。"在蒸汽浴的人经常自己在胳膊和腿上切出口子，这样一来，曼尼图——它被石头中的热量唤醒，并随着浇到石头上的水扩散到蒸汽中——就能够进入他的身体。"参见：Preuß, *Die geistige Kultur der Naturvölker*, S. 54。

第一部分 作为思维形式的神话

(Emanismus)原理来解释单纯属性和状态的这种独特的可消除性与可转移性。① 但是，如果人们考虑到即使在科学知识中，把如下两个方面——事物与属性、状态、联系——明确地分离开来也只是非常缓慢地而且是经过持续的思想斗争才完成的，那么，人们或许能够最好地阐明这种思维方式的意义和起源。在这里，"实体"与"功能"之间的界限又一次模糊了，以至于出现了纯粹功能概念和联系概念的一种半神话性的实在（Hypostase）。力的物理学概念也只是缓慢地才摆脱这种纠缠。在物理学的历史中，通过如下方式来理解和分类不同的活动形式的做法总是一再重新出现，即人们把这些不同形式的活动思考为与特定的**质料**联系在一起的，并把它们思考为从一个空间点转移到另一个空间点，从一个"事物"转移到另一个事物。18世纪和19世纪初的物理学还在以这种方式谈论一种"热质"（Wärmestoff）或一种电的或磁性的"物质"。但是，如果说科学思维、分析的-批判的思维的真正趋势是越来越多地从这种质料性表象方式（Vorstellungsart）中解放出来，那么，神话的独特趋势却是，尽管其**客体**和**内容**具有各种"精神性"，它的"逻辑"——其概念的**形式**——依旧附着在物体上。迄今为止，我们试图就其最一般性的基本特征来刻画这种逻辑的特征——现在更进一步要做的是，确定神话思维的独特客体概念和独特因果概念是如何表现在**个别东西的**构形（Fassung）和赋形（Formung）中的，以及这些概念是如何决定性地规定了神话的全部**特殊**"范畴"的。

---

① 参见：Richard Karutz, *Der Emanismus (Ein Vorschlag zur ethnologischen Terminologie)*, in: *Zeitschrift für Ethnologie* 45 (1913), S. 545–611；尤其参见：Fr. R. Lehmann, *Mana*, S. 14, 25, 111 u. ö.。

## 第二章　神话思维的个别范畴

78　　如果人们把经验-科学的世界图像与神话的世界图像加以比较，那么，下面这一点立即就会变得很清楚，即它们之间的对立并不在于它们研究和解释现实时所用的范畴完全不同。神话与经验-科学知识的区别并不在于这些范畴的属性（Beschaffenheit）和质（Qualität），而在于它们的**样式**（Modalität）。① 为了给感性-杂多赋予统一性的形式，为了给分散的东西强加上形态，二者用到的诸结合方式（Verknüpfungsweisen）表现出了一种彻底的类似和一致。它们是相同的最一般性的直观和思维"形式"，这些形式建构起了意识本身的统一性，并由此建构起了神话知识意识和纯粹知识意识的统一性。就此而言，可以说在获得确定的逻辑形态和特征之前，这些形式中的每一个都必须经历一个神话式的预备阶段（Vorstadium）。正如天文学草创了宇宙的图像、有关太空和太空中天体结构的图像，它们最初也起源于对空间和空间中的事件的占星术直观。在一般性的运动学说变成纯粹力学、变成对运动现象的数学表现以前，一般性的运动学说就

---

① 关于"样式"的概念，参见：Cassirer, *Philosophie der symbolischen Formen*. Erster Teil, S. 29ff.［ECW 11, S. 28 ff.］。

第一部分　作为思维形式的神话

在尝试着回答那个追问运动"从何而来"的问题，它把这个问题还原为神话式的创造问题、"第一推动者"问题。与空间和时间概念一样，在数的概念变成纯粹数学概念之前，它也是一种神话概念——是一个前提，尽管原始的神话意识对这个前提是陌生的，但是这个前提构成了进一步建构和更高建构（Weiter- und Höherbildungen）的基础。在数变成纯粹的计量数（Maßzahl）之前，它曾被崇拜为"圣数"——而科学数学的开端处还残留着这种崇拜的气息。因此抽象地说，支配着神话式的世界解释与科学式的世界解释的是相同种类的联系：统一性和复多性、"并存"（Miteinander）、"连续"（Beisammen）和"相继"（Nacheinander）。一旦我们把这些概念置于神话领域，它们每一个立即就获得了一种完全特殊的性质，似乎获得了一种独特的"色调"。乍一看来，在神话意识中个别概念的这种色调、这种细微差别似乎是某种完全个体性的东西（Individuelles），某种只能感受到而无法更进一步认识和"理解"的东西。然而，还是有一种一般性的东西构成了这种个体性东西的基础。正如更仔细的研究表明的，在每一个个别范畴的特殊属性和性质中都在重复着一种确定的思维**类型**。在神话对象意识的方向中、在其实在性概念的特征中、在其实体和因果性概念的特征中表现出来的神话思维的基本结构，涵盖得更广——它包括并规定了这种思维的个别构形（Einzelgestaltungen），并且似乎给它们打上了自己的印记。

纯粹知识中的客体联系和客体规定退回到了综合判断的基本形式："于是我们说：当我们在直观杂多中造成了综合统一性时，我们就认识了**对象**。"① 但是，综合统一性本质上是系统性的统一性：它的产生并不停留于某个点，而是要逐步涵盖经验的整体，把它改造为一个唯一的逻辑关联，一个"原因"与"结果"的整体。在这些原因和结果的结构、等级中，每一个个别现象、每一个特殊的定在和事件都被分配了一个专门的位置，它们借助这个位置与所有其他现象互相

---

① ［Kant, *Kritik der reinen Vernunft*, S. 615（A 105）.］

**区别开**，同时借助这个位置又与所有其他现象普遍**联系起来**。这一点在世界图像的数学版式（mathematische Fassung des Weltbildes）中表现得最为清晰。在这里，当完全确定的、它所独有的数值和大小值与之搭配起来时，一个存在或事件的特殊性就被指明了，但是，所有这些值又通过特定的等式、函数关联而彼此结合起来，如此一来，它们就形成了一个按照法则分节的系列，一个具有精确的度量规定性的固定"构造"（Gefüge）。当现代物理学通过思维时空坐标 $x_1$、$x_2$、$x_3$、$x_4$ 来表达每一个特殊事件并把这些坐标的变化还原为最终不变的规律时，现代物理学就是在这个意义上"理解"事件的整体性的。这个例子再次说明了，结合与分离对于科学思维而言何以没有构成两个不同的甚至是对立的基本行动，而是同一个逻辑过程，二者——把特殊者明确分离开以及把它们统摄为整体的系统统一性——在这个过程中完成。关于这一点的更深层的原因要在综合判断本身的实质中去寻找。因为综合判断与分析判断的区别在于，综合判断不把它所造成的统一性看成概念上的**同一性**（begriffliche Identität），而是看成**不同东西的统一性**（Einheit des Verschiedener）。其中所设定的每一个要素的特征在于，它们不是仅仅"在自身之内的"和在逻辑上保持在自身之内的，而是与一个"他物"相互联系并关联在一起的。如果我们为了给这种关系（Verhältnis）做一种图式化的表达而把该联系（Beziehung）中的环节称为 a 和 b，把统合起它们的关系（Relation）称为 R，那么，每一个这样的联系都表现出了一种明确的三重**分节**，不仅这两个基本环节（a 和 b）被它们之间的联系清晰明确地彼此区分开了，而且联系本身（R）的**形式**也意味着某种与它所组织起来的内容相对立的新的、特殊的东西。可以说，它属于与个别内容不同的含义层次；它本身不是一种特殊的内容、一个特殊的事物，而是一种一般性的、纯粹观念性的**关系**。科学认识称为现象的"真理"的那种东西的根据就在这种观念性的联系中；因为在这种真理之下所理解的只不过是诸现象本身的总体性，此时诸现象并不是按照其具体的定在被接受的，而是被转变为了一种思想性**关联**（ein gedanklicher

第一部分　作为思维形式的神话

Zusammenhang）的形式，这种关联在同等的程度上并以同样的必然性建立于逻辑结合行动和逻辑区分行动的基础上。——

神话也追求一种"世界的统一性"，而且在满足这一追求的时候，它活动在一条完全确定的轨道上，这条轨道是由它的精神"本性"规定的。在其最低阶段，神话思维似乎还完全服从直接的感官印象并受最基础的感性冲动控制。巫术的观点把世界分解成混乱的各种各样的精灵力量。即使在神话思维的最低阶段上，即使在巫术的观点中，也表现出了一些旨在对这些力量进行一种分节、将要把这些力量"组织起来"（Organisation）的特征。神话提升到越高级的形态，它就越确定地把精灵（Dämonen）转变成具有自己的个体性和故事的神（Göttern），这些力量的实质（Wesenheit）与效果（Wirksamkeit）也越来越清楚地区分开了。正如科学知识追求一种法则的等级性、原因与结果的一种系统性的上下隶属关系一样，神话也追求一种力量的等级性和神的形态的等级性。随着神话按照不同的神把世界划分开来，随着每一个特殊的定在和人类行动区域被置于一个专门的神的照料之下，世界对于神话也变得越来越容易理解。但是，尽管如此一来神话世界被编织成了一个整体，但是，这个直观的整体还是表现出了与概念的整体完全不同的特征。只有知识才尝试着把现实集中到概念的整体中。在这里，并没有那种把客观世界建构为完全由规律决定的世界的观念性联系形式，而是说，所有的存在在这里都消融进具体的图像性的统一体中了。而且这种在**结果**中可见的对立最终是**以原则**中的对立为基础的。神话思维所完成的每一个**个别的**综合都带有只有在整体中才变得完全清楚可见的特征。如果说科学知识只有通过在一个批判的基本行动中分离开各个要素才能把这些要素结合起来，那么，神话似乎是把它所触及的一切都堆进一个没有区分的统一体中了。神话所设定的联系是这样的：进入这一联系中的各个部分通过这种联系不仅进入了一种交互性的和观念性的关系，而且它们恰恰变成了彼此同一的，变成了同一个**事物**。在神话意义上彼此"接触"的东西——不管这种接触是被理解为空间上的或时间上的共存，还是被理解为某种距离还很远的相似性，抑或是被理解为属于同一"类别"或同一"类"的从属性——从根本上说已不再是一种多样或多面的东西了：它们已经获得了一种实体性的本质统一性。这种观点在神话的最低阶段就已经表现得很清楚了。例如，有人是这样来描述巫术世界观的基本方向的："一旦个别的客体激起了巫术的兴趣，个别的客体似乎就不能被视为一个本身就与众不同的东西了，而是说，它总是带有属于其他客体的从属性，它与这些客体是等同的，因此外部现象仅仅构成了一种掩盖、一副面具。"① 神话思维在这方面证明了自身是真正意义上的"具体"思维（»konkretes« Denken im eigentlichen Wortsinne）：它把握住的任何东西本身都经历过一种独特的具体化（Konkretion），它们是绑定在一起的。如果说科学知识追求的是对明确区分开的诸环节的一种统合，那么，神话直观则让它所结合起来的东西最终**达到一致**。物性的等同性、一致性在这里取代了结合的统一性——后者是综合的统一性，因此也是**不同东西的统一性**。如果我们考虑到，对于神话观点来说根本上只有唯一一个联系维度，只有唯一一个"存在界面"，那么，这一点也就变得可以理解了。在认识中，纯粹的联系概念（Beziehungsbegriff）似乎出现在了它所结合起来的那些环节**之间**。因为它与这些环节并不属于同一个世界——它没有与这些环节相对应的物性**实存**，而只有一种观念性的**含义**。哲学史和科学史表明了，对于纯粹关系概念（Relationsbegriffe）这种特殊地位的意识在最初出现时如何为科学精神的新纪元打下了基础。关于这些概念最初的严格逻辑特征恰恰强调这种对立是决定性的要素：纯粹的直观和思维"形式"被指称为一种非存在（μὴ ὄν），以便把它们与事物、感性现象所具有的那种实存方式（Existenzweise）区别开来。但是，对于神话意识来说，并没有这种间接地以存在、现象的"真理"为**根据**的非存在：它只知道直接的定在者和直接的活动者。因此，它所设定的这些关系（Relationen）不是思想性的纽带，思想性的纽

---

① Preuß, *Die geistige Kultur der Naturvölker*, S. 13.

第一部分　作为思维形式的神话

带把进入其中的东西既分离开同时又结合起来，而是说，这些关系是某种黏合剂，它能以某种方式把最不相同的东西黏在一起。

神话思维中一个关系的各个部分的共生性（Konkreszenz）或一致性（Koinzidenz）的独特法则是神话思维的所有个别范畴都遵守的。如果我们从量的范畴开始，那么，这就已经表明了，神话思维如何从来没有在整体与部分之间设定明确的分界线——部分如何不仅**代表**了整体，而且实际上就**是**整体。科学的基本观点是把量当作一种综合性的联系形式，对于科学的基本观点而言，大小都是多中的一：也就是说，统一性和复多性在科学的基本观点中构成了同样必需的、紧密相关的要素。诸环节结合成一个"整体"以把这些环节明确区分开，把它们区分为环节和前提。因此，毕达哥拉斯学派把数定义为使万物在心灵中达到和谐的东西，只有它才赋予了万物形体（Köperlichkeit），并把有局限的或不受限制的事物的各种关系划分开来。各种和谐的可能性和必然性恰恰以这种划分为基础："相同和相近的东西不需要和谐，相反，不相同、不相近或没有等分的东西才必须被这种和谐结合在一起，它们借助于这种和谐能够在世界秩序中维持下去。"① 这种和谐是"众多混合事物的统一，是不同要素的一致"②。神话思维不了解这种和谐，它只知道部分与整体的等同性原则。整体连同其全部的神话式的-实体性的本质一起进入了部分之中，整体恰恰在感性和质料方面以某种方式"包含"在部分之中，在这个意义上，整体就是部分。整个人还包含在他的头发、剪掉的指甲、衣服和脚印之中。一个人留下的每一个痕迹都被视为他的一个真实的部分，这个部分能够反作用于他的整体，并能够危及他的整体。③ 相同的神话"参与"（Partizipation）法则不仅在涉及实在关系的地方处于支配地位，而且在涉及——**我们**意义上的——纯粹观念性

---

① Philolaos, *Fragm.* 6, 转引自：Diels, *Fragmente*, S. 251。
② [Philolaos, *Fragm.* 10, a. a. O., S. 252f.]
③ 相关例子参见本书上文：S. 66 ff. （此处页码指本书的边页码。下文同此，不一一注明。——中译者注）

关系的地方也处于支配地位。类与它所涵盖的东西、与它作为种或个体所包含的东西之间的关系，也不同于它作为一个一般东西在逻辑上规定了这种特殊东西；而是说，它在这种特殊东西中就是直接在场的，它生活并活动于特殊东西中。在此处于支配地位的不是单纯思想性的隶属关系（Unterordnung），而是个别的东西对其类"概念"的实际服从（Unterwerfung）。例如，**图腾论**世界图像的结构几乎只能从神话思维的这种本质特征来理解。因为在对人和世界整体的图腾式划分中出现的不是人和事物与特定的动物和植物之间的单纯**对应**，而是说，在这里，个别的东西被视为实际地依赖于其图腾祖先，被视为与其祖先同一的。例如——根据**施泰恩**广为人知的报道——巴西北部的特鲁迈人（Trumai）说他们是水生动物，而博罗罗斯人（Bororos）则夸耀自己是红鹦鹉。① 因为神话思维一般而言并不了解我们所说的逻辑归属关系（das logische Subsumtionsverhältnis），即一个"样本"与其种或类的关系，而总是形成了一种事实上的作用关系（ein sachliches Wirkungsverhältnis），并由此形成了一种事实上的等同关系，因为在神话思维中只有"相同的东西"才能作用于"相同的东西"。

如果我们不是在量的观点下而是在**质**的观点下进行研究——亦即，如果我们观察的是"事物"与其"属性"之间的关系而不是"整体"与其"部分"之间的关系，那么，同样的事实情况（Sachverhalt）会表现得更为明显。我们在这里又观察到了关系要素之间同样独特的一致性：对于神话思维而言，与其说属性是"对"事物的一种规定，从一个特定的方面来看，不如说它表达并包含着事物本身**的**整体性。对于科学知识来说，在科学知识中产生的交互规定在这里也以一种**对立**为基础，这一对立虽然在这一规定中得到调和但并未被消

---

① Karl von den Steinen, *Unter den Naturvölkern Zentral-Brasiliens. Reise-schilderung und Ergebnisse der Zweiten Schingü-Expedition 1887–1888*, Berlin, 1897, S. 307. 关于这一神话的"参与"法则的更进一步的典型事例，尤其参见：Levy-Bruhl, *Das Denken der Naturvölker*, Kap. 2.

第一部分　作为思维形式的神话

除。因为诸属性的主体、它们"固有的""实体"本身与任何属性都没有直接的可比性，不能理解和解释为一个具体的东西，而是作为一个"他物"、作为一个独立的东西与每一个特殊的属性，事实上也与这些属性的整体相对立。在这里，"偶性"并不是"实体"的物性的、实在的"片段"——相反，这个实体构成了观念性的中心和中介，这些"偶性"通过它彼此联系起来，并彼此统合起来。但是对于神话而言，它所造成的统一性在这里立即又变成了单纯的等同性。神话把一切现实的东西都移到了同一个界面上，对于神话而言，同一个实体并不"具有"不同的属性，而是说，每一种特殊的东西本身就已经是实体，也就是说，它只能被理解为直接的具体化、直接的物化。一切单纯的状态性存在和属性存在、一切活动和联系是如何经历这种物化的，上面已经做了说明。① 但是，在神话与概念和科学思维的基本原则结盟并相互渗透的地方——在它与科学思维的基本原则共同产生出一种混合物，即一种半神话式的自然"科学"的地方，这一独特的思维原则比在神话世界观的原始阶段上表现得还要更加明显。正像人们在占星术的结构中也许能够最清楚地说明神话式**因果概念**的特性②，因此，如果人们观察一下炼金术的结构，那么，神话式属性概念的特殊趋势就最为清晰地表现了出来。炼金术与占星术之间的亲缘性在它们的整个历史中都可以追踪到③，在这里可以发现这种亲缘性的系统解释：二者是同一种思维形式，即神话式的-实体性的同一性思维的两种不同表达。在这里，属性的每一种共同性、不同事物的感性现象的每一种相似性或不同事物的活动方式的每一种相似性最终只能通过如下方式来解释，即在不同的事物中以某种方式"包含着"同一种物性的原因。例如，炼金术在这个意义上把特殊的物体看作

---

① 参见本书上文：S. 69 ff. 。
② 更多内容参见我的研究：*Die Begriffsform im mythischen Denken*, S. 29 ff. 。
③ 相关证据参见：Hermann Kopp, *Die Alchemie in älterer und neuerer Zeit. Ein Beitrag zur Culturgeschichte*, 2 Bde., Heidelberg 1886, 以及 Edmund Oskar von Lippmann, *Entstehung und Ausbreitung der Alchemie. Mit einem Anhange: Zur älteren Geschichte der Metalle. Ein Beitrag zur Kulturgeschichte*, Berlin 1919。

诸种简单的基本质（Grundqualitäten）的复合体，物体通过纯粹的聚合从这些基本质中产生出来。每一种属性本身都代表一种特定的基础事物（Elementarding）——组合起来的东西构成的世界、经验的物体世界从这些基础事物（Elementardinge）的总和中建构起来了。谁了解了这些基础事物的混合，谁就因此了解了它们转化的秘密，从而控制它们，因为他不仅理解了这些转化，而且能够独立地产生出这些转化。因此，炼金术士能够用普通的水银制造出"哲人石"，他先萃取其水分，即萃取那个运动的和流动的要素，这个要素阻碍了水银达到其真正的完善性（Vollkommenheit）。下一步是"固定"通过这种方式得到的物体，亦即排除其中仍然带有的空气一样的要素，使其失去挥发性。炼金术在其历史过程中将这种添加和排除属性的方法发展成了一种极具艺术性和极度复杂的体系。但是，在这些精巧的提炼和提纯的操作中，人们还是能够清晰地辨认出整个操作的神话根基。所有炼金术操作，不论其个别风格如何，都以属性和状态具有可转移性（Übertragbarkeit）和物性的可分离性（dingliche Ablösbarkeit）这一原初思想为基础——因此，在更幼稚的和更原始的阶段，例如在"替罪羊"和类似概念中都表现出了相同的思想。① 质料具有的每一种特殊性，它所能采取的每一种形式，它所能发挥的每一种效力，在这里都被实体化为了一种特殊的实体、一种自为的存在物。② 现代科学，尤其从**拉瓦锡**那里获得自身形式的现代化学，也只是由于从根本上改变了整个**问题的提法**，才克服了炼金术的这种半神话式的属性概念。对于现代科学而言，每一种"属性"都不是简单的东西，而是极其复杂的东西（Zusammengesetztes）；不是原初性的和基础的东西，而是某种派生性的东西；不是绝对的东西，而是某种完全相对的东西。感性的观点称为事物"属性"的东西以及它相信这样一来直接把

---

① 参见本书上文：S. 72f. 。
② 关于个别性（Einzelheiten），除了李普曼的描述（Lippmanns, *Entstehung und Ausbreitung der Alchemie*, bes. S. 318 ff.），尤其可参见：Marcelin Berthelot, *Les origines de Palchimie*, Paris 1885。

第一部分　作为思维形式的神话

握和理解的东西，被批判性地分析为一种只有在完全确定的**条件**下才会出现的确定作用方式和特殊的"反应"。因此，一个物体的可燃性说的就不再是其中存在着一种确定的实体、燃素，而是意味着它对氧气的**反应**，就好比一个物体的可溶性说的是它对水或某种酸的反应等。个别的质现在不再表现为一种物质的东西，而是表现为一种完全有条件的东西——一种经过因果性分析融入一个关系网络中的东西。但是由此同时也能反向得出如下结论：只要这种分析的思维还没有发展起来，"物"与"属性"也就不能明确地区分开，也就是说这两个概念的范畴性领域必然是相互牵动的，并最终相互融合在一起的。

与"整体"、"部分"范畴以及"属性"范畴一样，"相似性"范畴也表现出了神话与知识之间的典型对立。对感性印象的混沌进行分节，即从其中突出特定的相似性的群组（Ähnlichkeitsgruppen）并构成特定的相似性系列（Ähnlichkeitsreihen），这对于逻辑思维和神话思维来说又是共同的——离开了这种分节，神话就不能让感性印象的混沌形成固定的**形态**，逻辑思维也不能让其形成固定的**概念**。但是，对事物的"相似性"的理解在这里也是在不同的轨道上活动的。对于神话思维而言，感性现象中的每一种相似性都足以把表现出相似性的构成物归入唯一一个神话的"类"（Genus）。任何一个标志——不论是多么"外在的"特点——也与其他标志同样有效："内部"与"外部"、"本质"与"非本质"之间还不能明确地划分开来，因为对于神话来说，每一个可以知觉到的相同性或相似性都是**本质**之同一性的直接表达。因此，相同性或相似性在这里绝不是单纯的关系概念和反思概念，而是一种实在的力量——它是全然现实的东西，因为它是一种全然有效的东西。每一种所谓"类似魔法"都表现出了这种神话式的基本观点，而且事实上类似魔法这个错误的**名称**更多地掩盖了而不是指明了这种基本观点。因为正是在我们看到单纯"类似"，即单纯**关系**的地方，神话看到的则是直接的定在和直接的在场。对于神话来说，不存在"指向"某种远处的东西和不存在的东西的单纯记号；而是说对于神话而言，事物与其自身的部分是一体的，亦即从神话的观点来看，只要一个与某事物相似的东西出现了，这个事物的整体就是在场的。在从烟斗中升起的烟雾中，神话意识看到的既不是单纯的"意义图像"（Sinnbild），也不是造雨的单纯手段，而是说，它在烟雾中直接看到的是云的清晰图像，同时在云的图像中看到了事情本身（die Sache selbst），即所祈求的雨。大体而言，一般的巫术原则是，人们能够仅仅通过一个事物的模仿性表现就占有这个事物，用不着采取我们所说的意义上的"有目的的"行动①——因为在神话意识的立场上来看，并不存在**单纯**模仿性的东西（Mimisches），并不存在仅仅指意性的东西（Signifikatives）。知识意识在设定相似性和生产相似性系列时也表现出了其独特的双重逻辑特征：它既是综合性的也是分析性的，它在结合的同时也在分离。它在相似的内容中既强调不相同性这个要素也强调相同性这个要素；实际上，它尤其重视不相同性这个要素，因为在它确立其类和种时，它更关注的是在同一类之中进行区分和分等所依据的原则，而不是单纯地突出共同的东西（Gemeinschaftliches）。例如，在每一个**数学的**类别概念和类的概念（Klassen- und Gattungsbegriff）的结构中都可以证明这两种趋势的内在交织。如果说数学思维把圆、椭圆、双曲线和抛物线都归在**一个**概念之下，那么这种归类不是依据这些图形的某一种直接相似性，因为感性地来看，这些图形毋宁说是极为不同的。但是，当思维把所有这些图形都规定为"圆锥曲线"时——思维现在在这种不同性中把握住了**法则**的统一性——即构造原则的统一性。这一法则的表达——二阶曲线的一般"表达式"既充分表现出了这些图形的关联，也表现出了它们的内在区别：因为这个表达式表明了，一种几何图形如何通过某特定数值的简单变化而转变为另一种图形。在这里，规定和制约着该转变的这一原则，不仅对于概念的内容而言是必然的和严格意义上"构成性的"，而且它也是对共同东西的设定（Setzung des Gemeinsa-

---

① 大量相关证据可参见：James George Frazer, *The Golden Bough*, Bd. I in 2 Bdn.：*The Magic Art and the Evolution of Kings*, London ³1911；也可参见：Preuß, *Die geistige Kultur der Naturvölker*, S. 29, 以及本书上文, S. 49ff.。

第一部分 作为思维形式的神话

men)。如果说人们因此在传统概念学说中习惯于通过"抽象"得出逻辑的类别概念和类的概念，而且在这里抽象这个概念只是被理解为选取内容之多数性中具有**一致性**的那些特征，那么，这种观点是片面的，正如如果人们认为因果性思维仅仅局限在诸表象的**结合**、"联想"，这种观点也是片面的一样。在这两种情况下所涉及的都不是对单纯给定的内容和彼此固定地分离开的内容做后续的联结，相反，这种划界行动只有在思维中才能**完成**。在这里，神话又一次表明了，这种划界，即在逻辑的上下隶属关系的意义上、在"抽象"和"规定"的意义上对个体的划分、对种和类的划分是它所不了解的。正如它在每一部分中都看到了整体，它在类的每一个"样本"中也都直接看到了这个类本身，而且看到的是带有其全部神话式"特点"——亦即其神话式力量——的类。因此，当逻辑的类总是同时既分离又结合时，因为它试图从一种普遍原则的统一性中引出特殊的东西，神话则把个别的东西聚集在一个图像的统一性，即一个神话形态的同一性之中。一旦"部分"、"样本"和"种"以这种方式交织在一起，那么所有的区别便消失了，只有一种完全的无差别（Indifferenz），它们在这种状态中不断地互相转化。

但是事实上，我们到目前为止为区分神话的与逻辑的**思维形式**所做的努力似乎对于理解作为**整体**的神话、对于洞察神话由之产生的精神的原初层没有什么帮助。因为，如果我们试图从神话的思维形式出发去理解神话，这难道不已经是一种循环论证了吗？不已经是对神话的一种错误理性化吗？即使我们承认这种**思维形式**存在，它难道不是某种掩盖了神话内核的外壳吗？神话难道不是一种直观的统一性（eine Einheit der Anschauung），不是一种**直观统一性**（eine intuitive Einheit）吗？而直观的统一性先于"**推论的**"（diskursive）思维所造成的一切解释并构成了其基础。即使这种直观形式也还没有指明神话从中产生并不断从中获得新生命的最终层次。因为神话所涉及的从来都不是被动的观看，不是对事物的静止观察；相反，在这里所有的观察都起源于一种表明立场的行动（Akt der Stellungnahme）、一种情

90

感和意志的行动。就神话浓缩成了持久的构成物而言，就神话把"客观"形态世界的固定轮廓呈现在我们面前而言，只有当我们能在这个世界的背后感受到它最初从中生长出来的生命感的动力，我们才能理解这个世界的含义。只有在这种情感从内部产生出来的地方，只有在这种生命情感表现为爱与恨、恐惧与希望、欢乐与悲伤的地方，才会激发出那种创造出特定表象世界的神话幻想。但是，由此似乎得出了如下结论，即对神话**思维形式**特征的一切描述只适用于某种间接的和派生的东西——除非能够从单纯的神话思维形式追溯到神话的**直观形式**及其特有的**生命形式**，否则，这种描述必然是半截子的和不充分的。恰恰这一点——这些形式绝对不是彼此分离开的，从最原始的构成物直到最高级和最纯粹的神话形态，这些形式始终是互相交织在一起的——赋予了神话世界独特的自足性并给它打上了特殊的烙印。这个世界也是按照"纯粹直观"的基本形式塑造和分节的——它也分解成了单一性（Einheit）和复多性（Vielheit），分解成了对象的"共存"和事件的次序。但是，神话的**空间**、**时间**和**数**的直观与空间、时间、数在理论思维和对象世界的理论结构中所意味的东西被一些最典型的分界线划分开了。只有当我们能够成功地把在神话思维以及在纯粹知识思维中遇到的间接划分（Teilungen）还原为产生了该划分的一种原初划分（Ur-Teilung），这些分界线才会变得清晰可见。因为神话也以一种这样的精神"危机"为前提——只有在**意识**整体中完成了一种划分，而且由于这种划分（Scheidung），对**世界整体**的直观也明确地分离（Trennung）开了，这一整体也分裂（Zerlegung）为不同的含义层次时，才形成了神话。这一最初的分离（Trennung）以萌芽的形式包含着一切后来的分离，而且一切后来的分离都以这一最初的分离为基础并且总是被它控制着——如果说我们能够在某个地方发现神话思维、神话直观和神话生命感觉的特性，那就是在这种分离中。

第二部分

**作为直观形式的神话
神话意识中时空世界的建构和分节**

# 第一章　基本的对立

当意识在某一点首次明确地划分开"假象"与"真理"、单纯"知觉到的东西"或"表象中的东西"与"真正存在的东西"、"主观"与"客观"时,**理论**世界图像的建构就开始了。在这里,真理和客观性的标准是持存性、逻辑稳定性和逻辑规律性这些要素。意识的每一个个别内容都与这一普遍合规律性的要求有关,并且是由其衡量的。因此,存在的范围彼此分离开了;相对短暂的东西与相对持久的东西、偶然的和一次性的东西与普遍有效的东西划分开了。特定的经验要素被证明是必要的和基础性的,是支撑整个建筑的构架——其他要素只是被认定为不独立的和间接的存在,只有在它们出现的特殊条件变成现实的情况下,它们才"存在",而且它们被这些条件限制在特定的存在范围或片段之中。通过持续不断地在直接给予的东西中设定逻辑等级上的差别,即设定逻辑"值"上的差别,理论思维才不断进步。但是,这里使用的一般标准是"根据律"(Satz vom Grunde),它把这一标准作为最高的假定和最初的思维要求来坚守。知识的原初本质方向、典型的"样式"都表现在这一标准之中。"认知"意味着从感受和知觉的直接性进展到单纯思想性"原因"的间接性——意味着感性印象的简单定在分解为"原因"与"结果"的诸层次。

正如已经表明的,这样的划分和分层还是神话意识完全不了解的。神话意识存在并生活于直接印象之中,它没有用其他东西"衡量"这些直接印象就接受了它们。对于神话意识来说,印象并不是单纯相对的东西,而是一种绝对的东西;印象并不是"通过"其他东西才存在的,也不依赖于作为其条件的其他东西,而是说,印象由于其定在的简单强度、由于其施加于意识上的不可抵抗的力量而产生出来并保存了下来。如果说思维一方面主张自己的"对象"具有客观性和必然性,另一方面又对自己的"对象"采取研究和追问、怀疑和验证的态度,如果说思维面对其对象有自身的标准,那么,神话意识则根本不理解这样的对立。只有当神话意识被对象征服时,它才"有"对象;当它持续地建构对象时,它并不拥有对象,而是只有当它完全被对象占有时,它才拥有对象。在这里处于支配地位的并不是理解对象的意愿,亦即从思想上囊括对象并按照原因和结果的复合体来划分它,而是说,神话意识在这里被对象轻易地控制住了。但是,神话客体对于意识表现出的这种强度和直接的力量让意识摆脱了始终一致和反复重现的那种东西的单纯序列。就每一个客体都控制住并充满了神话意识而言,它们都表现得像某种仅仅属于自身的东西、某种无法相互比较和独特的东西,而没有被限制在一个规则的图式或一个必然法则的图式中。每一个客体似乎都生活在一个个体性的气氛里;它是一种一次性的东西,而且只有在它的这种唯一性中、在它直接的此时此地中才能得到理解。但神话意识的内容也没有消失于全然无联系的个别性中;而是说,在这些内容中处于支配地位的也是一种一般性的东西,而这种一般性的东西与逻辑概念上的一般性的东西有着完全不同的种类和起源。正是通过其独有的特征,属于神话意识的全部内容才再次连接成一个整体。它们构成了一个自足的王国——它们在一定意义上拥有一种共同的色彩,并由于这种色彩而从日常的和习惯性的、共同的经验定在中脱离出来。这种分离的特征和这种"异常"的特征对于神话意识的每一个内容本身都是本质性的——从最低的阶段到最

## 第二部分 作为直观形式的神话 神话意识中时空世界的建构和分节

高的阶段，从巫术世界观直到最纯粹的宗教表现形式，都可以追踪到这一特征。巫术世界观还是纯粹实践性地因而也是半技术性地理解魔法的，而在纯粹的宗教表现形式中，所有的奇迹最终都融入了宗教精神的一个奇迹之中。正是这种独特的趋向"超验"的特征把神话意识的所有内容与宗教意识的所有内容连接起来了。在它们内容的单纯定在和直接属性中都包含着一种启示并且同时还保留了一种秘密，而且正是这种相互渗透、正是这种既揭示又隐藏的启示，给神话-宗教内容打上了基本的特征，即打上了"神圣性"的特征。①

当我们发现它还处于完全未掺杂的状态时，即当它还没有被其他精神性含义的细微差别和价值的细微差别渗透，尤其是还没有被伦理规定渗透时，这一基本特征的含义是什么及其对建构神话世界意味着什么，也许表现得最明显。对于最初的神话感觉来说，"圣物"的意义和力量没有被限制在特定的区域、个别的存在领域、个别的价值领域。毋宁说，这种意义烙印在了定在和事件的直接具体化和直接总体性上。在这里没有明确的分界线从空间上把世界划分为"此岸"和"彼岸"，即划分为一个仅仅"经验的"领域和一个"超验的"领域。在对圣物的意识中完成的区别毋宁说是纯粹质的区别。每一种定在内容，不论多么平常，都能获得神圣性的典型特征，只要它落入特定的神话-宗教视域中——只要它不再被夹在事件和活动的熟悉范围，而是从每一个方面引起了神话的"兴趣"并激起它的热情。因此，"神性"的特点绝不是从一开始就限定在特定的客体或客体群上的，而是每一种内容——不论多么"平常"——都能够突然地享有这一特点。它所指明的不是一个特定的客观属性，而是一种特定的观念性联系（ideelle Bezogenheit）。神话的起点也在于，把特定的差异引入无区分的和"未分化的"存在中（das unterschiedslose »indifferente« Sein），即把它划分成不同的含义范围。当它打破意识内容的等同性

---

① 关于圣物概念（Begriff des Heiligen）是一个宗教原初范畴（religiöse Urkategorie），可参见：Rudolf Otto, *Das Heilige. Über das Irrationale in der Idee des Göttlichen und sein Verhältnis zum Rationalen*，Breslau 1917。

和一致性时——当它把这种等同性放入特定的"价值"区别中时,神话也证明了自己是赋予形式和意义的(form- und sinngebend)。当全部的存在和事件都被投射到"圣物"与"俗物"的基本对立上时,它们在这种投射中获得了一个新的内容——这个内容不是它们简单地从一开始就"拥有"的,而是在这种观察形式中,或在一定意义上说在神话式的"光照"(Beleuchtung)中才生长出来的。

如果人们对神话思维做这种一般性的考察,那么,纯粹经验的神话研究和神话比较在过去数十年中已经从不同方面揭示出来的特定基本现象、特定的划分和分层也就变得清楚了。自从**科林顿**(Codrington)在其著名的论述美拉尼西亚人的著作中指明"曼纳"(Mana)概念是原始神话思维的一个核心概念以来,围绕这个概念形成的问题已经越来越多地进入了人种学、民族心理学和社会学研究的中心。纯粹内容上的研究首先已经表明了,美拉尼西亚人和波利尼西亚人在"曼纳"中表达的那种观念在以不同变体遍布全世界的其他神话概念中有着精确的相关物(Korrelat)。北美阿尔贡金人部落的曼尼图、易洛魁族人的奥伦达(Orenda)、苏人的瓦坎达(Wakanda)都如此广泛和令人信服地显示出了曼纳表象的对应物,以至于事实上在这里似乎发现了一种真正的神话"基本思想"。[①] 如此一来,神话思维的单纯现象学似乎表明了,在这个表象中所表现的与其说是神话意识的单纯**内容**,不如说是它的一种典型**形式**,事实上也许是它的最原初的形式。因此,不同的研究者都开始把曼纳表象视为一

---

① 关于曼纳概念(直到1920年)的非常丰富的文献的细致搜集和批判性讨论,参见前面提到的莱曼的深刻专著:Fr. R. Lehmann (S. oben, S. 72);关于阿尔贡金人的曼尼图概念,参见:William Jones, *The Algonkin Manitou*, in: *The Journal of American Folk-Lore* 18 (1905), H. 70, S. 183-190;关于易洛魁人的奥伦达,参见:John Napoleon Brinton Hewitt, *Orenda and a Definition of Religion*, in: *American Anthropologist*, New Series 4 (1902), S. 33-46;关于瓦坎达,参见:William John McGee, *The Siouan Indians. A Preliminary Sketch*, in: Fifteenth Annual Report of the Bureau of Ethnology to the Secretary of the Smithsonian Institution 1893-94, hrsg. v. John Wesley Powell, Washington 1897, S. 153-204,也可参见:Karl Beth, *Religion und Magie bei den Naturvölkern. Ein religionsgeschichtlicher Beitrag zur Frage nach den Anfängen der Religion*, Leipzig/Berlin 1914, S. 211 ff.。

## 第二部分　作为直观形式的神话　神话意识中时空世界的建构和分节

个神话-宗教思维**范畴**，甚至是宗教原初范畴"本身"（»die«religiöse urkategorie）。① 如果人们把这个表象与密切相关的、否定性的"禁忌"表象联系在一起，那么，这两个对立的概念在一定程度上似乎已经揭开了神话-宗教意识的一个原初层次（Urschicht）。曼纳-禁忌-公式（die Mana-Tabu-Formel）可以视为"宗教的最小定义"，视为它的一个最初的构成性条件。② 但是，随着曼纳表象的框架扩展得越广，清楚明确地规定这一表象也变得越困难。为了理解这一表象的意义，人们把它归入有关神话思维"起源"的不同假设之中，这些尝试被越来越清楚地证明是不充分的。**科林顿**本质上把曼纳理解为一种"精神力量"，他又进一步把它的特征称为一种巫术的-超自然的力量。但是，尝试把曼纳最终还原为灵魂概念，从而从**泛灵论**的前提出发解释并澄清这一概念经不起批判。曼纳这个**语词**（Manawort）的含义被规定得越明确，这个表象的内容被限定得越精确，下面这一点就变得越明显，即二者属于另一个层次，属于神话思维的"前泛灵论"方向。在还不可能谈论高度发达的心灵概念和人格性概念的地方，或者至少在物理存在与心理存在之间、精神-人格存在与非人格存在之间还压根儿没有明确分界线的地方，曼纳这个语词的用法似乎有其真正的位置。③ 这种用法还保持着对发达的逻辑思维或神话思维的其他对立的一种独特的冷漠。尤其是，在这种用法中还不存在把质

---

① 把曼纳概念作为神话思维的基本范畴，可参见：Henri Hubert und Marcel Mauss, *Esquisse d'une theorie generale de la magie*, in：*L'annee sociologique* 7（1902/03），S. 1-146。

② 尤其参见：Robert Ranulph Marett, *The Tabu-Mana Formula as a Minimum Definition of Religion*, in：Archiv für Religionswissenschaft 12（1909），S. 186-194，以及 Robert Ranulph Marett, *The Conception of Mana*, in：*The Threshold of Religion*, 2, verb. u. verm. Aufl.，London 1914，S. 99-121。

③ 一旦曼纳只被某个特殊的性质，例如被其大小，从通常的和"共同的东西"的范围内突出出来，那么，曼纳可以被归属于任何一个物理事物，而又不被视为一个"神灵"或精灵的所在地。任何灵魂本身都不被认为是具有"曼纳"的。死者的灵魂通常都没有曼纳，而是只有那些活着的被赋予了曼纳的人的灵魂才有曼纳——这些人由于一些特殊的力量而突出出来，并由于这种力量死后被人想念或惧怕。更多讨论参见：Robert Henry Codrington, *The Melanesians. Studies in their Anthropology and Folk-Lore*, Oxford 1891, S. 51 u. 253。

料的表象与力的表象划分开的任何明确界限。"实体"理论把曼纳简单地理解为魔法实体（Zaubersubstanz），"动态"理论强调的是力量（Macht）概念、强调的是能力（Können）和作用（Bewirken），这两个理论似乎都没有触及也没有穷尽曼纳概念（Manabegriff）的真正含义。这一概念的含义毋宁说正在于它独特的"流动性"——在于在我们的理解中被清晰地区分开来的那些规定的相互渗透和相互过渡。即使我们表面上看起来在谈论"精神性"存在和"精神性"力量时，它们也已经被物质性表象完全渗透了。正如人们已经说的，这个阶段的"精灵"（Geister）具有"一种完全不确定的性质，在自然与超自然、现实与理想之间，在人与其他存在物和生命体之间没有任何区别"①。因此，曼纳表象唯一相对固定的核心最后似乎只剩下了有关例外的东西、不平常的东西、"不普通的东西"的印象。在这里，承载起这一规定的**东西**不是本质性的东西，而正是这一规定本身，正是这个不普通的东西的特征。曼纳表象——与其否定的对立面禁忌表象一样——表现的是与日常的定在层次和通常的事件轨道不同或相对的另一个层次。在这里适用的是其他标准，在这里处于支配地位的是不同于事物在通常的过程中所表现出来的其他可能性、其他力量和其他作用方式。但是同时这个王国又充满了经常性的威胁，充满了从各个方面包围着人的未知危险。由此可见，从纯粹**对象性**考察的方面出发从来都不能充分理解曼纳表象和禁忌表象的内容。它们的任务并不是指明特定的对象类别，而是表现了巫术-神话意识置于对象上的独特**重点**（Accent）。通过这种重点，存在和事件的整体被划分为一个有神话意义的（mystisch-bedeutsame）领域和一个与神话不相关的（mystisch-irrelevant）领域，划分为激起并吸引了神话兴趣的领域和这一兴趣相对不在意的领域。把禁忌-曼纳-公式指称为神话和宗教

---

① Alfred Ernest Crawley, *The Mystic Rose. A Study of Primitive Marriage*, London/New York 1902, S. 19; 转引自: Edvard Lehmann, *Die Anfänge der Religion und die Religion der primitiven Völker*, in: ders. u. a., *Die Religionen des Orients*, S. 1 – 32: S. 15。

第二部分　作为直观形式的神话　神话意识中时空世界的建构和分节

的"基础",与人们可以把**感叹词**看作语言的基础一样,既是正确的,也是不正确的。可以说,事实上在这两个概念中涉及的都是神话意识的最初感叹词。它们还没有独立的含义功能（Bedeutungs-）和表现功能（Darstellungsfunktion）,而是等同于神话感觉的简单激发声音（Erregungslauten）。① 它们指明了神话以及科学和"哲学"都由之开始的那种惊奇、那种"$\vartheta\alpha\upsilon\mu\acute{\alpha}\zeta\varepsilon\iota\nu$"。惊奇在两个方向上运动,由相反的特征——害怕和希望、畏惧和赞叹——混合而成。当单纯的动物式的恐惧变成惊奇时,当感性的激动首次以这种方式寻找出路和**表达**时,人就站在了一种新的精神性（Geistigkeit）的门槛上。在一定意义上反映在"圣物"思想中的正是它的这种独特的精神性。因为神圣的东西总是**同时**表现为远离和接近,在表现为信任和防备的同时又表现为完全无法接近的,在表现为"可怕的神秘"（mysterium tremendum）的同时又表现为"诱人的神秘"（mysterium fascinosum）。②这一双重特征的结果是,在它把自身与经验的、"世俗的"定在区别开来时,它并没有完全**排斥**这种定在,而是逐步地**渗透**了它;在它与后者对立时仍然持有为其对立面**构形**（Gestaltung）的能力。"禁忌"的一般概念和大量具体的禁忌条文指明了通向这一构形道路的最初步骤。在纯粹否定的意义上,它们表现的是意志和直接的感性本能施加于自身之上的最初限制;但是,这种否定性的限制已经包含着通向积极的边界设定的萌芽和最初条件、通向积极赋形（Formgebung）的萌芽和最初条件。但是,这种最初的神话式赋形运动的方向与精神性

---

① 关于阿尔贡金人的曼尼图有如下报道,只要表象和想象力被某种新的、不寻常的东西激起,这个表达就总是会被使用：例如如果渔夫第一次抓到一种不了解的鱼,那么针对这种鱼就会用到"曼尼图"这个表达。(参见：Robert Ranulph Marett, *Pre-Animistic Religion*, in: *The Threshold of Religion*, London ³1924, S. 1-28；S. 21；也可参见：Nathan Söderblom, *Das Werden des Gottesglaubens. Untersuchungen über die Anfänge der Religion*, deutsche Bearb. hrsg. v. Rudolf Stübe, Leipzig 1916, S. 95 f. 。) 苏人的"瓦坎"和瓦坎达这两个表达在词源上似乎也可以追溯到表示震惊的感叹词,参见：Brinton, *Religions of Primitive Peoples*, S. 61。

② "圣物"的这种双重特征（dieser Doppelcharakter des »Heiligen«）被奥托尤其明确地强调了（参见上文, S. 89, Anm. 1）。

意识的其他基本方向依然被明确地区分开了。神话的"价值"（Valenz）有着自身的区别，正如逻辑或伦理的价值（Wertigkeit）有着类似的原初性差异。"神圣性"（Heiligkeit）这一最初神话概念与伦理"纯粹性"概念之间的一致性是如此之少，以至于二者之间可能陷入一种明显的对立和独特的张力。神话和宗教意义上的被神圣化的东西（das Geheiligte）恰恰因此变成了一种被禁止的东西，变成了畏惧的东西，因而变成了一种"不洁的东西"（Unreinen）。这种双重意义、这种独特的含义上的"模棱两可"还表现在拉丁语的"*sacer*"或希腊语的"*ἅγιος, ἅζεσθαι*"中——因为这两个语词都既指向神圣的东西，又指向被诅咒的东西、被禁止的东西，但是，在这两种情况下，它们指向的都是以某种方式"被供奉的东西"（Geweihte）和突出的东西（Herausgehobene）。①

但是我们现在发现了，神话意识的这一基本方向，即神圣与世俗、被神圣化的与未被神圣化的东西之间的原初划分（Ur-Teilung），何以压根儿没有局限于个别的尤其是"原始的"构成物（Bildungen），何以在神话的最高形态中得到了确证。就神话所涵盖的一切东西都表现为被神话地赋予形式的整体（mythisch geformtes Ganze）而言，似乎神话所涵盖的一切都被包含在这一划分之中——这一划分似乎渗透并充满了整个世界。神话世界观的一切派生的和间接的形式，不论多么复杂，不论达到何种精神高度，依然部分地以某种方式被这种最初的划分决定。神话生命形式的全部财富和活力的基础都在于，表达在圣物概念中的定在的"重点"完全产生效果，并逐步扩展到意识的新领域和新内容上。如果人们追踪这一发展，那么就会发

---

① 关于这一点参见纳坦·苏德布鲁姆（Nathan Söderblom）编写的"神圣性（一般的和原始的）"［"Holiness (General and Primitive)"］词条，收录于：*Encyclopaedia of Religion and Ethics*, mit John Alexander Selbie u. Louis Herb Gray hrsg. v. James Hastings, Bd. VI, Edinburgh/New York 1913, S. 731-741。关于希腊语的"*ἅγιος*"，尤其参见：Eduard Williger, *Hagios. Untersuchungen zur Terminologie des Heiligen in den hellenisch-hellenistischen Religionen*, Gießen 1922 (Religionsgeschichtliche Versuche und Vorarbeiten, Bd. 19, H. 1)。

第二部分　作为直观形式的神话　神话意识中时空世界的建构和分节

现，在神话客体世界的结构与经验客体世界的结构之间存在着一种不容置疑的类似性。在这两个世界中，都要克服与直接给予东西的**分离**（Isolierung）——都要理解所有个别的东西和特殊的东西如何"编织为一个整体"。① 在这两种情况下，**空间**和**时间**的基本形式以及**数**这第三种形式被确立为这种"整体性"的具体表达、直观图式，其中，在空间和时间中分离的要素、"并存"的要素和"相继"的要素在数这种形式中是互相渗透的。神话意识以及经验意识的内容逐步获得的所有关联只有在空间、时间和数的这些形式中才能达到，并且通过这些形式的互相渗透才可能达到。但是，这种关联的**方式**再次表现出了逻辑的"综合"与神话的"综合"之间的基本区别。在经验知识中，经验现实的直观结构被经验知识为自身设定的一般性目标——被其理论性的真理概念和现实概念——间接地规定和引导。在这里，空间概念、时间概念和数的概念的构形（Gestaltung）是根据纯粹知识越来越确定和越来越有意识地指向的一般逻辑理念造成的。空间、时间和数表现为思想性的中介，借助于这种中介，知觉的单纯"聚合"逐步形成（formen）经验的"体系"。有关全部经验内容的并存秩序、相继秩序和固定的数量尺度秩序及大小秩序（numerische Maß- und Größenordnung）的表象构成了一个前提，所有这些内容在这个前提下最终被统摄为**一个规律**（Gesetzlichkeit）、一个因果性世界秩序（Weltordnung）。在这方面，空间、时间和数对理论知识而言只不过是"因果性原理"的工具。它们构成了基本的常量，所有的变量都与之相关；它们是普遍的坐标系，所有个别的东西都以某种方式嵌入其中并在其中被分配了一个固定的"位置"，由此保证它们获得自身清楚的规定性。因此，空间、时间和数的纯粹直观特征在理论知识的进步中越来越后退到背景中。它们本身不再表现为意识的具体**内容**，而是表现为其普遍的**秩序形式**。莱布尼茨作为倡导"因果性原理"的逻辑学家和哲学家最早完全清楚地说出了这一关系，他把空间规定为

---

① [Johann Wolfgang von Goethe, *Faust. Eine Tragödie.* Erster Theil (*Werke*, 1. Abt., Bd. XIV), S. 30.]

"并存中的秩序"的观念条件,把时间规定为"相继中的秩序"的观念条件,并且借助于二者的纯粹观念性特征把它们把握为"永恒的真理",而非存在的内容(Seinsinhalte)。在康德那里,对空间、时间和数的真正解释与"先验演绎"也在于,表明它们是数学知识从而间接地也是一切经验知识的纯粹原理。它们是经验可能性的条件,同时又是经验对象可能性的条件。纯粹几何学的空间、纯粹力学的时间和纯粹算术的数:它们在一定意义上是理论意识的原初形态(Urgestalten);它们构成了思想性的"图式"(Schemata),感性个别东西与思维的、纯粹知性的一般性规律之间的沟通借助于这种图式才生产了出来。

神话思维表现出了相同的"图式化"(Schematisierung)过程——它越是发展,也就越多地努力把一切定在都嵌入一个共同的空间秩序,把一切事件都嵌入一个共同的时间和命运秩序。在神话一般(Mythos überhaupt)的范围内,这种努力在**占星术**的世界图像结构中发现了其完善的形式和最高的实现形式;但是,它的真正的根扎得越深,就越多地延伸到神话意识的最后的基础层次和原初层次(Grund- und Urschicht)。我们已经清楚,在**语言**概念形成的进展中与在这里一样,明确清晰地突出空间规定总是构成了指称一般性-思想性规定的预备条件(Vorbedingung)。我们已经看到,最简单的语言空间词汇,这里和那里、近和远的指称如何包含着一个丰富的萌芽,这个萌芽在语言的发展中展开为语言-理智形态(Bildungen)的一笔极其丰富的财富。一切语言形态(Sprachbildung)的这两个端点(Enden)通过空间语词的沟通(Vermittlung)似乎才在一定意义上最初真正连接起来——一种纯粹精神性的要素出现在了语言表达的感性东西中,同样一种感性的要素也出现在了语言表达的精神性东西中。[1] 在神话表象范围内,空间与时间也被证明是一种这样的精神化的媒介(ein solches Medium der Vergeistigung)。神话表象领域本身

---

[1] 更多讨论参见:Cassirer, *Philosophie der symbolischen Formen*. Erster Teil, S. 146ff. [ECW 11, S. 147ff.]。

## 第二部分　作为直观形式的神话　神话意识中时空世界的建构和分节

所经历的最初的清晰明确的分节是与空间-时间的区别连在一起的。但是，与在理论意识中不同，在神话意识中并不涉及获得用来解释变化事件以及作为其根据的确定的和不变的原初尺度（Urmaße）。毋宁说，替代了这种区别的是另一种区别，它以神话的独特"视角"（»Blickrichtung« des Mythischen）为条件并且是该视角所要求的。神话意识不是通过把感性现象的变动和漂浮的东西固定在持续的思想中，而是通过把其独有的对立——"神圣"与"世俗"的对立引入空间性和时间性的存在上，从而完成了对空间和时间的分节。神话意识的这种基本的和原初的重点（Grund- und Uraccent）也支配着空间整体和时间整体中的一切特殊的划分与结合。在神话意识的原始阶段上，"力量"和"神圣性"仍然表现为一种物（eine Art Ding）：表现为某种感性的-物理的东西，依附于作为其载体的特定人格（Person）或事物（Sache）上。但是，在神话意识的进一步发展中，神圣性的这种特性越来越多地从个别的人格或事物变成其他规定，即变成**我们**意义上的纯粹观念性的规定。现在，这一特征首先表现在神圣的位置和场所、神圣的时限和时节，最后表现在神圣的数中。由此一来，神圣与世俗的对立才不再被理解为一种特别的对立，而是被理解为一种真正普遍的对立。因为所有定在都被置于空间形式中，所有事件都被置于时间的节律和周期中，因此，每一个依附于一个确定的时空**位置**上的规定立即就变成了在这个规定中被给予的**内容**——正如反过来说，内容的特殊的特征也给这个内容所处的位置赋予了一种突出的特征。所有的存在和事件都借助于这种交互规定被逐步编织成了最精致的神话联系网络。正如在理论知识的立场上，空间、时间和数都被证明为**客观化**的基本工具与阶段，因此，它们在神话"统觉"的过程中也表现为三个主要的本质性阶段。神话特有的形式学说的景观在这里展现了出来，这种形式学说补足了对构成神话之基础的一般思维形式的研究，而且首次用具体的内容真正充实了它。

# 第二章　神话形式学说的基本特征
## ——空间、时间和数

## 一、神话意识中空间的分节[①]

107　　为了临时地和在一般性的轮廓上指明神话空间直观的特性，人们能够以此为出发点，即神话空间占据了感性知觉空间与纯粹知识空间、几何直观空间之间的一个特殊的**中间位置**。众所周知的是，知觉空间，即视觉和触觉空间，与纯粹数学的空间不仅不一致，而且毋宁说在二者之间存在着一种全面的分歧。数学空间的诸规定不能从知觉空间的诸规定中简单地读取出来，也不能用一种连贯的思维次序从后者推导出来；毋宁说，需要一次独特的思路转向，需要**消除**（Aufhebung）在感性直观中似乎直接给定的东西，才能推进到纯粹数学的"思想空间"。尤其是，比较一下"生理学"空间与构成欧式几何

---

[①] 在本书 1925 年第一版中，本章第一节至第五节的标题只有"一""二""三""四""五"，其后并无具体内容。为方便读者阅读，本译稿参照该书的目录页补足了其具体内容。——中译者注

## 第二部分  作为直观形式的神话  神话意识中时空世界的建构和分节

学的各种构架（Konstruktionen）之基础的那种"米制"空间，就能详尽地表明这种对立关系。其中一方所设定的东西，在另一方那里似乎被否定了和颠倒了。**欧几里得**空间的特征是连续性（Stetigkeit）、无限性（Unendlichkeit）和普遍一致性（Gleichförmigkeit）这三个基本要素。但是，所有这三个要素都与感性直观的特征相对立。知觉并不了解无限性的概念，毋宁说它从一开始就局限于知觉能力的确定边界内从而局限于空间性东西的确定有限领域内。我们既不能谈论知觉空间的无限性，也不能谈论知觉空间的同质性。几何空间同质性的最终根据在于，它的所有环节、被整合进其中的"点"只不过是简单的位置规定，在它们互相之间的这种关系之外、在它们相对于对方所占据的这一个"位置"之外没有任何自身的独立**内容**。它们的存在变成了它们彼此之间的关系：这是一种纯粹功能性的而非实体性的存在。因为从根本上讲，这些点一般而言没有任何内容，它们已经变成了观念性联系的单纯表达，因此，不能向它提任何有关内容差异性的问题。它们的同质性所说的只不过是它们结构的那种同类性（Gleichartigkeit），这种同类性以它们的逻辑任务、观念性规定和含义的共同性为基础。因此，同质性的空间绝对不是给定的空间，而是建构性地生产出来的空间（konstruktiv-erzeugte Raum）——正如几何学的同质性概念恰恰能够通过如下假设而表述出来一样：从空间中的每一个点都能够向一切位置和方向上完成相同的构架。① 这一假设在直接知觉的空间中从来都无法完成。在这里，不存在位置和方向的严格同类性，而是每一个位置都有其自身的种类和价值。视觉空间与触觉空间在如下这一点上是一致的，即它们与欧几里得几何学的"米制"空间相对立，是"各向异性的"（anisotrop）和"非同质的"（inhomogen）："机体（Organisation）的主要方向：前-后、上-下、左-右

---

① 参见：Hermann Graßmann, *Die lineale Ausdehnungslehre*[:] *ein neuer Zweig der Mathematik*（1844,²1878）（§22）, in: *Gesammelte mathematische und physikalische Werke*, unter Mitw. v. Jakob Lüroth u. a. hrsg. v. Friedrich Engel, Bd. I, Teil 1: *Die Ausdehnungslehre von 1844 und die geometrische Analyse*, unter Mitw. v. Eduard Study hrsg. v. Friedrich Engel, Leipzig 1894, S. 2-319: S. 65。

在两种生理学空间中都是不等值的。"①

如果人们从这一比较尺度出发，那么下面的说法看起来就经不起最弱的怀疑，即神话空间与知觉空间紧密相关，而与几何学的思维空间（Denkraum）严格对立。**神话**空间与感觉空间都是十分具体的意识构造物。"位置"与"内容"的分离构成了几何学的"纯粹"空间建构（Konstruktion）的基础，这一分离在这里尚未形成，也无法形成。位置不能脱离内容，也不能作为一种具有独立含义的环节与内容相对立，而是只有当位置被一个确定的、个别的感性内容或直观内容**充满**，它才"存在"（ist）。因此，在感性空间中与在神话空间中一样，每一个"这里"和"那里"都不是单纯的这里和那里，不是一般性联系的单纯术语，这种术语能够反复出现在不同内容中，而是在这里每一个点、每一个环节似乎都拥有一个其自身的"音调"。每个要素都具有某种特殊的辨识特征，该特征不能用一般性概念描绘，但可由经验直接感受。这种特有的区别附着在空间的不同方向上。正如"生理学"空间与"米制"空间的区别在于，在"生理学"空间中，右与左、前与后、上与下是不可替换的，因为沿着任何一个方向运动都会出现完全独特的机体感受，因此，每一个方向在一定意义上也都有一种独特的神话感觉价值。在几何学的概念空间中处于支配地位的是同质性，与这种同质性相对立，在神话的直观空间中，每一个位置和每一个方向似乎都被赋予了一种特殊的**重点**——而这种重点总是可以追溯到真正的神话重点，即世俗与神圣的分离。对于神话意识而言，世界在空间上和精神上被它所设定的边界划分开了，这些边界之所以能固定下来，其基础并不在于——像在几何学中那样——从流动的感性印象中发现一个固定形态的王国；而是说，这些边界之所以能固定下来，其基础在于，人作为意志和行动的主体在面对现实的直接立场中限定自己——在面对这些现实时，人为自己树立起确定的**界限**，并把自己的情感和意志与之关联起来。最初的空间区别在更复杂

---

① 参见：Ernst Mach, *Erkenntnis und Irrtum. Skizzen zur Psychologie der Forschung*, Leipzig 1905, S. 334。

## 第二部分　作为直观形式的神话　神话意识中时空世界的建构和分节

的神话形态中一再重复出现并越来越多地升华，这种区别是两个存在**领域**的区别：一个是普通的、一般可理解的领域；另一个是神圣的领域，它似乎从周围事物中突显出来，与之分离，包围并防备着它。

　　这种个体性的-情绪化的基础正是神话所依据并不可与之分离的，尽管神话通过该基础而与纯粹知识的"抽象"空间区分开了，但是，即使在神话中也表现出了一种一般性的趋势和功能。整个神话世界观所造成的空间虽然在内容上绝不是同一的，但在形式上与几何空间在经验的对象性的、"自然"的建构中所表现出来的是类似的。它像图式一样起作用，通过这个图式的运用和媒介，最不相同的、第一眼看来完全不可比较的环节彼此能够关联起来。正如"客观"知识的进步本质上取决于由直接的感受提供的所有单纯的感性区别最终都被还原为纯粹的大小区别和空间区别，并用这种区别来充分地表现它，那么，神话世界观也了解这种表现，即用空间来"反映"（Abbildung）自在地说来非空间的东西（das an sich Unräumliche）。在神话中，每一种质的差异在一定程度上都拥有这样的一面，从这一面来看，这种质的差异同时也表现为空间性的——正如每一种空间性差异都是质的差异，并保持为质的差异。在两个领域之间发生着某种交换，不停地从一个领域过渡到另一个领域。对语言的研究已经让我们了解了这种过渡的形式：这一研究向我们表明，对于语言而言，大量的最为不同的联系，尤其是质的联系和模态的联系只有通过如下方式才能被把握住和表达出来，即绕道空间才能形成语言表达。简单的空间语词由此变成了某种原初的精神性语词（Urworte）。当语言似乎把客观世界翻译为空间的东西时，客观世界对于语言而言才是可以理解的和可以看透的。① 这种翻译既把知觉到的、感受到的质转变为空间图像和直观，也不断出现在神话思维中。空间借助这种独特的"图式"能够把最为不同的东西同化并由此使它们可以互相比较并以某种方式变得"相似"，这种独特的空间"图式"在这里也表现出来了。

---

　　① 参见：Cassirer, *Philosophie der symbolischen Formen.* Erster Teil, S. 146 ff. [ECW 11, S. 147ff.]。

我们在研究各类特殊神话形态的系列时向前追溯得越远，我们越接近神话真正的原初形态（Urgestaltungen）和原初分节（Urgliederungen），这种关系似乎也变得越清楚。我们在**图腾论的直观领域**中看到过这样一种原初分节，即把所有定在分割与划分为严格确定的类别和群组的最原始方式。在这里，不仅人类个体和群体由于他们属于一个特定的图腾而彼此明确地分离开了，而且这种划分形式控制并渗透进了整个世界。每一个事物、每一个过程都是通过被**归入**某个图腾类别，通过被赋予某种典型的图腾"标志"（Abzeichen）而"**被理解**"的。像在所有神话思维中一样，这种标志不是**单纯的**记号，而是被认为或感受为实在的那种关联的表达。但是，只要神话思维开始赋予其一种空间表达，那么，由此产生的巨大复杂性，即把所有个体性的、社会性的、精神的存在和一切物理-宇宙的存在交织于其中的那些最多样的图腾亲缘关系，就会变得相对容易一眼看穿。现在这一整体上尤其混乱的类别划分在一定意义上按照主要的空间方向和分界线划分开了，并由此获得了直观的清晰性。例如，在**库欣**（Cushing）详细描述的祖尼人（Zuñi）的"神话-社会学世界图像"中，对整个世界所完成的七重图腾分节形式首先表现在对空间的理解中。整个世界被划分为七个区域，南、北、东、西、上、下，最后一个是中，即世界的中心，每个存在都在这整个划分中占据着自己明确的位置，在这整个划分中获得了一个固定的位置。自然的诸要素、物质材料以及事件的诸个别阶段都按照这种划分的观点区分开了。气属于北，火属于南，土属于东，水属于西；北是冬天的故乡，南是夏天的故乡，东是秋天的故乡，西是春天的故乡；等等。人类的等级、职业、制度也同样被归入相同的基本图式中：战争和勇士属于北，狩猎和猎人属于西，医药和农业属于南，巫术和宗教属于东。尽管这些分节初看起来可能显得非常奇怪，但是毫无疑问，它们不是偶然产生的，而是一种非常确定的和典型的基本直观的表达。约鲁巴人（Joruba）与祖尼人一样，其图腾式的分节在对空间的理解中也典型地表现了出来。在这里，每一个空间区域都与一种确定的色彩、一周五天中的某一天以及

## 第二部分　作为直观形式的神话　神话意识中时空世界的建构和分节

某一特定的要素搭配起来了；在这里，祈祷的顺序、崇拜器具（Kultgerät）的用法和移动以及季节性献祭的次序，总之整个宗教仪礼的轮替都可以追溯到特定的基本空间区别，尤其是追溯到"左"与"右"的基本区别。同样，其城市的结构及其划分为个别的区域在一定意义上也只不过是它们的整个图腾观点在空间上的投射。① 如下观念，即所有质的差异和对立都具有某种空间"对应物"，也以一种不同的形式出现在中国人的思维中，但是却发展得最为精致和最为精确。在这里，一切存在和事件也以某种方式分布在不同的方位之中。一个特定的颜色、元素、季节、黄道符号（Tierbild）、人体器官及心灵的基本情绪等都有一个方位，它们都以特殊的方式从属于这一方位——通过与空间中的一个确定位置的这种共同联系，最异质性的东西也开始在一定意义上互相接触。因为，存在的一切种（Arten）和类（Gattungen）都在空间中的某处有自己的"家园"，因此也消除了它们互相之间绝对的陌生性（Fremdheit）：空间上的"沟通"（Vermittlung）造成了它们之间精神上的沟通，其结果是一切差异都被统合为一个大的整体，统合为世界的一种神话式的基本轮廓图（Grundplan）。②

因此，空间直观的普遍性在这里也变成了世界观之"普遍主义"的工具。但是，神话在这里通过它所努力达到的那个"整体"的**形式**又区别于知识。科学宇宙的整体是一个法则构成的整体，亦即由关系

---

① 更多讨论参见：Leo Frobenius（Hrsg.）, *Und Afrika sprach … Bericht über den Verlauf der dritten Reise-Periode der D. I. A. F. E. in den Jahren 1910 bis 1912*, Berlin 1912, bes. S. 198ff. u. 280ff.。——约鲁巴人的宗教以 4×4 分节的"体系"（4×4-gliedrigen "System"）为基础，弗罗贝尼乌斯（Frobenius）想要从这个体系中推论出约鲁巴人与伊特鲁里亚人（Etrusker）之间的一种原初亲缘关系（Urverwandtschaft），后者最早发展出了这种体系。但是上述考察表明了这一推论是多么成问题。毋宁说事实已经证明了，类似的"体系"扩散到了全世界，我们在这里处理的不是神话思维的一个个别的分叉和冲动，而是它的一个典型的基本观点，不是神话思维的一个单纯的内容，而是决定其方向的一个因素（einem seiner richtunggebenden Faktoren）。

② 关于这一点的深入描述，参见我的研究《神话思维中的概念形式》（*Die Begriffsform im mythischen Denken*），这里也列出了人种学的更精确的证据，尤其参见：S. 16 ff. 和 54ff.。

和功能构成的整体。尽管空间"本身"（»die«Raum）和时间"本身"（»die«Zeit）首先被视为实体，被视为自为存在的事物，但随着科学思维的发展它又越来越多地被视为诸关系的观念性总和、诸关系的体系。它们的"客观"存在只不过意味着，正是它们才使经验直观成为可能的，它们作为原理是经验直观的"基础"。空间和时间的全部存在、全部显现方式（Erscheinungsweisen）最终都与这种奠基性的功能相关。在这里，对纯粹几何空间的直观也是由"根据律"所表述的那个法则支配的。它是作为**解释**世界（Welterklärung）的一种工具（Instrument）和器官（Organ）起作用的，在这种解释中发生的只是，把一种单纯感性的内容浇筑进一个空间形式，它在这个形式中似乎被重构，并通过这个形式而得以按照几何学的一般性法则来理解。因此，空间在这里是在知识共同任务中具有一席之地的一个个别性的、观念性的因素，而且它在这一体系中的位置也决定着它本身的特征。在纯粹知识的空间里，空间性整体与空间性部分的联系不是从物性来思考的，而是在根本上同样是从纯粹功能性的角度来思考的：空间整体并不是由其各个环节"组合"而成的，而是说，整体是由作为构成性条件的各个环节建构起来的。线"产生"于点，面"产生"于线，体"产生"于面：思想按照一种特定的法则从一种图形中产生出另一种图形。复杂的空间形态是依据它们的"发生学定义"（genetische Definition）来理解的，这一定义表达了它们产生的方式和规则。因此，在这里对空间整体的理解需要退回到生产性的（erzeugende）要素，退回到点和点的运动。与纯粹数学的这种**功能空间**（Funktionsraum）相对立，神话的空间证明自身完全是**结构空间**（Strukturraum）。在这里，整体并不是依照一确定的规则从其诸要素中以发生学的方式产生、"生成"（wird）出来的，而是这里存在着一种纯粹静态的内在（Innesein）和内含（Innewohnen）关系。不论划分到什么程度，我们都会在每一部分中重新发现整体的形式、结构。这种形式并不像在对空间的数学分析中那样分解为同质的因而无形态的要素，而是说，它就这样持存着，任何划分都无损于它也无法

第二部分　作为直观形式的神话　神话意识中时空世界的建构和分节

影响到它。整个空间世界以及宇宙似乎都是按照一个确定的模式建造的，这个模式能够有时以放大的尺度、有时又以缩小的尺度向我们表现出来，但是不论是最大的尺度还是最小的尺度，这个模式始终都是同一个。神话空间的全部**关联**最终都以这种原初的**同一性**（Identität）为基础；它们无法还原为作用的同类性（Gleichartigkeit），不能还原为一个动态的法则，而只能还原为本质的一种原初等同性（Gleichheit）。在**占星术**的世界图像中，这个基本观点找到了自己的经典表达。对占星术来说，世界上一切事件、一切新形成（Neubildung）和新生（Neuentstehung）从根本上说都是假象——在这些事件中表现出来的东西，居于其背后的东西，是一种预先确定的命运，是一种相同的存在之规定，因此这一规定主张自己在经历过个别的时间点之后与自身还是同一的。因此，这个生命的整体就包含在一个人的生命起点、其出生时的星象中；正如一般说来，一切生成（Werden）本身与其说表现了产生（Entstehung），不如说表现了简单的持存以及对这一持存的解释（Explikation）。定在（Dasein）的和生命的形式并不是从最不同的要素、最多样的因果条件的相互作用中产生出来的，而是从一开始它就被赋予了一种既成的形式，这种形式需要的只是解释，而且它似乎迟早会向我们这些观察者展现出来。因此，整体的这一法则在其每一部分中都反复表现出来。存在是预先规定的，这既适用于个体（das Individuum），也适用于全体（das Universum）。占星术经常通过把行星的**作用**——这构成了占星术研究的基本原则——转变成一种**实体性的内含关系**（Innewohnen），而清楚地说出了这一关系。我们每个人身上都有一个确定的行星：月神、太阳神、毁坏神、赫耳墨斯等（ἐστί δ'ἐν ἡμῖν Μήνη Ζεὺς, Ἄρης Παφίη Κρόνος Ἥλιος Ἑρμῆς）。[1] 我们在这里看到，占星术式活动（wirken）观点何以最终根植于那种神话式

---

[1] 参见：Franz Boll, *Die Lebensalter. Ein Beitrag zur antiken Ethologie und zur Geschichte der Zahlen. Mit einem Anhang uber die Schrift von der Siebenzahl*, Leipzig/Berlin 1913, S. 37ff. [Zitat S. 38].

的空间观点，占星术把这种观点进一步发展到最高的亦即"系统性的"连贯性。按照支配着整个神话思维的那个基本原则，占星术能够把空间上的"并存"（Beisammen）仅仅解释为一种十分**具体**的并存，即空间中的**诸物体**的一个特定的位置和地点。在这里不存在任何超脱的空间形式、单纯抽象的空间形式——而是说，对形式的一切直观都被融进了对内容的直观，被融进了行星世界的某些方面。但是，这些都不是一次性的和唯一的东西，不是单纯个体性的东西；相反，整体的结构法则即全体的形式在它们之中以直观的清晰性和规定性表现了出来。不论我们多么深入个别的东西中，不论我们怎样分割这个形式，它的真正本质依然是无法触及的，因此它们也总是保持为一个不可分割的统一体。空间拥有其自身的确定结构，这个结构重现在其一切个别构成物之中，因此，没有任何个别的存在和事件能够从整体的规定性、命定性中走出来或是与之相脱离。我们能够研究自然要素的秩序或四季的秩序，物体的混合或人的典型的属性、"气质"（Temperamente），但是，我们在所有这些东西中总是发现同一种原初的分节图式（Urschema der Gliederung）、同一种"勾连"（Artikulation），所有特殊的东西由此都被打上了整体的烙印。①

事实上，我们在占星术中发现的那种宏大自足的对空间-物理宇宙的直观并不构成神话思维的起点，而只是它的一个后来的精神成就。神话世界观也从最狭小的感性-空间性定在范围开始，并由此非常缓慢和逐步地向外扩展。我们在研究语言时已经说明，空间"定向"的表达，即表达"前""后""上""下"的语词通常源自人对自己身体的直观：人的身体及其各部分是一个参照系，所有其他空间区分都要间接转换于其上。② 神话走的是相同的道路，只要它想要把握住一个有机地分节的整体并想要用它的思维工具去"理解"这个整

---

① 关于这种形式的占星术的更多讨论，参见我的研究《神话思维中的概念形式》（*Die Begriffsform im mythischen Denken*，S. 25 ff.）。

② 尤其参见我的著作：*Philosophie der symbolischen Formen*. Erster Teil, S. 156 ff. [ECW11, S. 157ff.]。

第二部分　作为直观形式的神话　神话意识中时空世界的建构和分节

体，它都习惯于在人体及其组织的图像中去直观这个整体。只有当神话以这种方式类比性地用人自身身体的关系"描摹"了客观世界时，客观世界才为神话所理解，并被划分为确定的定在领域。这种反映形式常常包含着神话起源问题的答案，因而支配着整个神话宇宙结构学（Kosmographie）和宇宙论（Kosmologie）。因为世界是由一种人类存在物或超人存在物（übermenschliches Wesen）的各部分构成的，因此，尽管世界似乎分裂为了明确的个别存在物，但是还保留着神话-有机统一体的特征。《梨俱吠陀》的一首赞美诗描述了，世界是如何从人的身体，即普鲁沙的身体中产生出来的。世界是普鲁沙，因为当众神把他作为牺牲品而献祭并从他的按照献祭的技术而分隔开的各身体部分创造出个别的创造物时，世界产生了。因此，世界的各部分只不过是人的身体的各个器官。"婆罗门是他的嘴；两臂成为战士；他的两腿就是吠舍；从两足生出首陀罗。月亮由心意产生；太阳由两眼产生；由嘴生出因陀罗和阿耆尼；由呼吸产生了风。由脐生出了太空；由头生出了天；地由两足，四方由耳；这样造出了世界。"① 因此，在神话思维的远古时代，似乎是这样来解释微观宇宙与宏观宇宙的统一性的：与其说人是由世界的各个部分形成的，不如说世界是由人的各个部分形成的。在基督教-日耳曼的直观范围中表现出了相同的见解，尽管是在相反的方向上：亚当的身体是由八个部分形成的，他的肉类似大地，他的骨骼类似岩石，他的血液类似海洋，他的头发类似草原，他的思想类似云朵。② 在这两种情况下，神话都是以世界与人之间的某种空间的-物理的**对应关系**为出发点的，并从这种对应关系中推导出**起源**的统一性。这种转化并不局限于世界与人的关系——这种关系尽管非常重要但仍然是**特殊的**——而且也普遍地重复出现于最多样的定在领域。正如我们已经看到的，神话思维一般说来

---

① 《梨俱吠陀》（第十卷第 90 首第 12—14 颂），S. 131；也可参见：Paul Deussen, *Allgemeine Geschichte der Philosophie mit besonderer Berücksichtigung der Religionen*, Bd. I/1: *Allgemeine Einleitung und Philosophie des Veda bis auf die Upanishad's*, Leipzig 1894, S. 150 ff.。

② 参见：Golther, *Handbuch der germanischen Mythologie*, S. 518。

并不知道单纯观念性的"相似性",而是把每一种相似性都看作一种原初共同性的证据,一种本质同一性①——这一点首先适用于空间结构的相似性或类似性。把特定的空间整体的各个部分——**对应起来**的单纯可能性对于神话直观而言变成了把它们融合起来的直接理由。就这一点而言,它们只是同一种本质(Wesenheit)的不同表达形式,这种本质能够表现为完全不同的维度。借助于这一独特的神话思维原则,空间距离似乎在一定意义上被它否定(negiert)和消除(aufgehoben)了。最远的东西与最近的东西融为一体了,因为前者能够以某种方式"反映"在后者中。纯粹知识和"精密"空间观点的一切进步从来都没有完全克服这一特征,这一点表明了这一特征的根扎得有多么深。直到 18 世纪,斯维登堡(Swedenborg)在其《天上奥秘》(Arcana coelestia)一书中还试图按照普遍的对应这一范畴(dieser Katergorie der universellen Entsprechung)来建构一个可理解的世界"体系"。② 在这里,所有的空间界限最终都坍塌了——因为正如人能反映(abbildbar)在世界中,因此,一切最小的东西也能反映在最大的东西中,一切最远的东西也能反映在最近的东西中,而且这双方在本质上是相同的(wesensgleich)。因此,正如存在着一种独特的把人体的特定部分等同于世界的特定部分的"巫术解剖学"一样,也存在着神话地理学和宇宙结构学,它们也是按照相同的基本直观来描写和规定大地的结构的。巫术解剖学与神话地理学通常是合而为一的。在希波克拉底论数字七的著作中可以发现世界的七分图,即大地被表述为人的身体:头是伯罗奔尼撒,伊萨摩斯对应于脊柱,爱奥尼亚是膈,即真正的中心、"世界的肚脐"。居住在这些地域内的人民的各种精神和伦理属性也被认为以某种方式取决于这种"区划"形式(diese

---

① 参见本书上文:S. 87 ff.。
② 即使在现代和后现代的思维中,这种思维方式也没有丧失其热情和含义,这一点被瓦尔堡姆的尤其有教益和值得关注的著作说明了。参见:Wilhelm Müller-Walbaum, *Die Welt als Schuld und Gleichnis. Gedanken zu einem System universeller Entsprechungen*, Wien/Leipzig 1920。

第二部分  作为直观形式的神话  神话意识中时空世界的建构和分节

Form der »Lokalisierung«)。① 在古希腊哲学的门槛上，我们发现了一种直观，这种直观只能从其广泛流行的神话对应物（mystische Parallelen）中加以理解。人们只需要比较一下这里构思的大地和空间一般的图式（das Schema der Erde und des Raumes überhaupt）与祖尼人的普遍空间图式机制，立即就能获悉二者之间精神上的根本亲缘性。② 对于神话思维而言，一个事物"是"什么与它所处的位置之间绝不是一种单纯"外在的"和偶然的关系；而是说，位置本身就是其存在的一部分，位置表现为事物的完全确定的内在条件。例如，在图腾论的表象范围内，一个特定氏族的成员不仅彼此之间，而且其成员大多数时候也与确定的空间区域处于那种纽带关系、那种原初亲缘关系中。每一个氏族往往首先属于一个最精确地规定的特定空间**方向**和特定地域，属于整个空间中的一个片段。③ 如果一个氏族的某个成员去世了，那么要尤其注意这样来安葬尸体，即把他安葬在他的氏族独有且对他的氏族至关紧要的那个空间位置和方向上。④ 所有这些都表明了神话空间感觉的两个基本特征——彻底的定性化和特殊化（Qualifizierung und Partikularisierung），以及体系化（Systematisierung），前者是它的出发点，后者是它的追求。后一特征在那种从

---

① 更多讨论参见：Wilhelm Heinrich Roscher, *Über Alter, Ursprung und Bedeutung der hippokratischen Schrift von der Siebenzahl. Ein Beitrag zur Geschichte der ältesten griechischen Philosophie und Prosaliteratur*, Leipzig 1911（Abhandlungen der Königlich Sächsischen Gesellschaft der Wissenschaften, Bd. 59/Abhandlungen der Philologisch-Historischen Klasse der Königlich Sächsischen Gesellschaft der Wissenschaften, Bd. 28, Nr. 5), S. 5 ff. u. 107 f. 。

② 关于祖尼人的空间图式机制，参见库欣的深入描述：Frank Hamilton Cushing, *Outlines of Zuni Creation Myths*, in: *Thirteenth Annual Report of the Bureau of American Ethnology to the Secretary of the Smithsonian Institution 1891—92*, hrsg. v. John Wesley Powell, Washington 1896, S. 321-447: S. 367 ff. 。

③ 首先可参见霍韦特从澳大利亚原住民部落中给出的关于这一点的典型证据和例子：Alfred William Howitt, *Further Notes on the Australian Class Systems*, in: *The Journal of the Anthropological Institute of Great Britain and Ireland* 18 (1889), S. 31-68: S. 62 ff. (Abgedruckt als Beilage II in meiner Schrift über »*Die Begriffsform im mythischen Denken*«, S. 54 f.)。

④ Howitt, *Further Notes*, S. 62.

占星术中产生出来的"神话地理学"形式中发现了自己最清晰的表达。在古巴比伦时代,地上的世界就已经依据它与天空的归属关系被划分为四个不同的区域:由木星统治和监督着阿卡达,即巴比伦南部;火星统治着阿姆鲁,即巴比伦西部;巴比伦北部、东部的苏巴图、伊拉姆处于昴宿星团和英仙座的统治之下。① 后来,这种七星图式似乎又造成了整个世界的七分节,我们在巴比伦、印度和波斯都见到了这种情形。原始的划分把所有的存在都投射到人体上并在人体之中反映出它们,我们在这里似乎距离那些原始的划分最远;在这里,狭隘的感性观点似乎被一种真正普遍的和宇宙的观点克服了;但是,对应的原则(das Prinzip der Zuordnung)依然是相同的。神话思维采取了一种非常确定的、具体的空间结构,按照它完成了对世界的整个"定向"(Orientierung)。在一篇简短但对其思维方式而言又极其突出的论文《什么叫在思维中定向?》中,康德试图确定"定向"概念的起源,并追踪其更进一步的发展。"不论我们把我们的概念安放得多么高,不论我们在多大程度上把它们从感性中抽象出来,始终还会有**图像性**的表象依附于它们。……因为如果没有某种直观做它们的……基础,我们怎么能赋予我们的概念意义和含义?"② 康德由此出发表明了,所有的定向如何开始于一个感性**感觉到的**区别,即开始于对左右手之间区别的感觉——它随后如何提升到了纯粹数学**直观**的领域,并最终达到思维一般的定向即纯粹**理性**的定向。如果我们研究神话空间的特性并把它与感性直观的空间和数学的"思维空间"的特性加以比较,那么,定向的这些阶段就能追溯到一个更深的精神层次——就能清楚地指明那个转折点,在这个转折点上,一个内在地自在自为地根植于神话-宗教意识中的对立开始形成,开始具有一种"客观的"形式,客观化的整个过程、对感性印象世界的直观的-对

---

① 更多内容参见:Jastrow jr., *Aspects of Religious Belief and Practice*, S. 217ff. u. 234 ff.。

② [Immanuel Kant, *Was heißt: sich im Denken orientieren?*, in: *Werke*, Bd. IV, hrsg. v. Artur Buchenau u. Ernst Cassirer, Berlin 1913, S. 349-366;S. 351 (Akad.-Ausg. VIII, 133).]

第二部分　作为直观形式的神话　神话意识中时空世界的建构和分节

象性的把握和解释由此获得一种新的方向。

# 二、空间与光——"定向"问题

空间直观证明自己是神话思维的一个基本要素，因为这种思维表明自己是被如下趋势支配的，即它所设定和理解的一切区别都转变为空间区别并在这种形式中把它们现实化。到目前为止，我们本质上还是把空间区别视为直接给定的区别：我们假定了，空间区域和空间方向的划分，左与右、上与下等的划分在最初的感官印象中就已经给定了，为了完成这种划分无须一种特殊的精神劳作，无须一种特定的意识"活动"（Energie）。但是，现在需要更正的正是这一前提——因为更仔细地研究就会发现，这一前提与我们已经视为符号性形成过程（Prozess der symbolischen Formung）的一个基本特征是对立的。我们已经看到了，每一种符号形式——语言形式、神话形式或纯粹知识形式——的本质性的和独特的成就并不在于简单地接受一种给定的材料和印象，这种材料和印象本身已经拥有了一种固定的规定性、一种给定的质和结构，然后似乎从外部把另一种起源于意识的独特活动的形式嫁接到给定的材料和印象之上，而是精神的典型成就在这之前很久就已经发生了。在更严格的分析下，甚至表面上"给定的东西"也证明自己已经经历过特定的行动，不论这种行动是语言的、神话的还是逻辑-理论的"统觉"。只有在这些行动中所**造成**的东西才"**存在**"；这种东西表明了，即使是其表面上简单的和直接的持存也已经被某种首要的赋予含义的功能（primäre bedeutungsgebende Funktion）决定和规定了。构成每一种符号形式之真正秘密的以及必将一再重新唤起哲学惊奇的，正是这种首要的（primäre）而非次要的赋形（sekundäre Formung）。

因此，在这里哲学的根本问题并不在于，神话思维借助何种精神机制把纯粹质的区别与空间区别联系起来，并似乎把前者转变成后

_115

者，而在于表明，引导神话思维最初**设定**这些空间区别的是何种基本动机（Grundmotiv）。如何在整个神话空间中突出个别的"区域"和个别的方向——如何把这一个区域和方向与其他区域和方向对立起来，如何"强调"它并赋予它一种特殊的标记？一旦人们考虑到，神话思维在这种区分中所依据的标准完全不同于理论-科学思维解决相同任务时所使用的标准，那么，这并不是一个多余的问题立即就变得很明显了。当理论-科学思维把印象的感性杂多与纯粹思想性的、纯粹观念性的构成物联系起来时，它成功地固定住了一个确定的空间秩序。经验的直线、经验的圆形、经验的球形，都是"参照"纯粹几何图形的观念性世界，即"参照"直线"本身"、圆形"本身"和球形"本身"——正如柏拉图所说的——而被规定和理解的。几何联系和法则的总和被确立起来了，它为理解和解释经验的-空间中的东西提供了规范和固定的准则。有关**物理学**空间的理论性观点表明它本身也是由相同的思维动机（Denkmotiv）支配的。事实上，不仅感性直观而且直接的感性感受似乎在这里都起到了某种作用——在这里，只有当我们把空间的个别"区域"和空间中的个别方向与我们身体组织、我们物理肉身的某些物质性区别联系起来时，这些"区域"和方向似乎才可以区别开。尽管物理学空间不能缺少这种支持，但是它却越来越多地追求摆脱它。"精密的"物理学，即严格意义上的科学物理学的一切进步的目标都在于消除物理学世界图像中单纯的"拟人的"（anthropomorphe）成分。因此，在物理学的宇宙空间中，"上"与"下"的感性对立尤其失去了它的含义。"上"与"下"不再是绝对的对立，而是只有在与经验的重力现象及其经验规律联系起来时，它们的区分才是有效的。物理学空间一般被描述为**力的空间**（Kraftraum）；但是，在其纯粹数学表述中，力的概念被还原为法则的概念，从而被还原为功能的概念。但是，我们在神话的结构空间（Strukturraum）中看到的是一种完全不同的轮廓（Linienführung）。在这里，普遍有效的东西不是通过基本的法则概念而与特殊的东西和偶然的东西分离开的，恒常的东西也不是通过这种方式而与变化的东

第二部分　作为直观形式的神话　神话意识中时空世界的建构和分节

西分离开的，而是说，在这里有效的只是那**一个**神话价值重点（Wertaccent），这个价值重点表现在神圣与世俗的对立中。在这里，从来没有单纯几何学的或单纯地理学的区别，也没有单纯观念上被思考的区别或单纯经验上被知觉到的区别，而是说，一切思维以及一切感性直观和知觉都以一种原初的感觉基础（Gefühlsgrund）为基础。不论其结构变得多么特殊和精细化，整个神话空间作为整体始终嵌于或者似乎沉陷于这种感觉基础之中。因此，在这种空间中，我们不能通过持续进展的思想性规定、不能通过理智分析和综合的方式而达到设定确定的界限与区分（Unterscheidungen），而是说，空间的区分（Differenzierungen）可以追溯到在这种感觉基础之中完成的区别。而且就与它们连接在一起的是一种不同的含义重点而言，就它们在神话上是在不同甚至相反的意义上被估价的而言，空间中的位置和方向是彼此分离的。

　　神话-宗教意识的一种自发活动在这种评价中发挥着作用；但是，客观地看，这种评价与一种确定的基本物理事实也是结合在一起的。神话空间感觉的展开总是以**日**与**夜**、**光**与**暗**的对立为出发点。这一对立在神话-宗教意识上展现出来的支配性力量可以一直追溯到最发达的文明宗教（Kulturreligionen）。其中有些宗教，尤其是伊朗人的宗教，恰恰可以被称为**一个**对立的、完善的发展和彻底的系统化。但是即使在这一对立和冲突还没有表现出这样明确的思想规定、还没有表现出这样辩证的尖锐性的地方，它也可以被视为宗教性的宇宙结构中的潜在因素之一。原始人的宗教，比如普罗伊斯曾经详细描述的科拉印第安人的宗教，就完全被光与暗的这一对立支配和渗透。科拉印第安人独有的神话感觉和整个神话世界观都围绕着这一对立，联系着这一对立。① 但是，在几乎所有民族和宗教的创世传说中，创世的过程也与黎明破晓直接融为一体。在巴比伦人的创世传说中，世界产生于太阳神马杜克（Marduk）发动的反对巨兽提阿玛特所代表的混

---

① 更多证明参见：Preuß, *Die Nayarit-Expedition*, S. XXIII ff.。

沌和黑暗的战争。光明的胜利变成了世界和世界秩序的起源。人们也把埃及人的创世故事解释为对每天日出现象的模仿。在这里，第一个创世行动开始于一颗蛋的形成，这颗蛋是从原水中产生的：从这颗蛋中产生了光明神拉，它的起源有很多种各不相同的说法，但是所有这些说法都追溯到一种原初现象（Urphänomen）——光明从黑夜中产生。① 关于这种原初现象的生动观点在摩西的创世报道中如何发挥着作用，这种观点如何让这些报道具有了完全具体的"意义"——自从赫尔德首先指出了这种关联，自从他以最精细的感受和最热情的语言力量说明了这种关联之后——这一点已经不再需要任何特殊的解释了。赫尔德的天才——不是把一切精神性的东西看作单纯的构成物，而是把自己直接放进精神性东西所源出的那个创造性形成过程中——在他对《圣经·创世记》第一章的解释中也许表现得最卓越和耀眼。对他而言，创世的描写只不过是有关光明诞生的故事——正像神话精神在新的每一天到来时、在新的每一个黎明来临时所一再重新体验到的那样。对神话直观来说，黎明的到来不是单纯的发生（Geschehen），而是一次真正的原初创生（Urzeugung）——不是按照确定规则周期性重现的自然过程，而是一种完全独特的、唯一的东西。"太阳每天都是新的"②，赫拉克利特的这句话是在真正的神话精神中说出的。正如我们在这里似乎发现了神话思维的最初的典型开端一样，明亮与昏暗、白天与黑夜的对立在其进一步的发展中也证明了自身是一种有活力的和持久的主题（Motiv）。**特雷尔-隆德**（Troels-Lund）在一部精美动人的著作中追踪了这一因素的产生和发展，即从最原始的开端一直追踪到它在占星术的思维方式中所经历的普遍的完成。他这样来指明他的问题：

  我们的出发点是，对光的印象的感受性和方位感是人类理智

---

 ① 更多内容参见：Heinrich Brugsch, *Religion und Mythologie der alten Aegypter*, 2, mit Namenregister verm. Ausg., Leipzig 1891, S. 102, 以及 Franz Lukas, *Die Grundbegriffe in den Kosmogonien der alten Völker*, Leipzig 1893, S. 48 ff. 。

 ② [Heraklit, *Fragm.* 6, 转引自：Diels, *Fragmente*, S. 67。]

## 第二部分　作为直观形式的神话　神话意识中时空世界的建构和分节

的两个最原初、最深刻的表现形式。单个人和种族的最本质性的精神发展就是通过这两条道路完成的。由此出发，定在本身随时向我们每个人提出的三个重大问题得到了答案：你在哪儿？你是什么？你该做什么？……对于这个本身并不发光的球——地球——的每个居民来说，光明与黑暗、白天与黑夜的更替是他思维能力的最早推动力和最终目标。不仅我们的地球，而且我们自己，我们自己的精神自我，从我们第一次睁着眼看到光亮直到我们最发达的宗教和道德情感，都因太阳而生并受太阳滋育。……对光明与黑暗、白天与黑夜的区别的不断发展的理解是人类一切文化发展（Kulturentwicklung）的最深层的勇气。①

空间区域的每一种划分以及由此而来的对神话空间整体中的每一种分节都与这种区别有关。"神圣"与"世俗"的典型的神话重点（Accent）以不同的方式分布在个别的方向和区域上，并因此给它们每一个都打上了一个特定的神话-宗教烙印。东、西、南、北：不是用来在经验知觉世界内以本质上同类的方式进行定向的区别，而是它们每一个都有自己独特的存在和自身独特的含义，每一个都有一种内在的神话生命。在这里，每一个特殊的方向不是被当作一个抽象的、观念性的**关系**，而是被当作一个独立的、被赋予了自身生命的**"构成物"**。举例来说，这一点可以从如下事实中看出来，即它们往往都经历过神话所能完成的最具体的构形（Gestaltung）和独立化（Verselbständigung）——它们都被提升为专门的神。即使在神话思维的相对低的阶段上，我们也遇到过特殊的方向神：东方之神、北方之神、西方之神、南方之神、"下方"之神和"上方"之神。② 而且也许没有哪种宇宙论——不论多么"原始"——中不以某种方式把四

---

① Troels Frederik Troels-Lund, *Himmelsbild und Weltanschauung im Wandel der Zeiten*, autoris., v. Verf. durchges. Übers, v. Leo Bloch, Leipzig ³1908, S. 5.
② 例如可以在科拉人那里发现这种方向神。——更多内容参见：Preuß, *Die Nayarit-Expedition*, S. LXXIV ff. 。

个主要方向的对立作为理解和解释世界的基本点产生出来。① 因此，歌德的话——"神创造了东方！／神创造了西方！／北方和南国／静卧在他的双手。"② ——在真正的字面意义上是适用于神话思维的。但是，在神话思维达到这种普遍的对空间的感觉（Raumgefühl）和对神祇的感觉（Gottesgefühl）的统一性之前，在一切特殊的对立看起来都消失于这种普遍的对空间的感觉和对神祇的感觉之中之前，神话思维必须首先经历这些对立本身，并使它们彼此对立。因此，每一个特殊的空间规定都获得了一种特定的神性的（göttlich）或魔鬼的、友好的或敌对的、神圣的（heilig）或不神圣的"特征"。东作为光的起源，也是一切生命的源头和起源——西作为日落之地，则充满了对死亡的一切恐惧。只要一个地方产生了一种与生者王国在空间上分离开和划分开的特定的死者王国思想，那么，死者王国的位置都被分在了世界的西部。白天与黑夜、光明与黑暗、出生与死亡的这种对立现在进一步以无限多的方式反映在神话对个别具体的生命关系（Lebensverhältnisse）的理解中。所有这些具体的生命关系按照自身与日出或日落现象的关系似乎具有了一种不同的面目。乌斯纳在《神名论》中写道：

> 对光的崇拜，被编织进整个人类的定在。它的基本特征对于所有印欧民族都是共同的，事实上，它扩展得甚至更远；直到今天，我们还常常无意地受它支配。白天的光亮使我们从半死亡的睡眠中活着醒来；"看见光亮""看见太阳光""在光亮中"说的是活着，"迎着光而来"说的是出生，"离开光"说的是死亡。……在荷马史诗时代，光就已经是拯救和治愈……欧里庇得斯把白天的光称作"纯粹"：天朗气清，万里无云的蓝天是纯粹性的神性原型，它也变成了天国和极乐之地等诸多表象的基础……这种直观被直接转变成了真理和正义等最高的伦理概念。……从

---

① 关于这一点可参见：Brinton, *Religions of Primitive Peoples*, S. 118ff. 。
② [Johann Wolfgang von Goethe, *Talismane*, in: *West-östlicher Divan*（Werke, 1. Abt., Bd. VI）, S. 10 f.；S. 10.]

### 第二部分　作为直观形式的神话　神话意识中时空世界的建构和分节

这一基本直观中可以得出……每一种神圣的行动，所有需要乞求在天神灵帮助或见证的事情，都只能在白昼露天举行。……盟誓的神圣性依赖于乞求洞察一切、无所不知、惩罚罪恶的神见证，因此最初只能在露天进行。日耳曼人的重大事项就把一个共同体中居家的自由人为议事和审判而聚在一起，它是"在神圣的圆圈里"露天举行的。……这是一些完全简单、非任性的表象；它们都是在感性印象的无法抵抗的力量下产生的，而我们对于这些感性印象也还不是麻木的；它们本身形成了封闭的圆圈。一口原初的永不枯竭的宗教性的、伦理性的泉眼从它们中喷涌出来。①

我们在所有这些转变（Übergängen）中再次直接觉察到那种属于每一种真正精神表达形式之本质的活力（Dynamik）。每一种这类形式的至关重要的成就是，在这些形式中"内"与"外"、"主观"与"客观"之间僵硬的界限并没有维持这样的界限，而是似乎开始变得具有流动性。内部与外部并不是作为一个独特的、分离开的区域并存的，而是说，它们每一方都反映在对方之中，并且只有在这种交互反映中才显示出自身的内容。因此，整个神话**生命形式**都显示在神话思维涉及的**空间形式**中，并且在一定意义上能够从这种空间形式中阅读出来。这种交互关系已经在罗马人的宗教仪式规程中发现了自己的经典表达，其特征似乎正在于这种持续的转变。**尼森**（Nissen）在一部奠基性的著作中全面地阐述了这一转变过程。他说明了，对圣物的神话-宗教性基本感觉是如何通过转向外在，并把自身表现在对空间关系的直观中而发现自己最初的客观化（Objektivierung）的。当一个特定的区域从空间整体中分离开，与其他区域区别开，并且几乎在宗教意义上被其他领域包围环绕时，神圣化（Heiligung）就开始了。宗教神圣化同时表现为空间性的划界，其概念在庙宇（templum）这个表达中发现了自己语言上的沉淀物。因为庙宇（templum，希腊语 τέμενος）可以追溯到其词根 τεμ "切割"，因此其含义也只不过是分离

---

① Usener, *Götternamen*, S. 178–181 u. 183 f.

开了的、划分开了的东西。在这个意义上，它首先指称的是那个属于神的和献祭给神的神圣区域，后来在更广泛的应用中过渡到指称每一片划分开的地块、一块田地或一块果园，不论它是属于一个神，还是属于一个国王、一个英雄。但是，根据古老的基本宗教直观，作为一个**整体**的天空也表现为一个封闭的和献祭的区域；表现为一个庙宇，其中居住着**一个**神性存在，而且被**一个**神性意志支配着。现在开始对这个统一体进行神圣的分节（die sakrale Gliederung）。整个天空划分为被世界诸区域规定的四个部分：前面为南，后面为北，左边是东，右边是西。罗马人"神学"的整个体系就是从这一原初性的、纯粹地域的划分展开而来的。如果占卜官为了从天空阅读出尘世行为的真正标志而观察天空，那么，每一种这类观察的起点都是用确定的分界线把它划分开。由太阳运行所指明和确定的东－西线（Ost-West-Linie），被一条与之垂直的南－北线（Nord-Süd-Linie）裁开。凭借这两条线——在祭司的语言中称为地轴（decumanus）与天轴（cardo）——的划分和交织，宗教思维**创**造出了它最初的基本坐标图式。尼森已经详细地说明了，这个图式如何从宗教生活领域传递到法律、社会和政治生活的一切部分，以及它在这种传递中如何表达和区分得越来越精致。财产概念的发展以及指明了这是财产并保护该财产的符号概念的发展都以这个图式为基础。因为划界（Grenzsetzung）的行动、"定界"（Limitation）的基本行动总是与神圣的空间秩序相关，固定的财产总是通过这种行动才第一次在法律-宗教意义上创造出来。在罗马土地测量员的著作中，定界的引入被归于朱庇特，而且直接与创世行动相关。固定的在宇宙中处于支配地位的划界通过这种创世行动似乎就传递到了地球和尘世的一切个别关系上。定界也以世界各区域为出发点，以由东－西线和南－北线所指明的对世界的划分为出发点。它开始于最简单的自然划分，即白天与黑夜的划分，接着是按照白天的增长和消退而分为早晨与傍晚。罗马国家法与这种定界形式有着最紧密的联系；公田（ager publicus）与分配给私人的田（ager divisus et adsignatus）、公共财产与私人财产的区分就以之为基

第二部分　作为直观形式的神话　神话意识中时空世界的建构和分节

础。因为只有被固定的边界、被不可动摇的数学线段圈起来的土地，只有定界并分配了的土地，才被视为私人财产。与最初的神一样，现在国家、社区和单个的人借助"庙宇"观念的媒介也都拥有了一个确定的空间，而且在这个空间里它们觉得自己是在家的。

占卜官如何对天空划界，这不是无关紧要的；因为，虽然朱庇特的意志伸展到了其整个范围，如同**一家之父**掌管整个家庭一样，但是在不同的区域还居住着不同的神，划界依据的是人们想要探测这个神还是那个神的意志。一旦完成划界……立即就有了如下结果，即被这样圈起来的空间就被一种神灵（Geist）占据了。……不仅城市，而且十字路口和房屋，不仅田野，而且每一块土地和葡萄园，不仅整座房子，而且其中的每个房间，都有自己的神。神性是依据神的作用和环境来识别的。因此，被限定在一个空间中的每一个神灵都获得了一种个体性和一个特定的名称，人们可以用这个名称呼唤它。①

这种体系也决定了意大利城市的结构，支配了罗马军营内的组织和秩序以及罗马人住宅的平面图和内部摆设。这个体系清楚地表明了，不断进步的空间划界以及神话思维和神话-宗教感觉在空间中设定的每一块新的界石，如何同时变成了整个精神和伦理文化的界石。其实，一直到理论科学的开端都可以追踪到这种关联。**莫里茨·康托**（Moritz Cantor）在一部专题著作中表明了，罗马人科学数学的开端如何可以追溯到罗马土地测量员的著作和他们的基本空间定向体系。② 而且，人们在希腊人对数学的经典解释中也发现了远古神话表象的回声，人们还感觉到了从一开始就包围着空间"界限"的那种敬

---

① Heinrich Nissen，*Das Templum. Antiquarische Untersuchungen*，Berlin 1869，S. 8；整个内容可参见尼森的著作：Nissen，*Orientation. Studien zur Geschichte der Religion*，H. 1，Berlin 1906。

② Moritz Cantor，*Die römischen Agrimensoren und ihre Stellung in der Geschichte der Feldmeßkunst. Eine historisch-mathematische Untersuchung*，Leipzig 1875；也可参见：Moritz Cantor，*Vorlesungen über Geschichte der Mathematik*，Bd. I：*Von den ältesten Zeiten bis zum Jahre 1200 n. Chr.*，Leipzig 1894，S. 496 ff.。

畏气氛。逻辑-数学规定的形式是在空间划界的思想上发展起来的。在毕达哥拉斯学派和柏拉图那里，界限和无界限、πέρας 和 ἄπειρον 像规定与无规定、形式与无形式、善与恶一样彼此对立。因此，对宇宙的纯粹思想性的定向就从最初的神话-空间定向中生长出来了。**语言**在很多方面还鲜活地保留着这种关联的痕迹——例如，拉丁语表示纯粹理论观察和观看的表达，contemplari 这个表达在词源上和事实上都可以追溯到"庙宇"（templum）、标出的空间的观念，占卜官在其中观察天象。① 这种相同的理论和宗教"定向"也由古代世界渗透到了基督教和中世纪基督教的信仰学说中。中世纪教堂的平面图和结构表现出了构成神话空间感觉本质的那种天空方向符号的典型特征。太阳和光亮现在不再是神本身；但是，它们始终还是作为神性东西（das Göttliche）及神性（göttlich）拯救意志和力量的最直接标志。基督教的历史性影响和历史性胜利与下面这一点密切相关，即它能够采纳异教的太阳崇拜和光明崇拜的基本观念并把这一观念转变为自己的观念。现在，对作为"正义太阳"的基督的信仰取代了对无敌太阳神的崇拜（Kult des Sol invictus）。② 因此，在早期基督教中保留了教堂和祭坛坚持朝**东**的定向，而**南方**则表现为圣灵的符号，**北方**则恰恰相反表现为背离神、脱离光和信仰的图像。为了弃绝魔鬼和他的功业，受洗者面朝西方，然后转向东方——天堂的区域，坦白对基督的信仰。十字架的四端与四个天空区域和世界区域是一致的。后来，在这种简单的基本规划（Grundplan）上建立起了一个越来越精致和越来越深刻的符号体系（Symbolik），可以说，整个内在的信仰内容在这种符号体系中似乎都转向了外部，并在基本的空间关系中使自身客

---

① 更多内容参见波尔的优美演讲：Franz Boll, *Vita Contemplativa. Festrede zum zehnjährigen Stiftungsfeste der Heidelberger Akademie der Wissenschaften*, Stiftung Heinrich Lanz (Sitzungsberichte der Heidelberger Akademie der Wissenschaften, Philosophisch-Historische Klasse, Bd. XI, Jg. 1920, 8. Abh.）。

② 更多讨论参见：Usener, *Götternamen*, S. 184；尤其参见：Franz Cumont, *La théologie solaire dans le paganisme romain*, in: *Memoires presentes par divers savants à l'Academie des Inscriptions et Belles-Lettres de l'Institut de France*, Bd. XII/2, Paris 1913, S. 447–479。

第二部分　作为直观形式的神话　神话意识中时空世界的建构和分节

观化。①

如果人们现在再次回顾一下所有这些例子，那么，人们就会认识到，虽然它们在纯粹内容上属于最不相同的文化而且属于神话-宗教思维的最不相同的发展阶段，但是神话空间意识的相同特性和基本方向还是在它们中显示出来了。可以把这种意识与渗透在神话精神的最多样的表达方式中并把它们结合起来的那种精致的以太相比较。库欣针对**祖尼人**说道，由于他们空间的七重分节，祖尼人的整个世界图像以及他们的全部生活和活动都被彻底系统化了，所以，例如，当他们搬进一个共同的营地时，不同氏族和家族在这个营地中的位置已经预先确定和固定了——**罗马军营**的结构和秩序为此提供了一个完全类似的情况。因为军营的规划在这里也是按照**城市**的规划塑形的，而城市在其结构上又与世界的一般性布局和世界的不同空间区域是对应的。**波利比乌斯**（Polybios）告诉我们，当罗马军队进驻选定的营地时，情况就像市民返回了他们的城市，每个人都寻找自己的住房。② 在这两种情况下，不同群体的地域分组并没有被视为单纯外在的和偶然的东西，而是由确定的、**神圣的**基本观念所要求和预先规定的。这种神圣的观念到处都与对空间的整体理解和对空间中特定边界的理解联系在一起。一种特殊的神话-宗教原初感觉与空间"门槛"（Schwelle）的事实是联系在一起的。人们对门槛的崇拜以及对其神圣性的畏惧几乎在所有地方都以相同或类似的方式表现在秘密的习俗中。即使在罗马人那里，**界神**（Terminus）也表现为一位特定的神，在界神的节日里，人们给他所崇拜的界石带上花环，并喷上献祭动物的血。③ 庙宇的门槛把神殿的空间与世俗世界分离开了，作为宗教-法律基本概

_131_

---

① 参见：Joseph Sauer, *Symbolik des Kirchengebäudes und seiner Ausstattung in der Auffassung des Mittelalters. Mit Berücksichtigung von Honorius Augustodunensis Sicardus und Durandus*, Freiburg i. Brsg. 1902。

② Polybios, *De castris Romanorum*（Buch 6，Kap. 41）；参见：Nissen, *Das Templum*, S. 49 ff.。

③ Ovid, *Fasti*（Buch 2，Z. 642 ff.）；参见：Wissowa, *Religion und Kultus der Römer*, S. 136 ff.。

念的财产概念在完全不同的生活和文化中似乎是一致地从对庙宇门槛的崇拜中发展起来的。正如门槛一开始是保护神殿的一样，门槛的神圣性表现为，它以土地或田野边界的形式保卫土地、田野、家园不受敌人侵犯和攻击。① 语言习惯用以表达宗教畏惧和崇拜的那些指称在起源上常常也追溯到一种感性的-空间的基本表象，追溯到在某个特定空间区域面前退缩的表象。② 事实上，这种空间符号（Raumsymbolik）也扩展到了对这些与空间没有任何联系（Beziehung）或还只有最间接的联系的生命关系（Lebensverhältnisse）的直观和表达。只要神话思维和神话-宗教感觉赋予了某个内容一种特殊价值重点（Wertaccent），只要它把这个内容与其他内容区别开并赋予它一种独特的含义，那么，这种质的区别通常就以空间**分离**的图像表现出来。每一种在神话上意义重大的内容、每一种从无关紧要的东西和日常的东西的范围中突显出来的生活关系似乎都形成了一个特殊的定在圆圈，一个被包围起来的存在领域，这个领域通过固定的界限与其周围事物分离开了，而且只有在这种分离中才获得了一种特殊的、个体性的-宗教的形态。进入这个圆圈和退出这个圆圈都要遵守非常确定的神圣规则。从一个神话-宗教区域转入（Übergang）另一个区域必须要小心遵守**转入仪式**（Übergangsriten）。这些仪式不仅规范着从一个城市进入另一个城市，从一个国家进入另一个国家，而且也规范着进入每一个新的生命阶段，从童年到青年，从单身到已婚，再到为人父母等。③ 那个在所有精神表达形式的发展中都可以看到的一般性规范在这里重新得到了确证。如果说纯粹内在的东西（das rein Innerliche）必须把自己客观化，必须把它自身变成一种外部东西（ein

---

① 关于这一点参见特鲁姆布尔在其讨论"门槛巫术"的专著中所搜集的丰富材料：Henry Clay Trumbull, *The Threshold Covenant or the Beginning of Religious Rites*, Edinburgh 1896.

② 希腊语的 σέβεσδαι 在词源上也起源于梵语的 tyaj（"留下""踢回去"），参见：Williger, *Hagios*, S. 10.

③ 在范杰纳的著作中可以发现对"转入仪式"的概括：van Gennep, *Les rites de passage*.

第二部分　作为直观形式的神话　神话意识中时空世界的建构和分节

Außeres），那么，对外部东西的一切直观也充满了内在的规定并与之交织在一起。即便当沉思似乎完全在"外部东西"的范围内活动时，也能从中感到内在生命的脉搏跳动。人在对圣物的基本感觉中为自己设定的那些界限变成了最初的出发点；他由此开始在空间中设定边界，并通过持续推进的组织和分节扩展到了整个物理宇宙。

## 三、神话的时间概念

尽管空间这一基本形式证明自己对于神话对象世界的建构很重要，但是看起来，只要我们停留在这里，那么我们就压根儿还没有深入**真正的**存在，还没有深入这个世界的真正"内部"。我们用来指称这个世界的语言表达已经能够向我们指明这一点：因为按照其基本含义，"神话"本身（der »Mythos« als solcher）并不包含空间性的观点，而是包含一种纯粹**时间性的**观点；它指称的是看待世界整体的一个特定的时间"方面"。只有当对宇宙及其个别部分和力量的直观不仅形成确定的图像（Bilder），形成鬼和神的形态（Gestalten），而且一个产生、生成、时间中的生命被归于这些形态时，真正的神话才开始出现。只有在人没有停留于对神性东西（das Göttliche）的静态沉思，而是当神性东西在时间中展现其定在和本性时，在从神的形态（Göttergestalt）进步到神的**历史**（Göttergeschichte）和神的**故事**（Göttererzählung）的地方——只有这时，我们面对的才是严格的和明确意义上的神话。如果人们把"神的历史"这个概念本身分解为其要素，那么此时强调的就不是第一个部分，而是第二个部分。对时间性东西的直观通过如下方式证明了自己的首要性，即它恰恰证明自己是神性概念充分发展的条件之一。神只有通过他的历史才被构成——才从大量非人格的（unpersönlich）自然力量中凸显出来，并作为一种特殊的存在物（Wesen）与那些力量相对立。只有当神秘东西的世界（die Welt des Mythischen）似乎开始流动时，只有当它证实自己

_127

不是单纯存在的世界而是事件的世界时，才能够在这个世界中把确定的个别形态（Einzelgestaltungen）与独立的、个体性的形象（Prägung）区分开。在这里，生成、行动与受动的特殊性创造了分界和规定的基础。事实上，这里预设了第一步，即所有神话-宗教意识一般都以之为基础的那种分离、"神圣"世界与"世俗"世界之间的对立已经一般地（in seiner Allgemeinheit）形成了。这种一般性已经在纯粹空间区分和定界中发现了自己的表达。但是，只有当神话世界的纵深维度（Tiefendimension）展现出时间的形式时，才能在这种一般性中达到一种真正的区别，达到一种真正的神话世界的分节。只有当神话存在作为**起源**（Ursprung）的存在而登场时，它的真正特征才展示出来。神话存在的一切神圣性最终都可追溯到起源的神圣性。神圣性并不直接依附于给定东西的内容，而是依附于其起源；并不依附于它的质和属性，而是依附于其**既成存在**（Gewordensein）。只有通过把一个特定的内容退回到时间上的远处，退回到把它置于过去的深渊之中，这个内容看起来才不仅被**设定为**神圣的，具有被设定为一种在神话和宗教上意义重大的内容，而且也**被证明为**是这样的。时间是这种精神证明的第一个原初形式。不仅独特的人类定在，不仅习惯、习俗、社会规范和约束经历了这种神圣化，因为它们就是从神话的史前时代和原初时代的规章中派生出来的，而且，只有在这一视角之下，定在本身、事物的"本性"才成为神话感觉和神话思维真正可以理解的东西。一旦与过去的一件一次性的事件联系起来，并由此指明其神话**起源**（Entstehung），自然图像中的任何一个显著特征、任何一个确定的事物特征或物种特征就被认为"得到了解释"。针对这种解释方式，各个时代和民族的神话传说（die Mythenmärchen）都有丰富的具体事例。① 在这里，人类思想已经达到了这个阶段：它不再满

---

① "解释性的"神话传说尤其涉及的是特定植物和动物物种及其特性的起源，关于这种"解释性"神话传说形式的例子，参见：Graebner, *Das Weltbild der Primitiven*, S. 21："黑色鹦鹉和一种苍鹰的羽毛上的红色斑点源自一场大火，鲸鱼的喷气口源自在它还是人时，它的后脑勺受到了长矛的刺伤。当滨鹬（Strandläufer）——它总是跑跑停停——悄悄地追逐水的守卫者（Hüter des Wassers）时，它有自己的步调，而每次守卫者转过头来，它又必须静止不动。"

## 第二部分　作为直观形式的神话　神话意识中时空世界的建构和分节

足于单纯的**给定性**，不论是事物的给定性还是习惯和规定的给定性，不再满足于它们简单的定在和简单的现在（Gegenwart），而只要它以某种方式把这种现在转变成过去的形式（Form der Vergangenheit），它立即就会满意。过去本身并不拥有"为什么"：它就是事物的为什么。把神话的时间观同历史的时间观区别开的是，对于神话的时间观来说，存在一个**绝对的**过去，对这个绝对的过去既不能做也不需要做任何进一步的解释。如果说历史把存在分解为永恒的生成序列，在这序列中没有突出的点，毋宁说每个点都指向更早的点，如此一来，复归到过去就变成了一种**无限倒退**（regressus in infinitum），那么，神话虽然也在存在与既成存在（Gewordensein）之间、现在与过去之间画下了分界线，但是一旦它某一次达到了这种过去，神话就停留在那里，如同停留在持存的和毫无疑问的东西之中。对于神话而言，时间并不带有单纯关系的形式，因为在单纯关系中，现在、过去和未来这些要素持续流动并互相转化，而是说在神话中，一道固定的界限把经验的现在与神话的起源分离开了，并赋予二者一种其自身固有的不可交换的"特征"。尽管**普遍的**时间直观对神话意识具有根本的和真正构成性的含义，但是如果人们有时把神话意识称为"无时间"的意识，那么，在上述意义上也是好理解的。因为与客观的宇宙时间和客观的历史时间相比，在这里事实上存在一种这样的无时间性（Zeitlosigkeit）。神话意识在其早期阶段对相对时间阶段的区分还保持着冷漠的态度，这种态度与语言意识特定阶段上典型的冷漠态度是一样的。[1] 用谢林的话说，在神话意识中处于支配地位的仍是一种"全然前历史的时间"，一种"**就其本性而言**不可分的和绝对同一的时间，因此，不论人们把何种持久性归于它，它都只能被看作一**瞬间**，也就是说，只能被视为一种这样的时间，在这种时间中，终点就像起点一样，起点就像终点一样，它是一种永恒性，因为它本身不是时间的序列，而是一个（Eine）时间，它本身还不是一种现实的时间，亦

---

[1] 参见：Cassirer, *Philosophie der symbolischen Formen*. Erster Teil, S. 173 ff. [ECW 11, S. 175 ff.]。

即不是时间的序列,而只是相对于随之而起的时间(即相对于过去)才变成时间"①。

如果我们现在试图更进一步追究,这种神话的"原初时间"(Urzeit)怎样变成了"真正的"时间,变成了有关**序列**的意识,那么,就会发现,我们在探讨**语言**时已经向我们指明的那种基本关系在这里被证明了。在这里,个别时间关系的表达也是通过空间关系的表达才发展起来的。二者之间一开始并不存在明确的区别。时间中的一切定向都预设了空间中的定向——只是随着后者发展起来,只是随着它创造出了确定的精神表达工具,对于直接的感觉和思维着的意识而言,各个个别的时间规定才彼此分离开。最初的空间直观和最初的时间分节的基础是同一个具体的基本直观,是光明与黑暗、白天与黑夜的更替。相同的定向图式,即天空区域和天空方向的相同的纯粹感受到的区别,同样决定了空间和时间分割成确定的单个部分。正如最简单的空间关系,左、右、前、后是通过如下方式区分开的,即通过太阳(Tagesgestirn)的轨迹确定一条基准线即东西线,然后用另一条线即南北线垂直分割这条线,因此,对时间间隔的一切理解也都起源于这种交叉划分。有些民族把这种体系发展到了最高的清晰性和精神上的完善性,在这些民族中,这种联系常常也回响在时间的最一般性的语言表达中。拉丁语的 tempus——对应于希腊语的 τέμενος 和 τέμπος(这个词还保留在复数 τεμπεα 中)——产生于"庙宇"(templum)的观念和指称。

> 基本语词τέμενος(tempus)templum 的含义无非表示分叉、交叉;后来在木匠们的口中,两根交叉的椽木或大梁还构成一个 templum。在自然的进步中,以这种方式划分开来的空间的含义由此发展而来;在 tempus 中,天空的一部分(例如东方)变成了白昼的时间(例如早晨),之后又一般性地变成了时间。②

---

① Schelling, *Einleitung in die Philosophie der Mythologie*, S. 182.
② Usener, *Götternamen*, S. 191 f.

## 第二部分　作为直观形式的神话　神话意识中时空世界的建构和分节

把空间划分为个别的方向和区域与把时间划分为个别的阶段是平行的——二者表现的只是那个**精神**之光逐步生成（Lichtwerdung des Geistes）的过程中的两个不同要素，这个过程以对光亮这一原初**物理现象**的直观为出发点。

借助这种关联，一种特殊的神话-宗教"特征"、一种特殊的"神圣性"重点（Accent）就被赋予了时间总体以及每一个特殊的时间片段。正如已经表明的那样，对于神话感觉而言，空间中的位置和方向不是单纯**联系**的表达，而是一种特殊的**存在物**、一个神或精灵，因此，相同的内容也适用于时间及其个别部分。即使是一些高度发达的文明宗教也保留了这种基本的直观和信念。在波斯人的宗教中，从对光的一般性尊崇（allgemeine Lichtverehrung）中发展出了对时间、个别时间片段、世纪、年、四季、十二个月以及个别日子和时刻的崇拜（Kult）。尤其在密特拉教（Mithra-Religion）的发展中，这种崇拜达到了很高的程度。① 一般而言，神话的时间直观与神话的空间直观一样，都是定性的和具体的，不是定量的和抽象的。对于神话而言，没有时间，没有均匀的持续，也没有规则的重现或连续"本身"，而是始终只有确定的内容性构形（inhaltliche Gestaltungen），这些构形从其自身方面显示出确定的"时间形态"（Zeitgestalten），一种到来和远去，一种节律性的定在和生成。② 因此，时间整体分界点和类似于乐谱小节线的界线划分开了；但是，这种小节首先还只是直接作为被感受到的小节，而不是作为被测量过的或计过数的小节而存在。人的宗教行为尤其表现出了这种节律性的分节。仪式需要非常小心谨慎、深思熟虑地关注，确定的神圣行动要在确定的时间和时节举行——如果在这个时节之外完成，它们将丧失所有的神圣力量。

---

① 参见：Franz Cumont, *Textes et monuments figurés relatifs aux Mysteres de Mithra*, Bd. I, Brüssel 1899, S. 18 ff., 78 ff. u. 294 ff.; Franz Cumont, *Astrology and Religion among the Greeks and Romans*, New York/London 1912 (*American Lectures on the History of Religions*, Bd. 8), S. 110。

② 关于这个"时间形态"的概念，参见对语言的相应描述；参见：Cassirer, *Philosophie der symbolischen Formen*. Erster Teil, S. 177ff. [ECW 11, S. 179ff.]。

所有宗教活动都是按照完全确定的时间间隔分节的，例如，是以七天或九天、几周或数月为周期分节的。"各种神圣的日子"，如节日时间，打断了事件的单调的流程，把确定的分界线引入其中。尤其是月相的变化决定了一系列这样的"关键日期"。按照**恺撒**（Cäsar）的报道，**阿里奥维斯特**（Ariovist）一直忍受到新月出现才接受开战；古斯巴达人则要等到满月才开赴战场。与在空间中完全类似，构成所有这些情况的基础的是如下观点，时间性界线和分割线不是单纯约定俗成的思维标志，而是个别的时间片段本身就拥有一种质的形式和特性，有其自身的本质和效力。它们构成的并不是一个简单的和千篇一律的纯粹延展性的（extensiv）系列，而是说，它们每一个都有一种属于自己的集中性的实现（eine intensive Erfüllung），它们由此成为彼此相似或不相似、对应或对立、友好或敌对。①

事实上，在人的意识形成有关数、时间和空间等**客观**的基本区分的最初固定概念之前，对那种独特的周期性和节律性的最精致的感受似乎就已经存在于这种意识之中了。我们发现，即使在最低的文化阶段上，即使在压根儿还不会数数因此对于时间关系还没有任何定量的精确理解的原始民族那里，对时间性事件之活生生的动态性（Dynamik）的这种主观感觉已经以惊人的明确性和精致性发展起来了。原始民族在一定程度上有一种与生命的所有过程，尤其与一切重大的生命阶段、一切决定性的转折（Wandlungen）和转变（Üebergänge）有关的独特神话-宗教"阶段感觉"。即使在最低的阶段上，这些转变，即类的和单个人的生命中的最重要的一些事件（Einschnitte）也以某种方式被崇拜突出出来了，从事件（Geschehen）千篇一律的进程中被挑选出来了。有很多小心谨慎遵守的仪式都在保护着这些转变的起点和终点。定在的流动的和始终相同的系列、时间的单纯"进程"似乎被这些仪式在宗教意义上划分开了；每一个特殊的生命阶段

---

① 参见：Henri Hubert/Marcel Mauss, *Etüde sommaire de la représentation du temps dans la religion et la magie*, in: dies., *Melanges d'histoire des religions*, Paris 1909, S. 189-229。

第二部分　作为直观形式的神话　神话意识中时空世界的建构和分节

通过这些仪式获得了自己特殊的宗教标签（Einschlag），并且通过这种标签获得了一种特殊的意义。出生、死亡、孕育、生养、成年和步入婚姻——所有这些都是被特殊的转变和入会仪式（Übergangs- und Initiationsriten）指明的。① 这些仪式对单个人生阶段所做的宗教性区分（Sonderung）往往如此明确，以至于生命的连续性都被这些区分打断了（aufgehoben）。下面这个观念是一个广为流传、总是以不同形式重现的观念：在从一个生命阶段转变到另一个生命阶段，人在每一个生命阶段似乎都表现为一个不同的自我，例如，为了作为青年人和成年人而被重生出来，童年在进入青春期时逝去了。一般而言，在人生的每两个重要阶段之间总是有一个持续或长或短的"关键阶段"，这个阶段通常已经表现在大量肯定的规定与否定的禁令和禁忌中。② 人们由此看到，对于神话世界观和神话感觉来说，在它形成一种对真正宇宙时间的直观以前，在一定程度上已经有了一种生物学时间、具有生命的节律性地划分开的起伏往复运动（Auf und Ab）。实际上，在宇宙时间最初被神话把握住的时候，它本身就已经经历了这种独特的生物学塑形（Gestaltung）和改造（Umformung）。因为自然事件（Naturgeschehen）的规则性、星宿运行和季节更替的周期性对神话而言都完全表现为生命过程（Lebensvorgang）。白天到黑夜、花朵的绽放和凋零、季节的循环顺序：神话意识一开始是通过如下方式理解这一切的，即它把这一切现象都投射到人的定在上，并且在人的定在中就像在镜子中一样观察这一切现象。在这种交互关系中产生了神话的时间感觉，这种感受在主观的生命形式与客观的自然直观之

139

---

① 关于这种"入会仪式"（Initiationsriten）可参见斯宾塞和吉伦搜集的关于澳大利亚原住民的材料：Baldwin Spencer und Francis James Gillen, *The Native Tribes of Central Australia*, London/New York 1899, z. B. S. 212 ff.；Baldwin Spencer und Francis James Gillen, *The Northern Tribes of Central Australia*, London/New York 1904, S. 382 ff.。也可参见：van Gennep, *Les rites de passage*, 以及 Brinton, *Religions of Primitive Peoples*, S. 191 ff.。关于南海族群尤其参见：Walter William Skeat, *Malay Magic. Being an Introduction to the Folklore and Populär Religion of the Malay Peninsula*, London 1900, S. 320 ff.。

② 例如参见：Robert Ranulph Marett, *The Birth of Humility*, in: *The Threshold of Religion*, London ³1924, S. 169-202；S. 194 ff.。

—133

间架起了一座桥梁。这两种形式即使在巫术世界观的阶段也证明自己是直接地相互交织和相互结合在一起的。这种联系解释了客观事件是由巫术规定的。太阳的轨迹和季节的运行在这里不是由永不改变的法则控制的,而是服从精灵的影响,且是巫术的作用可以触及的。形式极为多样的"类似魔法"的作用就在于,影响这里起作用的各种力量,加强或减弱这些力量。有些民族的风俗在今天还与一年起伏的重大转折点,尤其与冬至日和夏至日是联系在一起的,这些民族的风俗还隐隐约约表现出了这种原初的理解。在与个别节庆联系在一起的游戏和仪式中,例如五月骑马节、不同的花环风俗、五朔节、圣诞节、复活节和夏至夜生火仪式都以如下观念为基础:太阳赋予生命的力量和自然促进生长的力量必须得到人的行为的支持并保护这些力量抵御敌对的力量。这些风俗的广泛传播——**威尔海姆·曼哈特**(Wilhelm Mannhardt)搜集了希腊人、罗马人、斯拉夫人、日耳曼人的丰富材料,**希尔布兰特**(Hillebrandt)尤其描写了古印度人夏至节的习俗①——证明了,我们在这里不得不面对的是一些起源于神话意识基本形式的直观。神话最初的"阶段感觉"只能在生命的图像中理解时间,因此,它也必须把在时间中活动以及按照一个确定的节律产生或消失的一切都直接转变为生命的形式并让它消融于生命形式中。

所以,对于数学-物理学概念中表达的那种"客观性",对于牛顿的那种"不涉及任何外在对象的自在自为地流逝"的"绝对时间",神话还一无所知。它既不了解这种数学-物理学的时间,也不了解严格意义上的"历史"时间(»historische« Zeit)。因为历史性的时间意识(das geschichtliche Zeitbewußtsein)也带有非常确定的"客观"

---

① Wilhelm Mannhardt, *Der Baumkultus der Germanen und ihrer Nachbarstämme. Mythologische Untersuchungen* (Wald- und Feldkulte, Bd. I), Berlin 1875; Wilhelm Mannhardt, *Antike Wald- und Feldkulte aus nordeuropäischer Überlieferung erläutert* (Wald-und Feldkulte, Bd. II), Berlin 1877. 关于印度的夏至夜生火仪式,参见: Alfred Hillebrandt, *Die Sonnwendfeste in Alt-Indien*, in: *Romanische Forschungen* 5 (1890), S. 299—340. 关于雅利安人世界的这种习俗的概况,参见: Leopold von Schroeder, *Arische Religion*, Bd. II: *Naturverehrung und Lebensfeste*, Leipzig 1916.

第二部分　作为直观形式的神话　神话意识中时空世界的建构和分节

要素。这种意识以一种固定的"年表"为基础，即以先与后的一种严格划分为基础，以遵守一个个时刻延续中确定的、明确的顺序为基础。对个别时间阶段的划分、把这些时间阶段吸收进一个唯一的有严格结构的体系，每一个事件在这个体系中都有且只有一个位置，这对于神话而言依旧是陌生的。正如下面这一点一般而言属于神话思维形式的本质，即凡是在神话思维形式设定了某种**联系**时，它总是会让这种联系的各部分汇流并融合在一起，因此，这一"合生"（Konkreszenz）规则①，即一个联系中的各部分的这种共同成长（Zusammenwachseh）的规则，在神话的时间意识中也处于支配地位。在这里，时间还没有划分为明确分离开的诸阶段，没有划分为过去、现在、未来；而是神话意识总是一再屈从于如下趋势和诱惑，即抹平区别并最终把它们变成纯粹的同一性。**巫术**的特征尤其在于，它把其普遍原则，即"**部分即整体**"（pars pro toto）的原则，从空间转移到了时间上。正如在巫术中，空间的每一个部分不仅代表整个空间，而且就**是**整个空间，因此，巫术的作用关联（Wirkungszusammenhang）也超越了一切时间的差异和分割线。巫术的"现在"绝不是**单纯的**现在，不是简单的和被分离出来的当前点（Gegenwartspunkt），而是——用莱布尼茨的话来说——"现在怀着未来的身孕，压着过去的负担"（chargé du passé et gros de l'avenir），即它包含着过去并孕育着未来。在占卜中，一切时间点的这种独特的和质的"相互渗透"最清楚地表现了出来。在这个意义上，占卜术尤其属于神话意识的一个有机部分（integrierender Bestand）。

但是，一旦这种意识不再像在巫术中那样满足局限于取得个别的效果，而是转向存在和事件的**整体**并越来越多地用对该整体的直观充满自己，它立即就把自己提升到了一个新的阶段。它现在逐渐使自己摆脱了直接束缚于感性印象和暂时的感性情绪中。它没有停留于当前这个个别的点中，没有停留于这类当前点的单纯系列中，也没有停留

---

① 关于神话的"关系要素的合生"（Konkreszenz der Relationsglieder），参见本书上文：S. 76 ff.。

于个别时间阶段的简单经过，而是现在越来越多地转向沉思事件的永恒**循环**（Kreislauf）。这个循环还是被直接感受到的，而不是思考到的；但是，即使在这种感觉中，一般东西的确定性、**普遍世界秩序**的确定性也已经向神话意识展开了。一个个别的事物、一个特殊的物理定在实体——不再像神话的自然有灵论那样——被特定的心灵内容、个体性的-人格性的力量充满，而是说，在整个世界事件中被感受到的是一种到处重复出现的平衡（Gleichmaß）。这种感受越强，它就越多地唤醒了神话**思维**，给神话思维提出了一个新的问题。因为沉思现在所面对的不再是事件的单纯内容，而是其纯粹形式。在这里，时间因素（Zeitmotiv）也起着中介（Vermittlung）的作用：因为尽管对于神话而言时间只是被具体地理解的，只是结合着一个确定的物理过程，尤其是结合着星辰的变化来理解的，但是时间之中还是包含着一个已经属于另一"维度"即纯粹观念性"维度"的要素。各种个别的自然力量是经过特殊化而变成神话解释和宗教崇拜的对象，还是似乎只是表现为一种一般性时间秩序的载体，这是另一个问题。在第一种情况下，我们还完全处于实体性观点的范围内：太阳、月亮和星辰都是有灵的神性存在物，但是它们仍然是个体性的个别事物，被赋予完全确定的个体性力量。由此来看，这些神圣存在物与在自然界中处于统治地位的各种次要精灵力量虽然有度的区别，但是却没有种类的区别。但是在第二种情况下，当神话-宗教感觉不再仅仅指向个别自然客体的直接定在和个别自然力量的直接作用时，而是当二者除了它们直接的存在含义（Seinsbedeutung）外还获得了一种典型的表达含义（Ausdrucksbedeutung）时；当它们变成借以理解那个统治着和控制着宇宙的**法则秩序**（Gesetzesordnung）观念的媒介时，对神性东西的不同的理解和新的意义就趋于成熟了。现在，意识不再对某一种——尽管它是不可抗拒的——个别的自然现象感兴趣，而是每一个自然现象都只是作为它所展示的另一个现象、一个更加全面的东西的记号发挥作用的。当我们不是仅仅按照太阳和月亮的物理存在和物理作用来考察它们时，当我们不是出于它们发的光或产生的光明、

第二部分  作为直观形式的神话  神话意识中时空世界的建构和分节

温暖、湿润和雨水而崇拜它们，而是把它们当作恒常的**时间尺度**，靠着它能够读出整个事件的过程和规则时，我们就站在一种已经发生原则性变化和深化的精神观点的门槛上了。思想现在把自己从可以在一切直接的定在和生命中感受到的节律性及周期性提升到了**时间秩序**——一种普遍的、支配着一切存在和生成的**命运秩序**——的思想。只有在被这样理解为命运时，神话式的时间才变成一种真正的宇宙潜能（Potenz）——变成一种不仅束缚着人，而且也束缚着精灵（Dämonen）和神（Götter）的力量（Macht），因为只有在时间中并借助时间的牢不可破的尺度和规范，才可能有人甚至神的一切生命和活动。

这种结合的表象在那些更低的阶段上能够给自己穿上完全幼稚的感性图像和表达的外衣。新西兰的毛利人有一个神话故事，它讲的是，毛依（Maui）——他们部落的先祖和文化英雄——曾经如何在一张网中捕住太阳，并迫使太阳摆脱此前在天上无固定规则的运行，而有规则地运转。① 但是，这种发展越是向前进步，真正宗教的世界观越是明确地同巫术世界观分离开来，这种基本关系也就越是获得一种更纯粹的**精神**表达。在所有"星象"宗教的故乡和发源地，即在巴比伦和亚述，可以尤其清晰地追踪到从感性-个别东西向普遍东西的转变，从个别自然力量的神灵化向普遍时间神话的转变。巴比伦-亚述宗教的起点又退回到了一种原始的万物有灵论领域。在这里，构成基本层次（Grundschicht）的也是精灵信仰（Dämonenglaube），即对随心所欲地干预事件的友好和敌对力量的信仰。除了天空精灵、风暴精灵、草原精灵、田地精灵、山川精灵和泉水精灵，还有混合存在物（Mischwesen），它们还带有动物尊崇和更古老的图腾主义观点的痕迹。但是，随着巴比伦人的思维越来越多地集中在对星辰

---

① Georg Gerland, *Die Völker der Südsee*, 3. Abt.: *Die Polynesier, Melanesier, Australier und Tasmanien Ethnographisch und culturhistorisch dargestellt*（Anthropologie der Naturvölker, hrsg. v. Theodor Waitz, fortges. v. Georg Gerland, Bd. VI）, Leipzig 1872, S. 256; William Wyatt Gill, *Myths and Songs from the South Pacific*, London 1876, S. 70.

世界的沉思，这种思维的一般形式现在也改变了。原始的精灵神话（Dämonenmythologie）并没有被清除，但是它还只是属于大众信仰的一个更低的层次。智者、祭司的宗教是"圣时"和"圣数"的宗教。神性东西这个真正的基本现象现在表现在天文学事件的规定性中，表现在支配着日月行星运行的时间性规则中。个别星宿的直接形体并没有被思考和尊崇为神，而是被理解为普遍的神性力量的部分显现（Teiloffenbarung），这种普遍的神性力量在整体中以及在个体中、在最大的事件以及最小的事件中都是按照相同的规范起作用的。这种神性秩序在持续的渐变中从天空这个最清晰的表现一直延续到尘世的，尤其是人的、国家的和社会的存在的秩序中——它们是同一个基本形式，而在最为不同的定在领域中现实化了。① 因此，星辰运动作为可见的时间图像表达了那个新的**意义**统一体，神话-宗教思维就是在这个统一体中才开始囊括存在和事件的整体。巴比伦人的创世神话从太阳神马杜克发动的反对巨兽提阿玛特的战争意象（Bilde des Kampfes）的无形原初基础（gestaltloser Urgrund）中表现了世界秩序的产生。马杜克在胜利之后，把星辰确定为巨神的驻地，并规定了它们的运行；他引入了黄道十二宫、年和十二个月；他设立了固定的屏障，因此任何一天都不会偏离或迷失。因此，由于时间的光明形态（Lichtgestalt）渗入了完全无形式的定在，对它进行区分并把它分解为个别的阶段，所有的运动以及相伴的一切生命便发展起来了。由于内部事件与外部事件（äußeres Geschehen）这两个要素在神话感觉和思维中是交织在一起的，所以宇宙的这种规则性就意味着一种支配着人的行为的不可违背的规则和规范。"马杜克的话是永恒的，他的命令不可更改，任何神都改变不了他嘴里说出的话。"因此，他变成了法的最高守护者，"他洞察

---

① 参见：Morris Jastrow jr., *Die Religion Babyloniens und Assyriens*, vom Verf. rev. u. wesentl. erw. Übers., Bd. I, Gießen 1905, Bd. II, 1. u. 2. Hälfte, Gießen 1912; Bezold, *Astronomie, Himmelsschau und Astrallehre*; Hugo Winckler, *Himmels- und Weltenbild der Babylonier als Grundlage der Weltanschauung und Mythologie aller Völker*, 2., durchges. u. erw. Aufl., Leipzig 1903 (Der alte Orient, 3. Jg., H. 2/3).

## 第二部分　作为直观形式的神话　神话意识中时空世界的建构和分节

最内心的东西,他不让作恶者逃脱,他让忤逆者伏法并使正义得以弘扬"①。

在几乎所有伟大的文明宗教中都可以发现,在控制所有事件的普遍**时间秩序**(Zeitordnung)与这一个事件所服从的永恒的**法的秩序**(Rechtsordnung)之间有同样的关联,在天文学宇宙与伦理宇宙之间有相同连接。在埃及万神殿中,月神托特(Thoth)是时间的度量者和划分者,他同时又是一切正确尺度的主人。在规划庙宇和丈量土地时用到的神圣埃勒(Elle)是祭献给月神的。他是众神的抄写员和天堂的法官,他赋予人类语言和文字,他通过数数和计算的艺术让诸神和人了解他们的权益。在这里,完全精确和不变的尺度(玛特)的名称也变成了在自然界和伦理生活中都处于支配地位的永恒的、不变的秩序的名称。人们恰恰把"尺度"概念的双重含义指称为整个埃及宗教体系的基础。② **中国**的宗教同样扎根于**德·格鲁特**(de Groot)称为"宇宙主义"的那种思想和情感的基本特征中,即扎根于如下信念中:人类行为的一切规范在世界和天国的原初法则中都有其基础,并且是直接从这法则中阅读出来的。只有那些了解上天的运行、理解时间的运行并按照其作用安排自己生活的人,只有知道结合着固定的日期、确定的月份和日子活动的人——只有这些人才能正确地完成其生命的变化。"天命之谓性,率性之谓道,修道之谓教。"在这里,行为的伦理约束(Bindung)也变成了行为的时间性限制(Gebundenheit),其实是变成了历法限制,因此,个别的时间片段,如除夕、年、四季、月份也被尊崇为神性的。人的义务和美德就在于,认识并遵守

---

① 有关巴比伦的创世传说,参见:Peter Jensen, *Die Kosmologie der Babylonier. Studien und Materialien*, Straßburg 1890, S. 279 ff. 。[第 301 页:"他的话是稳固的,他的命令是不变的,他的嘴所说的,任何神也改变不了。"]德语翻译参见:Hermann Gunkel, *Schöpfung und Chaos in Urzeit und Endzeit. Eine religionsgeschichtliche Untersuchung über Gen 1 und Ap Joh 12. Mit Beiträgen von Heinrich Zimmern*, Göttingen 1895, S. 401 ff. 。

② 参见:Peter Le Page Renouf, *Vorlesungen über Ursprung und Entwicklung der Religion der alten Aegypter*, autoris. Übers., Leipzig 1882, S. 233;Alexandre Moret, *Le mystere du verbe createur*, in:*Mysteres egyptiens*, Paris 1913, S. 103-139:S. 132ff. 。

宏观宇宙为微观宇宙指明的"道",而且没有比这更崇高的了。①

在印度-日耳曼民族的宗教直观领域也可以追寻到同样典型的转化:一种同时表现为精神-伦理秩序的普遍自然秩序的思想也逐步取代了在多神论自然宗教中处于支配地位的神(das Göttliche)的特殊化和个体化。而且,时间直观再次成为这两种基本含义的媒介,并最终把它们统合在一起。这一宗教性发展过程在《吠陀》中表现在 Rita 概念上,在波斯古经《阿维斯塔》(Awesta)中表现在内容和词源都对应的概念阿莎(Asha)上。它们两个表达的都是规则的"过程"(Gang)、被严守的事件安排(Fügung des Geschehens),这种安排既是从实然的角度同样也是从应然的角度来理解的——它既是事件秩序(Geschehensordnung)同时又是法的秩序(Rechtsordnung)。"河流按照 Rita 奔流,"《梨俱吠陀》中的一首赞歌唱道,"黎明按照它亮起。""Rita 遵循秩序的道。正如知道,才不会错失天国的方向。"② 相同的秩序监视并控制着年的进展。Rita 的十二轮辐:年绕着天空旋转,永不衰老。在《阿闼婆吠陀》的一首著名赞歌中,时间本身卡拉(Kala)像一匹骏马,系着许多缰绳奔跑:

> 它的车轮是一切存在物。卡拉驾驶着七个轮子,它有七个轮毂;车辐是不朽的。它让一切事物显现,它被尊为第一神。……时间带来一切存在物,时间在最高天加冕。它创造了一切事物,它胜过一切事物。卡拉是万物之父,同时是万物之子,因此没有任何比它更高的力量。③

在这种时间直观中可以看到两种宗教原初因素(Urmotiv)之间的斗

---

① 参见:Johann Jakob Maria de Groot, *Universismus. Die Grundlage der Religion und Ethik, des Staatswesens und der Wissenschaften Chinas*, Berlin 1918, S. 25, 以及 *The Sacred Books of China: The Texts of Taoism*, übers. v. James Legge, 2 Bde., Oxford 1891 (*The Sacred Books of the East*, Bde. 39 u. 40, hrsg. v. Friedrich Max Müller)。

② 参见:Oldenberg, *Die Religion des Veda*, S. 195。《梨俱吠陀》(第一卷第 124 首第 3 颂), S. 1 [Zweites Zitat]。

③ *Atharvaveda* 19, 53.(德语翻译参见:Karl Friedrich Geldner, *Vedismus und Brahmanismus*, in: *Religionsgeschichtliches Lesebuch*, in Verb. mit Wilhelm Grube u. a. hrsg. v. Alfred Bertholet, Tübingen 1908, S. 70-213: S. 164.)

## 第二部分　作为直观形式的神话　神话意识中时空世界的建构和分节

争，即命运因素与创造因素之间的斗争。命运虽然表现为时间性的，但就其本质而言却是超时间性的力量，创造则必须始终被理解为时间中的一种个别行动，在命运与创造之间存在着一种独特的辩证对立。在后期《吠陀》文献中，世界创始者、众神和人的创造者普拉亚帕蒂（Prajapati）的思想被构思出来了；但是，它与时间的关系是双重性的和矛盾的。一方面，普拉亚帕蒂是从万物中产生的，它与年因而一般说来与时间是等同的；另一方面，它是年，因为它按照自己的形象创造了年。① 但是，在其他地方，例如在上文提到的《阿闼婆吠陀》的赞歌中，关系又颠倒过来了。不是普拉亚帕蒂创造了时间，而是时间创造了普拉亚帕蒂。时间是第一神，它产生了整个存在物，它将比万物存在得更长久。人们看到，时间在这里如何开始变成神性的力量，同时又因为是超人格的而在一定意义上变成超神性的力量。正如歌德在《普罗米修斯》中说的，只要全能的时间和永恒的命运登场，它们就废黜了多神教的个别神，甚至废黜了最高的创造神。就这些神还存在而言，它们现在被人尊崇不再完全是因为它们自身的缘故，而是因为它们是它们本身所隶属和服从的那个普遍命运秩序的守护者与管理者。众神不再是物理世界和伦理世界的绝对立法者；而是说，他们的行为和活动现在服从更高的法则。因此，荷马笔下的宙斯服从莫伊拉（Moira）的非人格力量；在日耳曼神话中，生成的命运力量乌尔德（Wurd）表现为命运女神诺恩（Norn）的编织物，同时表现为原初法则——命运的编制者，表现为**原始法则**乌尔拉古（即 urlagu，古高地德语的 urlag，古萨克森语的 orlag）。在这里，它也是度量力量——正如在北欧创世学说中，世界之树伊格德拉修（Yggdrasil）被描述为比例适当的树、提供尺度的树。② 在波斯古经《阿维斯塔》中，纯粹的创

---

① 对这种等同（Gleichsetzung）所起的作用的一种概览，参见：Deussen, *Allgemeine Geschichte der Philosophie*, Bd. I/1, S. 208。

② 参见：Eugen Mogk, Mythologie, in: *Grundriss der germanischen Philologie*, unter Mitw. v. Karl von Amira u. a. hrsg. v. Hermann Paul, Bd. III: *Wirtschaft. Recht. Kriegswesen. Mythologie. Sitte. Kunst. Heldensage. Ethnographie. Sach-register*, 2, verb. u. verm. Aufl., Straßburg 1900, S. 230–406：S. 281 ff.；Golther, *Handbuch der germanischen Mythologie*, S. 104ff. u. 529。

世因素被描述得最明确，最高统治者阿胡拉·马兹达（Ahura Masdah）被崇拜为万物的创造者和万物之主，同时又被视为超人格秩序阿莎——它既是自然秩序，又是伦理秩序——的执行者。尽管阿莎是由阿胡拉·马兹达创造的，但它表现为一种独立的原初力量，它在光明之神与黑暗和谎言力量的斗争中站在光明之神一边，并且与光明之神一起打赢这场战斗。善神帮助他与阿里曼（Ahriman）作战，造出六个大天使，统称阿梅沙·斯潘塔（Amesha Spenta），领衔的是"善思"沃胡·马纳（Vohu Manah）和"完美秩序"阿莎·瓦西斯塔（Asha Vahishta）。在设定和指称这些精神潜能——普鲁塔克用希腊语把它们翻译为 $εὔνοια$ 和 $ἀλήθεια$ ——时，我们已经位于宗教思想的范围内，它远远超出了单纯神话形象的世界，实际上已经被真正辩证的和思辨的因素充满了。这些因素的作用再次最清楚地表现在了时间概念的规定中。在这里，永恒思想与创造思想之间的冲突变得最强烈——以至于它似乎逐步从内部改变整个宗教体系，并似乎为它烙印上了新的特征。波斯古经《阿维斯塔》已经区分开了时间的两种基本形式：无界限的时间或永恒性与"长周期的主导时间"[①]：阿胡拉·马兹达把后者规定为适用于世界历史的时间片段，即他与黑暗精神斗争的时代。这个"漫长的、服从自身法则"的时代又划分为四个主要时段。第一个三千年时段开始于创世——首先是"史前时代"（Vorzeit），此时世界虽已有光，但还无法被知觉到，而是只在精神上存在着；接下来是"原初时代"（Urzeit），此时世界在既有形式的基础上被改造为在感性上可以知觉到的形态；接下来是"战争时代"，此时阿里曼及其帮凶闯入奥尔穆兹德（Ormuzd）的纯粹创造，此时地上的人类历史开始了；最后在"终战时代"，恶魔力量被击溃，"长周期的主导时间"再次变为无限时间，世界时间再次变为永恒性。祖尔万教派（Zruvanismus）的文字记载相对较晚，似乎只是复兴了已被查拉图斯特拉改革暂时遏制的伊朗人信仰中的特定原初因素，在祖

---

① ［Jeremias, *Handbuch der altorientalischen Geisteskultur*, S. 201.］

第二部分　作为直观形式的神话　神话意识中时空世界的建构和分节

尔万教派的体系中，**无限时间**（Zruvan akarano）被明确地确立为最后的和最高的原则：被确立为原初基础，从中产生了万物，也产生了善与恶这两个对立的潜能。无限时间一分为二，产生出善与恶的力量，这是它的一对孪生子，它们必然彼此相属且不停地相互斗争。这个体系明显把"时间"与"命运"相等同——希腊人用τύχη表述Zruvan这个概念——在这个体系中也表现出了如下概念形成（Begriffsbildung）特有的双重特征，该概念形成在个别地方提升到了最困难和最敏感的抽象，同时也还完全带有特殊神话时间感觉的色彩。在这里，时间作为世界时间和命运时间绝对不是理论知识尤其是数学知识所理解的含义：一种纯粹观念性的秩序形式，一种参照系和坐标系，而是说，它是生成本身的基本力量，被赋予了神性的与魔鬼的、创造性的与毁灭性的力量。① 它们的秩序虽然被理解为普遍的和不容违背的，但是这种秩序本身又表现为**一种被规定的东西**（Verordnetes）——所有事件都服从的时间法则，表现为一种被半人格、半非人格的力量**设定的东西**（Gesetztes）。由于其形式和精神表达方式的制约性，神话不能超越这最后的局限；但是，现在在这个形式中不可能对时间概念与时间感觉做更深入的区分，因为神话-宗教直观能够对诸特殊时间要素给予不同程度的强调，能够赋予它们完全不同的值（Werten），从而能够为时间整体烙印上一种不同的"**形态**"（Gestalt）。

## 四、神话与宗教意识中时间的构形

对于理论知识、数学和数学物理学所走的过程而言，下面这一点

---

① 关于伊朗宗教的事件概念和祖尔万教派的体系，尤其可参见：Heinrich Junker, *Über iranische Quellen der hellenistischen Aion-Vorstellung*, in: Vorträge der Bibliothek Warburg, hrsg. v. Fritz Saxl, Bd. I: Vorträge 1921-1922, Leipzig/Berlin 1923, S. 125-178；S. 127。也可参见：James Darmesteter, *Ormazd et Ahriman. Leurs origines et leur histoire*, Paris 1877 (*Bibliotheque de Pficole des Hautes Etudes*, *Sciences philologiques et historiques*, Bd. 29), S. 316 ff., 以及Cumont, *Textes et monuments figures*, Bd. I, S. 18 ff., 78 ff. u. 294 ff.。

143

是很典型的，即时间的**同质性**的思想在这个过程中越来越明确地形成了。通过这一思想，数学物理学的研究才能达到目标，即才能达到对时间不断深入的**定量化**。时间的所有个别规定不仅都与纯粹的数的概念有联系，而且时间最终似乎要完全变成纯粹的数的概念。在现代数学-物理学思维的发展中，在广义相对论的创立中，这一点表现为：时间事实上已经摆脱了它所有明确的特殊性（Besonderung）。世界中的每一个点都是被其时空坐标 $x_1$、$x_2$、$x_3$、$x_4$ 规定的；但是，这些坐标在这里的含义是简单的数量值，它们彼此之间不再是通过特殊的特征而区分开的，因而它们也是可以互换的。但对于神话-宗教世界观而言，时间从来没有变成这种类似的量，而是不论时间概念最终具有多大的普遍性，它都总是被赋予了一种独特的**"性质"**（Quale）。正是这种定性化（Qualifizierung）把不同时代和文化以及宗教发展的不同基本方向以最典型的方式互相区别开了。我们发现适用于神话空间的东西也适用于神话的时间；其形式依赖于独特的、神话-宗教式的强调（Accentuierung），取决于分配"神圣东西"与"非神圣东西"重点（Accente）的方式。从宗教的观点看，时间从来都不是一个简单的和统一的时间过程，而是只有通过区分开其个别阶段才获得其意义。按照宗教意识对光与影的不同分配，按照宗教意识是停留在和沉浸在这一个时间规定还是另一个时间规定中并为它标明一个特殊的价值记号，时间整体获得了不同的形态（Gestalt）。现在、过去和将来确实都是作为基本特征进入每一种时间图像中的，但是，图像的种类和明暗则由于意识有时关注这个要素的活动有时关注另一个要素的活动（Energie）而发生变化。因为对于神话-宗教的见解而言，问题并不在于一种纯粹的逻辑综合，不在于把"现在"与"过去"和"未来"统合在"统觉的先验统一体"中，而是在这里一切都取决于时间意识的哪个方向获得了高于其他方向的优势和支配地位。在具体的神话-宗教时间意识中总是存在着一种特定的感觉动力机制——自我（das Ich）在关注现在、过去和未来时总是存在着不同的强度，并

## 第二部分　作为直观形式的神话　神话意识中时空世界的建构和分节

在关注它们时把它们置于一种确定的相属性关系或依赖性关系（Zugehörigkeits-oder Abhängigkeitsverhältnis）中。

假如能够追踪时间感觉在整个宗教史上的这些差异性和变化，并且指明时间这些多变的方面及其持存、持续性、变化如何构成了个别宗教特征的一个最深刻的差异，那么，这项任务是很诱人的。在这里不会追踪这一区别的细节，而是只用一些重要的典型例子来说明这一区别。对于时间问题在宗教思维中的构形和领受而言，纯粹一神论思想的产生构成了一个重要分界点。因为在一神论中，神的真正原初的启示并不是以自然在其形态的变化和周期性重现中表现出来的那种时间形式出现的。**这种**生成形式不能为上帝的不朽存在提供任何图像。因此，尤其在**先知**的宗教意识中，已经开始明确地摆脱自然和自然事件的时间秩序。如果说赞美诗把上帝赞颂为自然的创造者，白天和黑夜都属于他，他让太阳和星辰有了自己确定的轨道，他创造了月亮并按照月亮来划分年，那么，先知的观点——尽管这些宏大的图像也出现在这种观点中——走了一条完全不同的道路。神的**意志**在自然中没有创造出任何记号，因此，对于先知的纯粹伦理-宗教的同情心来说，自然变成了无关紧要的。如果对上帝的信仰——不管是出于希望还是恐惧——依附于自然，那么，它就变成了迷信。耶利米（Jeremia）说：“你们不要效法列国的行为，也不要为天象惊惶，因列国为此事惊惶。”① 对于先知意识而言，宇宙时间、天文学时间似乎整个地都与自然界一起消失了——取而代之的是一种只与人类历史相关的新时间直观。但是，这种历史没有被理解为过去的历史（Vergangenheitsgeschichte），而是被理解为宗教性的未来历史（religiöse Zukunftsgeschichte）。例如，有人已经指出了，列祖传说（Patriarchensage）是如何被先知自我意识和上帝意识完全排挤出宗教兴趣

---

① *Jeremia* 31，35；10，2.《圣经·耶利米书》第 31 章 35 节内容为：“那使太阳白日发光，使星月有定例，黑夜发亮，又搅动大海，使海中波浪砰訇的——万军之耶和华是他的名。”《圣经·耶利米书》第 10 章 2 节内容为：“耶和华如此说：你们不要效法列国的行为，也不要为天象惊惶，因列国为此事惊惶。”——中译者注

中心的。① 现在，一切真正的时间意识都完全变成了未来的意识（Zukunftsbewußtsein）。"你们不要记念从前的事，也不要思想古时的事。"——以赛亚明确提出这样的诫命。② 在所有现代神学家中，**赫尔曼·柯亨**（Hermann Cohen）最深刻地感受到了并最纯粹地重新更新了先知宗教的这一基本思想和原初思想。他说：

> 时间变成了未来，而且只变成了未来。过去和现在都沉没在这种未来的时间中。在时间中的这种倒退是最纯粹的理想化。在观念的这个立场面前，一切定在都消失了。人的定在被扬弃在了未来的这种存在之中。……希腊理智主义没能创造出来的东西，先知的一神论成功创造出来了。在希腊人的意识中，**历史**与知识本身是同义词。因此，对于希腊人而言，历史指向的只是过去。与此相反，先知（Prophet）是预言家（Seher），不是博学家。……先知都是历史的唯心主义者。他们的预言创造了历史的概念，它是**未来**的存在。③

一切现在，人和事物的一切现在，都必须从有关未来的这种观念中再生出来。自然界，当它现存和持续时，不能为预言意识提供任何依据。正如要求人有一种新的心灵，因此心灵也需要一片"新天新地"④——似乎是把时间和事件理解为一个整体的那种新精神的自然基础。神话和单纯自然宗教的神谱与宇宙起源论因此被一种具有完全不同的形式和起源的精神原则超越了。至少在遭到放逐前的先知那里，真正的创世思想几乎完全消失了。⑤ 与其说他们的上帝站在时间的起点，不如说站在时间的终点；与其说他是一切事件的起源，不如说是其在伦理-宗教上的完成。

---

① 参见：Ignaz Goldziher, *Der Mythos bei den Hebräern und seine geschichtliche Entwicklung. Untersuchungen zur Mythologie und Religionswissenschaft*, Leipzig 1876, S. 370 f.。

② *Jesaja* 43, 18. 《圣经·以赛亚书》第 43 章 18 节。——中译者注

③ Hermann Cohen, *Die Religion der Vernunft aus den Quellen des Judentums*, Leipzig 1919, S. 293 ff. u. 308 [Zitat S. 293 u. 308].

④ [Offenb. 21, 1.]《圣经·启示录》第 21 章 1 节。——中译者注

⑤ 参见：Gunkel, *Schöpfung und Chaos*, S. 160。

第二部分　作为直观形式的神话　神话意识中时空世界的建构和分节

**波斯宗教**的时间意识也带有这种纯粹宗教性未来观念的记号。在这里，二元论即善恶力量之间的对立构成了重大的基本伦理-宗教主题；但是，就这种二元论还明显地局限于一个确定的时间范围内，局限于"长周期的主导时间"而言，它还不是最终的。在这个时代结束时，阿里曼的力量被挫败，善的神灵独享胜利。因此，在这里，宗教感觉也不是根植于对给定东西的直观，而是完全指向达成（Heraufführung）新的存在和新的时间。但是，与关于"时间终点"[①] 的先知思想相比较，波斯宗教的未来意志一开始看起来还是更有局限、更束缚于尘世的。在这里获得充分的宗教约束力的是趋向文化（Kultur）的意志和一种乐观的文化意识（Kulturbewußtsein）。谁耕种和浇灌土地，谁种植树木，谁消灭有害动物并喂养有用的动物——谁就是在实现神的意志。波斯古经《阿维斯塔》一再称赞"同胞的这些善行"[②]。谁从大地生产出农作物，即生命的源泉，谁就是正直的人，是阿莎的保护者和帮手；谁照料谷物，谁就是在遵守阿胡拉·马兹达的律法。歌德在其《西东合集》的《古波斯信仰的遗产》中是这样描述这种宗教的，"**每天每日要遵守严格的礼仪，除此之外，不需要任何启示**"[③]。因为在这里人类整体和个体并不是这场世界战争的旁观者，他们并不是把它感受为和经验为单纯外在的命运，而是他们注定要亲身参与其中。只有通过人的持续参与，阿莎即善和正义的秩序才能取胜。只有通过与思维正确的人、阿莎的意志和行动保持一致，奥尔穆兹德才能最终完成他的解放和赎救任务。人的每一个善的行为、每一个善的思想都增强了善的神灵的力量，正如每一个恶的思想都扩大了恶的王国一样。因此，尽管有各种朝着外

153

---

① [Vgl. 1. Kor. 10, 11.]（《圣经·哥林多前书》第 10 章 11 节为："他们遭遇这些事，都要作为鉴戒。并且写在经上，正是警戒我们这末世的人。"——中译者注）

② 参见：Yasna 12, Yasna 51 u. ö. (参见：Karl Friedrich Geldner, *Die zoroastrische Religion* (das Avestā), in: *Religionsgeschichtliches Lesebuch*, S. 323–360；S. 335 f., 333–335 u. ö.）。

③ [Johann Wolfgang von Goethe, *Vermächtniß altpersischen Glaubens*, in: *West-Östlicher Divan*, S. 239–242；S. 240.]

部文化构形（die äußere Kulturgestaltung）的方向，但是，在这里，有关神的思想（Gottesgedanke）最终还是从"**内在**中的宇宙"吸取其真正力量。宗教感觉的重点取决于行动的目标——取决于它的目的，一切单纯的时间**过程**都由于被集中于一个唯一的最高顶点而被扬弃在了行动的目标中。所有的光亮都再次投在了伟大的世界剧目的最后一幕：投在了时间的终点，在这时光明的神灵将战胜黑暗的神灵。因此，救赎并不是仅仅通过神就完成了，而是也要通过人以及在人的帮助下才能完成。所有人异口同声大声赞美奥尔穆兹德。"世界按照他的意志更新，而且世界变得不朽且永恒。"①

如果人们把在**印度**哲学和宗教思辨中出现的时间和生成的图景（das Bild der Zeit und des Werdens）与这一基本观点做一下比较，那么，立即就可以感觉到它们之间的对立。在这里也试图消除（Aufhebung）时间和变化，但是，预期能消除时间和变化的，并不是意愿的能量（Energie des Wollens），不是把所有有条件的行为最终都汇集到一个唯一的和最高的最终目标之中，而是思维的清晰性和深度。在超越了早期吠陀教最初的质朴形式之后，这种宗教就越来越多地获得了思想的色彩。当反思深入事物复多性的假象背后时，当反思获得了一切复多性彼岸的那个绝对一的确定性（die Gewißheit des absolut-Einen）时，对它而言，时间形式连同世界形式都一起消失了。也许我们能够在一个典型的个别问题即对睡眠的宗教立场和评价上最好地感受到印度人的基本观点与伊朗人的基本观点的对立。在波斯古经《阿维斯塔》中，睡眠表现为一个坏的魔鬼，因为它使人丧失了能动性。在这里，清醒与睡眠如同光明与黑暗、善与恶一样是对立的。② 与此相反，在更古老的《奥义书》（*Upanishads*）中，印度思

---

① Bundahish 30, 23 u. 30, 32 ［Zitat］（Geldner, *Die zoroastrische Religion*, S. 358）.

② 参见：Yasna 44, 5（同上书, S. 324）；关于睡梦精灵"Bušyansta"的更多讨论，参见：Abraham Valentine Williams Jackson, *Die iranische Religion*, in: *Grundriss der iranischen Philologie*, unter Mitw. v. Christian Bartholomae u. a. hrsg. v. Wilhelm Geiger u. Ernst Kuhn, Bd. II: *Litteratur. Geschichte und Kultur*, Straßburg 1896-1904, S. 612-708：S. 660.

第二部分　作为直观形式的神话　神话意识中时空世界的建构和分节

维就已经感觉到了如何通过一种隐秘的魔法把自己引导到深沉的和无梦的睡眠之表象，并将这个表象越来越多地塑造成一种宗教理想。在这里，存在的所有确定界限都融合在一起了，心灵的全部痛苦都被解除了。在这里，有死者是不死的，并通达梵（Brahman）。"如人为其爱妻所拥持，不复知有内外矣，此神我为智识自我（即大梵）所拥持，亦不复知外者内者。此其相也，所欲皆得，而'自我'即其所欲，彼固无欲，亦离忧苦。"① 这里有那种随后完全清晰且极为强烈地出现在佛教的源头中的典型时间感觉的萌芽。佛教学说仅仅保留下来了时间直观中的生和灭这两个要素，但是，对于佛教学说而言，一切生灭首先是而且本质上都是苦（Schmerz）。痛苦的起源是三种贪恋（Durst）：贪恋享乐，贪恋生长，贪恋过去。一切经验事件的时间形式中都直接包含着生成的**无穷性**（Endlosigkeit des Werdens）。在这里，正是生成的无穷性一下子揭示出了生成是完全无意义的和令人绝望的。生成本身不可能有结果，从而不可能有目标、有目的。只要我们还被拴在生成的车轮上，它就让我们不停地、坚决地、不知疲倦地、无目地绕着它旋转。在《弥兰王问经》中，弥兰王要求那先比丘对灵魂轮回给出一则譬喻。那先比丘在地上画了个圆，问道："'大王，是否此圆圈有终点？'——'尊者，否。'——'生这个圆圈……亦复如是。'——'是否如此相续有其终点？'——'尊者，否。'"② 人们恰恰能够把如下内容称为佛教的本质性的宗教方法和思想方法：凡是在通常的经验世界观相信看到存在（ein Sein）、持久（ein Beharren）和持存（einen Bestand）的地方，它总是在表面的存在中揭示出生和灭的要素（das Moment des Entstehens und Vergehens），它已经把这种连续性本身的单纯**形式**——而撇开在该形式中运动和构形的内容——感受为**痛苦**。对于佛教而言，一切知识和无知都根源于

---

① Brhadaranyaka-Upanishad 4，3，21 ff. (Geldner，*Vedismus und Brahmanismus*，S. 196). （中译文参见《大林间奥义书》第四分第三婆罗门书第 21 节。——中译者注）

② 参见：Hermann Oldenberg, *Die Religion des Veda und der Buddhismus*, in: *Aus Indien und Iran. Gesammelte Aufsätze*，Berlin 1899，S. 43-100：S. 91。

这一点。佛祖这样教导一位僧侣："无知众生没有按照真实情况把服从产生的形式了解为服从产生的形式；没有按照真实情况把服从消散的形式了解为服从消散的形式……没有把服从产生的感受、表象、行为……按照真实情况……了解为服从产生和消散的感受、表象、行为……小僧啊，这就是人们所称作的'无知'，这已经陷入了无知。"① 因此，与先知宗教中的积极时间感觉和未来感觉明确对立的是，活动、"Sankhara"、我们自身的行为都表现为痛苦的原因和根源。我们的行为和痛苦阻碍了真正的、内在生命的历程，因为它把这种生命拖入时间形式中并把它卷在时间形式中。由于所有行为都是在时间中活动的而且只有在时间中才具有实在性，所以，活动与痛苦之间的区别就抹平了、消灭了。当我们能看透这一时间性的底层基础（Untergrund）、一切痛苦和行为的这一基础（Substrat）是非本质的，从而消除它们时，才能从它们之中解脱出来。通过破除时间形式才能克服苦和业，而后精神进入了涅槃的真正永恒。与在查拉图斯特拉和以色列人的先知那里不同，这里的目标不在于"时间的终点"，而在于作为**整体**的时间连同在时间整体中存在和在其中获得自己"形态和名称"的一切对于宗教意识而言都消失了。在知识的纯粹目光面前，生命的火焰熄灭了。"他打碎圆轮……时间之流干枯不再流动了，圆轮破碎不再旋转……——这就是痛苦的终结。"②

---

① Samyutta-Nikāya XXII, 12（Moritz Winternitz, *Buddhismus*, in: *Religionsgeschichtliches Lesebuch*, S. 214-322；S. 229），参见：Karl Eugen Neumann, *Buddhistische Anthologie. Texte aus dem Pāli-Kanon*, Leiden 1892, S. 197 ff.；关于行蕴（Sankhara）学说，尤其参见：Hermann Oldenberg, *Buddha. Sein Leben, seine Lehre, seine Gemeinde*, Stuttgart/Berlin ⁴1903, S. 279ff.。（《相应部》牲度篇，蕴相应，后五十经第三无名品。在汉语佛经中译文内容如下："比丘！此处有无闻之凡夫，于色有集法，不如实知色乃有集法。于色有灭法，不如实知色乃有灭法。于色有集灭法，不如实知色乃有集灭法。于受有集法，不如实知受乃有集法。于受有灭法，不如实知受乃有灭法。于受有集灭法，不如实知受乃有集灭法。想有集法……乃至……于行有集法，不如实知行乃有集法。于行有灭法，不如实知行乃有灭法。于行有集灭法，不如实知行乃有集灭法。于识有集法，不如实知识乃有集法。于识有灭法，不如实知识乃有灭法。于识有集灭法，不如实知识乃有集灭法。比丘！说此为无明，如是为无明人。"——中译者注）

② Udana VII, 1f.；VIII, 3.

## 第二部分　作为直观形式的神话　神话意识中时空世界的建构和分节

当我们考察**中国**宗教的构形时，一种完全不同的、同样重要的时间观念类型向我们表现了出来。尽管中国与印度有千丝万缕的联系，尽管印度神秘教（Mystik）的个别形式与中国道教的个别形式关系尤其密切，但是，在它们典型的时间感觉上以及在它们对待时间定在的理智和情感态度上，二者彼此之间似乎又明确区别开了。道家的伦理学也以静止和无为学说为最高原理：静止和静寂是道本身的重大基本性质。如果人想要成为道的一部分，成为天的固定历程和永恒秩序的一部分，那么，他必须首先在自身中产生道的"虚空"。道让一切存在物产生，却放弃占有它们；道造就它们，却放弃了它们。道的隐秘美德是：生而不有。因此，无为成了中国道教的原则："为无为，事无事"① 是其最高规则。但是，一旦人们更近地深入这种神秘论的意义和核心，立即就会发现，它与在佛教中处于统治地位的宗教趋势是直接对立的。很显然，在佛教学说中，从生命中、从生的无限轮回中**得救**构成了真正的目标，而在道教神秘论中，寻求和许诺的却是生命的**延长**。一位术士对黄帝说："吾语女至道：至道之精，窈窈冥冥；至道之极，昏昏默默。无视无听，抱神以静，形将自正。心静必清，无劳女形，无摇女精，乃可以长生。目无所见，耳无所闻，心无所知，女神将守形，形乃长生。"② 佛教的虚无、涅槃，指向的是消灭时间，而道教神秘论的无为则相反，指向的是维持时间，不仅指向存在一般的无限长存，而且最终指向身体及其个体性形式的长存不朽。"目无所见，耳无所闻，心无所知，女神将守形，形乃长生。"③

---

① [de Groot, *Universismus*, S. 49.]
② 参见上书，S. 104；尤其参见：S. 43ff. u. 128 f.。（中文参见：《庄子·在宥》。卡西尔的原文为:»Die Verfeinerung, welche der Besitz des höchsten Tao verleiht«, so wird in einem taoistischen Text der Kaiser Huang von einem Asketen belehrt, »ist einsamste Einsamkeit und dunkelste Finsternis [...] Nichts ist da zu sehen, nichts zu hören; sie hüllt die Seele in Schweigen, und der stoffliche Körper wird dadurch von selbst in den richtigen Zustand versetzt. Sei also still und schweigsam und werde dadurch rein; strenge deinen Körper nicht an und bewege also deine Verfeinerung nicht -denn das ist das Mittel, wodurch sich dein Leben verlängern kann«. ——中译者注）
③ [de Groot, *Universismus*, S. 104.]

因此，正如人们所见，这里所要否定和克服的不是时间本身，而毋宁说是时间中的**变化**。正是通过消除（aufgehoben）这种变化，才达到并巩固了纯粹的长存、相同的无限永存、**相同东西**的无限重复。存在被理解为时间中简单的和不变的永存；与印度思想截然不同，对于中国人的思辨而言，正是这种永存变成了宗教愿望的目标和一种积极的宗教价值的表达。"现象的一切变更应当在时间中被思考，"康德曾说，"这时间是保持着并且没有变更的；因为时间是这样一种东西，在其中，前后相继或同时并存只有作为时间规定才能被表象。"① 中国人的思想在天及其始终重复的形态图像中来理解构成一切变化之基础的不变时间，并在该图像中具体地直观它。天统治着，却不作为——它决定着一切存在，而又没有脱离它自身，没有脱离其始终相同的形式和法则。一切尘世的权柄和统治都应该效法它。"道常无为而无不为，侯王若能守之，万物将自化。"② 因此，这里被归属于时间和天的不是变易性，不是产生和消亡，而毋宁是纯粹实体性，它同时也被提升为最高的伦理-宗教规范。时间和天为人确立的规则是存在中的纯粹一致的**持续**（Verharren）。正如时间和天不是创造出来的，而是源自一切永恒性、处于一切永恒性之中并将停留于其中，因此，人的行动也应该抛弃行动和创造等幻象，而寻求保持和维持现存的东西。

一种完全确定的、独特的文化感觉是如何表达在时间概念的这种宗教形态中的，这不需要专门解释。就儒家的伦理也首先强调天和人的道的"不变性"而言，它也最强烈地充满了这种感觉。因此，伦理学说变成了有关人的四种不变属性的学说，这些属性与天

---

① ［Kant, *Kritik der reinen Vernunft*, S. 170（B 224f.）.］（参见：康德. 纯粹理性批判. 邓晓芒，译. 杨祖陶，校. 北京：人民出版社，2004；170-171。——中译者注）

② de Groot, *Universismus*, S. 49；参见：Wilhelm Grube, *Religion und Kultus der Chinesen*, Leipzig 1910, S. 86 ff.。（此处卡西尔的原文为："Das Tao [des Himmels] war immer ohne Regung, und nichts ist, was es nicht schuf. Wenn Fürsten und Könige die Regungslosigkeit wahren können, dann vollzieht sich die Entwicklung der zehntausend Wesen von selbst."——中译者注）

第二部分　作为直观形式的神话　神话意识中时空世界的建构和分节

的四种不变属性是一样的，而且像天一样永恒、不变。从这个基本前提出发可以理解这种伦理特有的、严格的传统主义。孔子不说自己是创造者（Schöpfer），而称自己是一位传达者（Überlieferer），他信古且好古——正如《道德经》所说：在人遵守古代的道时，他就统治了当前的存在。"执古之道，以御今之有，能知古始，是谓道纪。"① 因此，在这里并不要求"新天新地"。只有当未来能证明自己是过去的简单延续和精确可信的反映时，它才具有宗教的正当性（Recht）。如果说思辨**思维**在《奥义书》和佛教中寻求的是一切多样性、一切变化和时间形式彼岸的存在——如果说在弥赛亚宗教中，纯粹的未来**意志**决定了信仰的形式，那么，在这里，事物的既成秩序实际上被永恒化和神圣化了。这种神圣化甚至扩展到了事物**空间**秩序和分节的个别细节上。② 在对宇宙（All）的唯一不动秩序的直观中，精神达到了静寂，时间本身似乎也达到了静止：因为最遥远的未来似乎是以扯不断的丝线与过去连接起来的。以此来看，祖先崇拜和敬拜先祖构成了中国人伦理生活（Sittlichkeit）的基本要求和中国宗教的根基（Fundament）。德·格鲁特在描述中国人祖先崇拜时写道："当族群通过生儿育女不断增添新成员时，族群衰落的速度就会很缓慢。但是，死者并没有与家庭分离。……人们在屋内的祭台和宗祠里虔诚地敬拜死者，请求建议，并用祭品毕恭毕敬地敬拜他们。因此，生者与死者一起构成了一个更大的族群……像生前一样，祖先是其后代天然的保护者，保护后代不受恶的神灵的伤害，

---

① *Tao Te' King* XIV（德语参见：Wilhelm Grube, *Die Religion der alten Chinesen*, in: *Religionsgeschichtliches Lesebuch*, S. 1—69；S. 65）。（卡西尔的原文为："Imstande sein, des Altertums Anfänge zu erkennen: das nennt man die Fäden des Tao sondern."——中译者注）

② 对风水体系（das Fung-shui-System）的描述，参见：Johann Jakob Maria de Groot, *The Religious System of China*, Bd. III/1: *Disposal of the Dead*, Teil 3: The Grave (Zweite Hälfte), Leiden 1897, S. 1041："修缮房屋、建造高墙或住所……插下一根杆子或砍倒一棵树，简言之，客体通常位置的任何变化都可能破坏一座临近的或整个区域内房屋和庙宇的风水，并使造访这里的人遭灾、不幸和死亡。任何人突然生病，他的亲属都会直接归因于那个冒险改变了事物既有秩序的人或者改善了自己贫困状况的人……攻击这个人的房子、毁坏他的家具乃至攻击他本人的情况并不少见……"

从而确保后代幸福、昌盛、人丁兴旺。"① 从这种形式的祖先崇拜中，我们再次有了对如下时间感觉的清晰例子，在这种时间感觉中，宗教-伦理的重点（Accent）既没有直接放在未来，也没有直接放在现在，而是首先放在了过去，而且在这种时间感觉中，个别时间环节的前后相继在一定意义上被塑造成了持续的并存和相互渗透。

这种追求定在的长存（Beharrung im Dasein）的宗教特征在那些规定了**埃及宗教**之形式的基本观点中又有不同表现。在这里，宗教感觉和思想也牢牢地依附于世界；在这里，也没有超出给定东西而追溯到其形而上学的原初基础，也没有在给定东西的彼岸思考一种不同的伦理秩序，它试图接近这种伦理秩序并通过秩序获得了新的形式。毋宁说，在这里追求和渴望的是单纯的延续（Fortdauer）——这种延续主要与人的个体性存在和个体性形式有关。这种形式的维持，即不朽，似乎与生命的物理基础的维持、与人的身体的特殊性的维持是完全联系在一起的。似乎只有通过这一基础的直接在场（Gegenwart），似乎只有通过对这一基础的具体直观，关于未来的纯粹思想才能够得以贯彻。因此，必须极其关注保护身体的整体不被损坏，同时又要同样关注保护身体的每一个部分。必须通过特定的物质的防腐方法和确定的巫术仪式让身体的每一个部分、每一个器官摆脱易腐烂的存在而转变为不腐烂和无法破坏的状态：只有这样才能确保灵魂的永存。② 在这里，"死后生命"一般而言只不过是经验定在的简单延长，因此应该保护其所有的个别特征、保护其直接的物理具体性。在伦理生活中处于支配地位的也是这样一种秩序思想，这种秩序不是仅仅由众神支配，而是人自己也必须持续地参与其中。但是，与在伊朗宗教中不同，在这里所涉及的不是开创未来的一种新存在，而似乎只是维持现存的东西、简单延续现存的东西。恶的神灵从来没有被最后征服；毋宁说，自从开天辟地以来，在争斗的各个阶段上一直存在的都是各种

---

① Johann Jakob Maria de Groot, *Universismus*, S. 128 ff.
② 对这种方法的更多讨论可参见：Budge, *Egyptian Magic*, S. 190ff.。

## 第二部分　作为直观形式的神话　神话意识中时空世界的建构和分节

力量的平衡和相同周期性的此消彼长。① 一切时间性的动态关系（zeitliche Dynamik）都被这种基本观念最终扬弃（aufgehoben）在了一种空间性的静态关系（räumliche Statik）中。这种扬弃（Aufhebung）在埃及艺术中获得了最清楚的表达，在埃及艺术中，这种追求稳定性（Stabilisierung）的特征表现得最显著和最连贯——在埃及艺术中，一切实在、一切生命以及一切运动似乎都被限制在了永恒的几何形式之中。在印度人的宗教中通过思辨思维的路径追寻的东西，在中国通过一种政治-宗教生命秩序去追寻的东西，即根除**单纯**的时间性东西，在这里是借助艺术形态、通过沉浸在纯粹直观的、造型的和建筑的**形式**中达到的。这种形式以其清晰性、具体性和永恒性战胜了一切单纯连续性的东西，战胜了一切时间性构形（Gestaltungen）的永恒流动和消逝。埃及金字塔就是这种胜利的可见记号（Zeichen），因此也是埃及文化基本审美直观和基本宗教直观的符号（Symbol）。

但是如果说在我们到目前为止已经考察过的时间观念的所有典型形态中，纯粹思想——以及有关时间的感觉和直观——只是通过抽象时间或以某种形式**否定**时间才控制了时间，那么，最后还有一条与这种单纯的抽象和否定不同的道路。从根本上说，只有时间性东西这个典型的基本要素没有被忽视或漠视，而是在确立起了这个要素、设定了这个要素并积极地**肯定**了这个要素时，时间和命运才能被真正克服。只有在肯定它时，才有可能真正地克服它，不是从外部（äußere）而是从内部（innere），不是超越性地（transzendente）而是内在地（immanente）克服它。一旦走上了这条道路，时间意识和时间感觉的发展就进入了一个新的阶段。现在，对时间和命运的直观开始脱离其神话的原初基础（Urgrund）：时间概念踏进了一种新的形式，即哲学思维的形式。**希腊人的哲学**才为这个伟大转折——也许是对人类精神的历史所了解的意义和影响都重大的转

---

① 相关评论参见：George Foucart, *Histoire des religions et méthode comparative*, Paris 1912 (Bibliotheque d'histoire religieuse), S. 363 ff.。

折——奠定了基础，完成了基础性的前提。古希腊思想在其一开始还表现出与各种源于东方的思辨-宗教时间学说有着最密切的联系。不论是否能够证明祖尔万教派的思辨与俄耳甫斯的宇宙起源论和宇宙论之间有直接的历史关联，某些基本主题事实上的相似性无论如何都是明白无误的。在希罗斯的菲勒塞德斯（Pherekydes von Syros）的神谱中——这部著作现在被算作公元前 6 世纪中期的，因此它直接就处在古希腊哲学的伟大思想创造的门槛上——时间、宙斯和克托尼亚都是原初神（Urgottheit），一切存在都由它们引申出来：Ζὰς μὲν καὶ χρόνος ἦσαν ἀεὶ καὶ χθονί—ὁ δὲ χρόνος ἐποίησε ἐκ τοῦ γόνου ἑαυτοῦ πῦρ καὶ πεῦμα καὶ ὕδωρ。① 在这里，创造连同创造之中包含的一切都是时间的一个产物，而在其他俄耳甫斯诗篇中，创造的源头是黑夜和混沌。后来在古希腊思辨的顶峰，人们还能感觉到这种基本神话思想和观点的回声。在恩培多克勒的灵魂轮回学说和拯救学说中，时间与命运、χρόνος 与 ἀνάγκη 似乎又直接被理解为一回事：

> 有一条必然之神的神谕，那是一条古老的神诫，是得到明确的誓言保证的而又永恒的神诫；它说，只要有一个魔鬼——漫长的岁月就是他的命运——曾经罪恶地用血玷污了自己的手，或者在论争后背弃了自己的誓言，他就必定要远离幸福者之家而在外游荡三万年，在这段时期中他将托生为种种不同的有生形式，从一条劳苦的生活道路转到另一条上。②

在这里，客观的变化以及在这唯一的世界秩序即 Sphairos 之内展开的诸对立，服从不可违背的时间法则和时间尺度，因此，给每一个对立都指定了它的确定的"时代"，对立就是在这个时代内完成的。如果时间被充满了（τελειομένοιο χρόνοιο），一种对立就必须让位于另

---

① Pherekydes von Syros, *Fragm.* 1, 转引自：Diels, *Fragmente*, S. 508 [1. Teil des Zitats]; 参见：Damaskios, 124 b (a. a. O., S. 507 [2. Teil des Zitats])。

② Empedokles, *Fragm.* 115, V. 1-8, 转引自：Diels, *Fragmente*, S. 217。

## 第二部分　作为直观形式的神话　神话意识中时空世界的建构和分节

种对立，爱让位于恨，或恨让位于爱。① 而在恩培多克勒这里，这种古老的时间和命运概念似乎只是那个对于哲学思维来说已经消失的遥远世界的回声。因为在恩培多克勒不是作为占卜家和赎罪祭司而是作为哲学家和研究者说话的地方，他的学说以巴门尼德的学说为基础。但是，在巴门尼德的学说中，古希腊思想在时间问题上提升到了一种全新的立场。巴门尼德的伟大成就在于，思维、逻各斯在他这里首次被提升为了存在的尺度，可以期待由此得出有关存在与非存在的最终决定（Entscheidung）和决断（κρίσις）。对于他而言，时间和变化的力量现在变成了一个单纯的假象（ein bloßes Trugbild）。只有对神话而言，才有一种时间性的源头，即存在的"起源"（Genesis），而对于逻各斯本身而言，有关这种源头的单纯问题就失去了意义。

> 所以只剩下一条途径，就是：存在者存在。在这条途径上有许多标志表明：存在者不是产生出来的，也不能消灭。因为它是完全的、不动的、无止境的。它既非过去存在，亦非将来存在，因为它整个在现在，是个连续的一。因为你愿意给它找出哪种来源来呢？它能以什么方式、从什么东西里长出来呢？……如果它来自不存在，它有什么必要不早一点或迟一点产生呢？所以它必定是要么永远存在，要么根本不存在。……因此正义并不放松它的锁链，听任存在物产生和消灭，而是牢牢地抓住存在物。（τοῦ εἵνεκεν οὔτε γενέσθαι οὔτ᾿ ὄλλυσθαι ἀνῆκε δίκη χαλάσασα πέδησιεν, ἀλλ᾿ ἔχει.）②

因此，在巴门尼德的哲理诗篇处处都还在说着的神话**语言**中，存在的持存又与命运即"Δίκη"的诫命和秩序联系起来了。但是，这种命运不再是一种陌生力量的表达，而是思想本身的必然性的表达，它现在变成无时间性（zeitlos）的了——正如真理也是无时间性的，巴门尼

---

① Empedokles, *Fragm.* 30, a. a. O., S. 194.
② Parmenides, *Fragm.* 8, V. 1–7 u. 9–15, 转引自: Diels, *Fragmente*, S. 122 f.。

德就以这种真理的名义说出了变化的世界是假象的世界的裁决。正是在这样排除一切时间规定时，神话的命运概念才第一次变成必然性的逻辑概念，即"Δίκη"才第一次变成了"ἀνάγκη"。巴门尼德创作哲理诗篇的那种陈旧风格的庄重和僵化阻止了他表达任何主观的和人格性的情感——但是在这部哲理诗歌的韵文间，人们有时还是听到了逻各斯战胜神话命运力量的胜利，听到纯粹思想及其不容置疑的永恒持存战胜时间性现象世界的胜利。

> 所以产生是没有的，消灭也是没有的。……但是存在物不动地局限在无始无终的巨大锁链之内；因为产生和消灭已经被赶得很远，被真正的信念赶得无影无踪。存在永远是同一的，居留在自身之内，并且永远固定在同一个地方。因为强大的必然性把它局限在这个锁链之内，这个界限四面八方地围绕着它。因为存在物不应当没有穷尽。因为它是没有缺陷的。如果没有穷尽，它就是完完全全有缺陷的了。……因此凡人们在他们的语言中加以固定的东西，都应当是空洞的声音；他们却自以为这些东西是真的，如像生成和消灭、存在和不存在、位置的改变和色彩的变更。①

这里直接说出的是，哲学思想的力量、真正信念的力量从自身中排除了作为神话原初力量的变化，也排除了经验-感性形式的变化。(ἐπεὶ γένεσις καὶ ὄλεθρος/ τῆλε μαλ᾽ ἐπλάχθησαν, ἀπῶσε δὲ πίστις ἀληθής.)② 时间的力量被打碎了，因为时间——从哲学思想的立场看——辩证地消灭了自身，因为时间表现出了它自己的内在冲突。如果说宗教感觉——尤其是在印度——在时间中首先感受到的是**苦难**的负担（die Last des Leidens），那么对于哲学思维来说，在它第一次表现出充分的独立性和自觉性时，时间则因**冲突**的负担（die Last des Widerspruchs）而消亡。

---

① Parmenides, *Fragm.* 8, V. 21, 26–31 u. 38–41, a. a. O., S. 123 f.
② [Parmenides, *Fragm.* 8, V. 27f., a. a. O., S. 124.]

第二部分　作为直观形式的神话　神话意识中时空世界的建构和分节

　　这一基本思想在古希腊哲学的发展中尽管经历了多次转变，但它证明自己是一种持续起作用的力量。德谟克里特和柏拉图这两位都走上了这条路——巴门尼德曾经指出这条路是"真正信念"的唯一道路——逻各斯的道路，对他们来说，逻各斯也变成了决定存在与非存在的最高权威。但是，如果说巴门尼德相信他已经在思想上消除了变化，那么他们的要求却是在思想上洞穿变化——他们要求有关生成本身的"**理论**"。变化的世界并没有被否认，而是它应该被"挽救"；但是，只有当给感性的现象世界提供一个固定的思想基础时，才能完成这种挽救。正是从这一要求出发，德谟克里特才构思了原子世界，而柏拉图则构思了理念世界。其中一位把不变自然法则——它统治着一切物体事件（alles körperliche Geschehen）——的持存与时间性的生灭相对立；另一位则把纯粹的、无时间的形式王国与时间性的生灭相对立，一切时间性的定在都分有了这个纯粹的、无时间的形式王国。德谟克里特是第一位真正明确地、普遍地思考自然法则概念的人，他还借助于他由此树立的新标准把一切神话思维都贬低为单纯主观的和拟人的思维。"人们捏造出'碰巧'这个偶像，为自己的愚蠢开脱。"① 逻各斯的永恒必然性与这种人类的偶像是对立的，它不了解任何偶然，世界上的每一件事情都有理由，没有任何脱离一般规则的例外："οὐδὲν χρῆμα μάτην γίνεται, ἀλλὰ πάντα ἐκ λόγου τε καὶ ὑπ' ἀνάγκης."② 在必然性（ananke）这个新的**逻辑**概念之外，一个新的有关必然性的**伦理**概念在古希腊思想中越来越清晰自觉地产生出来。如果说这个概念首先是在古希腊文学作品中展开的，如果说正是在悲剧中才首次发现了自我（Ich）、伦理自我（Selbst）与命运的无比强大的力量相对抗的一种新的意义和新的力量，那么，希腊思维不仅**伴随**了这个过程，这个逐渐脱离戏剧最初也根植于其中的神话-宗教原初根源的过程，而且首次赋予了这个过程真正的基础。像东方宗教一样，古希腊哲学一开始也把时间秩序同时理解为自然（physisch）和伦理（sittlich）秩

---

① Demokrit, *Fragm.* 119, 转引自: Diels, *Fragmente*, S. 426f.。
② [Leukipp, *Fragm.* 2, 转引自: Diels, *Fragmente*, S. 365。]

序。它把时间看成伦理的法权秩序（ethische Rechtsordnung）的实现。阿那克西曼德说："万物由之产生的东西，万物又消灭而复归于它，这是命运规定了的。因为万物在时间秩序中的不公正，所以受到惩罚，并且彼此相互补足。"提奥弗拉斯特（Theophrast）流传下了（überliefern）这段文字，并且强调了这些话的神话的-诗的声调。① 但是，从伦理的方面出发，作为命运的神话时间概念越来越多地经历了一种新的精神性的深化（Vertiefung）和内化（Verinnerlichung）。早在赫拉克利特那里就已经有了这样深刻的词句，一个人的性格就是他的命运和守护神："$\mathring{\eta}\vartheta o\varsigma\ \mathring{\alpha}\nu\vartheta\rho\acute{\omega}\pi\omega\ \delta\alpha\iota\mu\omega\nu$"②。在柏拉图那里，这一思想在对死后审判的描述中达到了完善，这些描述也许起源于伊朗的死亡和灵魂信仰的题材，同时又赋予了这些题材新的含义和形式。在《理想国》第十卷中有使宇宙旋转起来的"必然的纺锤"（$\mathring{A}\nu\acute{\alpha}\gamma\kappa\eta\varsigma\ \mathring{\alpha}\tau\rho\alpha\kappa\tau o\nu$）。

"必然之女神"的三个女儿，三个默埃拉，命运之神们，穿着白袍，头上戴着花冠，拉凯西、克罗托和阿脱罗波，她们和着那个赛以蕤们的和声咏唱。拉凯西歌唱过去，克罗托歌唱现在，阿脱罗波歌唱将来。……灵魂们到达这里时直接走到拉赫西斯面前；先知把灵魂们排列成行，然后从拉赫西斯的膝上取来拈阄的纸卷和各种生活的图式，登上高台，宣告说："倏忽即逝的灵魂们，现在是你们新的一转尘世生死轮回的开始，并仍将以死告终。将不是神明在拈阄中决定你们，而是你们自己来选择你们的神明。……美德是没有主人的，每一个人将依其敬重还是蔑视它而更多或更少地拥有它。自取者自负其责，神是不任其咎的。"③

---

① Anaximander，转引自：Diels, *Fragmente*, S.16, 参见：Theophrast, *Physikon doxai*, Fragm. 2 (a.a.O., S.15)。
② Heraklit, Fragm. 119，转引自：Diels, *Fragmente*, S.82。
③ Platon, *Politeia* 616 C ff.［Zitat 617 B ff.］（参见：柏拉图. 理想国. 张斌和，张竹明，译. 北京：商务印书馆，1986：421-422；理想国. 顾寿观，译. 吴天岳，校注. 长沙：岳麓书社，2018：494-495. ——中译者注）

第二部分　作为直观形式的神话　神话意识中时空世界的建构和分节

在这个宏大的视野中再次汇集了古希腊人尤其是柏拉图拥有的神话构形（mythische Gestaltung）的全部力量，但是我们却不再站在神话的地基上了。因为在这里，苏格拉底的基本思想，即在伦理上自我负责的思想与神话的罪和灾难思想是对立的。人的生命的意义和核心以及构成了他的真正命运的东西被置于它自身的内心中——正如在巴门尼德那里时间和命运被纯粹思维克服了，在这里时间和命运被伦理意志克服了。

正是这种内在的精神解放过程（Befreiungsprozeß）解释了在古希腊人那里才首先成熟起来的典型时间感觉。人们能够说，思想和感觉在这里第一次解放出来，形成了对**当下**的纯粹的和完满的意识。只有巴门尼德的存在才能被思考为"现在"：它既非过去存在，亦非将来存在，因为它整个在现在，是个连续的一。(οὐδέ ποτ᾽ ἦν οὐδ᾽ ἔσται, ἐπεὶ νῦν ἔστιν ὁμοῦ πᾶν ἕν, συνεχές.)① 柏拉图的理念的特征是纯粹的现在（Gegenwart）——因为只有把理念作为始终存在而绝无变化的东西，它才能满足思维及其同一性的要求，满足永远不变的规定性。对于柏拉图而言，哲学家是那些依靠推理的力量持续研究这种始终存在的东西（dieses Immerseiende）的人。② 即使是那位通常被视为真正的"生成哲学家"的神学家，也只是表面上落在了古希腊哲学思想的这种基本特征之外。因为如果人们仅仅在**消极**的含义上理解赫拉克利特"万物皆流的观念"，那么人们就看错并误解了赫拉克利特的学说。③ 他确实以令人难忘的图像谈论"时间之流"的直观——这条河流不可抗拒地裹挟着一切存在者与之一起向前奔流，任何人都不能两次踏进这条河流。但是他的注意力绝没有指向流动和消逝这一单纯事实，而是指向他从这一事实中理解到的永恒尺度。这些尺度是世界的真正唯一的和真正不变的逻各斯。他宣称：

*167*

---

① [Parmenides, *Fragm.* 8, V. 5 f., 转引自：Diels, *Fragmente*, S. 122 f.。
② Platon, *Sophistes* 254 A.
③ 在这一见解上我尤其同意赖因哈特的观点：Karl Reinhardt, *Parmenides und die Geschichte der griechischen Philosophie*, Bonn 1916 (bes. S. 206 ff.)。

"这个世界对于一切存在物都是一样的,它不是任何神创造的,也不是任何人创造的;它过去、现在、未来永远是一团永恒的活火,在一定的分寸上燃烧,在一定的分寸上熄灭。"① 此外,正是在正义和命运之神的形态中,关于一切事件都具有必然的内在尺度这一观念被人格化了。"太阳不能超出它的界限,否则掌管正义的厄里倪厄斯(Erinyen)女神就会找上门来。"② "比可得见的和谐更好的看不见的和谐"的确定性,取决于**节奏**(Metron)——所有的变化中都包含的确定的和必然的节律(Rhythmus)——的确定性。③ 只是为了确保自己获得这种隐藏的和谐,赫拉克利特才一再转向对变化的直观。让他着迷的不是这种变化的赤裸事实,而是变化的意义。"智慧只在于一件事,就是认识那善于驾驭一切的思想。"④ 这种双重态度——既依附于时间性的直观,又通过存在于其中并且在其中直接可以把握到的统一法则的思想而克服它——最明确地表现在赫拉克利特作为古希腊思想家的特性中。**奥尔登贝格**指出,赫拉克利特的生成和灵魂学说与**佛教**关于相同对象的学说之间表现出了大量的相近之处。他说:

> 西方的创造与东方的创造,在许多方面表现出惊人的一致,在主要的问题(Hauptsachen)上如此,在次要的问题(Nebendingen)上也是如此,甚至在宗教意识喜欢关注的格言的形式(Ausprägung der Schlagworte)以及把事件的重大秩序反映在想象中的比喻的形式(Ausprägung der Vergleiche)也表现出了一致。……恰恰就在我们现在所谈到的这个发展阶段上,这两个内在和外在都差别很大的民族的诸观念之间的一致性在某些方面比以前的一致性更强,这很明显不是偶然的。在以前起主导作用的形成神话的想象(die mythenbildende Phantasie)既没有计划,也没有目标,它的动力是偶然性,它按照自己的心情把相距很远

---

① Heraklit, *Fragm.* 30,转引自:Diels, *Fragmente*,S. 71。
② Heraklit, *Fragm.* 94, a. a. O., S. 79f.
③ [Heraklit, *Fragm.* 54, a. a. O., S. 74.]
④ [Heraklit, *Fragm.* 41, a. a. O., S. 73.]

## 第二部分　作为直观形式的神话　神话意识中时空世界的建构和分节

的东西连在一起，它总是嬉戏着从自己的聚宝盆（Füllhorn）中倒出新的精妙形态。但是，一旦感官——它迅速成长为探究性思维——越来越自觉地触及世界的问题和人的定在的问题，有着各种可能性的游戏空间就缩小了。在从前那虽然专注但仍经验不够的眼睛中几乎必然表现为现实的东西，把表象的洪流局限在了固定的河道中，从而给希腊精神和印度精神的相似思想过程（die analogen Gedankengängen）打上了最多样的和令人惊奇的相似性（Ähnlichkeit）特征。①

但是，恰恰在人们追寻这些相似性时，思维方式和理智的整体态度之间的典型对立又越来越清晰、越来越富有意义地表现了出来。在佛教中，必须首先打碎束缚一切定在的有限形式——必须消除内在地有局限的形态的幻象，然后才能揭示事件的宗教意义。**形式**（*rupa*）是五个定在环节中的第一个，这些定在环节包含着一切痛苦的根源和基础。佛祖在一次布道时说："小僧啊，我将给你们解释什么是重担、承担重担的人、接过重担、舍弃重担……小僧啊，何为重担？可以这样回答：五个定在要素（Daseinselemente）。哪五个？如下五个：形式、感受、表象、行为和意识这五个定在要素。""那么，"有人在另一个地方问道，"形式是永恒的，还是短暂的？""'短暂的，朋友。''短暂的东西是痛苦还是欢愉？''是痛苦，朋友。'"② 没有比赫拉克利特更加明确地强调通常所谓事物"形式"之可变性的了；但是，他从这一事实得出了与佛祖布道时正好相反的结论。因为对事物形式的直观并没有把他引向拒绝定在（Dasein），而是把他引向热情地肯定

---

① Oldenberg, *Die Religion des Veda und der Buddhismus*, S. 75 f.
② Samyutta-Nikāya XXII, 22 u. 85.（《相应部》牲度篇，蕴相应，根本五十经第三重担品。"[二二]第一　重担"第3节："诸比丘，我为汝等说：重担、担者、取担、舍担，且谛听！诸比丘！以何为重担耶！应名为五取蕴。以何为五耶？谓色取蕴、受取蕴、想取蕴、行取蕴、识取蕴。诸比丘！此名为重担。蕴相应[八五]第三　焰摩迦第14-18节为："'友焰摩迦！于汝意如何，色是常耶？是无常耶？''友！是无常。''受……想……行……识是常耶？是无常耶？''友！是无常。'"英译本《符号形式哲学》此处选译的是第37节，内容为："友！色是无常，无常者则是苦，苦者则已灭、已没。受、想、行、识是无常，无常者则是苦，苦者则已灭、已没。"——中译者注）

定在。如果说在佛教传说中王子希达多第一次看见衰老、疾病、死亡便遁入空门变成一位苦行者和忏悔者，那么，赫拉克利特却**探究**这一切，细心研究，因为他以此为手段去把握逻各斯的秘密，逻各斯只有通过不断**分裂**成对立的双方才能存在。如果说神秘主义者在时间性的变化中只感受到了不持久（Unbestandes）的痛苦，那么，赫拉克利特却沉醉在对太一的直观（Intuition des großen Einen）中，太一为了在自身中重新发现自身必须自己一分为二。"互相排斥的东西结合在一起，不同的音调才能构成最美的和谐"，"相反的力量构成和谐，就像弓和琴一样"①。在这种有关"相反的力量构成和谐"中，赫拉克利特解开了形式之谜，由此也去掉了我们的变化重担。现在，时间性的东西不再全然表现为缺陷、局限和痛苦，而是在其中显示出了神性东西本身最内在的生命。平静和幸福并不在于变化的消灭，并不在于无对立的完满，而是"疾病使健康成为愉快，坏事使好事成为愉快，饥饿使饱食成为愉快，疲劳使休息成为愉快"②。现在，甚至生与死的对立也相对化了。"在我们身上，生与死、醒与梦、少与老，都始终是同一的东西。前者转化，就成了后者；后者转化，就成了前者。"③ 与佛祖一样，赫拉克利特也喜欢用**圆圈**这个图像表达他的这种学说的内容。在圆周上——一段残篇如此说——起点与终点是重合的。④ 但是，如果说在佛祖那里，那个圆圈图像被用作变化的无穷性进而作为变化的无目的性和无意义性的意义图像（Sinnbild），那么，对于赫拉克利特而言，圆圈则是完满（Vollendung）的意义图像。一个回归自身的线段意味着形式的自足性、宇宙的决定性之基本法则的形态——类似地，柏拉图和亚里士多德也曾借助圆形来形成他们的宇宙理智图像。

因此，如果说印度人的思维本质上关注的是时间的短暂性（die

---

① Heraklit, *Fragm.* 8 und 51.
② [Heraklit, *Fragm.* 111, a. a. O., S. 81.]
③ Heraklit, *Fragm.* 88, a. a. O., S. 78f.
④ Heraklit, *Fragm.* 103, a. a. O., S. 80.

## 第二部分　作为直观形式的神话　神话意识中时空世界的建构和分节

Vergänglichkeit des Zeitlichen），中国人的思维关注的是它的持存（Bestand）——如果说印度人的思维片面强调变（Wandel）的要素，中国人的思维片面强调持久（Dauer）的要素，那么，古希腊思想则设定了这两个要素的纯粹内在的平衡。变易性的观念与实体性的观念合而为一。从这种融合中产生了一种新的感觉，人们可以把它称为纯粹思辨的时间感觉和现在感觉（Zeit- und Gegenwartsgefühl）。与在神话中不同，在这里不再追溯到事物的时间**开端**，也与在先知的、宗教-伦理的情感中不同，在这里不再指向事物的**终极目标**（Endziel）、目的（Telos），而是思维停留在对宇宙之永恒不变的基本法则的纯粹沉思中。在这种现在感觉（Gegenwartsgefühl）中，自我沉醉于这个时刻，但并没有局限于其中：它似乎是自由地漂浮于其中，而又没有被其内容触及，既没有被其快乐限制住也没有被其痛苦烦扰。因此，经验时间形式的区别被扬弃在了这个思辨的"现在"中。塞涅卡保存下来了赫拉克利特的一段格言，其中说，"每一天都与另一天相同"（*unus dies par omni est*）[1]。这句话并不意味着事件内容的任何等同性，毋宁意味着不仅每一天，而且每一小时、每一时刻都在变化，而是说这句话深入到了世界历程始终自我等同的形式，这种始终自我等同的形式既出现在最小的事上，也出现在最大的事上，既出现在最简单的当前时刻（Gegenwartspunkt），也出现在时间的无限持续中。在现代人中，歌德最深刻地感受到了赫拉克利特的即真正希腊的时间和生命感觉，并最强烈地更新了它："今天是今天，明天是明天，/未来者，逝去者，/去无所往，留无所住。"[2] 事实上，这种思辨的基本时间观点具有一种特征，这一特征让它看起来与艺术的时间观紧密地联系起来了。因为这两种观点都解除了我们承受佛祖的学说曾经如此动人地表达出来的变化的**重担**（die Last des Werdens）。谁如果在时间直观中不再纠缠于事件的内容而是去理解事件的纯粹形式，那么对于这个人而言，这一内容最终就被扬弃在了形式中，存在和事件的材

*170*

---

[1] Heraklit, *Fragm.* 106, a. a. O., S. 81.
[2] [Johann Wolfgang von Goethe, *Einladung*, in: *West-östlicher Divan*, S. 143.]

料就变成了纯粹的游戏。因此，我们也许应当这样来理解赫拉克利特这段少有的深刻论断："时间是一个掷骰子的儿童，儿童掌握着王权！"①

我们在这里只是指明了这种思辨时间观的基础，而不能再进一步追踪思辨时间观如何进一步发展，如何最终在经验-科学**知识**领域发挥了决定性的作用。在这里，古希腊哲学，尤其是柏拉图哲学，也构成了中间环节和纽带环节。因为尽管柏拉图在理念的纯粹存在与变化世界之间画出了一条如此明显的分界线，但他并没有停留于单纯消极地评价时间和变化。在柏拉图的晚期著作中，"运动"概念居然也进入了他对纯粹理念王国的解释之中——有一种纯粹形式自身的运动，一种 κίνησις τῶν εἰδῶν。在他的**自然哲学**的构形（Gestaltung）中，时间概念对于柏拉图学说的整体结构所具有的新含义更加确定且更加明显地表现出来了。在《蒂迈欧篇》中，时间成了可见世界与不可见世界之间的中介，它说明了可见世界能够分有纯粹形式的永恒性。物理的-有形的世界始于时间的创造。世界的创造者把永恒存在（das Immer-Seiende）、理念看作永恒的模型，希望使感官世界（Sinnenwelt）也尽可能地类似于原型。但是，永恒原型的本性不可能完全转移到既成的东西（das Gewordene）上，因此，他决定创造永恒的动态摹本（Abbild）。驻留于统一性之中的永恒性的这种动态摹本，就是我们所说的"时间"——因此，出现了昼与夜、月与年，它们被造物神的意志与整体的结构联结起来。因为时间按照数沿圆周运动，所以如果生成的东西能够涵盖这种模仿的话，那么时间就是对永恒东西的第一位的和完美的模仿。② 作为单纯变化（bloß Werdenden）和从来不存在的东西（niemals Seienden）的表达，时间到目前为止似乎都指明了思维的一个原则性局限，但是却因此变成了宇宙知识的基本概念。时间秩序这个中间概念在柏拉图哲学体系中似乎产生了宇宙灵魂（Kosmodicee），

---

① Heraklit, *Fragm.* 52, 转引自：Diels, *Fragmente*, S. 74。
② Platon, *Timäios* 37 D ff.

第二部分　作为直观形式的神话　神话意识中时空世界的建构和分节

这种宇宙灵魂确保把灵魂赋予宇宙并把宇宙提升为一个精神整体。①柏拉图在这里还有意识地说着神话的语言；但是，他同时也指出了一条以严格的历史连贯性导向创立现代科学世界图像的道路。**开普勒**（Kepler）表明，他本人完全被《蒂迈欧篇》的基本思想感染了：从其第一部著作《宇宙的奥秘》直到《宇宙的和谐》的成熟表述，这些基本思想不间断地指引着他。一个新的时间概念：数学自然科学的时间概念，在这里第一次十分清晰地表现出来了。在开普勒三定律的表述中，时间表现为原初变量——表现为均匀变化的量，所有非均匀的变化和运动都要以此为参照，并且这些变化的尺度也是由其规定的。这一表述的观念性的、纯粹思想性的含义，是后来由莱布尼茨直接从数学物理学的新角度用普遍的哲学概念确立起来的。② 因为时间概念充满了功能概念，因为它表现为功能思维的一个最重要的应用和表现，所以它被提高到了一个全新的含义层次。柏拉图式的时间概念现在得到了确证：只有被归并到时间连续体（das Kontinuum der Zeit）中，只有与"永恒东西的动态摹本"联系起来，现象才变得适合于知识，才分有了理念。

但是，他是通过**行星运动**问题而达到这一洞见的——这一点同样向我们表明了一种具有典型含义的精神史关联。自远古以来，行星即"流浪星体和漫游星体"（Wandel- und Irrsterne）就引起了神话和宗

---

① 我对柏拉图哲学的更多描述，参见：*Die Philosophie der Griechen*，S. 111 ff.。
② "一连串知觉的接续，在我们心中唤醒了绵延的观念，但并不是它造成了这种观念。我们的知觉从来不会有那样经常的、有规律的接续足以与时间的接续相应，时间是一种齐一和单纯的连续体，就像一条直线一样。知觉的变化给了我们机会来想到时间，而人们是用齐一的变化来衡量时间的；但即使当在自然中没有任何齐一的东西时，时间仍旧是可以被决定的，正如当没有任何固定不动的物体时位置也仍旧可以被决定一样。这是因为认识了非齐一运动的规律，我们总能把它拿来和可理解的齐一运动相参照，而用这办法就能预见到一些不同的运动结合在一起将会发生什么。在这意义之下，时间是运动的量度，这就是说，齐一的运动是非齐一运动的量度。" Gottfried Wilhelm Leibniz, *Nouveaux essais sur l'entendement par l'auteur du systeme de l'harmonie preestablie* (Buch 2, Kap. 14, § 16), in: *Philosophische Schriften*, Bd. V, S. 39–509: S. 139. （中译文参见：莱布尼茨．人类理智新论．陈修斋，译．北京：商务印书馆，1982：133-134．——中译者注）

教的兴趣。它们与太阳和月亮一起被尊崇为神（Gottheiten）。在巴比伦的星相宗教（Astralreligion）中，金星即朝夕之星尤其得到了这种尊崇，并以女神伊丝塔的形象发展成为巴比伦万神殿的主神（Hauptgestalt）。我们在一些其他相距很远的文化中，例如在古墨西哥人那里，也发现了这种行星崇拜（Kult der Planeten）。在宗教的后续发展中，尤其是在转向一神论时，对这些古老的神的形象的信仰还长久地保持着生命力——但是现在它们被贬为了敌对的和破坏宇宙秩序规律的魔鬼。在伊朗宗教中，行星被看成对抗善的宇宙秩序阿莎的邪恶力量。它们作为阿里曼的奴仆侵犯天界，它们不受约束的轨道破坏了天界有规则的状况。① 后来，行星的这种恶魔化在诺斯替教中再次出现了：恶魔的行星力量是诺斯替教派信徒的真正敌人，命运的力量，即 $\varepsilon i\mu\alpha\rho\mu\acute{\varepsilon}\nu\eta$ 的力量，在这些行星力量中形体化（verkörpern）了，诺斯替教派信徒试图从中得到拯救。② 这种有关行星运行无规律的表象一直影响到现代哲学，影响到文艺复兴时的自然哲学思辨。在古代，柏拉图学园的数学家和天文学家克尼多斯的**欧多克索斯**（Eudoxos von Knidos）就已经制定出了行星运行的严格数学理论，这一理论证明了，行星不是漫游星体，而是按照固定法则漫步（wandeln）的。但是，开普勒仍然要面对**帕特里齐**（Patrizzi）的如下反驳，即数学天文学通过交织的轨道、通过周期（Zyklen）和本轮（Epizyklen）规定行星轨道的一切努力都是徒劳的——因为事实上行星只不过是被赋予理性的有灵魂的存在物，正如我们的眼睛看到的，它们在流动的以太中以变换的速度跑出了最多样的和稀奇古怪的轨道。开普勒的思维方式的特征是，他首先用一种方法论的论证——他

---

① Bundahish 2, 25；参见：Jackson, *Die iranische Religion*, S. 666 u. 672, 以及 Darmesteter, *Ormazd et Ahriman*, S. 277。

② 更多证据参见：Wilhelm Bousset, *Hauptprobleme der Gnosis*, Göttingen 1907 (Forschungen zur Religion und Literatur des Alten und Neuen Testaments, hrsg. v. Wilhelm Bousset u. Hermann Gunkel, H. 10), bes. S. 38 ff., 以及 Wilhelm Bousset, Kyrios Christos. *Geschichte des Christusglaubens von den Anfängen des Christentums bis Irenaeus*, 2, umgearb. Aufl., Göttingen 1921, S. 185 ff. 。

第二部分　作为直观形式的神话　神话意识中时空世界的建构和分节

本人把这种论证称为一种"哲学"论证——来反驳这种见解。把每一种表面的无序变为有序，在每一种表面的无规则中发现隐藏的规则——他针对帕特里齐强调说——是一切"哲学天文学"的基本原则。"在健全哲学的支持者中，没有人不持这样的见解，即如果他能够发现错觉的原因并将行星的真正运动与只以感官假象为基础得出的偶然轨道区别开，并以这种方式证明行星轨道的简明性和有秩序的规则性的话，没有人不为自己和天文学感到庆幸。"① 在这些出自开普勒为**第谷·德·布拉赫**（Tycho de Brahe）辩护的著作的简明深刻语句中，以及在开普勒之后论火星运行的论文所做的具体证实中，行星失去了其在古代作为时间之神和命运之神的王冠——有关时间性事件的总体观点从神话-宗教想象的图像世界（Bildwelt）中摆脱出来，并跨入科学知识的精确概念世界（Begriffswelt）中。

## 五、神话的数与"圣数"体系

数是空间和时间之外支配着神话世界建构的第三个重大的形式题材（Formmotiv）。如果人们希望理解数本身的神话功能，那么，就要把这种功能与数的理论含义和作用明确区分开来。在理论知识体系中，数意味着重要的黏合剂（Bindemittel），它能涵盖最为不同的内容并把它们转变成概念的统一体（Einheit des Begriffs）。通过把各种杂多性和差异性都消融于认知的统一性中，数在这里似乎成了知识本身主要的和基本的理论目标的表达，似乎成了"真理"本身的表达。从其最初的哲学-科学的规定开始，它就被赋予了这种基本特征。**菲洛劳斯**（Philolaos）残篇如此说道：

数的本性，是认识的原因，它能在困惑和未知的每一个事

---

① Johannes Kepler, *Apologia Tychonis contra Nicolaum Raymarum Ursum*, in: *Opera omnia*, hrsg. v. Christian Frisch, Bd. I, Frankfurt a. M./Erlangen 1858, S. 215 – 287：S. 247。

物上指引、教导每一个人。因为离开了数及其本质，任何事物——不论是就其本身还是就其与其他事物的关系而言——都是人无法认清的。由于数赋予事物形体并把各种有限事物和无限事物的不同关系划分开，所以，数与感官知觉一起使一切事物都与心灵相协调，由此把它们变得可以为人所知并可以彼此比较。①

数的真正逻辑力量就包含在这种结合和分离中，包含在这样设定固定的界限和联系中。感性的东西本身、知觉的"质料"被数越来越多地剥去其特殊本性而被重铸为一种一般性的理智基本形式。印象的直接感性属性，它可以看见、可以听见、可以触摸到，按照现实的"真实"本性衡量，印象仅仅表现为"第二属性"，其真正的源头、最初的基础需要到纯粹的大小规定中来寻找，因而最终需要到纯粹数字关系中来寻找。因为不仅把感官知觉的特殊属性而且把纯粹直观形式的特殊本性，即空间和时间的本性归结为纯粹的数的本性，现代理论自然知识在发展中已经把知识的这个理想推向了完满。② 正如数在这里是作为产生意识内容"同质性"的真正思想工具起作用的，所以，数本身也越来越发展成为一种完全同质和类似的东西。个别的单个数除了那些从它们在整体系统中的位置中产生出来的区别没有任何其他的区别。它们除了由于自己的位置因而也是由于自己在这个观念性总和中的各种联系而具有的属性和本性，没有任何别的属性和本性。因此，在这里也能够定义以及构成性地创造出特定的数，尽管这样的数并不直接对应于任何一种给定的感性或直观基础，但却是被这些联系清楚地决定的：举例来说，像在对无理数的著名解释中那样，自从**戴德金**（Dedekind）以来处于统治地位的看法是，无理数表现为有理数体系内部的"分割"（即通过确定的概念性规定把这个系统彻底划分成两类）。从根本上说，纯粹的数学思维只能在这

---

① Philolaos, *Fragm.* 11, 转引自：Diels, *Fragmente*, S. 253。
② 更多内容参见我的著作：*Zur Einsteinschen Relativitätstheorie. Erkenntnistheoretische Betrachtungen*, Berlin 1921, S. 119 ff. [ECW10, S. 114 ff.]。

## 第二部分　作为直观形式的神话　神话意识中时空世界的建构和分节

种形式中理解"个别的"数：对这种思维而言，数只是概念性关系的表达，只有这些关系的整体才能表现自足的、统一的数和数的王国。

但是，一旦我们离开思维和纯粹理论知识的"样式"，研究文化发展的其他领域，数的一种完全不同的特征又表现出来了。我们对语言的研究已经告诉我们，在数的形成（Zahlbildung）中有这样一个阶段，在这个阶段上，每一个特殊的数的含义并不单单是一个系统中的一个部分，而且拥有一种完全个体性的特征；在这个阶段上，数的表象还不拥有抽象的普遍有效性，而始终以某种它无法摆脱的、具体的个别直观为基础。在这里，还不存在作为一般规定性、能够应用于任何内容的数，还没有数"本身"；而是对数的理解和命名还以一个个别的可数东西为出发点，而且还被归属于对这个可数东西的直观中。而且由于可数东西的内容上的差异性，由于联系着特定数量的特殊直观内容和特殊感觉音调，因此，不同的数在这里似乎也没有表现为完全一致的构成物（Gebilde），而是表现为在各个方面区分开来的且在一定意义上具有自己音调的构成物。[①]一旦我们转向神话观念（Vorstellen）领域时，数的这种独特的情感音调（Tönung）及其与纯粹概念性的规定、与抽象的-逻辑的规定之间的对立就更加清楚明确地表现出来了。正如神话一般而言并不了解**单纯**观念性的东西，正如对于神话而言诸内容之间的一切相同性（Gleichheit）或相似性（Ähnlichkeit）都不表现为它们之间的一种单纯联系，而是表现为一种把它们连接起来或束缚在一起的实在纽带——这一点尤其适用于数上相同性（zahlenmäßige Gleichheit）的规定。只要两个量表现为"在数上相等"（gleichzahlig），亦即只要它们能够明确地彼此一一对应（zuordnen）起来，神话就从它们神话"本性"上的一种事实共同性来"解释"在知识中表现为纯粹观念性关系的一种对应（Zuordnung）的可能性。带有相同的数的东西——不论它们在感性外观上有多大的差别——在神话上都是"等同的"：这些东西是同一个本质，

---

[①] 参见我的著作：*Philosophie der symbolischen Formen*, Erster Teil, S. 188 ff. [ECW11, S. 191 ff.]。

只是掩盖和隐藏在不同的表现形式（Erscheinungsformen）之下。这样把数提升为一种独立的定在和一种独立的力量，只表达了神话式地"实体化"（Hypostasierung）为一个尤其重要和尤其典型的个别情况这一基本形式。① 而且由此更进一步表明了，有关数——与空间和时间一样——的神话见解本身既包含着一个普遍性的要素，同时也包含着一个彻底特殊化的要素。② 在这里，数绝不是单纯的序数（Ordnungszahl），绝不是一个综合的整体系统内部的诸位置的单纯联系，而是每一个数都有其自己的本质，都有其自己个体性的本性和力量。但是，就这种个体性的本性能够渗透最为不同的、对单纯的感性知觉而言最异质的存在持存（Seinsbestände）并通过这种渗透而让它们互相分有而言，这种个体性的本性又是一种普遍的东西。因此，与在其他领域中一样，数在神话思维中也是作为一种首要的和基础性的联系形式起作用的。但是，在这里，这种联系从来没有被单纯地视为这样的联系，而是表现为某种直接现实和直接有效的东西，表现为一个具有自己属性和力量的神话对象。如果说对于逻辑思维而言，数拥有一种普遍的功能、一种普遍有效的含义，那么，对于神话思维而言，数表现为一种把自己的本质和力量分享给了它所涵盖的一切东西的原初性"实体"（Entität）。——

因此，我们看到，数的概念（Zahlbegriff）在理论思维和神话思维这两个不同的领域中并不是在相同的意义上发展的。在这两个领域确实都可以追踪到数的概念如何逐步超出感受、直观和思维的越来越广阔的范围，以及它最终如何几乎把整个意识领域都纳入它的轨道。但是，我们在这两类思维中碰到的是两种完全不同的目标和两种完全不同的基本精神态度。在纯粹知识的体系中，数——像空间和时间一样——本质上主要服务于如下目的：从诸现象的具体多样性追溯到它们"基础"的抽象的-观念性的统一性。正是通过数的统一性，感性

---

① 参见本书上文：S. 70 ff. 。
② 列维-布留尔针对神话思维中数的"个体性的面相学"给出了大量例子，参见：Levy-Bruhl, *Das Denken der Naturvölker*, S. 178 ff. 。

第二部分　作为直观形式的神话　神话意识中时空世界的建构和分节

东西才开始把自己形成（formen）为理智的东西；通过它，感性东西才被统合（zusammenfaßen）为一个自足的宇宙，一种纯粹思想性结构（Verfassung）的统一体。一切表现出来的存在都要与数联系起来并在数中得到表达，因为这种联系和这种还原被证明为是在诸现象（Erscheinungen）之间产生出一种彻底的、清晰的**规律**（Gesetzlichkeit）的唯一路径。知识、科学在"自然"的名称下理解的一切最终都是从纯粹的数量因素和规定建构起来的，为了把一切单纯偶然的定在改造为思想的形式、合法则性的必然性形式，这些要素和规定在这里是作为真正的中项（Mittler）起作用的。在神话思维中，数也表现为一种这样的精神化媒介（Medium der Vergeistigung）——但是在这里，这种精神化的过程是沿着另一个方向前进的。如果说在科学思维中数表现为**解释**（Begründung）的重大工具，那么，在神话思维中数表现为一种独特的宗教性**赋予意义**（Sinngebung）的工具。在科学思维中，它的作用是准备一切经验性的实存东西（Existierende），把它们纳进纯粹观念性关联和纯粹观念性法则的世界中，并使之适合于观念性关联和纯粹观念性法则的世界；在神话思维中，数的作用是把一切定在的东西、一切直接给定的东西、一切单纯"世俗"的东西都纳入神话-宗教的**"神圣化"**过程。因为凡是以某种方式带有数的东西，凡是本身就表现出一确定的数的形态和力量的东西，对于神话-宗教意识而言，都已经不再导向单纯无关紧要的**定在**，而是恰恰由此获得了一种全新的**含义**。不仅作为整体的数，而且每一个个别的数在这里似乎都被一种特殊的魔法气息（Zauberhauch）环绕，这魔法把自身传递给与之相连的一切东西，即使是表面上最不相关的东西。直到神话思维的最低领域，直到巫术世界观和最原始的巫术实践领域，我们都感受到了这种围绕着数的对神圣东西的敬畏感（Schauer des Heiligen）：因为一切巫术在很大程度上都是数的巫术（Zahlen-Magie）。在理论科学的发展中，从对数的巫术见解向对数的数学见解的转变只是逐步地完成的。正如天文学起源于占星术，化学起源于炼金术，在人类思维的历史上，算术和代

_173

数起源于有关数的学说的一种更古老的巫术形式，起源于一种阿尔玛卡巴拉科学（eine Wissenschaft der Almacabala）。① 不仅真正理论数学的奠基者，即毕达哥拉斯学派，站在关于数的这两种观念之间，而且在向现代的过渡中，在文艺复兴时代，我们还碰到了同样的混合形式和中间形式。除了**费马**（Fermat）和**笛卡尔**（Descartes），**乔尔丹诺·布鲁诺**（Giordano Bruno）和**赫林**（Reuchlin）也在自己的著作中讨论了数的巫术-神话的奇迹力量。这两种特征常常汇聚在一起。例如，**卡尔达努斯**（Cardanus）就以最典型和在历史上最有趣味的方式代表了这种双重的思维类型。但是，如果这两种形式在内容和体系上没有达成一致或者至少在一个典型的因素上、在一个基本的精神趋势上也没有达成过一致，那么在所有这些情况下其实都不能完成某一种那样的历史融合。神话的数已经处在一个精神转折点上——它也在努力突破直接的、感性的-物性世界观的狭隘（Enge）和局限（Gebundenheit），成为一种更自由的、普遍的整体观点（Gesamtanschauung）。但是，精神不能把这里产生的这种新的一般性东西理解和洞察为它自己的创造，而是说，这种新的一般性东西是作为一种陌生的、魔鬼般的力量与精神相对立的。因此，菲洛劳斯不仅在人类的所有著作和语词中，在每一种雕刻和音乐中，而且也在所有"魔鬼般的和神性的事物"② 中寻找"数的本性和力量"，如此一来，数——像柏拉图笔下的爱神（Eros）一样——在这里变成了"伟大的中项"③，世俗的与神性的东西、有死的与不朽的东西通过它互相交流并统合为一个世界秩序统一体。

在细节上追溯数的这个神灵化（Vergöttlichung）和神圣化

---

① 相关评论参见：William John McGee, *Primitive Numbers*, in: *Nineteenth Annual Report of the Bureau of American Ethnology to the Secretary of the Smithsonian Institution 1897-98*, hrsg. v. John Wesley Powell, Bd. II, Washington 1900, S. 821-851；S. 825 ff. 。"阿尔玛卡巴拉"（Almacabala）是对数和数字关系的一种神秘主义解释。——中译者注）

② Philolaos, *Fragm*. 11, 转引自：Diels, *Fragmente*, S. 254。

③ [参见：Platon, *Symposion*, 202 E ff. 。]

## 第二部分　作为直观形式的神话　神话意识中时空世界的建构和分节

(Heiligsprechung)的过程，并详细地揭示这个过程的理智和宗教动机，这似乎肯定是徒劳的。因为乍一看，在这里起主导作用的只是神话想象的自由游戏，它嘲笑任何固定的规则。看起来似乎不能再进一步追问选择的原则，不能再进一步追问**个别的**数具有特殊的"神圣性"特征的根据：因为每一个没有区别的数都能成为神话见解和崇拜的对象。如果人们浏览一下基本的数构成的系列，那么，人们每一步都会碰到这样的神话-宗教实体（Hypostasen）。不仅在原始人的思维中，而且在所有大的文明宗教（Kulturreligionen）中，到处都有把一、二、三作为实体的例子。一（Einheit）发源于自身，它变成了"另一个"即二（Zweiten），并最终在三（eine dritte Natur）中与自身重新统合起来——这个统一性问题（Problem der Einheit）属于人类真正的共同精神财产（geistiger Gemeinbesitz）。如果说这个问题只有在思辨的宗教**哲学**中才以这种纯粹思想性的表述表现出来，那么，"三位一体神"的观念的广泛分布说明了，对于这种观念而言，必然存在着某种它起源于其中并一再重新从中生长出来的最后的和具体的感觉基础。① 接着这三个最初的数的是四，它的普遍的宗教-宇宙含义首先在北美的一些宗教中被证实了。② 同样的尊严在更强的尺度上被归于七，它从美索不达米亚这一最古老的人类文化基地（Kultursitzen）传播到各个方向，但是即使在无法证明受到巴比伦-亚述人的宗教和文化影响或者大概率不可能受其影响的地区，七也是作为一个特别"神圣的"数出现的。③ 甚至在古希腊哲学中，七还带有这

180

---

① 在宗教发展的最原始的阶段上就有了"三一体"的观念（die Idee der »Dreieinigkeit«），这是由布林顿强调的：Brinton, *Religions of Primitive Peoples*, S. 118 ff.，但是他试图给这一事实做出一种过于抽象的解释，试图把它还原为纯粹的逻辑事实，还原为基本"思维法则"的形式和特性（参见本书下文：S. 186 ff.）。

② 参见本书下文：S. 182。

③ 作为"圣数"，七的含义和传播可参见波尔的论文：Franz Boll, »Hebdomas«, in: *Paulys Real-Encyclopädie der classischen Altertumswissenschaft*, neue Bearb., begonnen v. Georg Wissowa, hrsg. v. Wilhelm Kroll u. a., Halbbd. XIV, Stuttgart 1912, Sp. 2547-2578. 也可参见：Ferdinand von Andrian, *Die Siebenzahl im Geistesleben der Völker*, in: *Mittheilungen der Anthropologischen Gesellschaft in Wien* 31 (1901) (Folge 3, Bd. 1), S. 225-274。

种神话-宗教的基本特征；在一段归到菲洛劳斯名下的残篇中，七类似于没有母亲的童贞女雅典娜，"因为她是一切事物的引导者和统治者，它是神，唯一的、永恒的、持久的、不动的神，它自我等同，与一切别的东西都不同。"① 后来在中世纪基督教中，教父们把七思考为充实和完美的数，真正普遍的和"绝对的"数："七是完美的数"（Septenarius numerus est perfectionis）。② 但是从很早开始，九在这方面就已经与七相争；在古希腊人的神话和崇拜中以及日耳曼人的信仰表象中，除了九日周期，首先出现的还有七日周期或星期。③ 如果人们更进一步考虑到，"简单的"（einfache）数所具有的这种特征从这些数传递到合成的（zusammengesetzte）数上——举例来说，不仅三、七、九、十二等，而且这些数的产物都具有特殊的神话-宗教力量，那么就会发现，最终几乎没有哪个数是不能纳入这种直观领域和这个"神圣化"过程的。在这里，一个不受限制的活动空间（Spielraum）向神话的构形冲动（Gestaltungstrieb）敞开了，神话的构形冲动在这个活动空间中不受任何固定逻辑规范的约束，也不会因为顾及"客观的"经验法则而被约束。如果说对于科学而言数变成了真理的标准，变成了一切严格"理性"知识的条件和准备，那么，在神话中，所有进入数的领域内被它触及和被它渗透的东西都被数烙印上了

---

① Philolaos, *Fragm.* 20, 转引自：Diels, *Fragmente*, S. 257。

② 关于这一点的证据参见：Sauer, *Symbolik des Kirchengebäudes*, S. 76 [Zitat Anm. 1]，以及 Boll, *Die Lebensalter*, S. 24 f.。

③ 参见：Wilhelm Heinrich Roscher, *Die enneadischen und hebdomadischen Fristen und Wochen der ältesten Griechen. Ein Beitrag zur vergleichenden Chronologie und Zahlenmystik*, Leipzig 1903 (*Abhandlungen der Königlich Sächsischen Gesellschaft der Wissenschaften*, Bd. 48/*Abhandlungen der Philologisch-Historischen Klasse der Königlich Sächsischen Gesellschaft der Wissenschaften*, Bd. 21, Nr. 4)，以及 Wilhelm Heinrich Roscher, *Die Sieben- und Neunzahl im Kultus und Mythus der Griechen. Nebst einem Anhang, Nachträge zu den »enneadischen und hebdomadischen Fristen und Wochen« enthaltend*, Leipzig 1906/1904 (*Abhandlungen der Königlich Sächsischen Gesellschaft der Wissenschaften*, Bd. 53/*Abhandlungen der Philologisch-Historischen Klasse der Königlich Sächsischen Gesellschaft der Wissenschaften*, Bd. 24, Nr. 1)。关于日耳曼宗教，参见：Weinhold, *Die mystische Neunzahl*。关于占星术中七天一周期和九天一周期，参见：Auguste Bouché-Leclercq, *L'astrologie grecque*, Paris 1899, S. 458 ff. u. 476 ff.。

## 第二部分　作为直观形式的神话　神话意识中时空世界的建构和分节

神秘（Mysterium）的特征——对于理性而言，这种神秘深不可测。

但是，就像在神话思维的其他领域一样，在神话-神秘主义数的学说那表面上难以穿透的迷宫中也能辨认出和指明一种十分确定的精神指向（Linienführung）。在这里，尽管单纯的"联想"（Assoziation）的冲动还非常有限地起着主导作用，构形的诸主要和次要路径（Haupt- und Nebenwege）还是区分开了；在这里决定数的神圣化过程从而决定着世界的神圣化的特定典型方针（Richtlinien）也逐渐凸显出来了。如果我们回顾数的概念在语言思维中经历的发展，那么，我们就已经拥有了认识这些方针的稳固根据（Anhaltspunkt）。正如在这里已经表明的，有关数的关系的一切精神性的理解和命名总是起源于一种具体的-直观的基础，正如空间的、时间的和"人格性的"直观证明自己是从中成长出了有关数及其含义的主要意识领域[①]，我们也可以推测在神话的数的学说的进展中有一种相似的分节（Gliederung）。如果人们追溯与个别"圣数"联系在一起的感觉值（Gefühlswert），如果人们试图发掘其真正的根源，那么，几乎总是可以发现，这种情感价值的基础在神话的空间感觉（Raumgefühl）、神话的时间感觉（Zeitgefühl）和神话的自我感觉（Ichgefühl）的独特性中。至于空间，对于神话的见解而言，不仅诸个别区域和方向本身被赋予了非常确定的宗教价值重点，而且这种重点也存在于这些方向的整体（Gesamtheit）上，存在于这些方向所属的整体（Ganze）上。在北、南、东、西作为世界的"基点"（Kardinalpunkte）区分开来的地方，这种特殊的区分通常也变成了世界内容和世界事件的所有其他分节的模板（Modell）和原型（Vorbild）。这时，四就变成了真正的"圣数"：每一种特殊的存在和宇宙的基本形式的这种关联都表达在了这个数中。凡是表现出某种事实上的四重分节（vierfältige Gliederung）的东西——不论这种分节是作为直接确定的"现实"强加在感性的观察上，还是说它在纯粹观念上是被神话"统觉"的特定

---

[①] 参见：Cassirer, *Philosophie der symbolischen Formen*. Erster Teil, S. 183 ff. u. 199ff.［ECW 11, S. 186ff. u. 202 ff.］。

方式决定的——看起来都被内在巫术纽带与特定的空间区域连在一起了。对于神话思维而言，在这里出现的并不只是一种间接的**传递**（Übertragung），而是说，它以直观的明证性在另一个东西中看到这个东西——它在每一个特殊四（partikulare Vierheit）中把握宇宙中四的普遍形式（universelle Form der kosmischen Vierheit）。不仅在大多数北美宗教中①，而且也在中国人的思维中，四都表现出了这种功能。在中国人的体系中，西、南、东、北四个主要方向中的每一个对应于一个特定的季节、颜色、元素、物种、特定的人体器官等，如此一来，定在的整个多样性最后都借助这种联系以某种方式划分开了，并且看起来似乎被固定在、定居在一个特定的直观区域中。② 我们在切罗基人那里也碰到了数字四的这种符号意义（Symbolik），在这里，世界的四个基点每一个同样也与一个专门的颜色、专门的制度或像胜利、失败、疾病、死亡等专门的运势相对应。③ 按照其特性，神话思维并不满足于理解所有这些联系和搭配本身，也不满足于在一定程度上**抽象地**看待它们，而是说，为了真正弄清它们的真相，它必须把它们概括为一个直观的形态（Gestalt）并感性地或图像化地把它们以这种形式（Form）呈现于我们眼前。因此，对数字四的崇拜表现为对十字形状的崇拜，而十字形状被证明是最古老的宗教符号之一。从最早的四尖十字（Viererkreuz）形式即万字符（Swastika），到中世纪的思辨——它把基督教教义的全部内容都注入有关十字的直观中，我们都可以追踪到宗教思维的共同基本倾向。如

---

① 相关证据参见：Anne Walbank Buckland, *Four, as a Sacred Number*, in: The Journal of the Anthropological Institute of Great Britain and Ireland 25 (1896), S. 96-102, 以及 McGee, *Primitive Numbers*, S. 834.

② 参见：de Groot, *Universismus*, S. 119 f.; de Groot, *The Religious System of China*, Bd. I/1: *Disposal of the Dead*, Teil 1: Funeral Rites, Teil 2: The Ideas of Resurrection, Leiden 1892, S. 316 ff.; 更多讨论参见我的著作：*Die Begriffsform im mythischen Denken*, S. 26 u. 60 f.。

③ 参见：James Mooney, *The Sacred Formulas of the Cherokees*, in: Seventh Annual Report of the Bureau of Ethnology to the Secretary of the Smithsonian Institution 1885-86, hrsg. v. John Wesley Powell, Washington 1891, S. 301-397; S. 342.

第二部分　作为直观形式的神话　神话意识中时空世界的建构和分节

果说在中世纪，十字符的四端等同于天堂或世界的四个区域，如果说东、西、北、南与基督教救世历史的特定阶段被设定为等同的，那么，这都是特定的原初宇宙-宗教主题的一种复活（ein Wiederaufleben bestimmter kosmisch-religiöser Urmotive）。①

如同对数字四的崇拜一样，对数字五和七的崇拜也能从对方位的崇拜（Kult der Himmelsrichtungen）中发展起来：因为除了东、西、南、北四个主要方向，世界的"中心"——它是一个这样的位置，部落或民族在这个位置拥有归属于他自己的场所——也是一起被数的，更进一步说，上与下、天顶与天底也被赋予了特殊的神话-宗教称号。例如，在祖尼人那里，从这种空间-数的分节中产生出了那个决定他们的整个理论和实践、理智和社会学世界图像的"七等级制"形式（Form der »Septuarchie«）。② 而且在别的地区也总是能够清晰地追踪到**数字七**的巫术-神话含义与特定的基本宇宙现象和观念的关联。但是，在这里立即就可以发现，神话的空间感与神话的时间感是如何不可分割地结合在一起的，以及二者如何共同构成了对数的神话见解的起点。我们已经证明下面这一点是神话的时间感觉的一个基本特征，即在神话的时间感觉中，"主观东西"这个要素与"客观东西"这个要素是不可分割地并存的，而且互相融合。在这里，只存在一种独特的"阶段感觉"（Phasengefühl），时间还没有分裂为两个不同的部分，还没有分裂为"内"与"外"。因此，神话时间同时被思考为自然过程的时间和人类生命过程的时间：它是一种生物的-宇宙的时

184

---

① 更多内容参见绍尔的《教会建筑的符号》中的"方位的符号"（Symbolik der Himmelsrichtungen）一节：Sauer, *Symbolik des Kirchengebäudes*, S. 87-98（参见本书上文：S. 129f.）。关于万字符的含义和传播，尤其参见：Thomas Wilson, *The Swastika, the Earliest Known Symbol, and its Migrations; with Observations on the Migration of Certain Industries in Prehistoric Times*, in: *Annual Report of the Board of Regents of the Smithsonian Institution, Showing the Operations, Expenditures, and Condition of the Institution for the Year Ending June 30, 1894, Report of the U. S. National Museum*, Washington 1896, S. 757-1011.

② 参见：Cushing, *Outlines of Zuni Creation Myths*（参见本书上文：S. 118）。

间。① 而且这种双重性（Doppelheit）现在也传递到了对数的神话见解上。每一个神话的数都指向一个确定的对象性直观领域，它根植于这个领域并不断从中汲取新的力量。但是，对象性的东西本身在这里绝对不**只是**一种事实性的-物性的东西（ein Sachlich-Dingliches），相反，它充满了一种特殊的内在生命，以非常确定的节律运动。这种节律在所有特殊的变化中延续着——不论它们可能采取多么不同的形式，不论它们发生在神话的世界空间中的哪个位置。宇宙事件的这种普遍周期首先表现为**月相**（Mondphasen）。月亮——它的**名称**在大多数印度-日耳曼语和闪米特语系中所指向的②——总是表现为时间的真正划分者和"度量者"。但是还不止于这些：因为自然中的和人的定在中的一切变化不仅以某种方式与月亮是对应的，而且也把它作为"起源"、作为质的原初基础。这种远古的神话直观如何一直保存延续到某些现代生物学理论中，数字七由此一来如何又重新获得了其作为一切生命的统治者的普遍含义，这是广为人知的。③ 只是在相对晚的时代，在古希腊-罗马占星术的时代，对数字七的尊崇才似乎与对七颗行星的尊崇结合起来，而七天周期和星期一开始并没有表现出这种联系，而是从自然的划分中产生的，即从一个月的 28 天分为四个部分这种直观中产生的。④ 可以证明，把数字七神圣化以及把七视为"完满的数"（Vollzahl）、视为"充实和整全"的数的基础是一个非常确定的直观领域——但是，只有当这个直观领域借助神话的和"结

---

① 参见本书上文：S. 137 ff.。
② 月亮在印度-日耳曼语言中和埃及语言中作为时间"度量者"的描述，参见：Roscher, *Die enneadischen und hebdomadischen Fristen und Wochen*, S. 5；闪米特语的情况参见：Johannes Hehn, *Siebenzahl und Sabbat bei den Babyloniern und im Alten Testament. Eine religionsgeschichtliche Studie*, Leipzig 1907 (Leipziger semitische Studien, Bd. 2, H. 5), S. 59 ff.。
③ 参见：Wilhelm Fliess, *Der Ablauf des Lebens. Grundlegung zur exakten Biologie*, Leipzig/Wien 1906, 以及 Hermann Swoboda, *Das Siebenjahr. Untersuchungen über die zeitliche Gesetzmässigkeit des Menschenlebens*, Bd. I：Vererbung, Wien/Leipzig 1917。
④ 波尔的论文充分地汇总了决定这个问题的材料：Boll, Hebdomas；也参见：Roscher, *Die enneadischen und hebdomadischen Fristen und Wochen*, S. 71 ff., 以及 Hehn, *Siebenzahl und Sabbat*, S. 44 ff.。

## 第二部分　作为直观形式的神话　神话意识中时空世界的建构和分节

构性"思维的形式、特性不断扩展，直至最终扩展到一切存在和事件之上，这个直观领域才是真正**有效的**。例如，正是在这个意义上，我们在伪造的希波克拉底论数字七的著作中碰到了作为真正的宇宙结构数（Strukturzahl）的七：它在宇宙的七个区域中活动，它决定风、季节和寿命的数，它决定了人体各器官的自然分节和人的灵魂力量的分配。① 对数字七具有"生命力"（Lebenskraft）的信仰从古希腊医学（Medizin）流传到中世纪和近代的医学（Heilkunde）：在这里，每个第七年总是表现为"转折年"（ein »klimakterisches« Jahr），它会带来生命体液混合中的关键转折，带来身体和心灵气质上的关键转折。②

但是如果说在到目前为止研究过的情况中总是有一个确定的客观直观领域，它证明自己是特定的数神圣化的起点和基础，那么，对数字关系的语言表达的回忆能够提醒我们，这个客观要素不是唯一决定性的。数的意识并不是仅仅通过对外部事物的知觉或对外部事件进程的观察而发育成熟的，而是说，它的其中一个最牢固的根基是在那些从主观的-人格性的定在，从我、你、他之间关系中产生出来的基本区别中。在双数和三数的例子中，以及在"包容性"复数和"排他

---

① 更多讨论参见：Roscher, *Über Alter, Ursprung und Bedeutung der hippokratischen Schrift*, bes. S. 43ff. 。

② 关于古代医学中"转折年"理论（die Theorie der »klimakterischen Jahre«）及其发展，可以参见：Boll, *Die Lebensalter*, S. 29ff. ；也可参见：Bouche-Leclercq, *L'astrologie grecque*, S. 526 ff. 。另外，我们把独特的神话"阶段感觉"视为神话时间直观的一个基本组成部分，这种阶段感觉并没有在生命的这种分节（Gliederung des Lebens）上停留于典型的和彼此明确分离开的片段，而是把它带回到出生之前的时期。在胚胎生成时处于支配地位的那种节律性规则与人出生之后在他的整个定在中引导着他的那种节奏规则是同一种。尤其在闪米特人的宗教中，对数字 40 的敬拜似乎可以追溯到有关胚胎在母体中的发展的那种观点。正如洛舍尔（Roscher）大概提出的，这个数字的含义的基础是，把 280 天的孕期分为 7 个相同的阶段，每一阶段 40 天，每一阶段都在胚胎生长成熟的整体过程中占据特殊的功能。参见：Wilhelm Heinrich Roscher, *Die Zahl 40 im Glauben, Brauch und Schrifttum der Semiten. Ein Beitrag zur vergleichenden Religionswissenschaft, Volkskunde und Zahlenmystik*, Leipzig 1909（*Abhandlungen der Königlich Sächsischen Gesellschaft der Wissenschaften*, Bd. 57/Abhandlungen der Philologisch-Historischen Klasse der Königlich Sächsischen Gesellschaft der Wissenschaften, Bd. 27, Nr. 4）, S. 100 ff. 。

性"复数的形式中,语言表明了,数字二和数字三如何尤其回溯到这个领域,以及它们的表达是如何被这个领域决定的。① 现在,神话思维领域表现出了完全类似的观察。乌斯纳在讨论三(Dreiheit)的著作中试图为一种神话的数字学说奠定基础,他在这部著作中捍卫了如下观点,即有两类典型的数,一类起源于对时间的理解和分节(die Auffassung und Gliederung der Zeit),另一类则要追溯到不同的起源,二和三尤其属于这一类。如果说他进一步看到三的神圣性及其独特的神话特征的基础在于,三在原始文化时代构成了数字系列的终点,因此变成了完善(Vollendung)的表达,变成了绝对整体性本身的表达,他凭这种假设继续解释数字之神圣性以及数字独特的神话性质,那么事实上,即使从文化人类学的立场上也已经能够提出反驳这个理论的重要反对意见,因为这个理论最终假定三这个概念与无限性这个概念之间的联系是一种纯粹思想性的和思辨性的联系。② 尽管如此,对这两类不同的"神圣"的数的划分以及有关它们的不同精神-宗教源头的提示依然有效。宗教的基本观念史表明,尤其是三,在发达的宗教**思辨**中几乎普遍达到的纯粹"理智"含义只是从一种不同的、在一定意义上幼稚的关系中生长出来的一种后来的、间接的产物。如果说宗教**哲学**专注于神性的三位一体(göttliche Drei-Einheit)的秘密,如果说神话通过圣父、圣子和圣灵这个三合一(Trias)规定了这个统一体,那么,宗教**历史**的教导是,这个三合一本身一开始是被非常具体地把握住和感受到的——这个三合一是完全确定的"人的生命的自然形式",这种自然形式在这个三合一中找到了自己的表达。在圣父、圣子、圣灵这思辨的三之下,父亲、母亲和子女这种自然的三往往还像在一层薄纱下一样依稀可见。在闪米特人的宗教中,这种基本观点在神圣三位一体的形态中尤其可以清晰地辨

---

① 参见:Cassirer, *Philosophie der symbolischen Formen*. Erster Teil, S. 199 ff. [ECW 11, S. 202 ff.]。

② 参见:Hermann Usener, *Dreiheit*, in: *Rheinisches Museum für Philologie*. Neue Folge 58 (1903), S. 1–47, 161–208 u. 321–362;对乌斯纳理论的种族学批判,参见:Levy-Bruhl, *Das Denken der Naturvölker*, S. 180ff. 。

第二部分　作为直观形式的神话　神话意识中时空世界的建构和分节

认出来。① 在所有这些例子中都证实了那种独特的数的巫术，该巫术把数作为精神王国和人的自我意识结构中的一个基本力量。它证明自身是一种黏合剂，意识不同的基本力量通过它联结为一个交织的网，感受、直观和感觉等领域通过它统合为一个统一体。数在这里起到了毕达哥拉斯学派归于和谐的那种功能。它是"众多因素的统一，不协调因素的协调"（πολυμιγέων ἕνωσις καὶ δίχα φρονεόντων συμφηρόνσις）②；它起到了巫术纽带的作用，与其说事物在这纽带之中结合起来，不如说它使事物"在灵魂中达到和谐"③。

---

① 关于这一点的证据，参见：Ditlef Nielsen, *Der dreieinige Gott in religionshistorischer Beleuchtung*, Bd. Ⅰ: *Die drei göttlichen Personen*, Kopenhagen 1922。
② [Philolaos, *Fragm.* 10, 转引自：Diels, *Fragmente*, S. 253。]
③ [Philolaos, *Fragm.* 11, 参见本书上文：S. 166。]

第三部分

# 作为生命形式的神话
# 神话意识中主观现实性的发现和规定

# 第一章　自我与灵魂

假如如下这个广泛流传的观点——自我概念和灵魂概念构成了所有神话思维的**起点**——是正确的，那么，就不可能谈论在神话中**发现**主体的现实性。自从泰勒在他的奠基性著作中为这个神话形成（Mythenbildung）的"泛灵论"起源理论做辩护以来，这种观点似乎已经越来越多地被证明是神话研究的可靠经验核心和经验规则（Regulativ）。冯特的民族心理学研究也完全以这种观点为基础；从根本上说，他还只是把一切神话概念和表象都视为灵魂表象（Seelenvorstellung）的各种变体，与其说这种灵魂表象构成了神话世界观的一个确定**目标**，不如说它构成了神话世界观的给定**前提**。尽管所谓的"前泛灵论"理论中所包含的这种观点的对立面只是试图在泛灵论解释中加入一些被忽视的特征，给神话世界加入**事实**内容加入一些新的内容，但是它没有触动解释本身的**原则**。因为即使对于神话思维和表象的特定原始层次而言——尤其像对于最原始的巫术习俗而言——灵魂概念和人格性概念并没有被视为必要的条件和真正的构成部分，但是一般而言也还是会承认这个概念对于一切超出这些原始层次（Urschicht）的神话思维内容和形式的含义的。因此，神话——即使我们接受泰勒理论的各种前泛灵论的变体——就其整体结构和整体功能而言也只不过是把事件的"客观"世界在一定意义上扭曲成"主观"世界，并按照后一世界的范畴解释客观世界。

但是，一旦我们在我们的一般性基本问题语境（Zusammenhang）中研究这一问题，那么，针对这个在种族学和民族心理学中本质上依旧没有受到质疑的前提立即就会提出一个重要的反对意见。因为看一眼各种符号形式的发展就能够发现，它们的本质性成就并不在于在内部世界中模仿外部世界，也不在于把一个完成了的内部世界投射到外部世界，而是说，正是在这些符号形式中并通过它们的中介，"内在"和"外在"这两个要素、"自我"和"现实"这两个要素才获得了它们的**规定**并相互限定了对方。如果说这些形式中的每一种都包含着自我同现实的一种精神性"对峙"（Auseinandersetzung），那么不应该在如下意义上来理解这一点，即自我和现实二者在这里已经被视为给定的量——被视为存在的完成的、独立持存的"两半"，只是后来才组合成一个整体。毋宁说，每一种符号形式的决定性成就恰恰在于，它们并不是提前就**拥有了**自我和现实之间的界限，这一界限也不是永远固定的，而是它们本身才**设定**了这一界限——每一基本形式都**以不同的方式**设定了这一界限。我们从这些一般性的系统思考已经能够推测到，对于神话而言，它既不是以固定的自我概念或灵魂概念为出发点，也不是以客观存在和事件的一种完成的图像为出发点，而是正是它才获得了二者，即正是它从自身中形成了二者。① 而且神话意识的现象学事实上为这一系统推测提供了彻底的证明。人们把这个现象学的范围拉得越宽，人们试图越深刻地钻研这一现象学的基础层次和原初层次，下面这一点就越明显，即对于神话而言灵魂概念不是完成的和固定的模板，它把它所把握住的一切都强制地归入其中，而是意味着一个流动的和图像化的、一个可变的和可塑形的环节，在神话运用这个环节时，这个环节对于它而言在一定意义上发生

---

① 参见：Cassirer, *Philosophie der symbolischen Formen.* Erster Teil, S. 23 ff. [ECW 11, S. 21 ff.]。

## 第三部分　作为生命形式的神话　神话意识中主观现实性的发现和规定

了改变。如果说**形而上学**、"理性心理学"像操作一个给定的占有物一样操作灵魂概念，如果说它们把灵魂当作具有确定的不变"属性"的"实体"，那么，神话意识表现出来的是一种正相对立的做法。形而上学习惯于把一些属性和特性视为灵魂概念的分析性特点，对于神话意识而言，这些属性和特性、统一性和不可分性、非物质性和持久性都不是从一开始就与灵魂结合在一起的，也不是必然与灵魂结合在一起的——所有这些仅仅指称了一些确定的要素，它们必然是非常缓慢地才在神话表象和思维的过程中被人获得，而且获得它们也经历了非常不同的阶段。在这个意义上，灵魂概念既能够被指称为神话思维的终点，也能够被指称为神话思维的起点。这个概念的内容及其精神范围恰恰在于，它既是起点同时又是终点。它引导我们不断前进，引导我们进入从神话意识的一个极端的构形到另一个极端的构形的一种不间断的关联（Zusammenhang von Gestaltungen）：灵魂表现为最直接的东西同时又表现为最间接的东西。在神话思维的开始，灵魂可能表现为一个物（Ding），如同我们熟悉的和可触及的任何物理定在（physisches Dasein）一样。但是，在这个物性的东西（Dinghafte）中完成了一个转变，通过这个转变，一种越来越丰富的精神含义内容生长出来了，直到灵魂最后变成了精神性本身（Geistigkeit überhaupt）的独特原则。新的自我范畴、"人格"和"人格性"的思想并不是直接地而是逐步地经过各种弯路才从神话的"灵魂"范畴中成长起来，但是，正是在这一思想需要战胜的各种反抗中，其独特的内容才完全显露出来。

事实上，这个过程不是单纯的反思过程（Reflexionsprozeß），也不是纯粹**沉思**的结果。不是单纯的反思，而是行动构成了人对现实进行精神性组织（die geistige Organisation der Wirklichkeit）由以出发的中心。正是在这里，客观领域与主观领域之间、自我世界与事物世界之间才开始分离。行动的意识越进步，这种分离就表现得越明确，"自我"与"非我"之间的界限就越清晰。因此，神话的**表象世界**——恰恰是最初的和最直接的神话表象形式——看起来也与**活动世界**（der Welt des Wirkens）有紧密的联系。巫术世界观的核心正在于此，它被这种活动氛围（dieser Atmosphäre des Wirkens）完全充满了，实际上它只不过是把主观情感和冲动的世界转化及转变为一种感性的-客观的定在。人借助这种最初的力量把自己作为一个独特的和独立的东西与事物相对立，这种最初的力量是**愿望**的力量（die Kraft des Wunsches）。在愿望中，人不是简单地接受世界，不是简单地接受事物的现实，而是在愿望中为自己建构了它们。在愿望中涌动的正是为能够存在**构形**的（der Fähigkeit zur Gestaltung des Seins）最初的和最原始的意识。由于这种意识渗透了整个"内在的"和"外在的"直观，因此看起来一切存在都屈服于它。没有任何定在和事件最终不必定服从于"思想的全能"（Allmacht des Gedankens）和愿望的全能。① 因此，在巫术世界观中，自我（das Ich）对现实发挥了一种几乎无限的统治：自我把一切现实都收回自身（in sich selbst zurücknehmen）。但是，正是这种直接的设定为等同（diese unmittelbare In-Eins-Setzung）中包含着一种独特的辩证法，在这种辩证法中，一开始的关系都颠倒了。在巫术世界观中似乎表达出了增强的自我感（Selbstgefühl），但这种增强的自我感又表明，在这里还没有达到真正的自我（Selbst）。自我（Ich）试图借助意志的巫术式全能（die magische Allgewalt des Willens）控制事物，并使它们服从自己；但正是在这种尝试中，自我表明自己还完全被事物控制，还完全被事物"占有"。其假想的行动现在也变成了它的痛苦的一个源头：其所有观念性的力量，像语词和语言的力量，在这里都是在精灵的存在物形式中被直观到的，作为一种与自我相异的东西向外投射。因此，在这里获得的自我的**表达**，"灵魂"最初的巫术-神话概念也还完全被限制在这种直观中。灵魂表现为一种精灵的、从外部规定人的身体并从外部占有人的身体——从而占有了人体的整个生命功能——

---

① "思想的全能"这个术语首先由弗洛伊德用来刻画巫术世界观的特征，参见：Sigmund Freud, *Animismus, Magie und Allmacht der Gedanken*, in: Freud, *Totem und Tabu. Einige Übereinstimmungen im Seelenleben der Wilden und der Neurotiker*, Leipzig/Wien/Zürich ²1920, S. 100–132.

第三部分　作为生命形式的神话　神话意识中主观现实性的发现和规定

的力量。因此，正是越来越强烈的自我感以及由此造成的活动的膨胀（die Hypertrophie des Wirkens）产生了活动的假象（ein Scheinbild des Wirkens）。因为每一种真正的活动**自由**（Freiheit des Wirkens）都以一种内在的**责任**（innere Bindung）、以承认活动的特定客观界限为前提。自我一开始把无条件的因果性归于自己。只有通过设定这些界限，进而限定事物世界的无条件因果性，自我才达到自身。只有当情感和意志不再试图直接地把握住被欲求的对象，不再试图把对象拉进自身的范围内时，相反，只有当被越来越多地和越来越清楚地理解了的中间环节插入到单纯的愿望和它的目标之间时，客体和自我这两个方面才获得了真正独立的特殊价值：只有通过这种中介形式（diese Form der Vermittlung），二者才能达到规定性。

只要还缺少这种中介，活动本身的表象就还具有一种独特的无差异性（Indifferenz）。所有的存在和事件不论是在整体上还是在细节上都被巫术-神话活动渗透了，但是，在对活动的直观中，还没有在原则上不同的活动因素之间做出划分，在"物质性东西"与"精神性东西"之间、在"物理东西"与"心理东西"之间还没有进行划分。只有一个唯一的没有划分开的活动领域，在这个领域中，在我们习惯于划分为"灵魂"世界和"物质"世界的这两个领域之间出现了不停的转变、持续的交换。正是在活动的表象变成世界概念和"世界解释"的一种一般性的和无所不包的范畴时，这种无区分（Ungeschiedenheit）才最清楚地出现在活动范畴本身内部。波利尼西亚人的曼纳、北美阿尔贡金部落的曼尼图、易洛魁人的奥伦达等，都把这种增强的、超出一切单纯"自然"界限的**效果本身**（Wirksamkeit schlechthin）的概念和观点作为共同的基础，而没有在效果（Wirksamkeit）中再明确地区分出活动（Wirken）的个别潜能，没有在活动的方式和形式之间再做区分。曼纳既被归属于单纯的事物，也被归属于特定的人，以同样的方式被归属于"精神性的东西"和"物质性的东西"、"有生命的东西"和"无生命的东西"。因此，如果纯粹泛灵论的拥护者和反对泛灵论的人即"前泛灵论者"引用曼纳表象来支持他们的观点，那么，人们可以正确地反对他们说，"曼纳"这个词"本身既不是前泛灵论的表达，也不是泛灵论的表达，而是对这些理论完全中立的"。曼纳是强大的、有效的和创造性的；有意识的东西或者更狭窄意义上的"有灵魂的东西"以及人格这些明确的规定还没有进入该效果。① 在别的地方已经说明了，随着我们退回到神话思维的越来越"原始"的阶段，主体性-人格性定在的明确性、清晰性和确定性也越来越减少。原始思维的特征正在于其人格定在的直观和概念独特的流动性、易逝性。因此，在这里一开始还没有作为一种独立的、与身体分离的和统一"实体"的"灵魂"，而是说，灵魂只不过是生命本身，而生命是内在于身体的且必然依附于身体的。按照"复杂的"神话思维的特性，这种内在性在空间上也没有表现出任何明确的规定和界限。正如生命作为不可分割的整体居住在肉体的整体中，因此，生命也存在于其每一个部分中。不仅特定的极其重要的器官，如心脏、膈②和肾，可以被视为这个意义上的生命的"所在地"，而且身体的任何部分，即使是与肉体的整体没有任何"有机"联系的那些部分，也能够被思考为居于肉体中的生命的载体。一个人的唾液、排泄物、指甲、剪掉的头发也是而且始终是这个意义上的生命和灵魂的载体③：任何作用于这些东西上的活动都直接影响和危害生命的整体。在这里又表现出了如下颠倒：当灵魂表面上被赋予了高于物理存在和事件的所有力量时，事实上如此一来它只是被更加牢固地局限在和束缚于物质存在与命运的范围内。**死亡**现象也没有脱离这种关联。正如在最初的神话思维中对死亡的理解那样，死亡绝不意味着灵魂与肉体的一种明确的分割和"分离"。此前已经表明了，这种区分即把

---

① 更详细的证明参见：Fr. R. Lehmann, *Mana*, S. 35 [Zitat], 54, 76 u. ö. （参见本书上文：S. 76）。针对易洛魁人的奥伦达，赫威特（Hewitt）明确指出，它仅仅是"力量一般"的表达，这种力量还没有被规定为一种"心灵"力量或"生命力"（as a synonym of some biotic or psychic faculty）. 参见：»Orenda«, S. 44f. [Zitat S. 44]。

② 膈不是器官，但原文如此，译文对此保留，不做更改。——中译者注

③ 更多内容参见：Preuß, *Der Ursprung der Religion und Kunst*, Globus 86 (1904), S. 355ff.（参见本书上文：S. 69ff.）。

### 第三部分　作为生命形式的神话　神话意识中主观现实性的发现和规定

决定着生与死的**诸条件**明确对立起来（Entgegensetzung），与神话的思维方式（Denkart des Mythos）是对立的，对神话来说生与死之间的分界线依旧是一种完全流动的分界线。① 因此，对于神话而言，死亡绝不是定在的消灭（Vernichtung des Daseins），而只是过渡到另一种定在**形式**——并且在神话思维的基本层次和原初层次上，只有在彻底的感性具体化中才能思考这种定在形式本身。死者仍然"存在"；这种存在只能被理解为物理的存在，而且只能以物理的方式描述。如果说死者不像生者那样，而是表现为一种没有力量的阴影，那么，这个阴影本身仍然具有完全的现实性，这个阴影不仅在形式和特征上与生者一样，而且在感性和物理需要也与生者一样。正如在《伊利亚特》中，帕特洛克罗斯的影子托梦给阿基里斯，"身高、体型和那美丽的双眸都一样，/声音以及穿着的衣服也是一样"② ——在埃及纪念碑中，一个人的"ka"在他死后留了下来，构成了与他面貌相似者，甚至会与他混淆。③ 因此，如果说，一方面灵魂作为"图像""$εἴδωλον$"必然已经在一定程度上摆脱了一切粗糙的物质，如果说灵魂似乎是从比物质世界更为精致和柔软的材料中织出来的，那么，另一方面从神话思维的观点来看，图像本身从来就不是单纯观念性的东西，而是被赋予了一种确定的实在存在和实在的活动力量。④ 因此，"影子"也有一种物理现实和物理形式（Formung）。按照休伦族人的表象（Vorstellung der Huronen），灵魂有一个头和一副躯干，有胳膊和腿，简言之，灵魂是对"现实的"肉体及其分节的一种全面的精确模仿。灵魂像一种缩略图一样经常保留了各种直观的-有形体的关

---

① 参见本书上文：S. 49 f.。

② [Homer, *Ilias* (*Ilias und Odyssee*. Deutsch v. Johann Heinrich Voß, Bd. I), Berlin 1923, S. 439.]

③ 例如参见：卢克索神庙的浅浮雕（das Basrelief aus dem Tempel von Luxor）在巴基的书中被复现了出来，参见：Ernest Alfred Wallis Budge, *Osiris and the Egyptian Resurrection*, 2 Bde., London/New York 1911, Bd. II, S. 119; 也可参见：Adolf Erman, *Die ägyptische Religion*, 2, umgearb. Aufl., Berlin 1909 (*Handbücher der königlichen Museen zu Berlin*), S. 102。

④ 参见上文：S. 52 ff.。

系。如果说在马来人那里，灵魂被思考为一种居住在肉体内的小人，那么，在这个已经完全转变到了关于"自我"的一种完全不同、纯粹精神性的直观的领域，有时也有这种感性的、幼稚的基本表象。在《奥义书》关于自我、"Atman"的纯粹本质的思辨中，灵魂再次被称为普鲁沙，大拇指一样大小的人："神我阿特曼，内在于我等，其大小若拇指。若人能认识，其为过去未来之主，是人便不再有怖畏惊恐诸事。"① 这一切都表现出了一个相同的趋势，似乎把灵魂作为图像和阴影置于存在的另一个**维度**中，而正是因为它还是图像和阴影，所以它还不具有独立的特征，相反它所是的一切和拥有的一切都是从身体的物质规定借来的。归属于它而又超出身体定在之外的生命形式的含义首先也只是其感性的、尘世的实存方式的简单延续。灵魂以及其整个存在、其冲动和需要，都仍然指向并局限于物质世界（Welt des Stofflichen）。灵魂为了自己的保存和福祉需要物质性的占有物，这种占有物是以食物和饮料、服装和装备、家具和首饰的形式一起给予灵魂的。如果说在灵魂崇拜（Seelenkult）的较晚期的诸形式中，这类祭品常常表现为纯粹符号性的②，那么，这些祭品一开始毫无疑问被思考为实在的，并且是按照死者实际使用来确定的。因此，"彼岸"世界（die Welt des »Jenseits«）在这一方面首先表现为此岸世界（die Welt des Diesseits）的一种单纯重复和简单的感性摹本。即使已经有人做了如下尝试，即通过明确地强调它们内容的对立来把这两个世界区分开，那么，通过**对立**所表现出来的这种构形并不比通过**相似性**——就像在这里"此岸"和"彼岸"只是被理解为一个内在同质的

---

① Kathaka-Upanishad VI，12（德语翻译参见：Paul Deussen，*Die Geheimlehre des Veda. Ausgewählte Texte der Upanishad's*，Leipzig 1907，S. 162）；相关人种学材料，尤其参见：Frazer，*The Golden Bough*，Bd. II，S. 27，80 u. s.。（中译文参见平石译《羯陀奥义书》第四部分第 12 节："神我阿特曼，内在于我等，其大小若拇指。若人能认识，其为过去未来之主，是人便不再有怖畏惊恐诸事。"——中译者注）

② 例如在中国，在向死者献祭时，大量纸做的衣服或纸质的衣服的模仿物与真实的衣服一起被烧掉，以这种方式送给彼岸世界的死者；参见：Johann Jakob Maria de Groot，*The Religious System of China*，Bd. II/1：Disposal of the Dead，Teil 3：The Grave（Erste Hälfte），Leiden 1894，S. 474 ff.。

## 第三部分　作为生命形式的神话　神话意识中主观现实性的发现和规定

感性实存形式（Existenzform）的不同方面——表现出来的更少。①此岸的**社会**秩序也经常简单地延续到死者王国的秩序中：每个人在神灵王国都占据与尘世定在中相同的地位，从事相同的职业，完成同样的职责。② 因此，正是在神话似乎超出直接给定的感性-经验实存世界的地方，正是在神话似乎原则上"超越"了这个世界的地方，神话恰恰以执拗的器官附着于这个世界（an dieser Welt mit klammernden Organen fest）。根据埃及经文，只有通过运用巫术手段恢复个别的感性功能和感性器官，灵魂才能被保存并延续下来。在这里，人们相信，打开死者的口、耳、鼻等的仪式可以让死者重新拥有触觉、视觉、听觉、嗅觉和味觉，相关仪式都有详细的描述和规定。③ 针对这些规定曾经有人说，这些规定与其说是造就死者王国的**表象**，不如说是对死者王国最强烈的**反抗**。④ 因此，在埃及人的墓志铭上，通常用"活着的人"（der Lebende）指称往生者——就像中国人把棺材叫作

---

① 苏门答腊岛的巴塔克人的宗教及其有关死者王国的表象可以作为这里的典型证据。瓦尔纳克（Warneck）如此描述这种表象："begu［死者的精灵］的道路与生者的道路是对立的。当它们下楼梯时，它们的头先爬下。当它们多人负担一个重物时，它们向前看但向后走。它们也举办市场，但是只在夜里。它们的议事会和所有冲动都是在夜里做的。"参见：Warneck, *Die Religion der Batak*, S. 74。

② 这种表象在中国和埃及似乎有尤其明确的表现；参见：de Groot, *The Religious System of China*, Bd. I/1, S. 348 ff. ，以及 James Henry Breasted, *Development of Religion and Thought in Ancient Egypt. Lectures Delivered on the Morse Foundation at Union Theological Seminary*, New York 1912, S. 49ff.。按照埃及的亡者之书的经文，死者保持使用它的身体；它从诸神本身为它准备的养料中养活自己，它拥有自己种的土地和田野。欧威德（Ovid）在一个著名的段落里描写了阴影如何在没有血液、身体和骨骼的情况下移动：有些聚集起来开会，有些从事自己的事务，每一个都在模仿自己之前的生活的形式（*Metamorphoses*, Buch 4, Z. 443 ff.）。最近的深入研究已经表明了，罗马人的死者信仰与"原始人"的信仰不仅在个别特征上而且在一般观点上有多么接近。参见：W. F. Otto, *Die Manen*, 以及 Franz Cumont, *After Life in Roman Paganism. Lectures Delivered at Yale University on the Silliman Foundation*, New Häven, Conn. /London/Oxford 1922, S. 3ff., 45ff. u. ö. 。

③ 参见：Ernest Alfred Wallis Budge, *Osiris*, Bd. I, S. 74, 101 ff. u. ö. 。

④ 参见：Breasted, *Development of Religion and Thought*, S. 91, 此处针对最古老的金字塔经文评论说："主要和决定性的目的是持久地甚至是激情地抵御死亡。它们可以说是人类反抗伟大的黑暗和寂静（silence）（无人从中返回）的最早的崇高斗争的记录。除了在否定的意义上或者应用于敌人，死亡这个词从来没有出现在金字塔经文中。我们一再听到不屈服的保证：死者永生。"

"活棺材"(lebenden Särgen),把死者的肉身叫作"活着入殓的尸体"。①

因此,人的自我及自我意识的和自我感的统一性在这个层次上绝不是由作为独立原则即与肉体分离的原则的灵魂建构起来的。只要人活着,只要人还有具体的形体（Leiblichkeit）和感性的活动力（Wirkungskraft）,他的自我、人格性就包含于他的这个定在的**整体**中。他的物质实存和"心理"功能与能力、感觉、感受、意愿构成了一个本身不可分割的、无差别的整体。因此,即使在灵魂和肉体之间已经发生可以看见的和明显的分离,即使生命、感受和知觉已经脱离了身体,人的"自我"似乎仍然在之前构成这个整体的那两个要素之间做了划分。在荷马看来,如果灵魂离开了一个人,这个人**本身**即他的尸体就只剩下被狗吃掉;但是,我们在他那里还看到了另一种见解和语言用法,根据这种见解和语言用法,这个人的"自我"还存在,作为影子和鬼留在地狱。《吠陀》经文表现出了同样典型的摇摆:自我有时是死者的肉体,有时是死者的灵魂,后者被视为真正的"他自己"（Er selbst）及其人格性（Persönlichkeit）的载体。② 由于这个"他"（Er）与各种不同但同样实在的定在形式是结合在一起的,这个"他"还不能展开其纯粹观念性的和功能性的统一性。③

因此,如果说灵魂的统一性和简单性在灵魂概念的理论发展中变

---

① 参见：de Groot, *The Religious System of China*, Bd. III/1, S. 924 u. ö. [Zitate: *The Religious System of China*, Bd. I/1, S. 349:»animated coffins«,»animated encoffined corpses«].

② 更多内容参见：Oldenberg, *Die Religion des Veda*, S. 585f. u. 530, Anm. 2; 可参照：Rohde, *Psyche*, Bd. I, S. 5 ff. 。

③ 神话思维对人的"自我"的尸体与影子之间的对立更不反感,因为神话的人格性概念的流动性和不确定性特征使得有可能在生命上也做出一种类似的划分。在这里,同一个人可以同时出现在不同的身体上,他把这些身体都视为"属于"自己的。因此,例如,在澳大利亚原住民的图腾体系中,有一种这样的信仰,图腾祖先的身体变成的特定木材或石头的客体,即所谓的 tjurunga,也同样的关系属于有相应图腾的人。施特雷洛（Strehlow）报道说："下面这句话表达了人与 tjurunga 之间的关系：nana unta mburka nama＝这［即 tjurunga］是你身体。因此,每一个人都有两个身体：一个是血肉之躯,一个是木石之躯。"参见：Carl Strehlow, *Die Aranda- und Loritja-Stämme in Zentral-Australien, 2. Teil: Mythen, Sagen und Märchen des Loritja-Stammes. Die totemistischen Vorstellungen und die Tjurunga der Aranda und Loritja*, bearb. v. Moritz Freiherr von Leonhardi, Frankfurt a. M. 1908 (Veröffentlichungen aus dem Städtischen Völker-Museum Frankfurt am Main, Nr. 1), S. 77 ff. [Zitat S. 77; *eckige Klammern im Originalzitat*].

第三部分　作为生命形式的神话　神话意识中主观现实性的发现和规定

成了灵魂的本质和真正构成性的特点，那么，对于神话来说毋宁说最初的情况正好相反。即使在思辨思维的历史中也可以追踪到，是如何逐步地才达到并巩固了这种统一性和简单性的；甚至在**柏拉图**那里，逻辑的-形而上学的统一性主题、"ἕν τι ψυχῆς"也不得不反对"灵魂部分"的多样性这一对立面。但是在神话中——不仅在其基础性的形式中，而且经常也是在相对进步的形态中——灵魂分裂的主题（das Motiv der Seelenspaltung）也经常远远超过灵魂统一性的主题（das der Seeleneinheit）。按照**埃利斯**（Ellis）的观点，契维人（Tschi-Neger）认为有两个灵魂；按照**玛丽·金斯莉**（Mary Kingsley）的观点，西非人相信有四个灵魂；按照**斯基特**（Skeat）的观点，马来人认为有七个彼此独立的灵魂。对约鲁巴人而言，每个个体拥有三个灵魂，其中一个居住于大脑中，一个居住在胃里，另一个居住在大脚趾里。[1] 但是，相同的表象也能够以一种远为精致的、几乎已经具有思想差异和思想体系的形式表现出来。个别"灵魂"及其功能的这种系统差异在埃及宗教中似乎得到了最充分的发展。除了构成身体——构成肉体、骨骼、血液、肌肉——的各种要素外，还有其他更精致但同样也被视为物质的要素，建构了人的不同灵魂。卡（Ka）在人生前作为人的精神上的相似者（geistiger Doppelgänger）居住在人的肉体中，而且在人死后也没有离开他而是作为一种保护神留在尸体旁，除了卡之外，按照含义和实存形式来划分，还有第二种"灵魂"即巴（Ba），它在人死的瞬间以鸟的形态飞离了他的身体，然后自由地在空间中四处游荡，只是偶尔才探访坟墓里的卡（Ka）和尸体。但是，此外经文还谈到第三种"灵魂"即科胡（Khu），它被描述为不变的、

---

[1] 参见：Alfred Burdon Ellis, *The Yoruba-Speaking Peoples of the Slave Coast of West Africa. Their Religion, Manners, Customs, Laws, Language, etc. With an Appendix containing a Comparison of the Tshi, Gä, Ewe, and Yoruba Languages*, London 1894, S. 125f.; Skeat, *Malay Magic*, S. 50. 更多证明例如参见：James George Frazer, *The Golden Bough. A Study in Magic and Religion*, 2, durchges. u. verm. Aufl., 3 Bde., London 1900, Bd. I, S. 248, Bd. II [³1911]: Taboo and the Perils of the Soul, S. 27. 在澳大利亚原住民部落那里，也发现了有关灵魂多数性的相同表象，参见：Spencer/Gillen, *The Native Tribes*, S. 512 ff.; *The Northern Tribes*, S. 448 ff.。

坚不可摧的和不可毁灭的，因此，其含义似乎与我们的"精神"概念最接近。① 人们在这里试图从三个不同方面来定义与身体存在相对立的灵魂存在的特殊性；但是，这些不同的尝试恰恰证明了，一种特殊的明确的"人格性"原则还没有被制定出来。② 在很长时间内阻碍发现这个原理的，并不单单是一种消极的要素，而且是一种最重要的积极的要素。这里存在的不仅是神话意识的一种理智上的无能，而且是一个深深地根植于神话生命感的特性之中的题材（Motiv）。我们已经看到，这种生命感（Lebensgefühl）如何首先把自己表现为一种"阶段感"（Phasengefühl）——以至于它并没有把生命整体视为一个全然统一的和连续的历程，而是作为被完全确定的间隔、被关键的点和时段打断的过程。正如这种中断把生命的连续体划分为了彼此明确分割开的片段，那么，这种中断也以相同的方式把自我的统一性划分开了。在这里，观念性的"自我意识的统一性"不是作为抽象原则起作用的，这种抽象原则不理会**内容**的一切杂多性而把自身建构为"我"的纯粹形式（die reine »Form« des Ich），而是说，这种形式的综合在诸内容本身以及这些内容的具体属性中发现了完全确定的界限。在内容的差异性达到这种张力的地方，即在它变成完全对立的地方，生命的关联以及由此自我的统一性也会被这种差异（Diskrepanz）消灭（aufgehoben）。这是一个新的自我，它以每一种典型的新生命阶段为起点。正是在神话意识的原始层次上，我们一再碰到这种基本观点（Grundanschauung）。一个广泛流传的观念是，在这

---

① 关于埃及人"灵魂"的这三个部分及其概念和含义，我首先指点读者参阅巴基的描写：Budge, *Osiris*, Bd. II (Kap. 19)，其中也深入地考察了非洲其他宗教民族学上的对应物。也可参见：George Foucart, *Art. Body (Egyptian)*, in: *Encyclopaedia of Religion and Ethics*, mit John Alexander Selbie u. a. hrsg. v. James Hastings, Bd. II, Edinburgh/New York 1909, S. 763 – 768, 以及 Adolf Erman, *Aegypten und aegyptisches Leben im Altertum*, Bd. II, Tübingen o. J. , S. 414 ff. 。

② 布莱斯特德（Breasted）在描述埃及人的灵魂信仰时评论道："在处理如此早的人民中间的［灵魂］概念时，有必要记住的是，他们对于人格性中的这个要素的精确本性并没有任何明确规定的观念。很显然，埃及人从来没有完全把一个人格作为感觉的工具和手段而从身体中完全分离出来。在灵魂'巴'与身体分离开之后，埃及人回到了身体的不同感官渠道。" Breasted, *Development of Religion and Thought*, S. 56.

第三部分　作为生命形式的神话　神话意识中主观现实性的发现和规定

里，从男孩转变到男人被完全视为具有一种特殊烙印的神话过程，并通过专门的巫术-神话习俗从生命整体中突出出来了，这种转变并不是以"发展"和进化的形式完成的，而是这种转变意味着获得一个新的自我、一个新的"灵魂"。据报道，在利比里亚内地一个部落那里流行着如下信仰，一旦一个男孩进入举行入会仪式（Initiationsweihe）的神圣小树林，他就被一个树精杀死了，之后才能唤醒新的生命并使新生命"复活"。① 在澳大利亚东南部的库尔奈人（Kurnai）那里，在举行成人仪式（Jugendweihe）时，男孩被置于一种不同于正常睡眠的巫术睡眠状态，醒来后他就成长为另一个人，成长为部落图腾先祖（totemistischer Stamm- und Urvater）的相似者和转世。② 在这两种情况下都表明了，"自我"作为纯粹功能统一体还没有力量涵盖、统摄似乎被某些重要阶段点和转折点（Phasen- und Wendepunkt）分离及分隔开来的各个阶段。在这里，直接而具体的生命感战胜了抽象的我和自我感（Ich- und Selbstgefühl），我们不仅在神话表象中，而且在纯粹的艺术本性中也一再碰到这种情况。但丁把他从青年到成年期间对贝阿特丽采的爱的经历在名为"新生命"（Vita nuova）的图画中表现出来，这绝不是偶然的。在歌德的一生中也有一个特征，他把其内心发展中最有意义的阶段仅简短地称为"蜕去正在逝去的和已经过去的状态"，他觉得自己的诗只是像"沿路蜕去的蛇皮"③。对神话思维来说，相同的分裂过程既可以发生在相继中也可以发生在并存

204

---

① 参见：Heinrich Schurtz, *Altersklassen und Männerbünde. Eine Darstellung der Grundformen der Gesellschaft*, Berlin 1902, S. 102 ff.；Boll, *Die Lebensalter*, S. 36 f.。

② 参见：Howitt, *The Native Tribes* sowie Wilhelm Schmidt, *Die geheime Jugendweihe eines australischen Urstammes. Mit einem. Abriß der soziologischen und religionsgeschichtlichen Entwicklung der südostaustralischen Stämme*, Paderborn 1923 (Dokumente der Religion, Bd. 3), S. 26 ff.。

③ 参见：Johann Wolfgang von Goethe zu Friedrich Wilhelm Riemer, 23. Juni 1809 (Goethes Gespräche, Gesamtausgabe, unter Mitw. von Max Morris u. a. neu hrsg. v. Flodoard von Biedermann [= Goethes Gespräche, begr. v. Woldemar von Biedermann, 2, durchges. u. stark verm. Aufl.], 5 Bde., Leipzig 1909-1911, Bd. II, S. 42f.；Goethe zu Johann Peter Eckermann, 12. Januar 1827 (Goethes Gespräche, Bd. III, S. 314-316；S. 316)。

199

中：正如在神话中完全不同的"灵魂"可以同时共存于同一个经验个体之中并能够和平地并存，因此，生活事件的经验次序能够分配给完全不同的"主体"，每一个主体不仅**被思考为**一个专门存在物的形式，而且在神话中也直接**被感受为**和**直观为**占有了这个人的一种直接的-有生命的精灵力量。①

如果有关我的观点应该从这种束缚中摆脱出来，如果我应该在观念性的自由中把自己把握为一种观念性的统一体，那么，只有以一种不同的方法才能让这种自我出现。当灵魂概念的重点变化时——当灵魂不是被思考为生命现象的单纯载体或原因而是被理解为**伦理**意识的主体时，才会出现这种决定性的转折。当视域超出生命领域而提升到伦理行为中，从生物学的领域提升到伦理的领域时，我的统一性（die Einheit des Ich）才获得了相对于质料性的或半质料性的灵魂表象的优先地位。在神话思维的范围内已经能够追踪到这种转变。埃及金字塔经文似乎为这一转变提供了最古老的历史证据，人们在这些经文中也能清晰地追踪到，在这里逐步塑造出来的新的伦理性的自我形式（die neue ethische Form des Selbst）如何首先经历了一系列的准备阶段，在这些准备阶段中，自我还是被感性地理解的。埃及的灵魂信仰的第一且自明的前提是，灵魂在死后的一切继续存在（Weiterle-

---

① 第一眼看来，这个在神话的自我感觉与神话的灵魂概念中总是反复出现的"分裂"似乎与上文（参见本书上文：S. 61f.）所指明的神话思维的"复杂的"、非分析的特征是对立的。但是更深入的研究表明，这里涉及的是两个互相对应、互相补充的要素。尽管理论思维越发展就越明确地把"综合统一性"的形式构成为"不同东西的统一性"，尽管它因此设定了一与多之间的一种交互关系，但是神话思维首先了解的还只是二者之间的一种交替关系。因此，它必然要么否定了区别，因为它一方面设定了个别要素互相之间有一种位置、时间和因果关系，另一方面又把这些个别因素彼此等同起来，让它们在一个唯一的结构中"共生"（参见本书上文：S. 81 ff.），要么在这种否定无法完成的地方，在单纯的区别变成"对立"并作为对立强加于意识时，神话思维必须把规定的特殊性划分为互相分隔开的存在物的多数性。因此，一般而言这里既没有设定区别，区别也没有由于设定而被实体化。理论思维试图达到的意识的功能统一性设定了区别，同时又嫁接起了区别，让它们消失在纯粹的思维形式中——实体性的神话思维方式要么把多变成一，要么把一变成多。在这里，要么只有集中（Zusammenfallen），要么只有分离（Auseinanderfallen），但是并不是在意识的纯粹理智综合中、在其特殊的逻辑统一性形式中、在"统觉的先验统一性"中完成的那种独特的不同东西的统合（Zusammenschluß des Verschiedenen）。

第三部分　作为生命形式的神话　神话意识中主观现实性的发现和规定

ben）都需要其物质基础的延续（Fortdauer）。因此，对死者"灵魂"的任何关注首先都要指向木乃伊的保存。但是，正如灵魂本身既是形体灵魂（Körperseele），也是图像和影子灵魂（Bild- und Schattenseele），因此，这种情况也反映在灵魂崇拜的形式（Form ihres Kultes）中。宗教思想和宗教直观越来越多地从崇拜最初所依附的物质的具体的形体（Leiblichkeit）上升到纯粹图像形式（Bildform）。现在，雕像开始被越来越多地视为自我得以维持的主要保证，除了木乃伊，它也是作为永生的同样有效的手段出现的。造型艺术尤其是埃及的雕塑，从这种基本的宗教观点中成长起来了。埃及的国王陵墓即金字塔，变成了如下基本精神方向的最有力量的符号，其目的在于自我的永恒和无限的延续，并且只有在建筑和造型形体中，只有在空间的直观可见性中才能达到和实现这一追求。但是只有当"自我"的伦理因素在死亡信仰和死亡崇拜（Totenkult）中被越来越清楚地铸造出来时，人们现在才能超出可见性（Sichtbarkeit）和可视化（Sichtbarmachung）的整个范围。现在，灵魂的延续和命运不再完全依赖于与灵魂放在一起的物质手段，也不依赖于完成特定的仪式规定以使灵魂得到巫术的支持，而是它只依赖于伦理存在和伦理行为。死神奥西里斯的宠爱在埃及的早期经文中是通过巫术习俗得到的，而在晚期经文中则似乎是被奥西里斯对善与恶的**审判**替代了。在《地狱之书》的描述中，死者来到奥西里斯面前，向他坦白自己的罪，并为自己辩护。只有在把他的心脏放在神面前的天平上称量并宣判无罪之后，他才能进入天国。现在决定他能否战胜死亡的，不是他尘世的权力和地位，也不是他的巫术艺术，而是他是否正义和无罪。一条经文中写道："你在黎明美美地醒来，所有罪恶都离开了你。你带着对心中神灵的赞美，愉悦地步入永恒……你的心与你同在，它没有离开你。"在这里，心即人的伦理自我已经与人心中的神合而为一了："一个人的心就是他自己的神"。如此一来，从神话自我向伦理自我的进展尤其清晰地向我们表现了出来。当人从巫术阶段提升到宗教阶段，从对魔鬼的恐惧提升到对神的信仰和对神的崇拜时，这种神化（Apotheose）

*206*

与其说是向外的不如说是向内的。现在，人并不是仅仅理解世界，而是首先在一种新的精神形态中理解自身。在**波斯人的**死亡信仰中，在灵魂与肉体分离后，灵魂在尸体旁停留三天；但是，它在第四天来到审判之地，即来到越过地狱的亲瓦特桥（Brücke Tschinvat）接受审判。在这里，正直的人的灵魂经过善念、善言和善行的居所而升入光明之地，而不正直的人的灵魂则经过恶念、恶言和恶行的阶段而堕入"谎言之屋"。① 在这里，神话图像表现得几乎只像一层透明但神秘的薄纱，在它后面，伦理自我意识的特定基本形式依稀可见。

因此，从神话向伦理（Ethos）的转变在神话意识本身的现象学中已经有了它的史前史（Vorgeschichte）。在原始神灵和灵魂信仰（Geister- und Seelenglauben）的最低阶段上，灵魂的存在（das seelische Sein）像一个单纯的物件（eine bloße Sache）一样与人相对：它是一种陌生的外部力量（Macht），它表现在人身上的是一种精灵力量（dämonische Gewalt），人服从这种力量，因为他不能通过巫术手段击退这种力量。但是，一旦灵魂不是仅仅被理解为自然神灵（Naturgeister）而是被理解为**保护神灵**（Schutzgeister），那么就已经建立了新的关系。这是因为保护神与它所保护的人格（Person）处于一种更加密切、似乎也更加内在的联系中。保护神不但控制着他，而且庇护引导着他；保护神不再是某种全然外在的和异己的东西，而是一个专门属于这个个体、他所信赖和亲近的东西。因此，在罗马人的灵魂信仰中，"拉瑞"（Laren）与"拉尔维"（Larven）是不同的——后者是四处游荡的鬼魂，它散布恐惧和罪恶；前者是友善的神灵，带有一个确定个体的烙印，与个别的人格、位置、房屋或农田紧

---

① 有关波斯人的死亡和彼岸信仰，尤其参见：Richard Reitzenstein, *Das iranische Erlösungsmysterium. Religionsgeschichtliche Untersuchungen*, Bonn 1921；也可参见：Jackson, *Die iranische Religion*, S. 684 f.。有关埃及人的死亡审判观点，参见埃尔曼的描述及文章：Erman, *Die ägyptische Religion*, S. 117 ff. [Zitate S. 123 u. ebd., Anm. 123 a]；Alfred Wiedemann, *Die Religion der alten Ägypter*, Münster 1890 (Darstellungen aus dem Gebiete der nichtchristlichen Religionsgeschichte, Bd. 3), S. 47 ff u. 132 ff.；Budge, *Osiris*, Bd. I, S. 305 ff. u. 331 ff.。

第三部分　作为生命形式的神话　神话意识中主观现实性的发现和规定

密相连，保护它们不受损害。① 这种人格性的保护神的观念几乎在所有民族的神话中一再出现：人们在希腊人、罗马人、美洲原住民以及芬兰人、古代凯尔特人那里都证明了这一点。② 事实上，保护神没有被思考为人的"自我"（das »Ich« des Menschen），没有被思考为其内在生命的"主体"，而是被思考为一种本身还客观的东西，它像是居住在人"之中"，因而是在空间上与人联系在一起的，也能再次在空间上与人分离开。在委托托人（Uitoto）那里，保护神似乎是某种客体的灵魂，例如像被人暴力地控制住的某些动物的灵魂，它们不仅停留在占有它们的人的旁边，而且能够被派出去完成某种任务。③ 即使在保护神与保护神居于其中的人之间存在着可以设想到的最紧密的联系的地方，即使在保护神决定着这个人的整个存在和遭遇的地方，保护神仍然表现为一种自为持存的东西（ein für sich Bestehendes），一种分离开的和与众不同的东西（ein Abgesondertes und Absonderliches）。巴塔克人的灵魂信仰以如下观念为前提，即在一个人出生前，在他的感性的-肉身的定在之前，他的灵魂、他的通迪（tondi）选择了这个人，这个人的一切包括幸福和不幸都是由这次选择决定的。这个人所遭遇的一切之所以对这个人发生了，是因为他的通迪希望这样。他的身体感觉、灵魂气质、处境和性格完全取决于他的保护神的特性。这个保护神是"一种在人之中的人，但是与他的人格并不一致，而毋宁经常与他的自我相冲突，这个保护神是在人之中的一种特殊存在物，有自己的意志和希望，并且能够以与这个人的意志相冲突的、使之痛苦的方式满足自己的意志和希望"④。因此在这里，人对他自己的精灵（Dämon）的害怕超过了对它的亲密感，即这个精灵是内在地、必然地与他联系在一起并属

---

① 参见：Cumont, *After Life in Roman Paganism*, S. 61 ff.；也可参见：Georg Wissowa, *Die Anfänge des römischen Larenkultes*, in: *Archiv für Religionswissenschaft* 7 (1904), S. 42—57。
② 相关证据参见：Brinton, *Religions of Primitive Peoples*, S. 192。
③ 参见：Preuß, *Religion und Mythologie der Uitoto*, S. 43 ff.。
④ Warneck, *Die Religion der Batak*, S. 8。

于他的。但是，从这种最初的"精灵"形式，灵魂开始逐步变得具有另一种"更加精神性"的含义。乌斯纳借助希腊语 $\delta\alpha\acute{\iota}\mu\omega\nu$ 和拉丁语 genius 这两个术语所经历的**语言上**的含义变化，追溯了这种精神上的含义变化。精灵（Dämon）首先是被乌斯纳指称为"瞬息神或专门神"（Augenblicks-oder Sondergott）的那种神的典型表达。任何表象内容、任何对象——就它唤起了神话-宗教兴趣而言，不论这个兴趣多么短暂——都能够被提升到一种特殊的神、一个精灵的行列。[1] 但是，此外还有一种倾向，即把外在的精灵转变成内在的精灵，把瞬息神和偶然神转变为命中注定的存在物及形态。保护神不是从外部降临到一个人身上的东西，而是他最初所是的东西，构成了这个人的精灵。这个精灵从一出生就与这个人一起，一生都陪伴着他，引导着他的愿望和行为。这一基本表象（Grundvorstellung）在意大利语"守护神"（genius）概念中已经发现了更明确的形态（Durchbildung）。在这一形态中，守护神（der Genius）——正如其名称已经表达的——表现为人的真正的"创造者"，不仅表现为他的肉体的创造者，而且表现为他的精神的创造者，表现为他的人格特性的起源和表达。因此，拥有真正精神"形式"的一切东西都有一个这样的守护神。不仅单个的人，而且家庭、家园、国家、民族以及一般而言人类共同生活的每一种形式（jede Form menschlicher Gemeinschaft）都有一个守护神。相似地，在日耳曼人的表象范围内，个体以及整个宗族和整个部落都有自己的保护神：在北欧传说中，家族的保护女神"kynfylgja"不同于单个人的保护神"mannsfylgja"。[2] 看起来，随着神话-宗教思维越多地从纯粹自然观点领域

---

[1] Usener, *Götternamen*, S. 291 f.；"$\delta\alpha\acute{\iota}\mu\omega\nu$"这个词的历史，也可参见：Albrecht Dieterich, *Nekyia. Beiträge zur Erklärung der neuentdeckten Petrus-apokalypse*, Leipzig/Berlin ²1913, S. 59。

[2] 参见：Golther, *Handbuch der germanischen Mythologie*, S. 98 ff.；关于罗马人的语言用法和表象领域，除了乌斯纳的《神名论》（*Götternamen*, S. 297），尤其可参见：Wissowa, *Religion und Kultus der Römer*, S. 175 ff.，也可参见：Walter Friedrich Otto, Art. »Genius«, in: *Paulys Real-Encyclopädie*, Halbbd. XIII, Stuttgart 1910, Sp. 1155-1170。

### 第三部分　作为生命形式的神话　神话意识中主观现实性的发现和规定

进展到"目的王国"的精神观点，神话-宗教思维似乎也明确地形成了这种表象，并且分配给了它更加重要的任务。因此，举例来说，在一个像波斯宗教这样把善与恶置于**一种**基本对立中的宗教中，善的保护神弗拉瓦西斯（Frawaschis），在世界的等级秩序中占据核心地位。在创造世界时，正是他们帮助了阿胡拉·马兹达，在阿胡拉·马兹达发动的反对黑暗和谎言的神的战争中，正是他们最终决定了战斗的胜负。"得助于众灵体的光芒和灵光，"阿胡拉·马兹达向查拉图斯特拉宣告说，"我支撑着天空，使其高高在上，光照整个宇宙，像穹顶一样笼罩着大地及其四周。……查拉图斯特拉！借助于众灵体的光芒和灵光，我庇护着阿胡拉创造的辽阔的大地。这广袤的大地怀抱着尘世间无数美好的东西（生物、非生物以及拥有牧场和江河的高山峻岭）。……倘若善者强大的众灵体不曾相助，最优等的人类和动物也就不复存在；谎言将得势，主宰一切，尘世就会成为谎言的天下。"①因此在这里，即使最高的统治者、真正的造物主也需要帮助；因为按照祆教（Masdah-Religion）这种先知-伦理宗教的基本观点，造物主与其说是通过自己突出的物质力量，不如说是依靠他所执行的神圣秩序才成为自己之所是。正义和真理的这种永恒秩序形体化为弗拉瓦西斯，并且以他们为中介从不可见的世界下降到可见的世界。按照《班达希经》（Bundahish）的一段叙述，当众保护神（Schutzgeister）还是没有形体的纯粹神灵（Geister）时，奥尔穆兹德让他们选择，是停留在纯粹的极乐状态，还是被赋予形体与他共同发动反对阿里曼的斗争。他们选择了后者——他们进入物质世界，摆脱了敌对原则的力量和邪恶力量的影响。就其基本趋势而言，这一思想几乎回忆起了思辨的宗教唯心论的顶点。因为这里的感性东西和质料性东西表现为"理智东西"的局限——但是，这个局限是必然的，因为只有通过它，只有逐步地克服它，精神性东西的力量才能得到确证并可见地表现出

---

① Yasht 13, 1, 13, 12 u. 13, 13 (Geldner, Die zoroastrische Religion, S. 341).（中译文参见：[伊朗]贾利尔·杜斯特哈赫选编. 阿维斯塔：琐罗亚斯德教圣书. 元文琪，译. 北京：商务印书馆，2005：211，212，213。——中译者注）

来。因此在这里，"精神性东西"的领域与"善的东西"的领域重叠了：恶没有任何弗拉瓦西斯。人们看到了，神话的灵魂概念在这个发展中如何在伦理上变得尖锐化和狭义化（sich ethisch zugespitzt und ethisch verengt），这种狭义化（Verengung）如何包含着对一种独特精神内容的全新专注（Konzentration）。因为灵魂作为单纯生物学的、作为运动的和有灵的原则现在与人身上的精神原则不再是重叠的。一位波斯宗教的权威写道："如果说弗拉瓦西斯这个概念很大可能产生于在印欧民族中富有强大生命力的祖先崇拜，那么，这一概念也经历了一个不断增加的精神化过程（eine wachsende Vergeistigung），并借此最终与亡灵这个概念区别开了——印度人或罗马人崇拜其已故祖先的灵魂，祆教徒敬畏他自己的和所有其他人的弗拉瓦西斯，不论这些人是死的、活的，还是即将出生的。"① 事实上，在这里即将破壳而出的新的对人格性的感觉（Persönlichkeitsgefühl）与在查拉图斯特拉教中处于支配地位的新的时间感（Zeitgefühl）是关联在一起的。从对未来的伦理-先知思想中产生出了对人的个体性和人格性自我的一种真正的发现——原始的神话灵魂表象构成了这一发现的基础，但是最终在这种物质上烙印上了一种全新的形式。

因此，神话意识本身在这一点上经历了一个注定要超出神话意识边界的发展。"自我"的**思辨**思想从其神话土壤里逐步脱离出来的过程在古希腊哲学史中仍能够详细地追踪到。毕达哥拉斯的灵魂学说还完全渗透着远古的神话遗产；罗德说过，其主要特征只是反映了——以由神学家、清洁牧师（Reinigungspriester）以及最终由俄耳甫斯教徒（Orphiker）完成的增强形式和改变了的表述反映了——古代民族心理学的幽灵。② 而且这些特征并没有穷尽毕达哥拉斯心理学的本质特性：毕达哥拉斯心理学与赋予了他的世界概念独特烙印的东西有

---

① Victor Henry, *Le parsisme*, Paris 1905, S. 53 f. 关于"Frawaschis"尤其参见：Nathan Söderblom, *Les fravashis. Etüde sur les traces dans le mazdeisme d'une ancienne conception sur la survivance des morts*, Paris 1899 und Darmesteter, Ormazd et Ahriman, S. 118 u. 130 ff. 。

② Rohde, *Psyche*, Bd. II, S. 167.

第三部分　作为生命形式的神话　神话意识中主观现实性的发现和规定

着相同的根基。尽管关于神话式的灵魂轮回有着各种各样的观念，但是，灵魂既不是某种物质性的东西，也不是一种单纯的气息灵魂或影子灵魂；而是就其最深刻的存在和最终基础而言，它被规定为和谐与数。柏拉图的《斐多篇》发展了菲洛劳斯的学生西米亚斯（Simmias）和塞贝斯（Kebes）有关灵魂是"肉体的和谐"的基本观点。①如此一来，灵魂才首次分享了尺度的思想，而尺度是界限和形式本身的表达，是逻辑的和伦理的秩序。因此，数不仅变成了支配宇宙存在的统治者，而且也变成了一切神性的和精灵的事物（alle göttlichen und dämonischen Dinge）的统治者。② 并且，对神话-精灵世界的这种**理论**上的征服，使这个世界服从一个由数表达的确定**法则**，现在经过**伦理学**基本问题在古希腊哲学中的发展发现了自己的补充和对应物。这个发展从赫拉克利特的论断——人的性格是他的守护神——一直持续到德谟克里特和苏格拉底。③ 也许只有在这种关联（Zusammenhang）中，我们才能充分体会到苏格拉底的精灵（Daimonion）和苏格拉底的"幸福"（Eudaimonie）概念的特殊意义与反响。幸福的基础在于苏格拉底所发现的新的认知形式（die neue Form des Wissens）。当灵魂不再是单纯自然潜能——当它被理解为伦理主体时，才能获得幸福。只有现在，人才变得不再害怕未知事物，不再害怕精灵（Dämonenfurcht），因为他感到他的自我、他的内心不再被一种晦暗的神话力量统治，而是知道自己能够从清楚的洞见中、从认知和意愿原则中塑造自我。因此，关于内在自由的一种新的意识从神话中觉醒了。即使在今天还能发现泛灵论原始阶段上的如下观点，即人是被他的灵魂精灵（Seelendämon）选择的，连细节都是被它完善的。在苏门答腊岛上的巴塔克人那里，在灵魂具身化（Verkörperung）以前，众神和人的先祖把不同的生命命运（Lebenslose）摆在灵魂面前——灵魂做出的选择预先决定了该灵魂进入其中的那个人的命运，决定了他的特性、

---

① ［S. Platon, *Phaidon*, 92 A.］
② Philolaos, *Fragm.* 11, 参见本书上文：S. 179。
③ Für Demokrit s. bes. *Fragm.* 170 f., 转引自：Diels, *Fragmente*, S. 436。

性格和整个人生轨迹。① 柏拉图在《理想国》第十卷中采纳了灵魂选择这一基本神话题材（mythisches Grundmotiv），但是他使用这一题材只是为了从中得出一个与神话的思维方式和神话的感觉世界对立的新的结论。拉赫西斯对灵魂们说："将不是神明在拈阄中决定你们，而是你们自己来选择你们的神明。……美德是没有主人的，每一个人将依其敬重还是蔑视它而更多或更少地拥有它。自取者自负其责，神是不任其咎的。"② 这些格言是以必然性的名义，以拉赫西斯的女儿阿南刻（Ananke）的名义讲述给灵魂们的，但是，由于伦理的必然性取代了神话的必然性，它的法则也就与最高的伦理自由一致了。现在，人在自我负责的思想中达到了其真正的自我，他占领并巩固了它。但是，灵魂概念在古希腊哲学中进一步的发展还表明了，就其独特的特性来维护这一概念中包含的新内容对于哲学意识而言是何等困难。如果人们追溯从柏拉图到斯多亚派再到新柏拉图主义的路径，那么就会发现，关于灵魂神明（Seelendämon）的古老神话直观在这里是如何逐步获得优势的：在**普罗提诺**（Plotin）的著作中，有一份著述再次明确谈道，"神明，它在抓阄中决定我们"③。

但是，在神话意识中还发现了主体性的另一个方面，这个方面与其说是伦理的方面，不如说是纯粹**理论的**方面，这一发现比在理论-哲学意识中的发现更早。神话意识推进到了一种"自我"的思想，这种"自我"本身不再是物性的（dingartig）且不再是通过与物性东西（das Dingliche）的任何相似而被规定的，而是对于这样的自我而言毋宁说，一切客观东西都是作为单纯的"现象"存在的。对自我概念的这种理

---

① 瓦尔纳克交代了非常典型的神话：Warneck, *Die Religion der Batak*, S. 46 ff. 。
② 参见本书上文：S. 165 f. 。
③ Plotin, *Enneades* (Nr. 3, Buch 4), in: *Opera*, hrsg. v. Adolphus Kirchhoff, 2 Bde., Leipzig 1856, Bd. I, S. 134. 关于"人格性保护神"在斯多亚派和新柏拉图主义中的地位，尤其参见：Theodor Hopfner, *Griechisch-ägyptischer Offenbarungszauber. Mit einer eingehenden Darstellung des griechisch-synkretistischen Daemonenglaubens und der Voraussetzungen und Mittel des Zaubers überhaupt und der magischen Divination im besonderen*, Bd. I (§35ff. u. 117ff.), Leipzig 1921 (*Studien zur Palaeographie und Papyruskunde*, Bd. 21), S. 10 ff. u. 27 ff. 。

第三部分　作为生命形式的神话　神话意识中主观现实性的发现和规定

解（Fassung des Ichbegriffs）——一种停留在神话直观和思辨沉思边界上的理解——的经典例子在印度思维的发展中给出了。在《奥义书》的思辨中，这条必经之路的各个阶段被最清楚地区别开了。人们在这里看到，宗教思想如何为自我和主体这种无法把握、无法理解的东西（das Ungreifliche und Unbegreifliche）寻找常新的图像，以及它最终如何只能通过再次把这些图像性的表达作为不充分和不适当的东西抛弃掉来规定这个自我。自我是最小的，又是最大的：心中的阿特曼（Atman）比一粒稻谷、黍粒更小，却又比天空、天国和整个世界更大。自我既不会受空间局限的束缚，即不会被束缚于"这里"和"那里"，也不受时间性法则的束缚，即不会束缚于产生和灭失、行为和受动，而是无所不包的和支配一切的。因为自我作为一个单纯的**旁观者**面对着存在的一切、发生的一切，而本身没有被拖入它所看到的东西中。在这种纯粹观看（Schauen）的**行动**中，自我把自己与一切具有客观**形式**、具有"形态和名称"的东西区别开了。对于自我而言，只剩下了"它存在"（Er ist）这一简单的规定，而没有任何更进一步的区分和限定。因此，自我与一切可知东西都是对立的，同时又是一切可知东西的核心。只有没有认出（erkennen）自我的人，才能了解（kennen）自我——知道自我的人，并不知道它。认识它的人（der Erkennende）无法认出（erkennen）它，不认识它的人可以认出它。① 各种强度的认识冲动都朝向它——但同时在自我中又包含着认识的一切问题。知识不是为了让事物变得可见，而是人们应该看、听、理解自我——已经看到、听到、理解了和认出了自我的人，也已经认识了全世界。而这种全知者（Allwissende）本身恰恰是不可知的。"……凡有对偶的地方……都是一方看见另一方，一方闻到另一方，一方听到另一方，一方向另一方讲话，一方理解另一方，一方认识另一方……谁又来认识

214

---

① S. Kena-Upanishad 11；Kathaka-Upanishad VI, 12 （Deussen, *Die Geheimlehre des Veda*, S. 148 u. 166）.（中译文参见平石译《羯陀奥义书》第四部分第 12 节："神我阿特曼，内在于我等，其大小若拇指。若人能认识，其为过去未来之主，是人便不再有怖畏惊恐诸事。"——中译者注）

前者？谁又来认识这个认识者？"① 这段话极其明确地表明了，一种新的确定性在这里已经向精神展现出来了，而这种确定性作为认识的**原则**与认识的任何**对象**或构成物都没法比，因此也依旧是正好适用于这些对象的认识方式（Erkenntnisweisen）和认识工具（Erkenntnismitteln）无法达到的。如果人们希望由此揭示出《奥义书》中的自我概念与现代哲学唯心主义的自我概念之间具有一种内在的亲缘性即一种同一性，那么，这又太仓促了。② 因为宗教神秘主义借以理解纯粹主体性和规定其内容的**方法**，与对认知及其对象进行批判分析的方法是不同的。这一运动本身的一般**方向**，即由"客体"到"主体"的方向——尽管其目标有着各种不同——还是有一个共同因素。尽管把神话-宗教意识的自我与"先验统觉"的自我区分开来的鸿沟很大，但是相比于神话意识本身之中，有关灵魂精灵的各种最初的原始表象与如下充分发展的见解——自我在一种新的"精神性"形式中被理解为意愿的主体——之间的距离，上述鸿沟并不算大。

---

① Brihadaranyaka-Upanishad II, 4, 5 u. 14 (a. a. O., S. 30ff. [Zitat S. 35])。《大林间奥义书》第二部分第四婆罗门书第 14 节汉译本为："是如有对偶之处，则此嗅彼，则此见彼，则此闻彼，则此语彼，则此思彼，则此知彼。然若处一切皆化为自我矣，则当由谁而嗅谁，由谁而见谁，由谁而闻谁，由谁而语谁，由谁而思谁，由谁而知谁耶？由彼而知此一切矣，则当由谁而知彼耶？唯！复由谁而知此知者耶？"——中译者注

② 奥尔登贝格批判地评论了多伊森（Deussen）的见解和描述，参见：Oldenberg, *Die Lehre der Upanishaden*, S. 73f. u. 196 ff. 。

# 第二章　自我感形成于神话的统一感和生命感

## 一、有生命者的共同体与神话的类别形成——图腾①

把"主体"与"客体"对立起来,把我与一切物性地给定的东西(dinglich-Gegebenen)和物性地规定的(dinglich-Bestimmten)东西区分开来,并不是从一种一般性的、尚未分化的生命感进步到"自我"概念和"自我"意识的唯一形式。如果说在纯粹认知领域中,全部进展都在于把知识的原则与知识的内容区分开,把认识者与被认识者区分开,那么,神话意识和宗教感觉还包含一种不同的和更根本的对立。在这里,自我并不是直接联系于外部世界,而是毋宁说最初联系于一个与其同类的人格性定在和生命。主观性关联起来的与其说是某种外部事物,不如说是"你"或"他",它一方面与之区分开了,另一方面又与之统合在一起。这种"你"或"他"构成了自我为了在

---

① 在本书 1925 年第一版中,本章第一、二节的标题只有"一""二",其后并无具体内容。为方便读者阅读,译者参照该书的目录页补足了其具体内容。——中译者注

他那里发现自身并规定自身所必需的真正对立面。因为在这里，个体性的自我感和个体性的自我意识也不是处于发展过程的开端，而是处于它的终点。在我们能够追溯到的这一发展的最初阶段上，我们总是发现**自我感**与一种特定的神话-宗教性**共同体感觉**直接混合在一起的。只有当自我把自己把握为一个共同体的一员，只有当他发现自己与其他人结合为了一个家族、一个部落、一个社会组织的统一体时，自我才感觉到并认识了自己。只有在这种统一体中并通过这种统一体，自我才拥有自己；他自己的人格性定在和生命的每一种表现都像是借助一些不可见的巫术纽带与环绕着他的那个整体的生命联系在一起。这种纽带只能逐步放松和解除，只能渐近地达到一种相对于包围着它的生命范围（Lebenskreise）的自我的独立性（Selbständigkeit des Ich）。而且，神话也不只是**伴随着**这个过程，而是**中介了**且**决定了**这个过程：它构成了这个过程的最重要的、最活跃的推动力之一。由于自我对共同体的每一种新的态度在神话意识中都发现了自己的表达，由于这些态度首先客观化在灵魂信仰的形式里，因此，灵魂概念的发展不仅变成了"主观化"（Subjektivierung）行动的表现，而且变成了该行动的精神工具。——

　　对神话意识单纯**内容**的考察已经向我们表明了，那些内容绝不是仅仅起源于直接的自然直观领域，也不是主要起源于这一领域。即使人们并不把**祖先信仰**（Ahnenglauben）和**祖先崇拜**（Ahnenkult）——在主要由赫伯特·斯宾塞所代表和创立的"祖先崇拜"（manistische）理论的意义上——视为神话思维的真正**起源**，但似乎还是能够证明，只要在一个地方一般而言清晰地形成了灵魂表象，并对于灵魂的家园和起源形成了确定的神话理论，祖先信仰和祖先崇拜都起着重要作用。在几大文明宗教（Kulturreligionen）中，中国的宗教尤其根植于祖先信仰，并且似乎最纯粹地保存了祖先信仰的原初特征。在这种信仰处于支配地位的地方，单个的人不仅感到自己通过连续的生育过程与祖先（Stammeseltern）**结合在一起**，而且知道自己与祖先是**同一**的。祖先们（Voreltern）的灵魂并没有死；它们持

### 第三部分　作为生命形式的神话　神话意识中主观现实性的发现和规定

存（bestehen）且存在着（sind），在子孙身上重新形体化，并在新出生的各代身上不断地得到更新。即使神话-社会性直观的这个首要范围扩大了，即使这种直观从家庭发展到部落再发展到民族，但是很显然，这些发展的每一个个别阶段在一定程度上都拥有自己的神话"代表"。社会意识的每一次转变都在诸神的形式（Form）和形态（Gestalt）上打下了烙印。在希腊人那里，家庭诸神"θεοὶ πατρῷοι"从属于氏族和部落诸神："θεοὶ φράτριοι"和"φύλιοι"，氏族和部落诸神又从属于城邦诸神和万邦神。因此，"诸神之国"变成了社会生活结构的忠实摹本。① 有些人尝试着从人类社会当时的经验关系中**引申出**神话意识的形式和内容，尝试着在这个意义上把社会存在变成宗教的**基础**，把社会学变成宗教科学的基础——事实上，**谢林**之前就已经提出过反对这些尝试的一个重要意见。他在其《神话哲学》讲演录中指出：

> 在我看来，正是这个迄今为止无人质疑的问题，即一般而言是否可以认为神话是从一个民族中或在一个民族中**产生**的，非常需要研究。首先，什么是一个民族（ein Volk），或者什么使一个民族成为**民族**？毫无疑问的是，民族不是或多或少数量的物理上同类的个体单纯的空间性并存，而是这些个体之间的意识共同体。这种共同体只是在共同的语言中才有其直接表达；但是，如果不是在一种共同的世界观中，那么，我们应该在哪里寻找这种共同体本身或它的基础呢？如果不是在一个民族的神话中，那么，这个民族的共同世界观反过来最初又能包含在何处呢，又能在何处给予这个民族呢？因此，除非通过这个民族中某些个人的创造或者通过一种共同的本能创造，否则，一个已经存在的民族就不可能有神话。这一点看起来之所以不可能，也是因为，一个没有神话的**民族**是不可思议的。人们也许可以想象有人会如此回

_218_

---

① 亚里士多德在《政治学》中就已经把"诸神国家"（Götterstaates）追溯到社会有机体："一切城邦既然都是这一生长过程的完成，也该是自然的产物。"（Aristoteles, *Politik* (Buch 1, Abschn. 2) 1252 B, Z. 24-26）

应，即一个民族是通过共同从事某种职业——例如，农业、商业——通过共同的习俗、法律、政府等而聚合在一起的。确实，所有这些都属于民族的概念，但是，追溯政府权力、法律、习俗乃至职业与诸神表象有着何种密切的关联，看起来几乎是多余的。问题恰恰在于，离开了各种宗教表象是否能够思考"民族"概念中所预设的一切以及**伴随着**民族概念给出的一切，而宗教表象从未脱离神话。①

如果人们用某种更为原始的社会共同体代替"民族"，把它作为实在的基本形式从中引申出观念性宗教意识形式，谢林这些话从方法论上看也依然有效。因为人们在这里也被迫颠倒关注的方向：神话-宗教意识并不是简单地从社会形式的事实内容（faktischer Bestand der Gesellschaftform）**得出来**的，毋宁说，它表现为社会结构的其中一个**条件**，表现为共同体感觉和共同体生活的其中一个最重要的**因素**。神话本身是那些精神性**综合**中的一个，通过这种综合，"我"与"你"之间的结合才得以可能，个体与共同体之间的一种确定的统一性和一种确定的对立、一种相属关系、一种紧张关系才产生出来。事实上，一旦人们在神话和宗教世界中看到的只是一种表达，即某种已经存在的划分——不论它是属于自然存在，还是属于社会存在——的简单复印件，那么，就还不是在其真正的深度（Tiefe）上来理解神话和宗教世界。毋宁说，我们必须在神话和宗教世界中辨认出"危机"本身的一种工具，即大的精神分离历程（Sonderungsprozess）的一种工具，借助于这种工具，社会和个体意识的特定原初形式才从最初的、不确定的生命感的混沌中产生出来。在这个过程中，社会定在的诸要素及自然定在的诸要素只是构成了如下这种材料，这种材料只有通过特定的、并不存在于这些材料之中而且也能从这些材料中派生出来的基本精神范畴才获得自己真正的形态。首先，在这里对于神话的方向而言，其首要的典型特征是，它是以一种完全不同的方式在

---

① Schelling, *Einleitung in die Philosophie der Mythologie*, S. 62f.

第三部分　作为生命形式的神话　神话意识中主观现实性的发现和规定

"内在"与"外在"之间划定界限的，它划定界限的位置完全不同于在经验-因果性知识中出现的界限。当客观的直观与主观的自我感和生命感这两种要素在这里进入一种完全不同于它们在理论知识结构中的关系时，存在和事件的一切**基本尺度**也借助这一精神性的重点变化（Accentwechsel）而发生了改变——现实东西的不同领域和维度按照完全不同于那些适用于知觉世界的纯粹经验秩序和分节、适用于纯粹经验及其对象的结构的视角而彼此融合、相互分化。

详细描述宗教形式与社会形式之间的关联是宗教社会学的任务，它如今已经成了一门具有自己问题和方法的专门学科。对于我们而言，问题只在于指明那些最一般性的宗教范畴，这些范畴与其说在这个或那个特殊的社会组织形式中是有效的，不如说在共同体意识本身的基本形式的构成中是有效的。这些范畴所能主张的"先天性"无非是如下意义上的"先天性"，即批判唯心论接受和认可的知识基本形式所具有的先天性。在这里，也不必分离出一个固定的诸宗教表象领域，它们总是到处重复出现，并对社会意识结构产生同样的影响，而是只能确立起一个确定的**问题**方向、确立起一种如下"视角"的统一性，神话-宗教直观、世界的分节以及共同体的分节都是在这种视角下完成的。这种视角总是只有通过单个的具体共同体所服从和发展的特殊生命条件才能获得更加详细的规定；但是这并不妨碍我们认识到，特定的一般性和普遍的精神赋形因素在这里也在起着作用。神话的发展首先非常清楚地表明了一件事情：人的类意识（Gattungsbewußtsein）最一般性的形式、人为了与同类统合为一个特殊的自然"物种"而把自己与整个生命形式区别开的方式，也不是从一开始就作为神话-宗教世界观的**起点**给予的，而是需要被理解为一种经过中介的产物，即这种世界观的一种**结果**。对于神话-宗教意识而言，"人"这一物种的界限绝不是僵死的界限，而是完全流动的界限。只有通过一种进步的集中，通过对那构成神话起点的一般生命感的一种逐步压缩，它才能逐步达到明确的人的共同体感觉。对于神话世界观的早期阶段而言，还不存在任何一种把人与整个生物，即与

_215

动物界和植物界分离开的明确的分割线。尤其是在**图腾主义**的表象范围内，人与动物的"亲缘关系"，更详细地说是一个特定的部落与其图腾动物或图腾植物之间的亲缘关系，并不是某种转义的亲缘关系，而是严格意义上的亲缘关系。而且在人的行动和习性中，在人的整个生命形式和生活方式中，人都感觉自己并没有以某种方式与动物分离开。据报道，当被问起时，布希曼人在今天还不能说出人与动物之间的任何区别。① 马来人相信，老虎和大象在丛林中有自己的城市，它们居住在房屋里，在每一个方面都与人这种存在物的行为举止一样。② 原始神话意识通常的特征恰恰在于它理解一切感性-具体区别的明确性、一切知觉形态差异的明确性。在原始神话意识中，生物"物种"的这种混合，它们的自然边界和精神边界的完全融合：这些必然——不论对图腾的含义和起源做何种**特殊的**解释——根植于神话思维"逻辑"的某种一般性特征，根植于神话思维的概念形成和类别形成本身（Begriffs- und Klassenbildung überhaupt）的形式与方向。

神话的类别形成（Klassenbildung）与我们经验-理论世界图像所用到的那种类别形成之间的区别首先在于，它缺少后者拥有和经常使用的真正思想工具。如果说经验的、理性的知识把事物的存在划分为各种种类（Arten）和类别（Klassen），那么，在这里作为考察的工具和通用指导线索的是因果性推理及推论的形式。对象之所以被统合为类和种，与其说其基础是对象的在纯粹感性上可以把握住的近似和区别，不如说其基础是对象的因果依赖性。我们不是按照对象**给予**外知觉和内知觉的东西，而是按照这些对象依据因果性**思维**规则"相属"的方式，而对对象进行整理。因此，举例来说，我们的经验知觉空间的整个分节都是被思维的规则决定的；我们在这个空间中突出个别形态以及把他们互相分离开的方式，我们规定它们彼此之间位置和

---

① Bericht von John Campbell, *Reisen in Sued-Afrika. Auf Veranlassung der Missions-Gesellschaft zu London unternommen* (*Die zweite Reise, welche der Verfasser in das Innere jenes Landes machte*), Weimar 1823, S. 171, 转引自：Leo Frobenius, *Die Weltanschauung der Naturvölker*, Weimar 1898 (*Beiträge zur Volks- und Völkerkunde*, Bd. 6), S. 394.

② Skeat, *Malay Magic*, S. 157.

## 第三部分　作为生命形式的神话　神话意识中主观现实性的发现和规定

距离的方式——所有这一切不是源于简单的感受、视觉和触觉印象的物质性内容,而是源于它们因果性搭配和连接的形式,源于因果推论的行动。我们对诸形态学上的形式、生物类和种(die Gattungen und Arten des Lebendigen)的划分及分界也遵循相同的原则,因为这些划分本质上所依据的那些标准是我们从起源规则中得出的,即从我们对顺序和产生的因果性关联的洞见中得出的。当我们谈到一种特定的生物"类"(»Genus« der Lebewesen)时,其基础是如下表象,即这种"类"是按照确定的自然法则产生的:"类"的统一性这一思想以其通过一个连续的生殖序列繁殖自身、一再重新产生出自身的方式为基础。"在动物王国中,"康德在其论文《论各种不同的人种》中指出,"类和种的自然划分以共同的繁殖法则为基础,而类的统一性只不过是生殖力的统一性,这种统一性适用于特定多样性的动物。……学院派的分类试图划分为不同**类别**,它以**相似性**为依据;自然的分类试图划分为不同种族**根**(Stämme),并根据生育的**亲缘性**对动物加以分类。前者为记忆创造了一种学院派体系,后者为理解创造了一种自然体系;前者的意图是将创造物归在题目之下,而后者则是把它们归在法则之下。"[1] 对于这种"为了理解的自然体系",对于这种把物种还原为根、还原为生殖之生理学法则的做法,神话的思维方式一无所知。因为对于神话的思维方式来说,生殖和生育并不是纯粹的"自然"历程(Prozesse),并不服从一般性的和固定不变的法则,而是它本质上是**巫术**过程(magische Vorgänge)。交配行为和生育行为彼此之间的关系与"原因"和"结果"的关系不同,它们不是一个统一的因果关联的两个时间上分离开的阶段。[2] 澳大利亚原住民部落似乎

---

[1] [Immanuel Kant, *Von den verschiedenen Rassen der Menschen*, in: *Werke*, Bd. II, hrsg. v. Artur Buchenau, Berlin 1912, S. 443-460; S. 445 (Akad.-Ausg. II, 429).]

[2] 参见:Willy Foy, Australien 1903/04, in: *Archiv für Religionswissenschaft* 8 (1906), S. 526-549; S. 546 (转引自:Albrecht Dieterich, Mutter Erde. *Ein Versuch über Volksreligion*, Leipzig/Berlin 1905, S. 32)。"在澳大利亚东北部和中部,母性与性生活没有任何关系……人类的胚胎是被一个更高的存在物引入子宫的。"尤其参见:Strehlow, *Die Aranda-und Loritja-Stämme*, S. 52f. 。

最纯粹地保留了图腾的某些基本形式,在那里,处于统治地位的信仰是:妇女受孕与一些特定的场所、与祖先的神灵(Ahnengeister)居住的确定图腾中心有关——当妇女在这些场所逗留时,祖先的神灵就进入她的身体,并被她重新生下来。① 弗雷泽曾试图从这一基本表象出发去解释整个图腾体系的起源和内容。② 但是,不论这种解释是否妥当、是否充分——这类观念都在神话的类概念和种概念本身形成的形式上投下了明亮的光。在神话直观的意义上,种并不是通过在直接的感性"类似性"的基础上或者在间接的因果"共属关系"(Zusammengehörigkeit)的基础上把特定的要素统合为一个统一体而建构起来的,而是它们的统一性有不同的起源,即原初的巫术起源。这些要素属于同一个巫术作用范围,一起共同发挥了特定的巫术功能,它们总是表现出了融合的趋势,表现出了变为一个位于其背后的神话同一性的单纯表现形式的趋势。我们在前面分析神话的思维形式时曾试图从这一思维形式本身的本质出发来理解这种融合。如果说理论思维把它通过确定的综合性连接起来的各部分在这种连接中保持为独立的要素,如果说当理论思维把这些部分关联起来时同时又把它们分离和分割开来,那么,在神话思维中,那些彼此联系起来的东西,那些似乎是通过一个巫术纽带结合起来的东西,却汇集成了**一个无区分的形态**(eine unterschiedslose Gestalt)。③ 如此一来,那些在直接知觉的立场上最不相似的东西或者在我们的"理性"概念的立场上最不相同的东西只要作为部分进入同一个巫术复合整体(magischen Gesamtkomplex),就能够表现为"相似的"或"相同的"。④ 相同性

---

① 更多内容参见:Spencer/Gillen, *The Native Tribes*, S. 265; Spencer/Gillen, *The Northern Tribes*, S. 170; Strehlow, *Die Aranda-und Loritja-Stämme*, S. 51 ff. 。

② 关于弗雷泽的"观念性图腾"理论(James George Frazers Theorie vom »conceptional totemism«),参见:James George Frazer, *Totemism and Exogamy. A Treatise on Certain Early Forms of Superstition and Society*, Bd. IV, London 1910, S. 57 ff. 。

③ 参见本书上文:S. 81ff. 。

④ 对于图腾的观点而言,即使"灵魂"与"肉身"之间也不存在"有机的-因果性的"关联,而是仅仅存在一种"巫术的"关联。因此,灵魂不仅"拥有"唯一一个属于它且被它赋予生命的肉身,而且每一个"无生命的"事物也都被理解为它的肉身,只要它拥有

### 第三部分　作为生命形式的神话　神话意识中主观现实性的发现和规定

这个范畴（Kategorie der Gleichheit）的基础并不是某种感性的特点或抽象的-概念性的要素的一致性，而是说，其条件是巫术性关联的法则、巫术性"交感"（Sympathie）的法则。被这种交感联系起来的东西，在巫术上"一致"的东西或者在巫术上相互支撑的东西，联合为一种神话类的统一体（Einheit einer mythischen Gattung）。①

如果人们把神话的"概念形成"（Begriffsbildung）的这个原则运用到**人与动物的关系**上，那么便打开了一条由之至少可以理解图腾主义的一般性的**基本形式**——如果还不能理解这种基本形式的特殊分支和变形的话——的路径。因为我们在这种关系中从一开始就发现了一个本质性要素，神话统一性设定的一个主要条件。在原始思维中人与动物之间的原初性联系既不是片面实用的联系，也不是一种经验-因果性的联系，而是一种纯粹巫术的联系。对于"原始人"的直观而言，动物比所有其他存在物都更多地被赋予了特殊的巫术力量。关于马来人有这样的报道，即使伊斯兰教也不能根除他们对动物的根深蒂固的恐惧和敬畏：在马来人这里，超自然的"精灵"力量尤其被归于大型动物：大象、老虎和犀牛。②众所周知的是，对于原始的直观而

---

（续前）典型的图腾类别从属性（die charakteristische totemistische Klassenzugehörigkeit）。"tjurunga"是由图腾祖先变成的一种木石质的对象，被视为按照该图腾命名的每一个个体的身体。祖父用如下的话向孙子说明"tjurunga"："Dies du Körper bist; dies du der Nämliche. Du Platz zum andern nicht nehmen sollst, du schmerzen!"亦即："这是你的身体，这是你的第二个自我……如果你把这个'tjurunga'拿到别的地方，你就会觉得疼！"参见：Strehlow, *Die Aranda-und Loritja-Stämme*, S. 81（参见本书上文：S. 201, Anm. I）。

① 鲁姆霍尔茨（Lumholtz）关于胡伊克尔-印第安人（Huichol-Indianer）的"符号论"（Symbolismus）的描述中包含着有关这一巫术"混合"过程的典型证据。这种符号论中明显包含着比单纯符号更多的东西，举例来说，鹿似乎与某种仙人掌即皮约特仙人掌在本质上是相同的，因为它们有相同的"巫术历史"并且在巫术的实际行为中占据着相同的位置。鹿与皮约特仙人掌按照我们的经验的、理性的概念形成法则来看是完全不同的物种，在这里似乎是"相同的"，因为它们在胡伊克尔-印第安人的巫术-神话仪式中是彼此一致的，而该仪式支配并决定了他们的整个世界观。更多内容参见：Carl Lumholtz, *Symbolism of the Huichol Indians*, New York 1900（*Memoirs of the American Museum of Natural History*, Bd. 3, Anthropology II, Nr. 1), S. 17 ff.；也可参见：Preuß, *Die geistige Kultur der Naturvölker*, S. 12 f.。

② 参见：Skeat, *Malay Magic*, S. 149 f.。

言，在特定季节出现的动物往往被视为这个季节的创造者、带来者：在神话思维中，其实是燕子"产生"了夏天。① 正如动物对自然界和人的影响完全是在这种巫术的意义上理解的，因此，人与动物的每一种积极的-实践活动形式也是同样的。狩猎也不是单纯的发现并捕杀野生动物的技术，这种技术的成功也不纯粹取决于遵守实践规则，而是它以人在他自己与狩猎对象之间生产的一种巫术联系为前提。在所有北美印第安人那里，总是可以观察到，在"实际"的狩猎之前必须先在巫术上完成这次狩猎，这种巫术狩猎经常持续数日或数周，并且有非常确定的保护措施（Sicherungsmaßnahmen）和大量的禁忌规定（Tabu-Vorschriften）。因此，举例来说，狩猎野牛先举行野牛舞蹈，在舞蹈中要惟妙惟肖地表现捕获杀死野兽的每一个细节。② 这种神话仪式不是单纯的游戏或化装舞会，而是"实际"狩猎的一个有机部分，因为狩猎的成功在本质上取决于精确地遵守这种仪式。类似的严格遵守的仪式不仅伴随着发现和猎杀猎物，而且也伴随着准备和享用膳食。所有这些都表明，对于原始的直观而言，动物与人处于一种普遍的巫术关联中，它们的巫术作用不停地从一方变成另一方、从一方融入另一方。③ 但是，从神话思维的立场出发，假如没有一种**本质**统一性作为基础，**活动**的这种统一性也是不可能的。因此，在我们从理论上把自然划分为确定的、彼此分离开的生命形式，划分为"种"和"类"时所遵循的关系，在这里经历了一次倒转。种的规定并不以经验的-因果性的生殖规则为基础；"类"（Genus）的表象并不依赖于

---

① 参见本书上文：S. 60。

② 对这种舞蹈的描写，参见：George Catlin, *Illustrations of the Manners, Customs, and Condition of the North American Indians. With Letters and Notes Written during Eight Years of Travel and Adventure among the Wildest and Most Remarkable Tribes now Existing*, Bd. I, London [10]1866, S. 128 u. 244 ff. 。关于狩猎和捕鱼时的巫术仪式的更多人种学材料，参见：Levy-Bruhl, *Das Denken der Naturvölker*, S. 200 ff. 。

③ 在这里可以回忆一下，只要有意识的反思，即我们的分析的-因果性的和分析的-分类的思维所造成的阻碍失效以后，有关人与动物之间的这种本质统一性的观点往往又会重新出现。精神病学的案例中充满了这种例子，参见：Schilder, *Wahn und Erkenntnis*, S. 109。

### 第三部分　作为生命形式的神话　神话意识中主观现实性的发现和规定

生育者（gignere）与被生者（gigni）之间的经验关联，而确信那种在人与动物之间交互的巫术关系的基础上所产生的类的同一性（Identität des Genus）是首要的，共同的"出身"这一表象只是间接地附属于那种类的同一性上的。① 在这里，同一性绝不是单纯"推导出来的"同一性，而是一种被神秘地信仰的同一性，因为它是被神秘地体验到和感受到的同一性。② 凡是图腾表象还保有其真正强度和生命力的地方，即使在今天还能发现如下信仰，即不同氏族的成员不仅是不同动物祖先的后裔，而且他们实际上就是这些动物物种，例如就是特定的水生动物、美洲虎或红鹦鹉。③

但是，尽管从神话思维的一般方向上能够让图腾的其中一个基本

---

① 正是在"观念性图腾"（conceptional totemism）占统治地位的地方，这一点尤其清晰地表现了出来：因为在这里特定图腾群体的统一性并不依赖于这个群体中的成员被生产出来的方式，而是生产的过程预设了群体的这种统一性。因为图腾精神只进入了那些本身被视为"本质上亲近的"妇女体内。施特雷洛（Strehlow）这样描述这个过程："如果一个妇女进入一个亲属祖先的肉身站立的地方，那么一个期待她路过并把她看作自己同类人的母亲的 ratapa 就通过她的臀部进入了她的身体……如果一个孩子出生了，这个孩子……就属于相关的 altjirangamitjina 的图腾。"参见：Strehlow, *Die Aranda- und Loritja-Stämme*, S. 53。

② 看起来，即使在图腾的观念性部分（die vorstellungsmäßigen Bestandteile）已经被抑制而且只有在个别的残留中才能被识别的地方，图腾"体系"的这种纯粹感觉基础（diese rein gefühlsmäßige Grundlage）依然可以被证明。古特曼（Bruno Gutmann）刚刚出版的著作中针对这一点提供了非常有教益的材料。参见：Bruno Gutmann, *Die Ehrerbietung der Dschagganeger gegen ihre Nutzpflanzen und Haustiere*, in: *Archiv für die gesamte Psychologie* 48 (1924), S. 123–146。在这里，构成图腾的"思想形式"基础的"生命形式"被非常生动具体地说明了。在古特曼的描述中，我们洞察到了一个观念层次（eine Schicht des Vorstellens），在这里，人与动物之间以及人与植物之间的"同一性"没有被设定为概念，也不是被逻辑地–反思地思考的，而毋宁是被神话地经验为命运的统一性和相同性。"这种原初力量是对动物与植物的生命统一性的感觉，是把它们构形为一种受人支配的共同体的愿望，人把它们排成一个圆圈，在这个圆圈中，一切都是完满的，并且是从外部被封闭了的。"(S. 124)因此，即使在今天，贾格佳黑种人（Dschagga-Neger）"还把他的人生阶段与香蕉相等同并模仿它来完成自己的人生阶段。……在成人仪式以及婚姻仪式上，香蕉条起着主导作用。……即使在其当前由祖先崇拜决定的形态中，教义在很大程度上得益于香蕉并且其行动仅仅赋予香蕉一种纯粹意义图像的本质特征，但是它还是不能完全掩盖香蕉与新的人生之间原初的、直接的生命关联"(S. 129 u. 133)。

③ 关于这一点尤其参见施泰恩对博罗罗人（die Bororo）的报道（参见本书上文：S. 84）。

前提为人所理解，尽管现在我们理解了神话必须要以完全不同于经验知觉和经验-因果性研究的方式划分生物的"种"，但是还没有解决图腾向我们提出的真正问题。因为我们习惯于归在图腾的一般概念之下的那些现象特有的性质，并不在于在人**本身**与确定的动物物种之间假定确定的连接、设定确定的神话同一性，而在于每一群特殊的人都有其**专门**的图腾动物，这群人与其图腾动物之间有一种特殊的关系，他们在严格的意义上表现出与图腾动物的"亲缘性"，而且"属于"图腾动物。正是这种**差异化**（Differenzierung）连同其社会后果和伴生现象（Folge- und Begleiterscheinungen）——其中首要的是异族通婚原则，即禁止相同图腾群体成员之间通婚——构成了图腾的基本形式。

如果人们坚持如下观点，即人完成对客观存在的直观的方式以及把这种存在分节为个别的"类别"的方式，最终追溯到对人的**活动**方式和方向的区别，那么，看起来可能会更加接近于理解了这种差异化。这一原则如何支配了神话直观世界的整个结构，神话的**对象**世界如何证明自己几乎总是人类行为的一种单纯客观投射：这一点在后面将会被详细地考察。① 在这里回忆起下面这一点就足够了，即使在神话思维的最低层次上，即使在"巫术"世界观之中，就已经存在着这种发展的最初萌芽，因为一切事件所依赖的巫术力量并不是均等地扩展到了所有的存在领域上，而是能够以完全不同的方式分配在这些领域上。即使在"主观"行为的直观很少被个体化以至于整个世界都充满了一种不确定的魔力（Zauberkraft），以至于氛围中似乎充满了神灵之电（Geisterelektrizität）的地方，个别的主体也在非常不同的尺度上分有了这种分布广泛而且本身非人格性的力量。渗透于整个宇宙并支配着整个宇宙的巫术潜能在许多个体身上、在个别行业和阶层中似乎表现得尤其强烈，似乎是以浓缩的形式表现出来的——力量本身、一般性的曼纳分裂为特殊的曼纳形式：武士的曼纳、酋长的曼

---

① 参见本书下文：S. 246 ff. 。

### 第三部分  作为生命形式的神话  神话意识中主观现实性的发现和规定

纳、祭司的曼纳和巫医的曼纳。① 这些是量上的区分（diese quantitative Besonderung），在这种量上的区分中，巫术力量总是表现得像一个共同的和可转让的占有物，它只是在某些地方和某些人格身上在一定程度上积聚起来了。但是除了这种量上的区分，可能而且必然早就已经出现了一种质的区分（eine qualitative Besonderung）。因为不论多么"原始的"共同体都不能全然被思考为单纯的集合体（Kollektivwesen），在集合体中除了对整体的存在和活动的直观，对各部分的活动毫无意识。毋宁说从很早开始必然就已经至少出现过某种——要么是个体性的，要么是社会性的——差异化的最初起点，必然就已经形成了对人类活动（menschliche Wirksamkeit）的多样划分和分层，它后来也以某种方式表现和反映在神话意识中。并不是每一个单个的人、并不是每一个团体或群体都能够完成一切，而是它们每一个都被保留了一个专门的活动范围，它必须在这范围内证明自己，超出该范围它就没有任何力量了。从这些**能力**的边界（Grenzen des Könnens）出发，神话直观逐步规定了**存在**及其不同的类别和种类的边界。

如果说纯粹知识、纯粹"理论"的一个本质特征是，观看的范围比活动的范围更广阔，那么，神话直观首先融入的是那个它以巫术-实践的态度面对并以巫术-实践的方式支配的领域。歌德的《普罗米修斯》中的话适用于神话：对于它而言，只有它用自己的活动充满的领域才是**存在**的；没有什么低于它，也没有什么高于它。但是同时又可由此得出，活动的每一种特殊的种类和方向必然与存在的一个特殊方面和心灵要素之间关联的一个特殊方面相一致。人用所有这些东西统合出一种本质的统一体，他感受到了该本质的直接作用，而且他也直接作用于该本质。他对动物的态度必然也是根据这种基本见解来规定的，也必然是按照它而区分开的。猎人、牧羊人、农夫——他们在自己的直接活动中都感受到自己与动物的联系，他们感到自己依赖于

---

① 相关描述和证据参见：Fr. R. Lehmann, *Mana*, S. 8 ff., 12 ff. u. 27 ff.。

这种动物，因而他们根据支配着一切神话概念形成的基本规则感到自己与动物"有亲缘关系"，但是，对他们之中的每一个人而言，这种共同体涉及了完全不同的生命领域，涉及了不同动物的类和种。由此出发或许就可以理解，生命感的原初的和本身不确定的统一性——从这种生命感的统一性出发，人感到自己与所有生物都是同等地关联起来的——如何逐步转变为了那种把每一个特殊的人群与特定的动物类别关联起来的独特联系。事实上，正是那些已经被最精确地观察过和研究过的图腾体系提供的很多迹象表明，图腾动物的选择最初绝不是某种纯粹外在的和偶然的东西，图腾并不是单纯的"族徽"，而是表现了一种特殊的生命和精神立场（Lebens- und Geisteshaltung），并把这种生命和精神立场客观化了。今天的状况（die heutigen Verhältnisse）毫无疑问不能再视为"原始的"了，原初的图腾观念已经被大量偶然的规定掩盖住了并变得无法辨认了。即使今天的状况也常常相当清楚地表现出了这种基本特征。在祖尼人的神话-社会学世界图像中，图腾的划分（die totemistische Gliederung）在很大程度上与等级的划分（die ständische Gliederung）相一致，武士、猎人、农夫及医药师都属于一个特殊的由特定的图腾动物标明的群体。① 氏族本身与其图腾动物之间的亲缘关系有时是如此紧密，以至于几乎无法断定，单个的氏族是按照自己的特性选择一种特定的图腾动物，还是说这个氏族是按照这种动物的特征来形成和塑造自己本身的；好战的氏族和职业对应于野蛮强壮的动物，而和平的氏族和职业则对应于温顺的动物。② 看起来，氏族似乎在其图腾动物身上客观地直观到了自身，它似乎在这种动物身上看出了自己的本质、特殊性和自己行为的基本方向。由于在充分发展的图腾体系中，划分并没有停

---

① 参见：Cushing, *Outlines of Zuni Creation Myths*, S. 367 ff. 。
② 例如参见下书中的报道：*Reports of the Cambridge Anthropological Expedition to Torres Straits*, Bd. V：*Sociology, Magic and Religion of the Western Islanders*, Cambridge 1904, S. 184（转引自：Levy-Bruhl, *Das Denken der Naturvölker*, S. 217f. ）。更多证明参见：Thurnwald, *Die Psychologie des Totemismus*, S. 16 f. 。

## 第三部分 作为生命形式的神话 神话意识中主观现实性的发现和规定

留于单个的社会群体，而是以同心圆的形式扩展到了一切存在和事件上[①]，由此整个宇宙都按照这种"亲合性"（Affinitäten）被划分开了，被分成了确定的、明确分离开的神话的类和种。[②]

尽管这些区分（Sonderungen）可能逐步明确地表现出来，但是，对于神话情感和神话意识来说，**生命统一性**的观念却在这些区分中持久不衰地保持下来了。无论生命的动力和节律（die Dynamik und Rhythmik des Lebens）表现出了多么不同的客观形态，都被感受为同一种动力和节律。生命的动力和节律不仅在人与动物身上是相同的，而且在人与植物界也是相同的。在图腾的发展中，动物和植物

---

[①] 这种同心圆式的扩展（diese konzentrische Ausbreitung）尤其清晰地出现在马林德-阿宁人（Marind-anim）的图腾体系中，威尔茨（Paul Wirz）对此有深入描写：Paul Wirz, *Die religiösen Vor-stellungen und die Mythen der Marind-anim*, sowie die Herausbildung der tote-mistisch-sozialen Gruppierungen, Hamburg 1922（*Abhandlungen aus dem Gebiet der Auslandskunde*, Bd. 10, Reihe B, Bd. 6：Die Marind-anim von Holländisch-Südneu-Guinea, Teil 2）. 更多内容参见我的研究：*Die Begriffsform im mythischen Denken*, S. 19 ff. u. 56 f.。

[②] 如果人们从这个角度比较一下图腾体系与**内容**上完全不同的其他神话类别形成尤其是**星象学**的体系，那么这种划分在多大程度上以神话"结构思维"的一般趋势为基础就变得很明显了。在这里，存在的"类"（Genera）、其个别要素彼此之间的归类（Zuordnung）是通过首先把特定的**巫术活动范围**划分开才获得的，而每一个巫术活动范围都是被一种植物支配的。神话的"始终和谐"（σύμπνοια πάντα）原则由此被区分开了；并不是每一个存在要素都能直接作用于其他要素，而是始终仅仅直接作用于与之有着本质性亲缘关系的要素，即位于事物与事件的这种巫术-星象学"链条"内的东西。因此，举例来说，在其中一种链条中，火星——按照占星魔法法典（Picatrix）的描述——是引力的源头，受其保护的有自然科学、动物医学、手术、拔牙、放血和剪短。在**语言**中，波斯语属于它；在**外部肢体**上，右鼻孔属于它；在**内部**的肉身上，红色的胆汁属于它；在**材料**上，半丝绸和兔子、黑豹、狗的皮毛属于它；**行业**中的冶铁，**味道**中烫人的干枯，**珠宝**中的玛瑙，**金属**中的硫化砷、硫、石脑油、玻璃和铜，**颜色**中的暗红属于它，等等（更多内容参见：Hellmut Ritter, *Picatrix, ein arabisches Handbuch hellenistischer Magie*, in：*Vorträge der Bibliothek Warburg*, hrsg. v. Fritz Saxl, Bd. I：Vorträge 1921 – 1922, Leipzig/Berlin 1923, S. 94-124；S. 104 ff.）。这种相同的巫术类包含了存在最不相同的内容并把它们统合为一个统一体，在这里关于这种巫术类的表象暗含着产生的表象（die Vorstellung der Zeugung）、产生和生成的表象：始终处在一个确定的星体下面的东西，属于其无数活动范围的东西，也以该星体为祖先，并与其有**亲子关系**。尤其可参见"星体的孩子"（Planetenkinder）中所做的著名的图像化描述；更多内容参见：Fritz Saxl, *Beiträge zu einer Geschichte der Planetendarstellungen im Orient und im Okzident*, in：*Der Islam. Zeitschrift für Geschichte und Kultur des islamischen Orients* 3（1912）, S. 151-177。

也从未被明确地区分开。一个氏族也以其对待图腾动物相同的崇拜对待其图腾植物；禁止宰杀图腾动物，或者只有遵守特定条件、特定巫术仪式才可宰杀图腾动物，这种禁令也适用于对图腾植物的享用。① 人"起源于"某种特定的植物物种以及人变成植物和植物变成人的观念构成了神话和神话传说的一个普遍存在的主题。外在的形式、特殊的物理形态和属性在这里能够非常轻易地下降为单纯的面具，因为对一切生物共同性的感觉从一开始就消灭了一切可见的区别和一切可以设定在分析的-因果性的思维中的区别，或者把这些区别看作单纯随机的和偶然的区别。这种感觉在神话的时间直观的特性中发现了自己最强有力的支撑，对于时间直观而言，一切生命都划分为完全确定的**阶段**，这些阶段无论何时何地都同样反复出现。② 所有这些阶段都不是我们据以人为地和任意地划分事件的单纯尺度，而是说，它们把生命本身的本质和基本属性表现为一种彻底的**质的**统一体。因此，人在植物界，尤其在植物界的生长和变化、死亡和腐朽中发现的，不是其自身存在的单纯间接的和映现的**表达**，而是他在其中直接地把握住了并认识到了他自身；他从中体验着自己的命运。《吠陀经》写道："复活的春天确实从冬天复生。因为春天从冬天重新达到定在。人们知道，它重新来到这个世界。"③ 在几大文明宗教（Kulturreligionen）中，最纯粹地保持了这种神话基本感觉并最强烈地完善这种情感的，尤其要数腓尼基人的宗教了。人们恰恰把"生命观念"指称为这种宗教的核心观念，其他一切都是从这个观念辐射出来的。尽管太阳神巴力（Baale）在腓尼基人的万神殿中似乎是相对晚形成的，尽管它们是部落的主和大地的统治者而不是自然力量的人格化身（Personifikationen），但是女神阿施塔特（Astarte）最初并不具有这样的民族纽带。毋宁说，她代表了生育女神本身（die

---

① 关于阿兰达斯（Aranda）和洛丽塔斯（Loritja）的图腾植物图表，参见：Strehlow, *Die Aranda-und Loritja-Stämme*, S. 68—71。

② 参见本书上文：S. 138 ff. 。

③ 参见：Oldenberg, *Die Lehre der Upanishaden*, S. 29。

第三部分　作为生命形式的神话　神话意识中主观现实性的发现和规定

Göttin-Mutter schlechthin),她本身让一切生命从她的子宫中产生出来,她不仅持续地重新生育了部落,而且持续地重新生育了一切物理的-自然的定在。她是永恒的母体,是不竭的生殖能力的形象(Bild),除了她还有一位年轻的神的形象,这是她的儿子,他虽然是有死的,但总是一再摆脱死亡,并以新的定在形式复活。① 这种有死而又复生的神的形象不仅贯穿在历史上的大多数宗教中,而且以各种各样的变形但又本质上相同的形式一再出现在原始人的宗教表象领域(Vorstellungskreis)里。在各个地方,最强烈的**崇拜**力量(kultische Kraft)都是从这个神中发出的。如果人们比较一下原始人的植物崇拜(Vegetationskulte)与巴比伦人的塔穆兹崇拜(Tamuz-Kult)、腓尼基人的阿多尼斯崇拜(Adonis-Kult)、弗里吉亚人的阿提斯崇拜(Attis-Dienst)、色雷斯人的狄俄尼索斯崇拜(Dionysos-Dienst),那么就会发现,它们之中表现出了特殊宗教情感(Erregung)的同一种基本发展线索和同一个源头。在这里,人从来没有停留在对自然事件的单纯直观中,而总是被迫冲破把他同生物世界分离开的界限,必须提高自身中的生命感,使之强到足以使他从自己的特殊性——不管这种特殊性是类的特殊性还是个体性的**特殊化**(Besonderung)——中解放出来。在野蛮的狂野的舞蹈中达成了这种解放,在这种舞蹈中回复到了与一切生命原初源头(Urquell)的同一性。在这里,问题不在于对自然事件的一种单纯神话的-宗教的**释义**,而在于与自然事件直接合一(Einswerdung),在于宗教主体在自身中体验到的真正戏剧(Drama)。②

---

① 更多内容参见:Wolf Wilhelm Graf Baudissin, *Adonis und Esmun. Eine Untersuchung zur Geschichte des Glaubens an Auferstehungsgötter und an Heilgötter*,Leipzig 1911。

② 阿多尼斯崇拜、阿提斯崇拜和奥西里斯崇拜及其"原始的"对应物,尤其参见:James George Frazer, *The Golden Bough*, Bd. IV: *Adonis, Attis, Osiris*, 2 Bde., London ³1914;关于植物崇拜,尤其参见:Konrad Theodor Preuß, *Phallische Fruchtbarkeits-Dämonen als Träger des altmexikanischen Dramas. Ein Beitrag zur Urgeschichte des mimischen Weltdramas*, in: *Archiv für Anthropologie*, Neue Folge 1 (1904) (Der ganzen Reihe 29. Bd.), S. 129-188; S. 158 ff. u. 171 ff.。耐克尔(Gustav Neckel)最近似乎表明了,日耳曼的巴尔德神话(Balder-Mythos)属于相同的直观范围,而且事实上巴尔德与阿多尼斯-塔穆兹(Adonis-Tamuz)有直接的起源上的关联,参见:Gustav Neckel, *Die Überlieferungen vom Gotte Balder. Dargestellt und vergleichend untersucht*, Dortmund 1920。

神话**叙事**最多只是对这个内在事件的外在反映,是一层薄纱,这一戏剧在其背后透射出来。因此,在狄俄尼索斯崇拜中,有关狄俄尼索斯-匝格瑞俄斯(Dionysos-Zagreus)的叙事就是从这种崇拜形式中成长起来的,匝格瑞俄斯被泰坦们制服,撕成碎片,吞吃下去,如此一来,那一个神(das eine Gotteswesen)现在在这个世界的诸形态的复多性(die Vielheit der Gestalten dieser Welt)和人的复多性(die Vielheit der Menschen)中消失了:因为在宙斯用霹雳击杀泰坦们时,人类从泰坦们的灰烬中产生了。① 埃及人对冥王奥西里斯的崇拜(Osiris-Kult)也以神与人之间假定的同一性为基础。在这里,死了的人本身又变成了冥王奥西里斯:"正如奥西里斯是真正活着的,他也是活着的;正如奥西里斯真的没有死亡一样,他也没有死亡;正如奥西里斯真的没有被毁灭一样,他也没有被毁灭。"② 对于发达的**形而上学**意识而言,永生的确定性首先以这种意识在"身体"与"灵魂"之间、物理的-自然的存在与"精神性的"存在这两个世界之间做出的明确的分析性的区分为基础。但是,神话意识最初对于这种区分、对于这种二元论一无所知。在这里,延续的确定性(die Gewißheit der Fortdauer)毋宁说根植于相反的观点:在这里延续的确定性总是一再在对作为一个常新的生育轮回的自然的直观中强化了。因为一切的生长变化都相互联系,并以巫术的方式相互交织在一起。伴随着一年之中某些重要阶段,如太阳自秋分起开始越来越低或者太阳升起以及光明和生命重现,人会举行一些节日习俗。这些节日

---

① 关于狄俄尼索斯-匝格瑞俄斯传说的起源和含义,参见:Rohde,*Psyche*,Bd. II,S. 116 ff. u. 132。

② 参见:Erman,*Die ägyptische Religion*,S. 111 ff. [Zitat S. 111];Peter Le Page Renouf,*Lectures on the Origin and Growth of Religion as Illustrated by the Religion of Ancient Egypt*. Delivered in May and June,1879,London/Edinburgh 1880 (The Hibbert Lectures,1879),S. 184 ff. 。相同的基本观点和相同的神话表达式也出现在弗里吉亚的阿提斯崇拜中;更多内容参见:Richard Reitzenstein,*Die hellenistischen Mysterienreligionen. Ihre Grundgedanken und Wirkungen*. Vortrag,gehalten in dem Wissenschaftlichen Predigerverein für Elsaß-Lothringen den 11. November 1909,Leipzig/Berlin 1910,S. 205 ff. 。

### 第三部分　作为生命形式的神话　神话意识中主观现实性的发现和规定

习俗总是清楚地表明了，在这里涉及的不是单纯的反映，不是对一个外部事件的一种类似性的模仿，而是人类的行为与宇宙的变化在这里是直接纠缠在一起的。正如"复杂的"神话表象最初并没有把存在分解为彼此明确区分开的生物学"物种"的多数性一样，它同样也没有对自然的诸种不同的生命和生育力量进行划分。植物的生长所依靠的生命力与人的生育和生长所依靠的生命力是同一种生命力。因此，在巫术世界观和巫术活动的背景（Zusammenhange）中，其中一种生命力完全可以取代另一种生命力。正如在广为人知的"田野婚床"习俗中，性行为的完成或表现直接造成土地受孕和多产，反过来，模仿性地表现为土地施肥让灵魂能够且有力量在死后获得新生。雨水使土地多产，与其相应的巫术"对应物"（das ihm entsprechende magische »Gegenstück«）是人的精子，与犁相应的巫术"对应物"是男性生殖器，与垄沟相应的巫术"对应物"是女性的子宫：其中一个是随着另一个而在巫术上被设定和给定的。①

相应地，有关"**大地母亲**"这个表象或者把大地视为父亲这个相应的表象就构成了一个核心和原初思想，从原始人的信仰一直到宗教意识的最高形态（Gestaltungen），这个核心和原初思想都一再证明了它的力量。在委托托人那里，在没有庄稼的整个季节里，庄稼都沉到地下，到了其父亲那里；庄稼和植物的"灵魂"都到了其父亲的住处去。② 大地是共同的母亲，她把人类之子带到世间，人死后又复归于她，以便在生成的轮回中重获新生，这还是古希腊人信仰的一个基本观点。在埃斯库罗斯的《奠酒人》（*Choephoren*）中，厄勒克特拉（Elektras）在阿伽门农（Agamemnon）墓前的祈祷直接地说出了这

---

① 总体情况参见：Mannhardt，*Der Baumkultus der Germanen*，bes. Kap. 4-6，以及 Mannhardt，*Mythologische Forschungen*（Kap. 6：Kind und Korn），aus dem Nachlasse hrsg. v. Hermann Patzig，Straßburg/London 1884（*Quellen und Forschungen zur Sprach- und Culturgeschichte der germanischen Völker*，Bd. 51），S. 351 ff. 。

② Preuß，*Religion und Mythologie der Uitoto*，S. 29，参见：Preuß，*Religionen der Naturvölker*（1902/03），in：*Archiv für Religionswissenschaft* 7（1904），S. 232-263；S. 234。

一观点。① 其实，即使在柏拉图的《美涅克塞努篇》(Menexenos)中也能发现如下句子，"不是土地模仿妇女的怀孕和生育，而是妇女模仿土地的多产"。但是，对于原初的神话直观而言，这里一般说来并没有先与后、第一与第二，而是只有这两个过程（Prozess）的完全的和密不可分的交融。神秘崇拜（Mysterienkulte）把这种一般性的信仰转变成了个体性的信仰。新入教者试图通过完成圣餐行动——它表现了成长、死亡和复生的原初秘密——获得新生的保证。在伊西斯崇拜（Isis-Kult）中，伊西斯是绿色种子的创造者，对于她的信徒来说，她是神母、圣母、女王，她赐给所有人生命。② 在这里像在其他神秘崇拜（Mysterien-Kulten）中一样，它明确地告诉我们，新入教者在获得其**新的精神**存在、其精神"转形"（Transfiguration）之前，必然首先已经经历了**自然**和物理生命的一切领域，他必然已经存在于一切要素和一切构成物中，已经存在于大地、水、空气、动物和植物中，他必然已经完成了穿越天界和所有动物形态的轮回及变形过程。③ 因此，即使在基本趋势在于精神和身体的明确分离、肉体和灵魂的二元论的地方，原始的神话统一感也总是不断冒出来。人类共同体生命的根本范畴首先既被理解为"自然的"，也被理解为"精神的"。尤其是人类家庭的原初形式，父亲、母亲、孩子的三合一（Trias），既直接被归于自然的存在，又可以直接从自然中识读出来。在吠陀教和日耳曼北部的宗教中，"大地之母"与"天空之父"对立。④ 在波利尼

---

① Aischylos, *Das Opfer am Grabe* (*Choephoren*), in: *Griechische Tragoedien*, übers. v. Ulrich von Wilamowitz-Moellendorff, Bd. II: Orestie, Berlin 1900, S. 119-205, V. 127ff., S. 163; 参见: Ulrich von Wilamowitz-Moellendorff, *Einleitung zur Übersetzung von » Die Versöhnung (Eumeniden) « des Aischylos*, a. a. O., S. 209-251; S. 212.

② 更多内容参见: Dieterich, *Nekyia*, S. 63ff., Dieterich, *Eine Mithrasliturgie*, Leipzig 1903, S. 145 f., Dieterich, *Mutter Erde*, S. 82 ff.。关于闪米特人中大地母亲的表象，参见: Theodor Nöldeke, *Mutter Erde und Verwandtes bei den Semiten*, in: *Archiv für Religionswissenschaft* 8 (1905), S. 161-166, 以及 Baudissin, *Adonis und Esmun*, S. 18 ff.。

③ 参见: Reitzenstein, *Die hellenistischen Mysterienreligionen. Ihre Grundgedanken und Wirkungen*, S. 33 ff.。

④ 更多内容参见: Oldenberg, *Die Religion des Veda*, S. 244f. u. 284, 以及 Leopold von Schroeder, *Arische Religion*, Bd. I: *Einleitung. Der altarische Himmelsgott, das höchste gute Wesen*, Leipzig 1914, S. 295 ff. u. 445 ff.。

第三部分　作为生命形式的神话　神话意识中主观现实性的发现和规定

西亚人中，人的起源被追溯到作为其始祖的天空和大地。① 父亲、母亲、孩子这三者（Dreiheit）在埃及神话中表现为奥西里斯、伊西丝和荷鲁斯的形象，这三者在几乎所有的闪米特民族中都重复出现过，在日耳曼人②、意大利人、凯尔特人、西徐亚人和蒙古人那里都证实有过这三者。因此，乌斯纳在这种神圣三一体（Götterdreiheit）的表象中发现了神话-宗教意识的一个基本范畴：这是"一种根深蒂固的直观形式，因此被赋予了自然冲动的力量（Gewalt natürlicher Triebkraft）"③。在基督教的发展中，对"神圣亲子关系"的宗教-伦理见解也只是逐步地从对这种关系的确定的和具体的-物理的直观中发展出来的；在这里，再生的希望也主要以古代原始宗教的如下基本思想为基础，即虔诚的人在身体上（physisch）与圣父关系密切，是上帝的肉身上的孩子（ein leibliches Kind Gottes）。④

因此，神话用人的-社会存在的语言表达了一切自然存在，而用自然的语言表达了一切人的-社会的存在。在这里，不存在把一个要素还原为另一个要素，而是只有在它们普遍的**相互关系**中，二者才规定了神话意识独特的结构和独特的复合性（Komplexion）。因此，试图从纯粹社会学上"解释"神话的构成物（die Gebilde des Mythos），与试图纯粹自然主义地解释神话的构成物相比，几乎是同样片面的。这种解释的最深入和最连贯的尝试是由法国现代社会学学派，尤其是由其创始人**爱弥尔·涂尔干**（Emile Durkheim）做出的。涂尔干的

---

① 参见格雷（Grey）介绍的传说，题目为»The Children of Heaven and Earth«，参见：George Grey, *Polynesian Mythology and Ancient Traditional History of the New Zealand Race, as furnished by their Priests and Chiefs*, 2. Aufl., Englisch u. Maori, Auckland 1885, S. 1–9, mitgeteilt wird.

② 关于日耳曼人的三位神（Göttertrias）巴尔德（Balder）、弗里格（Frigg）和奥丁（Odin），尤其参见：Neckel, *Die Überlieferungen vom Gotte Balder*, S. 199 ff.。

③ 参见：Usener, *Dreiheit*, S. 4；关于父、母、子三元在闪米特人中的传播，参见：Nielsen, *Der dreieinige Gott*, S. 68 ff.；关于埃及、巴比伦和叙利亚，参见：Wilhelm Bousset,»Gnosis (2)«, in: *Paulys Real-Encyclopädie*, Halbbd. XIV, Sp. 1503–1533.

④ 相关证据参见：Nielsen, *Der dreieinige Gott*, S. 217ff.；对"有生命的神"这一谓语的宗教史分析，参见：Baudissin, *Adonis und Esmun*, S. 498 ff.。

出发点是，无论是泛灵论还是"自然主义"都不可能是宗教的真正根源；因为假如它们是其根源的话，这就意味着，一切宗教生活一般而言就是没有牢固的事实根基的，就是单纯假象的总和与幻象的总体。宗教不能依托于如此不稳固的基础，而是说，如果它能主张自己具有某种内在真理的话，那么它就必须把自己视为某种客观现实的表达。这种现实不是自然，而是社会；它不是一种物理的存在，而是一种社会的存在。宗教的真正客体，一切宗教构成物和一切宗教表现都可以追溯到的那个唯一的、原初的客体是社会纽带（der soziale Verband），单个的人不可分割地从属于这种社会纽带，这种社会纽带完全地、彻底地决定了他的存在和他的意识。正是这种社会纽带（gesellschaftliche Verband）——正如它决定着神话和宗教的形式——包含着一切理论思考、有关现实的一切**知识**的基本的图式和模式。因为我们在其中把握这一现实的一切范畴——空间、时间、实体及因果性等概念——都不是个体性思维的产物，而是社会性思维的产物，因此也有其宗教的-社会的史前史（Vorgeschichte）。把这些范畴还原到这种史前史，把它们可见的纯粹逻辑结构还原为特定的社会结构：这意味着解释这些概念，在它们真正的"先天性"中理解这些概念。对于个体而言，凡是不是起源于他自己的活动而是起源于类的活动的一切都必然表现为"先天的"、普遍有效的和必然的。因此，把个体与其部落、氏族及家族结合起来的真正纽带（das reale Band），就是其世界意识的观念统一性、宇宙的宗教结构和理智结构的可以证明的最后基础。我们在这里不会长篇大论地讨论涂尔干对他的这个学说所做的**认识论**解释，也不会长篇大论地讨论涂尔干用对这些范畴的社会学演绎取代"先验"演绎的尝试。其实，我们在这里也可以追问，涂尔干从社会存在中**引出**的那些范畴不是该存在的**条件**——使社会的持存以及我们称作"自然"的那些现象的经验规律得以可能并建构起它们的，不是纯粹思维形式和纯粹直观形式？但是，即使我们不问这个问题，如果我们纯粹停留在神话-宗教意识现象的范围内，那么，更仔细的考察还是能够向我们表明，即使在这里，涂尔干

第三部分　作为生命形式的神话　神话意识中主观现实性的发现和规定

的理论最终也造成了一种因果倒置（ὕστερον πρότερον）。因为不仅客观的自然对象的形式、知觉世界的规律不是完全和直接**给定的东西**，而且社会的形式也不是完全和直接给定的东西。正如客观的自然对象的形式只有通过对感性内容的理论解释和加工才能存在一样，社会的结构也是一种中介过的存在，即一种观念规定的存在（ein ideell bedingtes Sein）。社会的结构不是精神性"范畴"尤其是宗教"范畴"的最终的和本体论上真正的原因，毋宁说，它是被这些范畴明确规定的。如果人们试图通过如下方式来解释这些范畴，即把它们视为社会的现实形态的单纯重复或者在一定程度上把它们视为社会现实形态的复制品，那么，人们就忘记了，神话-宗教**构形**（Gestaltung）的诸过程和功能恰恰已经进入这种现实的形态（Gestalt）之中了。我们所了解的社会形式——无论多么原始的社会形式——无不已经显示出了某种宗教"烙印"（religiöse »Prägung«）；而且只有当我们已经悄悄地预设了这种烙印的方式和方向，社会本身才能被视为确定的形式。① 涂尔干把他对图腾的解释视为对他基本观点的真正检验和校证，他的解释直接证实了这种关联。对涂尔干来说，图腾只不过是特定的内在-社会联系的外在投影。因为个体只是在包围着他的社会纽带之中了解他们自己的生命，因为在这种纽带之中特定的群体又突出出来了并把自己作为典型的统一体与其他群体划分开来，因此，只有通过这种根本的经验形式才能在精神上把握住客观的定在，只有借助把一切存在和事件都很详细地划分为"种类"和"类别"才能解释客观的存在。图腾所做的只不过是把那些人作为社会机体的一部分所直

---

① 如果人们想要找到关于这种"烙印"过程——宗教意识按照自身构成形成社会的方式——的具体的、历史的例子，我只需要向读者指出马克斯·韦伯的奠基性著作《宗教社会学》就够了。这部书指明了，宗教意识的特殊形式与其说是特定社会结构的产物，不如说是其条件的产物，换句话说，我们之前在谢林处（参见本书上文：S. 218f.）引证的"宗教东西首要性"的思想（Gedanke vom »Primat des Religiösen«）在这里以更现代的措辞和术语表达出来了。韦伯本人对其宗教社会学方法的评论尤其参见：Max Weber, *Die Wirtschaftsethik der Weltreligionen. Vergleichende religionssoziologische Versuche*, in: *Gesammelte Aufsätze zur Religionssoziologie*, Bd. I, Tübingen 1920, S. 237 – 573；S. 240f. 。

接经验到的各种关联和亲缘关系转移到整个自然（Gesamtnatuar）上，图腾把社会微观宇宙（Makrokosmos）复制到宏观宇宙（Mikrokosmos）上。因此，在涂尔干这里，社会是宗教的真正客体，而图腾仅仅被视为一种感性**记号**，任何一个对象都可以被标记为具有社会意义的，并因此被提升到宗教领域。① 这种唯名论的理论只把图腾看作一种在一定意义上偶然的记号、具有一定任意性的记号，在这种记号背后是一个完全不同的、间接的崇拜对象。但是，这个理论恰恰错过了图腾的一个核心问题。如果人们承认神话和宗教总是需要这样的图像、这样的感性记号，那么，个别神话-宗教符号的**特殊性**仍然是一个不能通过参照赋予记号的**一般**功能而解决的问题。只要还不能从神话思维和神话生命感的一种确定的基本方向中理解其独特的规定性，并由此就算无法指出图腾记号的任何固定的物性的相互关系、在事物中的任何基础（fundamentum in re），但是也可以指出它在神话-宗教**意识**中的基础，那么，一切存在形态（alle Seinsgestaltungen）与特定的动物形态或植物形态的联系事实上就是无法解释的。正是人类社会的定在和形式需要一个这样的基础（Fundierung）：因为即使在我们以为自己看到了社会的最早的和最原始的经验形态时，社会也不是某种天然给定的东西（nichts ursprünglich-Gegebenes），而是某种在精神上受制约和被中介过的东西。一切社会定在都根植于共同体的和共同体感觉的特定具体形式。我们越多地阐明其真正的根源，下面这一点也就变得越明显，对共同体的首要感觉（das primäre Gemeinschaftsgefühl）从来没有停留在我们在发达的生物学类别概念中所设定的界限上，而是要超出所有这些界限指向生物的总体性。在人认识到自己是被某种独特力量突出出来并被一种独特的价值优越性从自然整体中突出出来的一种明确分离开的种和类很久之前，他就知

---

① 总体情况参见：Emile Dürkheim, *Les formes elementaires de la vie religieuse. Le systeme totemique en Australie*, Paris 1912, bes. S. 50ff., 201 ff., 314ff. u. 623 ff.；也可参见：Emile Durkheim/Marcel Mauss, *De quelques formes primitives de Classification. Contribution à l'etude des representations collectives*, in: *L'annee sociologique* 6 (1901/02), S. 1-72；S. 47ff. 。

第三部分　作为生命形式的神话　神话意识中主观现实性的发现和规定

道自己是生命本身的链条中的一环，在这个链条中，每一种个别的定在都与整体有着巫术性的关系，如此一来，某一种存在持续转变为、变化为其他存在不仅是可能的，而且是必然的，是生命本身的"自然"形式。①

如此一来，下面这一点就变得可以理解了，即神、人和动物的特征在神话一开始生活和存在于其中的那些图像中从来没有明确地区分开，它把其本质特征（Wesensart）直接地和具体地体现在这些图像中。在这里逐步准备好了一种转变（Wandel），这种转变是人的自我意识发展中的一种精神性转变的显而易见的征兆，即一次危机（Krisis）的显而易见的征兆。正如在埃及宗教中普遍的规则是诸神采取动物的形态（Tiergestalt），在这里，天的形象是牛，太阳的形象是雀鹰，月亮的形象是朱鹭，死神的形象是豺狼，水神的形象是鳄鱼，那么，在《吠陀经》中，除了占主导的拟人手法（Anthropomorphismus），还清晰地表现出了更古老的拟兽直观（theriomorphe Anschauung）的痕迹。② 即使在众神以清晰的人的形象（Bildung）出现于我们面前时，他们与动物本性（die tierische Natur）的亲缘关系也常常表现为一种几乎无限的变化能力（fast unbegrenzte Verwandlungsfähigkeit）。因此，奥丁（Odin）在日耳曼人的神话中是大法师，他能够变成任意的形态，能够变成鸟、鱼、虫子。古希腊人的原初宗教也没有否认这种关联。阿卡狄亚人的主神们表现为马的形态或表现为熊和狼；得墨忒耳和波塞冬表现为长着马头的形态，潘

---

① 如果说人们经常试图证明图腾是神话思维的基本的、原初的现象，那么，民族志的事实似乎会迫使我们达到相反的结论。图腾看起来似乎总是根植于一种一般性的神话基本观点，这种观点并没有从一开始就把它划分为各种种和类别，而是把它视为一种统一的力量，一种先于一切划分的整体。动物敬拜（Tierverehrung）本身是比真正的图腾更加普遍的现象，真正的图腾似乎只是在特殊的条件下才从动物敬拜中发展出来的，因此，例如对于埃及这个敬拜动物（Tierverehrung）的典型国度而言，动物崇拜（Tierkult）的图腾基础也是无法证明的。关于这一点尤其参见格奥尔格·福卡特从埃及学（Ägyptologie）和比较宗教史的立场上对"图腾法典"（totemistischen Codex）所做的明确批判：George Foucart, *Histoire des religions*, S. LII ff., 116 ff. u. ö.。

② 更多内容参见：Oldenberg, *Die Religion des Veda*, S. 67ff.。

神表现为山羊的形态。荷马史诗才排除了阿卡狄亚人的这种观念。①这恰恰表明,假如没有其他因素和其他精神力量一起发挥作用,神话也许从来都无法仅仅凭借自身达到一种更明确的区分,这种区分从根本上说与神话自身的本质特征(Wesensart)、与它的"复合性"直观是冲突的。艺术通过帮助人看到自身**形象**,发现了人本身之独特**观念**。这里造成的发展在对诸神的形象化的表现中几乎可以一步步追踪到。在埃及艺术中还随处可见双重的和混和的形式(die Doppel- und Mischformen);它已经以人的形态来表现神,但是要加上动物的脑袋,如蛇、青蛙或雀鹰的头来表现神,而在别的艺术中,身体有动物的形态,而脸带有人的特点。②但是,古希腊雕塑在这里迈出了关键的一步:它在塑形人的纯粹形态(Formung der reinen Menschengestalt)时达到了神本身以及神与人的关系的一种新形式。在这个人物化和个体化的历程(Prozeß der Vermenschlichung und Individualisierung)中,诗歌发挥的作用几乎并不比造型艺术更小。事实上,诗的构形与神话的构形在这里也不是简单的"原因"和"结果"的关系,一方也不是简单地先于另一方的,而只是同一个精神发展过程的不同表现(Exponenten)。**谢林说道:**

> 意识通过众神表象的区分而获得的解放,给了希腊人他们最初的诗人,反过来说,那个赐给希腊人诗人的时代,也带来了发展完善的神史。首先产生的不是诗,至少不是真正的诗,诗也没有真正创造出清楚的神史,其中一方并不先于另一方,而是二者是**一个更早状态**、一个发展和沉默状态**的共同的、共时的结局**。……诸神的世界通过危机发展为诸神的历史,这次危机不是诗人的身外之事,这次危机发生在诗人身上,**造就**了他们的诗……造就了诸神的故事的并不是他们的人格(Personen)……

---

① 相关内容参见默伦多夫《和解》的翻译导论:Wilamowitz-Moellendorff, *Die Versöhnung (Eumeniden)*, S. 227 ff. 。
② 图像材料例如参见:Erman, *Die Ägyptische Religion*, S. 10 ff. 。

第三部分　作为生命形式的神话　神话意识中主观现实性的发现和规定

而是神话意识落在他们身上的危机。①

但是事实上,诗不仅反映了这个危机,而且强化了它,并由此使它达到完善和成为决定性的。在这里,支配着精神的一切发展的那个基本规则重新得到了确证:精神只有通过**外化**(Äußerung)才能达到真正的、完满的内在性(Innerlichkeit)。内在东西赋予自己的形式反过来又决定了它的本质和内容。在这个意义上,古希腊史诗参与了希腊宗教史的发展。在这里决定性的不是史诗的技术形式;因为在这种形式中可能还包裹着一个完全一般性的神话内容,对于该内容而言,个体化只构成了一层轻薄的和寓言式的伪装。巴比伦人的吉尔伽美什史诗(Gilgamesch-Epos)还清晰地带有一般性的星象学的特征:在这里,在英雄吉尔伽美什的活动和遭遇的画面之下可以看出一种太阳神话,对太阳的每年运行的一种描述,对太阳运行中的两个转折点的颠倒等。吉尔伽美什史诗的十二章与黄道十二宫有关,太阳在一年中经历这十二宫。② 虽然经常有人试图对荷马史诗的形象做星象学的解释,但是这种解释必然会失败。这里关乎的不再是太阳和月亮的命运;而是在这里发现了**英雄**,并且在他身上发现了一个个体的人,他是能动的和受动的主体。神与人之间的最后一道障碍由于这一发现消失了;英雄出现在他们之间并且完成了他们之间的沟通。正如英雄,正如人的人格性(die menschliche Persönlichkeit)似乎被提升到了神性东西的领域,因此,诸神与人的事件(des menschliche Geschehen)的领域最紧密地交织在了一起,诸神不是人的事件的单纯旁观者,而是作为战士和并肩战斗者参与了人的事件。正是通过与英雄的

---

① Schelling, *Einleitung in die Philosophie der Mythologie*, S. 18 ff. [Zitat S. 18 f. u. 20].
② 更多内容参见:Arthur Ungnad/Hermann Greßmann, *Das Gilgamesch-Epos. Neu übersetzt und gemeinverständlich erklärt*, Göttingen 1911 (*Forschungen zur Religion und Literatur des Alten und Neuen Testaments*, in Verb. mit Hermann Ranke u. Arthur Ungnad hrsg. v. Wilhelm Bousset u. Hermann Gunkel, H. 14), 以及 Peter Jensen, *Das Gilgamesch-Epos in der Weltliteratur*, Bd. I: *Die Ursprünge der alttestamentlichen Patriarchen-, Propheten- und Befreier-Sage und der neutestamentlichen Jesus-Sage*, Straßburg 1906, bes. S. 77ff. 。

联系，诸神才被完全纳入人格性定在和活动的领域，在这个领域里，诸神获得了新的形态和规定性。古希腊史诗所开启的东西在戏剧中发现了自己的终结和完成。古希腊悲剧也是从神话-宗教意识的一个原初层次中生长出来的，并且从来没有完全脱离它的这个真正的生命基础（Lebensgrund）。它直接产生于一种崇拜行动（kultische Handlung），产生于狄俄尼索斯节日和狄俄尼索斯歌舞。但是，它的发展总是清楚地表明了，它何以并没有局限于它所根植于其中的那种狂欢的-狄俄尼索斯的基本情绪中，相反，与之相对的一种全新的人的形态、一种新的我的感觉和自我感（Ich- und Selbstgefühl）如何产生了。狄俄尼索斯崇拜（Dionysos-kult）——如同所有重要的植物崇拜（Vegetationskulte）一样——在自我这里（im Ich）感受到的只是一般性的原初生命基础（Urgrund des Lebens）的暴力撕裂，它所努力追求的是返回到这个原初基础，是灵魂为了与一切生命重新合一而突破肉身的和个体性的束缚所借助的那种"心醉神迷"（Ekstase）。在这里对个体性的理解只是一个要素，即悲剧性的**分割**（Vereinzelung）这个要素，正如在狄俄尼索斯-匝格瑞俄斯神话所直接表现的那样，匝格瑞俄斯被泰坦们撕成碎片吞了下去。但是，艺术的直观在个体的定在中看到的与其说是这种**分割**（Vereinzelung），不如说是**区分**（Besonderung）和统合（Zusammenfassung）为一个自足的**形态**。对于这种直观而言，一种固定的造型轮廓才是完善的保证（die Gewähr der Vollendung）。完善本身要求有限性，因此它要求固定的规定和限定。在古希腊悲剧中——像在史诗和雕塑中一样——实现了这种要求，因为乐团领唱者这个人格（Person）首先从乐团的整体中产生出来了，并作为特殊的精神个体性而与其他人分离开。但是戏剧不能停留于这里：它所要求的，与其说是一个人格（die Person），不如说是一群人格（die Personen），是"我"和"你"之间的关系以及二者之间的冲突。在埃斯库罗斯那里首先引入了第二个角色，即"反派角色"，随后**索福克勒斯**（Sophokles）引入了第三个角色。人格性感觉（Persönlichkeitsgefühl）和人格性意识（Persönlichkeitsbewußtsein）的

第三部分　作为生命形式的神话　神话意识中主观现实性的发现和规定

不断深化现在与这种戏剧性的进展和阶段是一致的——正如我们用来表达这种意识的人格一词（das Wort Person）最初说的不过是演员的面具。英雄的形象（die Gestalt des Helden）、人的主体（das menschliche Subjekt）在史诗中也从客观事件的领域中突出出来了；尽管英雄与这个领域区分开了，但他更多地是受动地而不是主动地面对这个领域。他被卷入了这些事件，这些事件不是由他本身造成的，也不是必然由他规定的；他始终还是友善的与敌对的、神性的与魔鬼的力量的玩物（Spielball），规定并引导事件进程的是这些力量，而不是他。就此而言，荷马史诗尤其是《奥德赛》还直接与神话和神话传说毗邻。英雄看起来是靠着自己的狡计、强力、机智来引导自己的命运（Geschick）的，但是它们本身都是魔鬼的-神性的赐予，是从外面分给他的。与这种消极的观点相对，正是古希腊悲剧才首次发现了关于自我的一种新的源点（Quellpunkt），因为它把人视为独立的和自我负责的，由此才首次把人真正塑造为道德的戏剧主体。在埃斯库罗斯的《阿伽门农》中，当克吕泰墨斯特拉（Klytaimnestra）试图把谋杀丈夫的罪责推给魔鬼对她家庭的咒语时，合唱队回复道——"没有人能够宣告你无罪"①。在这里以戏剧的方式表现了古希腊哲学中的相同的发展，在古希腊哲学中，这一发展最纯粹地表达在赫拉克利特的话"人的性格就是他的命运"（ἦθος ἀνθρώπῳ δαίμων）②，以及德谟克里特、苏格拉底和柏拉图对这句话的进一步发展中。③诸神也被引入了这个发展，因为他们也要服从悲剧的最高神灵狄刻（Dike）的判决。在埃斯库罗斯的《欧墨尼得斯》（*Eumeniden*）中，古代复仇女神厄里倪厄斯最终屈从于正义的审判。因为悲剧——与史诗相对立——把事件的中心由外在转入内在，由此产生了一种新的伦理的自我意识形式，众神通过这种新的形式也获得了新的本质和形态。

---

　　① ［参见：Aischylos, *Agamemnon*, in: *Griechische Tragoedien*, S. 1—118, V. 1505 f., S. 107。］

　　② ［Heraklit, *Fragm.* 119, 转引自: Diels, *Fragmente*, S. 82。］

　　③ 参见本书上文：S. 212 ff.。

但是，在个体性的诸神形态上表现出来的宗教意识的危机同时也暗示着共同体意识的一种危机。正如在原始宗教，例如在图腾的思想和情感的范围内，人的类与动物植物的类之间不存在任何明确的区别，因此，在这里，在作为整体的人类群体与从属于该整体的个别群体之间也不存在明确的区别。个体性的意识依旧禁锢在部落意识中，并消融于部落意识中。神首先是而且主要是部落的神，而不是单个人的神。离开或被赶出部落的单个的人也由此失去了他的神："走吧，去侍奉别的神吧"，这是对被放逐者所说的话。① 在他全部的思想、感觉、活动和受动中，个体知道自己是与共同体联系在一起的，正如共同体感到自己依附于个体一样。一个人沾染的每一个污点、犯下的每一个罪过，都会通过直接的身体传染蔓延给整个群体。因为被谋杀者的灵魂的报复并没有停留于谋杀者，而要扩展到所有与谋杀者有直接或间接接触的人。但是一旦宗教意识提升到人格神的思想和形态，单个的人被卷入的群体也开始消失。现在，单个的人才获得了他自己相对于类生活的独立标记，并且似乎获得了他自己的人格性面目。与这种指向个体性东西的方向密切相关的是一种趋向普遍东西的新趋势——它表面上与指向个体性东西的方向是对立的，事实上与之是相互联系的。因为现在在部落或群体的更狭隘的统一性之上产生出了更有包容性的社会统一体。荷马的人格神也是希腊人最初的民族神（Nationalgötter），而且他们作为这样的神恰恰已经变成了普遍的希腊意识的创造者。因为他们是奥林匹斯山诸神，是普遍的天国神灵，既不局限于个别的地域和乡村，也不局限于特殊的神庙（Kultstätte）。因此，解放为人格性意识和提升为民族意识在这里是在宗教构形的同一种基本行动中完成的。由此再次证明了，神话和宗教表象的形式并不是仅仅复现了社会结构的特定**事实**，而是它属于每一种活生生的共同体意识借以建构起来的**因素**之一。人借以规定其族

---

① Samuel 26，19；此处参见：William Robertson Smith，*Die Religion der Semiten*，autoris. deutsche Ubers，aus dem Englischen nach der 2. Aufl. der »Lectures on the Religion of the Semites« v. Rudolf Stübe，Freiburg i. Brsg. /Leipzig/Tübingen 1899，S. 19ff. 。

第三部分　作为生命形式的神话　神话意识中主观现实性的发现和规定

类界限的同一个区分过程进一步引导着他在自己族类内部划出更明确的界限，并从而达到对他的自我的明确意识（spezifischen Bewußtsein seines Ich）。

## 二、人格性概念与人格神——神话自我概念的诸阶段

前面的考察试图表明，人类如何能够只通过在神话概念中思考并在神话形象中直观自己的内心就发现他自己的内心的宇宙（das Universum seines eigenen Innern），以及如何为了他自己的意识而规定该宇宙。但是，如此一来只描述了神话-宗教意识发展的单个的方向。向内的道路只有通过与之明显相反的道路、与从内向外的进展相结合才能得到补充。因为在人格性意识的建构（Aufbau des Persönlichkeitsbewußtseins）中最重要的因素是而且始终是**活动**这个因素（Faktor des Wirkens）；但是，"作用"（Aktion）与"反作用"（Reaktion）相等的法则在纯粹精神的意义上和在物理的意义上对于活动（das Wirken）都是适用的。人对外部世界的作用并不简单地在于，自我作为一种完成的事物，作为一种自足的"实体"把外部事物纳入它的领域并自为地占有它们。毋宁说，一切真正的活动都是这样完成的，它们证明自己在双重意义上是**构造性的**（bildend）：自我（das Ich）并不是仅仅把自己本身的形式，即从一开始就已经给予它的形式烙印在诸对象上，而是只有在它作用于对象以及对象反作用于它的诸活动的总体（Gesamtheit der Wirkungen）中，自我才获得了这种形式。因此，只有通过在行动（Tun）中划定存在的轮廓，才能规定内在世界的界限，内在世界的观念性构形（Gestaltung）才能成为**可见的**。自我（das Selbst）的活动（Tätigkeit）所充满的领域越大，客观现实的属性及自我的含义和功能也就表现得越清晰。

当我们试图按照这个反映在神话-宗教意识中的方式理解这个历

程时，就会发现，在该意识的最初阶段上，"事物"只是由于从情感上影响了自我——事物在自我中释放出某种特定的希望或恐惧、愿望或惊恐、满足或失望的刺激，对于自我而言才是"存在的"。在自然能够变成直观的对象，更别提变成知识的对象很久之前，自然就是唯一以这种方式给予人的。有些理论把特定自然对象和特定自然力量的"人格化"以及对它们的崇拜视为神话意识**开端**，这一点已经使所有这些理论破产了。因为对于神话意识与对于理论意识一样，"事物"和"力量"都不是从一开始就**给定的**；而是在"事物"和"力量"中已经表现了一个相对发达的"客观化"的过程。在这种客观化开始之前，在世界整体分裂为确定的、持久的、统一的诸形态之前有一个阶段，那时世界整体对于人而言只在混沌的感觉中存在（da ist）。从感觉的这种不确定性中只有诸单个的印象脱离出来了，这些印象通过自身特殊的强烈程度（Intensität），通过自身的强度（Stärke）和力度（Eindringlichkeit）互相分离开了。与这些印象相一致的是最初的神话"构成物"。它们不是作为研究的产物（Erzeugnisse der Betrachtung）产生出来的，研究是为了确定特定对象之持续性的特点、为了确定它们持续性的本质特征而停留在特定对象的旁边，而是说，它们是一种一次性的、也许从来都不相同地重复出现的意识状态的表达，是意识的一种瞬间紧张和松弛状态的表达。**乌斯纳**已经表明，神话意识的这种独特的、原初的创造性如何在更发达的阶段上确证自己并反复证明自己在发挥着作用：就好比即使在一个其特征为已经形成了明确规定的"专门神"和清晰界定的人格神的阶段上，"瞬息神"也能够一再重新被创造出来。如果这种见解正确的话，那么我们就必须把自然神（Naturgottheiten）和自然精灵（Naturdämonen）视为在个别印象的神话式客观化中产生的，而不是在普遍自然力量或普遍自然过程的人格化中产生的。这类印象越没有规定性和无法把握，看起来越少地契合于"自然"事件的整体进程，它们就越突然地、即兴地遭遇意识：它们对意识所施加的基础力量（die elementare Gewalt）就越大。民间信仰表明，即使在今天神话表象的这种原初力量仍然直接

第三部分　作为生命形式的神话　神话意识中主观现实性的发现和规定

富有生命力，仍然直接在起着作用。在这里，对大量显而易见的自然精灵的信仰根深蒂固，这些自然精灵居住在田野、草原、灌木丛和树林里。树叶沙沙作响，空气吹拂怒吼，千奇百怪的声音和响动，在光线的照射和闪烁中：对神话意识来说，所有这一切首先被感受为树林的生命——被感受为居住在树林中的无数基本神灵的直接表现，如树精、小精灵、树神和风神。而树林和**田野崇拜**（Wald- und Feld-kulte）的发展现在一步一步地向我们表明了，神话怎样逐步超出了这些形象，怎样在没有完全抛弃这些形象时增加从思想和感觉的其他层次产生出来的其他神灵。当自我从单纯符合感觉的反应（bloß gefühlsmäßige Reaktion）过渡到行为阶段时（das Stadium der Aktion），当它终于不再通过单纯印象的媒介而通过自身活动的媒介去看它与自然的关系时，单纯的基本神灵（Elementargeister）的世界也在同等程度上让位于一个新的世界。正是从这种行为的规则中，从其活动的循环往复的阶段中，自然的存在现在才获得了其真正的持存和固定的构形。在植物神话（Vegetationsmythen）和植物崇拜（Vegetationskulte）的发展中，过渡到农活和对土地的规则耕作尤其意味着一个决定性的转折点。事实上，在这里人也不是立即就作为自由的主体与自然**相对立**，而是他感到自己与自然是内在地牵扯在一起、与自然在命运上是合一的。自然的产生和消亡、开花和凋谢与他自己的生和死有紧密的关联。所有祈求植物生长的重大仪式都以对这种关联的感觉为基础，这些仪式不仅以神话**图像**而且以直接**行为**表达了这种关联：植物界的凋零和复苏在这些意识中表现为戏剧，一种 δρώμενον。① 有关这种命运上的联系（schicksalsmäßige Gebundenheiten）的表象也延续到了其他信仰中。家庭和单个人都有各自的出生之树与命运之树（Geburts- und Schicksalsbaum），这棵树的荣枯决定着他们的健康，决定着他们的生和死。但是，超出这种简单的归属性，超出这种半自然、半神话式的纽带，同时也出现了把人与自然结

---

① 参见本书上文：S. 232 ff.。

合起来的一种新的共同体形式。人不仅感到自己在自己的**状况**中与自然中的某个特殊的定在或者与作为整体的自然是结合在一起的,而且把自然直接纳入了自己**劳动**的范围内。正如人的"精灵"(Dämon)逐步变成了他的保护神(Schutzgeist)、变成他的"守护神"(Genius),自然中的主要鬼魂(die elementaren Spukgeister)也变成了保护神。直到今天,民间信仰还忠实地保存着这些形态。"图林根和弗朗克的树木小仙女,"**曼哈特**写道,"巴登的野蛮人,蒂罗尔的萨利根在收获的季节帮助劳动者。……树木女精灵、树林男精灵、方根、萨林格总是为人效劳,照看牛棚里的牲口,保佑牲口和粮库。"[1] 从原始人的信仰直到几大文明宗教中都能追踪到职业神。与"职业神"做一比较就表明了:这些总是具有生命的形象起源于神话思维和感觉的一种典型的基本见解,必然属于它的特定阶段。约鲁巴人按照图腾划分自己,他们的每一个部落都有自己的家族神,部落起源于这个神并按照他的诫命指导支配着部落的整个生活过程。在这种划分之外且相对独立于这种划分还存在着对诸神世界的一种等级划分。武士、铁匠、猎人和伐木工不论属于哪个图腾,都敬拜一个共同的神,向他献祭。神话世界内部的这种技术性区分、这种"分工"做得很详细:有一个铁匠和铜匠的神,有一个锌匠的神,据说锌匠的神首先教会了人一种确定的合金。[2] 每个职业神(Tätigkeitsgötter)都被分配了一个专门的职业范围(Tätigkeitskreise)并在一定程度上被限定在这个范围内。这种职业神的思想在罗马人的诸神信仰里发展得最精细。在这里,每一项活动,尤其是在土地耕作中必要的每一种个别行为都有其自身的神和自身的专职祭司。大祭司关注的是,按照每一种行为的

---

[1] Wilhelm Mannhardt, *Wald- und Feldkulte*, Bd. I: *Der Baumkultus der Germanen und ihrer Nachbarstämme. Mythologische Untersuchungen*, 2. Aufl, bes. v. Walter Heuschkel, Berlin 1904, S. 153 f.

[2] 更多内容参见: Frobenius (Hrsg.), *Und Afrika sprach*, S. 154 ff. u. 210 ff.。在别的地方例如在海达(Haida)也存在着这种"职业神",参见: John Reed Swanton, *Contributions to the Ethnology of the Haida*, Leiden/New York 1905 (Memoir of the American Museum of Natural History, Bd. 8, Nr. 1)。

## 第三部分 作为生命形式的神话 神话意识中主观现实性的发现和规定

正确名字来命名作为其守护者的神,按照正确的顺序祈求所有的神。如果不按照这种顺序来祈求神,那么行为本身就是没有规则的,因此也会没有结果。

为所有的行动和状态都创造了专门的神,并且用清晰的新造词来命名它们;不仅各种行动和状态的整体是以这种方式被神圣化的,而且该整体中以任何方式突出出来的片段、行动或时刻也是以这种方式被神圣化的。……在农业祭祀中,除了祈求大地女神特鲁斯(Tellus)和谷类女神色蕾丝(Ceres),佛拉芒人还祈求十二个神,而这十二个神正好对应农民的多种活动:休耕地[Brachfeld(*ueruactum*)]首次耕犁祈求维鲁阿克图尔(*Veruactor*),第二次耕犁祈求雷帕拉图尔(*Reparator*),第三次和最后一次耕犁祈求音波尔西图尔(*Inporcitor*),此时垄沟[die furchen(*lirae*)]挖好了、垄[die ackerbeete(*porcae*)]堆起来了,播种祈求音息图尔(*Insitor*),为了播种后平地祈求奥巴拉图尔(*Obarator*),为了耙地祈求奥克卡图尔(*Occator*),用草耙除草(*sarire*)祈求萨利图尔(*Saritor*),拔草祈求苏布伦西纳图尔(*Subruncinator*);收割祈求麦瑟尔(*Messor*),运输谷物祈求康奴艾克图尔(*Conuector*),贮存谷物祈求康迪图尔(*Conditor*),从粮库分发粮食祈求普罗米图尔(*Promitor*)。①

这种做法是从当时行为的个别动向中以及按照这些行为的明确区分开来的各种方向来建构和构造诸神世界。在这种做法中保存下来的客观化形式(Form der Objektivation)与我们在语言中的发现是相同的。像声音图像一样,神话图像的作用也不是仅仅简单地指明已经存在的区别,而是只有它才为意识固定下了这些区别,只有它才使这些区别本身成为清晰可见的:它没有把这些区别表现为事先存在的,而是在

---

① Usener, *Götternamen*, S. 75 f.;有关罗马神名册上的诸神(die römischen Indigitamentengötter),尤其参见:Wissowa, *Religion und Kultus der Römer*, S. 24ff.。

真正的意义上唤起了这些区别。① 意识只有通过把每一个不同的活动领域都与一个固定的中心联系起来，即与一个确定的神话形象联系起来，它才能清楚地区分开个别的活动领域以及它们所服从的不同主客观条件。在每一种个别的活动（Tätigkeit）中都祈求一个领导着该活动的专门神作为保护者和帮助者，毫无疑问如此一来似乎无法看出行为的"自发性"（»Spontaneität« des Tuns）了，一切行为似乎都被视为这个神的"表现"（Äußerung），因而被视为某种由外而生而不是由内而生的活动了。而正是通过职业神这个媒介，行为才是就其纯粹精神性而理解的，否则行为就面临着由于看重其单纯结果和产物而被忽略的危险。正是通过其不同的神话表现（Exponenten），行为才逐渐了解了自己本身并理解了自己本身。在其诸神形态的复多性（Vielheit seiner Göttergestalten）中，人不仅直观到自然对象和自然力量的外部杂多性（Mannigfaltigkeit），而且在其功能的具体杂多性和差异性中知觉到了这些神本身。人为自己创造的大量的神的图像不仅引导他通过对象性存在和事件的领域，首先引导他通过其自身的意愿和才干的领域，而且由内而外地阐明了这个领域。只有当每一个具体的个别都在属于自己的专门神的图像（Bild）中客观地直观到自己本身，它才能真正意识到自己独特的方向和准绳。通过一种抽象的-推论性的概念形成的路径（Wege einer abstrakt-diskursiven Begriffsbildung）不能成功地把活动清晰地区分为、分解为彼此明确分离开的独立功能，而是通过相反的过程才能做到这一点。在这个过程中，这样的每个行为都被理解为一个直观整体（ein intuitives Ganze），并形体化为一个独立的神话形象（mythische Gestalt）。

　　如果人们试图从其内容的方面出发来理解这个精神过程，那么这个过程最清晰地表现在神话意识从单纯的自然神话（Naturmythen）向**文化神话**（Kulturmythen）的发展（Fortgang）中。在这里，起源问题越来越多地从事物领域转向明确的人的领域（spezifisch-men-

---

① 此处参见：Cassirer, *Philosophie der symbolischen Formen.* Erster Teil, S. 252ff. [ECW 11, S. 257ff.]。

第三部分　作为生命形式的神话　神话意识中主观现实性的发现和规定

schlichen Kreis）：神话的因果性形式不再服务于解释世界或其中的个别客体的产生，而是服务于解释人类文化财富（Kulturgüter）的来源（Herkunft）。按照神话表象的特性，这种解释事实上还停留于这样的观点，即这些财富不是通过人的力量和意志而创造出来的，而是给予他的。它们不是被视为通过人而间接产生出来的，而是被人感受为已经完成的和直接的东西。火的使用以及特定工具的制造、耕作土地、狩猎、对个别药物的了解或者文字的发明，所有这些似乎都表现为神话力量的一种馈赠：在这里，人也只是通过如下方式才理解了他的行为即他把自己的行为与自己相疏离，投射到外部，而且神的形象就是从这种投射中产生的，此时神不再表现为单纯的自然力量（bloße Naturmacht），而是表现为文化英雄（Kulturheros），表现为光明使者和救世主（Licht- und Heilbringer）。① 这种救世主的形象是正在觉醒和不断进步的文化**自我意识**最初的神话的-具体的表达。在这个意义上，**崇拜**（der Kult）变成了一切文化发展的工具和中转点（Durchgangspunkt）：因为它恰恰把如下要素固定下来了，文化通过这些要素与一切单纯技术性的对自然的征服区别开了，并在这些要素中显示出自己独有的特征即自己独特的**精神**特征。宗教崇拜并没有简单地追随实际的运用（praktischer Gebrauch）；正是这种崇拜才把这种实际的运用——例如火的使用——在各个方面赠予人。② 对动物的驯化大概就是在宗教的基础上在完全确定的神话-宗教前提尤其是图腾的前提下发展起来的。在这里，神话表象世界——与语言或艺术的世界一样——起到了一种基本工具的作用，自我与世界通过该工具"相互斗争"（die »Auseinandersetzung« von Ich und Welt）。在这种斗争中，神或救世主的形象在一定程度上出现在自我与世界之间：这些形象既把它们结合起来同时又把它们相互分离开来。因为自我

---

　　① 关于这个"救世主"思想（Gedanken der »Heilbringer«）的含义和一般的传播，参见：Kurt Breysig, *Die Entstehung des Gottesgedankens und der Heilbringer*, Berlin 1905。

　　② 参见：Wilhelm Bousset, *Das Wesen der Religion dargestellt an ihrer Geschichte*, Halle a. d. S. 1904, S. 3 u. 13。

(Ich),人的真正"自我"(Selbst)只有绕道神性自我(das göttliche Ich)才发现自己。当神从局限于狭小活动领域的单纯的专门神(Sondergott)转变为人格神,这意味着在通向对自由主体性本身的直观的道路上迈出了新的一步。乌斯纳写道:

> 只有当旧的概念构成(Begriffsbildung)凝固为一个专名,变成一个能把诸神话直觉围绕在自己周围的固定核心时,包含更大力量范围的人格神才能从大量的专门神中提升出来。……流动的表象只有在专名里才浓缩为一个能够变成人格性载体的固定核心。专名——像人的小名一样——迫使思考一个仅仅适用于该专名的确定人格。如此一来,就打开了一条道路,拟人表象的洪流在这条道路上能够被注入一个几乎空洞的形式之中。现在概念才获得了形体,似乎有了血肉,它能够像人一样行动和承受苦难。有些观念对于明确的专门神概念而言是不言自明的谓语,它们对于专名的承担者而言变成了神话。①

但是,即使我们接受这个理论的一般方法论前提——语言形态与神话形态之间包含着彻底的交互联系(Wechselbeziehung),这个理论还是包含一个未解决的困难和一个独特的悖论。神话从单纯的"专门神"提升到人格神的观点所经历的那条道路对于乌斯纳而言,与语言从个别性东西的表象和指称提升到一般性东西的表象和指称所经历的道路是相同的。按照他的观点,在神话与在语言中发生了相同的"抽象"过程,即从个别知觉进展到类概念。但是,正是在转向一般性东西的过程中,在一般化抽象(generalisierende Abstraktion)的方向中出现了**个体化**(Individualisierung),即达到了对"人格神"的规定,这该如何理解呢?一种从客观的方面来看表现为越来越强烈地摆脱空间和时间个别东西的过程,怎么能在主观生命方面形成人格的个别性和唯一性呢?由此来看,在这里必然还有另一个要素在一起发挥着作用,这个要素发挥作用的方向与一般化的概念形成(die general-

---

① Usener, *Götternamen*, S. 323 u. 331 f.

第三部分　作为生命形式的神话　神话意识中主观现实性的发现和规定

isierende Begriffsbildung）的方向是背离的。事实上，在行为的世界中以及在"内部"经验世界的结构中从"特殊东西"进展到"一般性东西"的发展过程，与在"外部"存在的结构中以及在事实世界和事物世界的构形（Gestaltung der Sach- und Dingwelt）中完成上述发展过程，其含义是不同的。神话以一个专门神的形态所理解的特定行为范围拓展得越大，那么该行为所涉及的对象的多样性也越大，行为本身的纯粹能力、能动主体的意识也就越纯粹且越有力地突出出来了。虽然这种意识还是以活动（Wirken）的**特殊**方式和形式表现出来，但是它不再局限于这些方式和形式，不再完全表现为这些方式和形式。因此，对**人格性**规定性的感觉并没有随着逐步脱离**作品**的特殊性（Besonderheit des Werkes）而消失，反而随之提高和加强了。现在，自我认识并理解了自己——不是一种单纯的抽象物，不是高于一切特殊行为（Tätigkeiten）位于一切特殊行为背后的一种无人格的一般性的东西（ein unpersönlich-Allgemeines），而是一个具体的、自我等同的、与行为的各种不同方向互相结合和交织在一起的统一体。与这个作为行为之恒常原初基础的自我等同者相对立，个别的、特殊的创造物似乎总是仅仅表现为一种偶然的和"随机的东西"，因为它总是只构成了这个自我等同者的部分实现（eine Teilerfüllung）。我们现在理解了，专门神越多地超出其一开始狭隘的范围，人格性这个要素也就越清晰地借助于"专门神"而表现出来，并越自由地发展起来。根据传统的逻辑学学说，在单纯事物直观的范围内，一个概念的外延的任何扩展同时都对应于其内容的贫乏化：概念包含的个别表象的范围越广，它也就失去了越多的具体规定性。与此相反，在这里，扩展到更大的领域、扩大的外延同时意味着，活动本身的强度和自觉性（Bewußtheit）的增加。因为人格性的统一性只有在其对立面那里，即通过其表现为具体的复多性和差异性的方式以及在这些具体的复多性和差异性中确认自己的方式，才能被直观到。神话感觉和神话思维沿着这条道路前进得越远，一个最高的**创世神**的形象也越清楚地从单纯专门神的范围内突出出来，从大量多神教

_249

的个别神中突出出来。可以说,行为的一切多样性在创世神中似乎都集中在一个唯一的最高点(Spitze)之中:现在,神话-宗教意识并不是位于对不确定的多数创造性的个别力量之整体性的直观中,而是处于对创造本身的纯粹行为的直观中,就像创世神把自己理解为——一样,创世神也越来越坚决地推动宗教意识达到一种统一的创造**主体**观念。

**造物主**思想事实上属于神话的原初主题之一,这些原初主题似乎不能也不允许做进一步的推论或"解释"。在宗教表象最原始的层次上,我们有时似乎也碰到了这种思想的尤其清晰的表达。尤其在图腾的表象领域里经常可以发现,在先祖这个表象之上还有一个最高存在物的思想,它作为最高的存在物与图腾祖先清晰地区分开了。不仅自然事物的产生追溯到这种存在物,而且神圣仪式、崇拜仪式和舞蹈的设立也可以追溯到这种存在物。但是它本身通常不再构成崇拜的对象(Gegenstand des Kultes),人不再像同充满世界整体的各种个别的精灵力量的关系那样,与他发生直接的巫术关系。[1] 因此,在那些支配一切"原始"宗教并赋予它们典型特征的情感和意志因素(Affekt- und Willensmotive)中,甚至在最早的阶段上,我们似乎也碰到了一种纯粹思想性的、一种"理论性的"题材(Motiv)。但是,更仔细的考察其实表明了,有关"创世"(Schöpfung)和"创世主"(Schöpfer)的那种表面上抽象的表象在这里并不是在现实的普遍性上来理解的,而是——如果一般说来有可能表象它的话——只能在某种个别的、具体的构成和形成形式(Form des Bildens und Formens)中表象创造(das Schaffen)。所以,澳大利亚人的拜亚梅[Baiame (Bäjämi)]经常被引用来作为原始人"造物主思想"构形的典型例子,它被思考为事物的"雕刻师":他制造出个别的客体,就像用树

---

[1] 关于"创世信仰"在"原始人"宗教中的传播首先参见施密特汇总的材料:Schmidt, *Der Ursprung der Gottesidee*. 也可参见:Söderblom, *Das Werden des Gottesglaubens*, S. 114 ff. 。关于美洲宗教的情况现在尤其要参见:Preuß, *Die höchste Gottheit*。

第三部分　作为生命形式的神话　神话意识中主观现实性的发现和规定

皮制造一个人像或者用动物皮制一双鞋一样。① 创造思想完全以手艺人、制造者的活动为基础——就像即使是哲学，即使是柏拉图，也只能在"造物主"（Demiurgen）的神话形象之下来理解最高的创世神。在埃及，普塔（Ptah）是作为太初的伟大神灵（Gott des Uranfangs），作为第一原始神（erster Urgott）被敬拜的。但是他在自己的行为中又表现得与人类的艺术家是可以比较的，他也被视为艺术家和手艺人的真正保护者。作为神的创造者，他的标志是陶工旋盘，他从这个陶工旋盘上塑造出神的高贵（die Majestät der Götter）和人的形象（die Gestalt der Menschen）。② 但是，神话-宗教思维通过行为的这些具体的专门化逐渐进展到对行为的普遍理解。在**吠陀**教的早期阶段，除了纯粹的自然神还可以发现其他神，这些神表现的是行动的特定领域和类型。例如，除了火神阿耆尼（Agni）和雷神因陀罗（Indra），还有"触发神"或"推动者"娑维陀利（Savitar），他唤醒自然和人类生命中的一切运动；有一位帮助收割的"搜集神"；有设法让丢失的牲口再回来的"带回神"（Nivarta，Nivartana）等。关于这些神，奥尔登贝格指出："正如人们在语言史的每一个时代除了已经失效的构词要素——这些要素仅仅保存在完成的、从过去继承下来的构词中——还发现了这样的构词要素，它们具有全部的生命力，能够被每个说话者用来创造新的语词，因此，对于宗教史上构成诸神的方式而言，带有-tar 的名字对于吠陀教及其之前的那个时代必然具有最高的生机（Lebendigkeit）和创造性（Produktivität）。有一位神叫 Tratar（保护者），有一位神叫 Dhātar（制造者），有一位神叫 Netar（领路者），还有相应的阴性名词形式，如女神 Varutrih（女守护者）等。"③ 用包含着行为（Tun）和行动者的核心表象的后缀创造出新的神名，这种自由确实包含着如下的可能性和危险，即在

---

　　① 参见：Brinton, *Religions of Primitive Peoples*, S. 74 u. 123。
　　② 更多内容参见：Brugsch, *Religion und Mythologie der alten Aegypter*, S. 113, 以及：Erman, *Die ägyptische Religion*, S. 20。
　　③ Oldenberg, *Die Religion des Veda*, S. 60 f.；尤其参见：Oldenberg, *Vedaforschung*, Stuttgart/Berlin 1905, S. 78 ff.。

对行为的直观中造成一种几乎无限的分裂；但是，这些构词方式（Bildungen dieser Art）通过其共同的语言形式又指明了活动（Wirken）本身的一般**功能**，这种一般功能独立于任何特殊的活动目标和活动客体。因此，在吠陀教中，与上述那些构词（Bildungen）相似，还有一些构词把一个特定的神指称为一个确定领域的"主"——像"后代之主"（生主 Prajapati）、"田野之主"、"住宅之主"、"思维之主"和真理之主等诸神形态——其作用是，最终把所有这些不同的统治范围归于一个唯一的最高统治者之下。"后代之主"一开始似乎是一个单纯的专门神，在婆罗门教时期（Brahmanaperiode）变成了真正的世界创造者。现在，他是"全部世界空间中的神"："他一举转变了大地和天空，/转变了世界、两极和光明王国；/他消除了世界秩序的织物：/他注视着它并变成了它，因为他便是它。"①

在其他方面，正是吠陀教经文让我们看到在神话-宗教思维能够构想出创世和创世主的观念之前所需要的各种不同的中介。把作为**整体**的存在置于创造范畴之下，这一要求对于神话而言还是它一开始无法完成的。只要神话谈论事物的起源和宇宙的产生，它就把这种产生把握为单纯的转变（bloße Umwandlung）。它总是预设了一个确定的、大多数时候也是完全感性地表象的**基础**，生成由之开始并在其中发生。宇宙的个别部分从中产生出来并从中获得自身形态的那个东西，有时是世界蛋，有时是世界树，有时是莲花，有时是一个人的和动物的身体的各个部分。在埃及，最初有一颗蛋从原水**努恩**（Nun）中产生了，随后从这颗蛋中产生了光明之神太阳神拉（Ra）；他产生时，天空还没有产生而且生物还没有被创造出来；他所处的每一个地点都没有任何东西，他也没有发现任何可以立足之处。② 这说明了，

---

① 参见：Vājasaneyi-samhitā 32, 4 u. 12 (Deussen, *Die Geheimlehre des Veda*, S. 14 f.); 普拉亚帕蒂的故事 (Geschichte des Prajapati) 尤其参见：Deussen, *Allgemeine Geschichte der Philosophie*, Bd. I/1, S. 181 ff.。

② 参见：Erman, *Die ägyptische Religion*, S. 20 u. 32。

第三部分　作为生命形式的神话　神话意识中主观现实性的发现和规定

神话的创世思想为了以特定的形式产生出来，一方面必须依托某种具体的基础（Substrate），另一方面又试图越来越多地否定这个基础，试图摆脱它。我们在《梨俱吠陀》著名的创世赞美诗中发现了这种渐进的否定系列。"那时，既无无，也无有；既无天空，也无其上的天界。何物在来回转换？在何处？在谁的庇护下？何物是深不可测的水？""那时，既无死，也无永生；无昼与夜的迹象。风不吹拂，独一之彼自行呼吸。在它之外，没有任何别的东西。"① 因此，在这里所做的尝试是，把存在的**起源**把握为一种纯粹的"$\check{\alpha}\pi\varepsilon\iota\rho o\nu$"、一种无规定的"此"（Das）。但是宇宙起源论的思辨不可阻挡地要在某个方面更加详细地规定这个"此"（Das），不可阻挡地要追问宇宙从中产生的那个具体的**根基**（Untergrund）即"支架"（Bauholz）。造物主站在什么地基上以及支撑着造物主的地基是什么的问题总是一遍又一遍地提出来。"什么是他建筑的基地？是什么支持他？这是怎样的？在那里，造一切者，观一切者用伟力造地而辟天。是什么树木？什么材料实际造作？构成这地和天。你们敏慧的人们用心灵来探究：当他撑起万有时，他站在什么之上？"② 之后的《奥义书》的哲学教义试图通过如下方式解决这个追问创世的"第一材料""$\pi\rho\acute{\alpha}\tau\eta\ \mathring{\upsilon}\lambda\eta$"的问题，即它消除了这一问题的思想前提。在作为"太一"（All-Einen）的梵的思想（Gedanken des Brahman）中，"质料"与"形式"的对立像其他所有的对立一样消失了。但是，在没有采取泛神论的路径解决这一对立的地方，在宗教的发展纯粹地和明确地形成造物主本身的思想（Schöpfergedanken als solchen）的地方，把这个思想转移进其他维度的努力就越来越强烈地表现了出来，似乎是把它从与物理的-质料的东西的接触（Berührung）和沾染（Behaftung）中解放出来并给它打上纯粹"精神性的"烙印。在关于造物主用来呼唤世界借以赋予其定在的**手段**的理解中已经能够追踪到这一进展。一开始对这些手段的描述仅限于特定的感性的-物性的相似性和可比性。最古老的埃及经

---

① 《梨俱吠陀》（第十卷第 129 首第 1 和第 2 颂），S. 133。
② 《梨俱吠陀》（第十卷第 81 首第 2 和第 4 颂），S. 130。

文教导我们，创世神涂木拉（Tum-Ra）以人的方式通过流出精子创造了作为一切生物之始祖的众神，或者从他嘴里吐出第一对神。但是在金字塔的经文中很早就传出另一种"更加精神性的"观念。创世行动现在不再是被任何个别的物质性的图像指明的；造物主所用工具似乎只是他的意志的力量，集中体现为他的声音和**词语**的力量。词语构成了产生众神本身的力量，构成了产生天空与大地的力量。① 一旦语言和语词被构思为创造世界的工具，那么，创造行动本身就获得了一种新的、纯粹"精神性的"意义。现在，在作为物理的-物质**事物**总和的世界与包含在造物主的语词中的神圣**力量**之间，再也不可能存在直接的转变，因为二者属于两个分离开的存在领域。因此，宗教思维所要求的二者之间的**联系**只能是一种间接的、依赖于中间环节且经历了这些**中间环节**的联系。现在，为了产生出这种联系并把它表达出来，必须在存在这个整体中画出一条新的分界线，对象的物理实存必须以一种新的纯粹"观念性的"存在形式为基础。只有在哲学知识中，在柏拉图的《蒂迈欧篇》的创世神话中，这个主题才获得了其真正精神性的发展和展开。但是，这个主题也能独立于哲学而纯粹从宗教的精神源头和问题中发展起来，对于这一点，宗教史上存在着明确而与众不同的例子。在几大文明宗教中——除了犹太人的一神教——把创造范畴发展到了完全的规定性并且使作为精神的-伦理的人格性的造物主的人格性达到了纯粹形态的，首先是伊朗人的宗教。伊朗-波斯

---

① 例如参见：Moret, *Le mystère*, S. 114-116 u. 138f.：“据说，在最古老的时代，赫利奥波利斯的图姆拉以发射精子的方式产生了众神，即一切有生命存在物的祖先；也有人说，他升到了赫利奥波利斯的凤凰神殿所在地，在那里吐出了第一对神灵夫妇。其他的神，它们也是造物主，在别处采用的是其他方法：孟菲斯的潘神，厄勒番丁岛的诺姆神依次制作了众神和人的模型；死神伊比斯在赫尔莫波利斯孵化了一个卵；赛伊的伟大女神奈斯是秃鹫或母牛，在万物皆空时生下了太阳神拉。这些可以说是对创世的最古老和最流行的解释。但是，从金字塔的经文中出现了一种更精致也更不物质性的解释方式，它断定世界是神圣的流出物：造物主的声音成为创造存在和事物的流动源之一。［……］因此，对于基督教时代数千年之前的法老时代有教养的菲吉普特人来说，上帝被认为是一种理智［……］和创造的工具。［……］根据创造和启示动词理论，赫耳墨斯写下的话只是恢复了埃及的一个古老思想，这一思想是知识、宗教和道德文化的古老根基的一个有机部分。”更多内容参见我的著作《语言与神话》(*Sprache und Mythos*, S. 38 ff.)。

第三部分　作为生命形式的神话　神话意识中主观现实性的发现和规定

宗教的信仰自白是以呼唤最高统治者阿胡拉·马兹达开始的,他产生了一切存在和一切秩序,他靠着自己的"神圣精神"和"美好思想"产生出天、地、人。但是,正如在这里创造产生于思维和精神的原初源头(Urquell)一样,因此,创造一开始也完全封闭在这个原初源头之中。宇宙的物质的-物性的属性并不是直接从神性意志产生出来的,而是说,最早由他创造出来的只是宇宙的纯粹精神**形式**。阿胡拉·马兹达的第一个创造行动造成的并不是感性的世界,而是"理智的"世界——而且在第一个大的阶段——尽管其时间跨度有三千年——世界始终处于这种非物质性的、光明的-精神性的状态中,之后才在既有形式的基础上被塑造为感性上可以知觉到的形态。① 如果我们现在再次对神话-宗教概念(der mythisch-religiösen Konzeptionen)从多样的"专门神"(它们全都坚守着一个狭小的活动范围并局限于它)走向唯一的创世神的精神性的-无条件的活动(Tätigkeit)的整个系列做一番考察的话,那么,我们就会再次发现,通常关于这一过程的"拟人"特征的见解并不充分——这个系列在关键点上需要一个转折。因为人并不是简单地把他自己的已经形成的人格性转移给神,或者简单地把他自己的自我感觉和自我意识赋予神,而是正是通过他的诸神的形象,人才**发现**了这种自我意识。通过他对神的直观这个媒介,人把他自身作为能动主体同行为的单纯**内容**及其物性的**产物**分离开来。纯粹的一神论最终都提升到了"从**虚无**中创造"的思想,正是在这一思想中,创造范畴才获得了其真正的根本性的表述。从理论思维的立场上来看,这一思想毕竟表现了一个悖论,事实上是表现了一个对立;但是从宗教的角度来看,它意味着一个最终的和最高的成就,因为在这一思想中,宗教精神强大的抽象力量达到了完全的和无限的效力,因为为了达到纯粹意志和纯粹行为的存在(Sein des reinen Willens und des reinen Tuns),宗教精神必须消除和否定事物的存在(das Sein der Dinge)。

而且在另一个方向上,我们可以发现,**行为**意识的形成何以需要

---

① 参见:Junker, *Über iranische Quellen*, S. 127 f., 以及 Darmesteter, *Ormazd et Ahriman*, S. 19 ff. u. 117 ff.。

行为的单纯对象性的**产物**在一定程度上退到远处，何以需要该意识越来越多地失去自身的感性直接性。在巫术世界观的最初阶段上，在简单的愿望与愿望的对象之间几乎不存在任何可以清晰地感觉到的张力。愿望内在地就有一种直接的力量：这种愿望足以把其**表现**提高到最高的程度，以便释放出一种**效果**，这种效果能够自己实现所愿望的目标。一切巫术都充满了对人类愿望的实际力量、现实力量的信仰，充满了对"思想的全能性"的信仰。① 这种信仰必须不断地从人在离它最近的活动领域（Wirkensbereich）中——例如在他对自己躯干的影响中，在他对自己身体及其各部分的运动的影响中——得到的经验中获得新的养料。对于因果**概念**的理论分析而言，这种似乎被直接经验到和感觉到的影响后来也变成了问题。我的意志运动了我的手臂——休谟如此解释说——相比于我的意志也能够阻止月亮运行，并不更难理解。但是巫术世界观颠倒了这种联系：因为我的意志活动了我的胳臂，因此在我的意志与"外部"自然中的所有其他事件之间也存在着同样确定和同样可理解的关联。神话观点的特征恰恰在于，对于神话观点而言，客体的范围内并不存在任何固定的划分，没有任何对现实的要素做因果**分析**的苗头。② 对于神话观点来说，这种"推理"事实上具有强迫性的力量。这里并不需要在一个确定的-有序的系列中从活动过程（Wirkensprozess）的开端贯穿到其结尾的中间环节；意识在一开始、在单纯的意志行为中同时就把握住了这个意愿的终点、结果和成果，并把其起点与终点结合在了一起。只是当这两个要素逐步分离开来，才在愿望与实现之间插入一个分离开的媒介（ein trennendes Medium），由于这个媒介，意识才觉悟到实现被欲求的目标必然需要特定的"手段"（Mittel）。但是，即使在这种中介（diese Mittelbarkeit）已经在很高的尺度上**持存**的地方，它也不会立即被意识到**是这样的**。即使在人已经从与自然的巫术关系过渡到一种技术关系之后，即使在他了解了特定原始**工具**（Werkzeuge）的必要

---

① 参见本书上文：S. 194 f. 。
② 参见本书上文：S. 58 ff. 。

第三部分　作为生命形式的神话　神话意识中主观现实性的发现和规定

性和用法之后，这些工具本身对他来说首先还有着一种巫术的特征和一种巫术的作用方式（Wirkungsweise）。现在，一种它所独有的、独立的作用形式，一种确定的内在于它的精灵力量（dämonische Gewalt）被归于了人的那些最简单的器具（Geräten）。西属几内亚的芳族人（die Pangwe）相信，人的生命力有一部分进入了他所制造的工具中，这些生命力能够独立地表现出来和继续发挥作用。① 一般而言，在全世界都可以发现对内在于特定劳动器具（Arbeitsgeräten）、特定工具或武器中的那种魔力（Zauber）的信仰。借助这些工具所完成的活动需要特定的巫术支撑（Unterstützungen）和支持（Förderungen），否则这种活动就不能完全成功。当祖尼人妇女跪在用来烤面包的石质烘焙槽前准备面包时，她们吟唱一段歌，其中包含很多对磨石引起的杂音的细微模仿：她们相信，在这种情况下，器具会发挥出更好的作用。② 因此，对某些极好的器具、工具的尊崇和**崇拜**（die Verehrung und der Kult）构成了宗教意识和技术文化发展中的一个重要要素。在埃维人那里，即使在现在每年举办的收获甘薯的节日上还要对各种器具和工具，如斧、刨、锯和钟献祭。③ 尽管从纯粹起源上看巫术和技术还不能区分开，尽管不可能在人类的发展中指明在哪个时间点上从巫术地控制自然变成了技术地控制自然，但是，工具本身的使用还是构成了精神性的自我意识进展中的一个至关重要的转折点。"内部"与"外部"世界之间的对立被更加明确地强调：愿望世界与"现实"世界之间的界限开始更加清楚地突出出来。其中一个世界不再直接介入另一个世界，不再变成另一个世界，而是通过对在工具中给予的间接**客体**的直观（Anschauung des vermittelnden Objekts），对间接行为的意识（das Bewußtsein des vermittelten

---

① 参见：Günther Tessmann, *Religionsformen der Pangwe*, in: *Zeitschrift für Ethnologie* 41 (1909), S. 874–889: S. 876。

② Otis Tufton Mason, *Woman's Share in Primitive Culture*, London/New York 1895, S. 176 (转引自：Karl Bücher, *Arbeit und Rhythmus*, 2, stark verm. Aufl., Leipzig 1899, S. 343 f.)。

③ Spieth, *Die Religion der Eweer*, S. 8。

Tuns)逐步发展起来了。"我们以巫术(Zauberei)的名称称呼宗教的整个最初形式,该形式就是,"黑格尔的《宗教哲学》如此描述巫术活动与技术活动之间最一般性的对立,"**精神性东西是高于自然的力量**,但是这种精神性东西还不是作为精神而存在,还不是以其普遍性而存在的,相反,它只是人的个别的、偶然的、**经验性的自我意识**,尽管人在其自我意识中——尽管自我意识只是单纯的**渴望者**(bloße *Begierde*)——知道自己高于自然,知道自我意识是一种高于自然的力量。……这种力量是一种高于自然一般(die Natur überhaupt)的**直接**力量,与我们通过工具施加于个别自然客体上的间接力量不可同日而语。有教养的人施加于个别自然事物之上的这种力量的前提是,他从这个世界退了回来,世界获得了相对于他的外在性,他给予这种外在性一种相对于他的**独立性**、一种独特的质的规定性和法则;这些事物在它们质的规定性上彼此是相对的,彼此处于多种关联之中。……这意味着,人必然**本身**就是**自由的**,只有当他本身是自由的时,他才能使外部世界、其他人和自然事物成为独立于他的。"① 人这样疏远(Zurücktreten)客体构成了人自身内在自由的前提,但是,这种远离并不是只发生在"有教养的"、纯粹理论的意识中,而是在神话世界观的最初萌芽中就已经能够揭示出它的最初的开端。因为一旦人试图通过工具而不是通过单纯的图像魔法或名称魔法(Bild- oder Namenzauber)去影响事物——尽管这种影响首先还完全在巫术的习惯轨道上活动——他立即就经历了一次精神上的区分、一次内在"危机"。单纯愿望的全能性现在消失了:行为处在它无法摆脱的特定客观条件之下了。正是在这些条件的区分中,外部世界对于人而言第一次获得了其确定的定在和确定的划分:对于人而言,世界最初只是由其愿望和行为以某种方式触及的东西构成的。现在由于在

---

① Georg Wilhelm Friedrich Hegel, *Vorlesungen über die Philosophie der Religion. Nebst einer Schrift über die Beweise vom Daseyn Gottes* (Teil 2, Abschn. 1: Die Naturreligion), hrsg. v. Philipp Marheineke (*Werke*. Vollständige Ausgabe duch einen Verein von Freunden des Verewigten, Bd. XI), 2, verb. Aufl., Berlin 1840, S. 283 f.

第三部分　作为生命形式的神话　神话意识中主观现实性的发现和规定

"内部"与"外部"之间树立了一条界线，这条界线阻止了从感性冲动直接跳跃到实现该冲动；由于在冲动与其目标之间总是插入了新的中间阶段，主体与客体之间的一种真正"距离"才达到了。它现在分离出一组固定的"对象"领域，这些对象的标志恰恰在于，它们自己本身有一种独特的持存，它们可以用这种持存"阻碍"人的直接要求和欲望。正是对实现特定目标无法绕过的手段的意识最初教人把"内部"与"外部"理解为一个**因果链条**中的环节（Glieder eines kausalen Gefüges），并指定这两个环节各自在这个链条中的不可交换的位置——现在，对具有实际"属性"和状态的事物世界的经验的-具体的直观逐步从这种意识中产生出来了。正是活动的间接性才造成了存在的间接性，由此存在被划分为个别的彼此联系又相互依赖的要素。

由此表明，即使我们纯粹从技术的方面把工具视为建构物质文化（Aufbau der materiellen Kultur）的基本手段——如果我们要真正理解并就其最深刻的内容来评价其成就的话，也不能孤立地理解它的这种成就。与其机械的功能相一致的还有一种纯粹精神性的功能，这种精神性的功能不仅是从机械的功能**发展**出来的，而且从一开始就构成了前者的**条件**并与之处于一种无法消除的相互关系中。工具的作用从来都不是简单地控制和征服那个此时被视为已经完成的、简单给定的"材料"的外部世界；而是正是通过工具的使用，这个外部世界的**图像**、其精神的-观念性的形式才为了人而生产出来。这种图像的构形（Gestaltung）、其个别环节的分节（Gliederung）并不依赖于单纯被动的感官感受或直观的单纯"接受性"，而是产生于人施加于对象的作用方式和方向。**恩斯特·卡普**（Ernst Kapp）在其《技术哲学》中已经为描述和表现这个过程创造了"器官投影"（Organ-Projektion）这个概念。他在"器官投影"之下理解的是这个事实，即所有原始的工具和器具最初都只不过是人用自己的器官尤其是身体施加于事物之上的影响的一种延伸。尤其是**手**——依据亚里士多德的话是"ὄργανον τῶν ὀργάνων"——它们作为自然的工具成了大多数人造工具的样板。原始的手用工具——像锤子、短斧、斧头，更进一步说

_259

像刀子、凿子、钻、锯子、钳子——在形状和功能上都只是手的延伸，增强了手的力量，因此是器官本身所完成的东西和所意味的东西的另一种表现（Erscheinung）。但是，工具的概念从这些原始的工具上升到了专门职业行为（Berufstätigkeiten）的工具，如工业机器、武器、艺术和科学的工具及仪器，总之服务于某种个别的、属于人的技术领域的需要的一切人造物（Artefakten）。对所有人造物的结构的技术分析以及对它们的起源的文化-历史研究都能够揭示出一些特定的要素，它们正是借助这些要素与人体的"自然"分节关联在一起了。这种一开始完全无意识的按照器官的摹本形成的机械装置现在反过来又能够发挥出解释和理解人的有机体的手段的作用。只是在人构成的器具和人造物那里，人才学会理解自己身体的属性和结构。只有在反思由人制成的东西（das von ihm Gewirkte）时，人才把握住并理解他自己的生理（Physis）——他制造的那些间接工具的方式让他了解了那些支配着他的身体结构和他的身体个别部分的生理功能的法则。但是这并没有穷尽"器官投影"的真正的和最深刻的含义。毋宁说，只有当人们考虑到，在这里伴随着人对自己肉体组织日益增长的知识有一个精神过程也在一起发展，只有当人们考虑到，人只有借助于这种知识才能达到他自身，达到他的**自我意识**时，其含义才表现出来。因此，人发现的每一种新工具都不仅意味着外在世界形成（Formung der Außenwelt）的新的一步，而且意味着其自我意识形成（Formierung seines Selbstbewußtseins）的新的一步。因为，

> 一方面，在工具这个词的更宽泛的意义上说，每一种工具作为增强感性活动的手段都是超出对事物的直接表面知觉的唯一可能性；另一方面，工具作为脑和手活动的作品与人自身有着如此本质性的最内在的联系，以至于他在自己的手的创造物中观察到的是某种带有其自身存在的东西，是他的形体化为物质的表象世界，是他的内在东西，即他自己的一个部分的反映和摹本。……这样接受这个包含了全部文化工具的外在世界领域是人性的一种事实上的自我坦白（ein tatsächliches Selbstbekenntniss der

第三部分　作为生命形式的神话　神话意识中主观现实性的发现和规定

Menschennatur），通过把来自外在世界的复制品收回到内在世界，它变成了自我认识（Selbsterkenntniss）。①

《符号形式哲学》的基础已经表明，《技术哲学》尝试着指称为和描述为"器官投影"的那个概念有一种远远超出对自然的技术控制和有关自然的技术知识领域的含义。如果说技术哲学所涉及的是人借以赋予外部世界确定的形态和烙印的直接的、间接的感性-身体器官，那么，符号形式哲学所关注的问题则是精神表达功能的整体。它也不把这些功能视为存在的复印本或复制品，而是看作构形的方向和方式；不是看作控制（Beherrschung）的"器官"，而是看作"赋予意义"（Sinngebung）的器官。这些器官的功能一开始也是以完全不自觉的形式完成的。语言、神话、艺术：它们每一个都从自身中创造出了自己的构成物的世界（Welt von Gebilden），这些构成物只能被理解为精神的独立性和"自发性"的表达。但是，这种独立性不是以自由反思的形式（Form der freien Reflexion）完成的，因此它是自我隐藏的。精神创造了语言、神话、艺术等诸形态的系列，它在这些形态中并没有把自身重新认识为（wiedererkennen）创造性的原则。因此对于它而言，这个系列中的每一个都变成了一个独立的"外部"世界。在这里，与其说是自我把自己反映在事物中，是微观宇宙把自己反映在宏观宇宙中，不如说自我在它自己的产物中创造了一种"对立者"，这个对立者对他表现为完全客观的、纯粹对象性的。只有在这种"投影"中，自我才能直观到自身。在这个意义上，神话的诸神形象（Göttergestalten）的含义只不过是神话意识的连续的自我显现（Selbstoffenbarungen）。在这种意识还完全局限于瞬间（im Augenblick gebunden）并完全被瞬间控制的地方，在这种意识完全服从于每一个瞬间冲动和刺激并被限制在其中的地方，诸神也被局限于这种

---

① Ernst Kapp, *Grundlinien einer Philosophie der Technik. Zur Entstehungsgeschichte der Cultur aus neuen Gesichtspunkten*, Braunschweig 1877, S. 25f., s. bes. S. 29ff. u. 40 ff. 总体情况也可参见：Ludwig Noiré, *Das Werkzeug und seine Bedeutung für die Entwickelungsgeschichte der Menschheit*, Mainz 1880, S. 53 ff.。

单纯的、感性的当下,被局限于瞬间的这**一个**维度。当行为的范围拓展,当冲动不再把自己完全消融于一个个别的时刻和一个个别的客体,而是——瞻前且顾后地——涵盖了大量不同的动机和不同的行动,神的活动范围才逐步获得了多样性、广度和丰富性。以这种方式分离开来的首先是自然的对象——对于意识而言,这些对象是以如下方式明确区分开的,即它们每一个都被理解为一个特殊的神力的表达,一个神或精灵的自我显现。尽管以这种方式产生出来的个别神的系列就其单纯的**范围**而言能够无限拓展,但是它们还是已经包含了一种**内容性**划界的萌芽和动机。因为,一旦神话意识不再从神的活动所涉及的客体的方面而是从该活动的起源出发考察神的活动,这种活动的所有多样性、区别和分裂就都停止了。现在,单纯的活动的杂多性变成了创造的统一性,创造性**原则**的统一性在创造的统一性中变得越来越清晰可见。① 关于人及其精神-伦理人格性的一种新见解与神的

---

① 在埃及人的宗教中可以看到,这一趋势在多神教的自然宗教中如何逐步取得统治地位。这里早就已经表明了,在个别自然力量——正如它们提供了埃及人的万神殿——的神化中已经包含着转向唯一的神的思想,这个唯一的神"开天辟地以来就是存在的",而且把一切现在存在的和将来存在的都包含在其中。(更多内容参见:Renouf, *Lectures on the Origin and Growth of Religion*,S. 89 ff.;也可参见:Brugsch, *Religion und Mythologie der alten Aegypter*,S. 99.)朝着宗教统一性直观的基本观点的一次有意识的转向随后出现在阿门诺菲斯四世(大概公元前 1500 年)的改革中,而它其实只构成了埃及宗教史上的一段。在这里,所有其他的神灵都被压制了,崇拜只限于不同的太阳神,它们被视为唯一的太阳神阿通(Aton)的不同表现。阿玛那(Tel-el-Amarna)附近的墓葬铭文中,古老的太阳神霍鲁斯(Horus)、拉(Ra)和图姆(Tum)都表现为那一个神的诸部分。在带有鹰的头的古老的太阳神的图像之外,还出现了另一个太阳神的图像,它把太阳神本身表现为圆盘,朝各个方向发出光线;每一条光线终结在一只手里,手中握的是生命的记号。在这种新的宗教宇宙论符号中也能够清晰地看到一种新的伦理宇宙论表达,即一种新的"人性"观念的表达。埃尔曼(Erman)判断说,谁要是把在阿通崇拜中产生的新的太阳圣歌"与古老的太阳神赞歌做一比较,他就不可能错过那个原则上的区别。它们的共同之处在于,它们都把神赞美为世界和一切生命的创造者与维护者。但是新的圣歌并不知道旧的太阳神的名册、王冠、统治权和圣城。它并不了解他的船和水手,并不了解巨龙阿珀菲斯(Drachen Apophis),并不了解穿过死亡王国的经历及其旅客的喜悦。叙利亚人和埃塞俄比亚人在赞美太阳时也会唱这首歌。事实上,这些国家及其居民在这首圣歌中也提到,他想要终结埃及人对贫穷的野蛮人的自大。所有人都是上帝的孩子;他给予了他们不同的颜色和不同的语言,把他们放在不同国家,但是他以同样的方式照顾他们……"(Erman, *Die ägyptische Religion*,S. 81;也可参见:Wiedemann, *Die Religion der alten Ägypter*,S. 20 ff.)

### 第三部分　作为生命形式的神话　神话意识中主观现实性的发现和规定

概念中的这种转变是一致的。因此，如下事实一再得到确认，即只有当人能够在他的诸神的图像中把他自身变得可见，人才能理解和认识到他自身的存在。正如人只有通过变成创造工具的和创造作品的（werkzeugbildend und werkbildend）才学会了理解其身体和身体部分的结构，因此，人从自己精神构成物（geistige Bildungen）中，即从语言、神话和艺术中提取出客观的标准，以此来衡量他自己，并通过这些构成物把自己理解为一个具有独特结构法则的独立宇宙。

# 第三章　崇拜与献祭

270　　在神话和宗教意识的发展中处于支配地位的人与神之间的交互联系，到目前为止从本质上说都是就它在神话-宗教表象范围（Vorstellungsweit）内所表现出来的形式加以研究的。但是，现在需要拓宽这个研究范围了：因为宗教性东西的内容的真正的和最深的根源并不在**表象**世界中，而在感觉和意志世界中。人所获得的对于现实的每一种新的关系不是单方面地表现在他的表象和"信仰"中，而是也表现在他的意志和行为中。在这里，人对他所崇拜的高于人的力量的态度必然比在神话幻想所勾勒的个别形态和图像中表现得更加清晰。因此，我们不是在诸神的单纯图像中，而是在对它们的**崇拜**中发现了神话-宗教基本感受的真正客观化。因为崇拜是人与诸神的主动关系。在崇拜中不仅间接地表象和表现了神（das Göttliche），而且也直接地影响了神。因此，宗教意识的内在进展一般说来在这种影响形式中、在这种仪式形式中最清晰地表现出来了。神话**叙事**在很大程度上只是这种直接关系的一种反映。大量的神话题材都可以清晰地表明，它们最初并不是产生于对自然过程的直观，而是产生于对崇拜过程的直观。这些题材并不起源于某种物理的定在或事件，而是起源于人的

第三部分　作为生命形式的神话　神话意识中主观现实性的发现和规定

一种积极**行为**（ein aktives Verhalten des Menschen），它们之中明确地表现的并不是某种物理的定在或事件，而是人的一种积极活动。从神话上解释和"把握住"那个在崇拜中一再重复出现的特定过程（Vorgang）的方法是把它与一个唯一的尘世事件（ein einmaliges zeitliches Ereignis）联系起来并把它视为该事件的复现（Wiedergabe）和反映（Spiegelbild）。但是事实上，这种反映毋宁是以相反的方向完成的。行为在前，神话式的解释、"ἱερὸς λόγος"在后。这种解释仅仅表现在报告形式（Form des Berichts）中，它作为直接现实存在于神圣的行动中。因此，这种报告并没有提供理解崇拜的钥匙，毋宁说，正是崇拜构成了神话的预备阶段和"客观"基础。①

当现代的经验神话研究通过大量个别案例证实了这种关联时，它这样做仅仅证明了**黑格尔**在《宗教哲学》中首次以思辨的一般性所把握住的那个思想。对于黑格尔而言，崇拜和崇拜形式的特殊性始终是解释宗教过程的重点。因为他发现，他关于这个过程的一般性目标和意义的见解在崇拜中被直接证实了。如果这个目标在于放弃自我与绝对者分离的立场，即在于不把这一立场设定为真实的东西（das Wahrhafte），而是设定为知道自己本身无效的东西，那么，正是崇拜逐步完成了这种设定（Setzung）。"**主体与其自我意识的这种统一、和解**、恢复，分享和参与那个绝对东西中的肯定性感觉，把与该绝对者的统一真正赋予自己，消灭分裂，构成了崇拜的范围。"② 因此，按照黑格尔的观点，崇拜不是仅仅在一种单纯外在行动（Handeln）

---

① 参见本书上文：S.50 ff.。——崇拜相对于神话具有"优先性"这一思想在现代宗教史和宗教哲学文献中尤其是由史密斯代表的：Robertson Smith, *Die Religion der Semiten*, bes. S.19 ff.。从此以后，现代人种学的研究证明了史密斯从对闪米特宗教的考察中得出的这一基本观点：马雷特称，"仪式"先于"教条"的理论是人种学和社会人类学的一种"基本真理"（Kardinalwahrheit）；Marett, *The Birth of Humility*, S.181. 此处也可参见：James, *Primitive Ritual and Belief*, S.215f.。此处写道："一般而言，仪式的进化远早于信仰，因为原始人乐于'舞蹈出他们的宗教'。野蛮人发现用语词表达他们的思想并不容易，因此他们恢复了视觉语言（*visual language*）。他们随着自己的眼睛思考而不是随着清晰的发音思考，因此，通过研究仪式似乎达到了原始宗教的根本感觉。"

② Hegel, *Vorlesungen über die Philosophie der Religion*, S.67.

的有限意义上被对待的，而是被视为一种包括内在性和外在现象的行为（Tun）。崇拜"一般说来是主体的永恒过程，被设定为与其本质同一的"。因为在崇拜中，虽然上帝表现为**一**方面，自我即宗教主体表现为**另一**方面，但是规定同时也是二者的具体统一，通过这种统一，自我在上帝中变为有意识的，同时上帝在自我中成为有意识的。在这个意义上，黑格尔的宗教哲学看到了辩证的次序，它按照该次序发展了特殊的历史的宗教，这个次序首先在崇拜的一般本质及其特殊形式的展开中被证实了：每一个个别的宗教的精神**内容**以及它们作为必要的要素在宗教过程的整体中所意味的东西只有在其崇拜形式中才完全表现出来，这种内容在其崇拜形式中才发现了其外部现象。①

　　如果这一前提成立，那么黑格尔试图借助于辩证的建构所产生出来的关联必然从相反的方面，即从纯粹现象学研究的方面也能被证明。在崇拜本身的外部形式中，即在其感性形式中——即使我们首先试图纯粹在其经验杂多性和差异性中观察它们——同时表现出了一种真正的精神"趋势"（Tendenz），一种持续"内在化"（Verinnerlichung）的方向。"内"与"外"之间的关系构成了理解一切精神表达形式的准则。我们在这里也可以期待"内"与"外"之间的关系得到确证：自我恰恰是在其表面上的外化中发现并理解了自身的。只要崇拜和宗教仪式发展到一定高度，我们总是能碰到一个基本主题，我们能通过这个基本主题澄清这种联系。崇拜和宗教仪式所形成的形式越确定，**献祭**就越清楚地出现在它们的中心。祭祀能够表现为不同的形态，能够表现为礼品献祭（Gabenopfer）或清洁献祭（Reinigungsopfer），也能够表现为祈求、感恩或赎罪献祭（Bitt- oder Dankopfer oder als Sühnopfer）；在所有这些形式中，祭祀总是都构成了崇拜行动（die kultische Handlung）的一个固定核心。在这里，宗教"信仰"达到了其真正的**可见性**；在这里，它直接转变为了行为（Tat）。献祭服务的方式（Art des Opferdienst）与完全确定的客观规则、与

---

① Hegel, *Vorlesungen über die Philosophie der Religion*, S. 204 ff. u. s. [Zitat S. 70].

第三部分　作为生命形式的神话　神话意识中主观现实性的发现和规定

语词和作品的固定顺序是结合在一起的，如果献祭不想错失自己的目标，那么就必须最小心地遵守该顺序。但是，在这些纯粹外部规定所经历的构形和转形（Gestaltung und Umgestaltung）中同时也能够追踪到一些不同的东西，即追踪到宗教主观性的逐步展开和形成。在这点上，宗教形式语言的连续性和进步在其中也达到了同样清晰的表达：在这里存在着一种一般性的和典型的原初宗教活动形式（Urform religiösen Verhaltens），这种形式总是能够被新的具体内容充实，能够以这种方式适应宗教感受的一切转变，并且能够把这些转变表达出来。

就其原初意义而言，每一种献祭（Opfer）都包含一种**否定的**要素：献祭意味着对感性欲望的一种限制，意味着自我对自身的一种放弃。在这里存在着献祭的一种本质性主题，这一主题使它从一开始就把自己提升到了巫术世界观的阶段。因为这种巫术世界观最初并不了解那种自我限制，而是以对人的愿望的全能性（Allmacht der menschlichen Wünsche）的信仰为基础。就其基本形式而言，巫术只不过是满足愿望的一种原始的"技术"。自我相信自己在巫术中拥有一种使一切外部存在屈服于自己并把它们都纳入自身范围内的手段。对象在这里没有独立的存在，较低等的和较高等的精神力量、精灵和诸神都没有自己的意志，意志是不会让自己由于适当巫术手段的使用而服务于人的。咒语是自然的主人，能够使自然脱离其存在和运行的固定规则："诗语声音能够推动月亮"（carmina vel caelo possunt deducere lunam）。而且咒语也对诸神施加了无限的威力，使之屈服并强迫它们改变自己的意愿。[1] 因此，在感觉和思维的这个领域里，人的力量虽然被设定了一个经验的-事实的边界，但是没有设定原则上的边界：自我还不了解任何他尚未试图跳过但无论如何都无法跳过的限制。与此相对，人的意愿和行为在祭祀的最初阶段上就已经表现出

---

[1] 关于诸神在希腊-埃及巫术中的"强制名称"（Zwangsnamen/ ἐπάναγκοι），典型证据尤其参见：Hopfner, *Griechisch-ägyptischer Offenbarungszauber*（§ 690 ff.），S. 176 ff.。

了一个不同的**方向**。因为被归属于献祭的力量根植于献祭本身所包含的自我放弃（Selbstbescheidung）中。在宗教发展的最初阶段上也表现出了这种关联。**禁欲**（Askese）通常属于原始信仰和原始宗教活动（Betätigung）的基本部分，其各种形式都根源于如下观点，即自我的各种力量的每一次扩大和提升都与一次相应的限制密切相关。每一件重大的活动之前都必须先节制特定自然欲望的满足。即使今天，在原始民族中几乎到处都存在着这样的信仰：如果没有事先完成诸如多日斋戒、睡眠剥夺或性生活的长时间节制等禁欲措施，那么，战争、狩猎或捕鱼都无法成功。人的物理-精神生活中的每一次决定性的转折和每一次"危机"也都需要这样的保全措施（Schutzmaßnahmen）。在个别的入会仪式（Initiationsriten）上，尤其是在成年礼上，接受成人礼的那个人必须首先承受一系列最痛苦的匮乏和检验。① 所有这些形式的放弃（Entsagung）和"献祭"在这里首先还有一种完全自我中心的意义：当自我忍受特定的物理上的匮乏时，其目的只是增强他的曼纳（Mana），即他所拥有的物理的-巫术的力量和影响。因此，我们在这里仍然完全处于巫术本身的思想和感觉的世界中；但是现在在这个世界中出现了一个新的主题。感性的愿望和欲望不再同等地向着各个方面涌流，它们不再试图直接地和不受限制地把自己转变为现实；而是它们限定于特定的点上，如此一来在这里被抑制住并在一定程度上被储存起来的力量就可以供其他目的之用。在禁欲和献祭的这些消极行动中表明了欲望范围的缩小，通过缩小自身的**范围**，欲望就其**内容**而言才能达到最高强度的集中，并由此达到一种新的自觉性形式（Form der Bewußtheit）。这造就了一种与自我表面上的全能性相对立的力量，但是只有当这种力量被这样理解时，自我才设定了自己的边界，并由此赋予它一种确定的"形式"。因为只有当界限被感受为和认识为这样的时候，才能

---

① 参见列维-布留尔搜集的人种学材料：Levy-Bruhl, *Das Denken der Naturvölker*, S. 200 ff. u. 312 ff.；James George Frazer, *The Golden Bough*, 2, durchges. u. verm. Aufl., Bd. III, S. 422 ff.。

### 第三部分　作为生命形式的神话　神话意识中主观现实性的发现和规定

打开不断超越这个障碍的道路：只有当人把神性东西承认为一种强于自身的力量，并且这种力量必然不会被巫术的手段强制而是必须通过祈祷和献祭而和解，他才逐步获得了与该力量相对的他自身的自由的自我感觉（Selbstgefühl）。在这里，自我只有通过向外投射自身才发现并建构了自身：**诸神**的不断增长的独立性是人在自己本身中发现一个固定中心、一个意愿统一体条件，而这个中心和统一性与个别的感性冲动的分散的杂多性是对立的。

这种典型的转变在所有的献祭形式中都可以追踪到。① 就礼品表现为自由的礼物而言，在礼品献祭中已经表现出了人对神的一种新的、更自由的关系。在这里，人在一定程度上似乎也从直接欲望的对象中撤回来了——这些对象没有直接变成享受的客体，而是变成了宗教**表达手段**中的一种，变成了人在他自身与神性东西之间建立联系的工具。物理的对象本身由此进入了一种新的光亮（Beleuchtung）之中：因为在它们作为知觉的客体或者作为特定冲动的直接满足的工具所表现出来的现象背后，现在可以看到一种普遍的活动力量（eine allgemeine Kraft des Wirkens）。例如，在植物崇拜中，田野里最后的谷穗不是像其他谷穗一样被收割掉，而是被保护下来，因为生长本身的力量、未来收获的精神在这些谷穗中受到了崇拜。② 礼品献祭确实可以上溯到这样一个阶段，在这个阶段上，礼品献祭与巫术世界观还是最密切地交织在一起的，而且按照其经验的显现方式（Erschei-

---

① 我们在这里只是按照其观念性含义把这些不同的形式视为献祭基础的统一性"观念"的不同表达和要素。相反，发生学的问题，即是否有一种原初的献祭形式（eine Urform des Opfers），所有从中发展出来的其他形式在这种问题的提法中都是可以忽略的。广为人知的是，这个问题有很多不同的答案。当斯宾塞和泰勒把"礼品献祭"视为这样的基本形式时，其他人像耶文思（Jevons）和罗伯森·史密斯（Robertson Smith）则强调人与神之间的"圣餐"（Communion）是原初的、决定性的。霍普金斯（Hopkins，1923）对这个问题的最新研究得出的结论是，在现有的材料基础上不可能得出有利于某一方的结论。毋宁说人们必须满足于承认献祭有不同的同样原初的动机。参见：Hopkins, *Origin and Evolution of Religion*, S. 151 ff. 。在每一种情况下，这些动机的精神"分层"与其经验的历史的起源、时间上的较早或较晚都没有关系。

② 更多内容参见：Mannhardt, *Wald- und Feldkulte*, 2 Bde., 2. Aufl., bes. v. Walter Heuschkel, Berlin 1904/1905, bes. Bd. I, S. 212ff. 。

nungsweise）而言礼品献祭是无法与这种世界观分离开的。在《吠陀经》中，**马的献祭**表现为皇家力量的最高而神圣的表达（sakraler Ausdruck），原始的巫术环节在这种献祭中依然是显而易见的。这种巫术的献祭（Zauberopfer）似乎只是逐渐地才具有其他特征，才使其提升到礼品献祭的表象范围内。① 但是，即使在礼品献祭的形式纯粹发展起来的地方，一开始似乎也没有完成任何决定性的精神转变，因为关于诸神的**强制**（Zwang der Goetter）的巫术的-感性的观念现在似乎被同样感性的**交换**观念（Idee des Tausches）替代了。"你给予我；我给予你。你为我付出；我为你付出。你为我牺牲；我也为你牺牲。"——献祭者以吠陀教的祈祷式如此向神说道。② 在这种给予和取回的行动中，把人与神彼此结合起来并在同等尺度上和相同意义上把二者联系起来的，是彼此之间的需要。因为正如人依赖于神，神在这里也依赖于人。神存在于人的力量中，事实上是依赖于献祭者祭品的存在。在印度教中，苏麻汁是全能的工具，诸神的力量和人的力量都起源于它。③ 但是正是在这里，那个后来赋予礼品献祭一种全新含义和一种全新深度的转变更加明确清晰地表现了出来。一旦宗教沉思不再单方面地局限于**礼品的内容**（Inhalt der Gabe），而是关注**给予的形式**（Form des Gebens）、献祭本身的**形式**，而且看到在该形式中包含着献祭的真正核心，那么这个转变就完成了。思想现在从献祭的单纯物质上的完成进展到了其内在的**主题**和规定之根据（inneres Motiv und Bestimmungsgrund）。能够赋予献祭意义和价值的正是这个"尊崇"（奥义）主题［Motiv der »Verehrung«（upanishad）］。把《奥义书》和佛教的思辨同更早的《吠陀经》的礼拜仪式文献区别开

---

① 关于吠陀教马的献祭，参见：Oldenberg, *Die Religion des Veda*, S. 317f. u. 471 ff., 以及 Edward Washburn Hopkins, *The Religions of India*, Boston, Mass. /London 1898 (*Handbooks on the History of Religions*, hrsg. v. Morris Jastrow jr., Bd. 1), S. 191.

② 参见：Oldenberg, *Die Religion des Veda*, S. 314; Hopkins, *Origin and Evolution of Religion*, S. 176.

③ 参见：《梨俱吠陀》，尤其是 S. 29 ff.。

第三部分　作为生命形式的神话　神话意识中主观现实性的发现和规定

来的首先就是这一基本思想。① 现在，礼品（die Gabe）不仅被内在化了，而且唯一有宗教价值和宗教意义的礼品正是人的内心。马、山羊、牛和绵羊等暴力的献祭不可能成为有效的；毋宁说——正如一份佛教经文所说的——只有不以任何生物为基础而是存在于不断给予中的献祭才是符合预期的献祭。"为什么？因为这样的祭祀是远离暴力行为的，圣者已经踏上了通往神圣的道路上；谁要是献祭了这样的祭品，谁就只有幸福而没有不幸。"②

但是在佛教中，把宗教的基本问题完全集中在一个**唯一的**点上，即集中在拯救人的灵魂的救赎之路上具有一种值得注意的后果（Konsequenz）。从一切外部的东西纯粹退回到内部东西有以下结果（Folge）：不仅外部的存在和行为，而且自我的**精神的-宗教的对极**（Gegenpol des Ich），即诸神本身都从宗教意识的中心消失了。佛教保留了诸神，但是对于那一个本质性的基本问题（die eine wesentliche Grundfrage）而言，即对于拯救的问题而言，诸神不再有任何含

---

① 参见：Oldenberg, *Die Lehre der Upanishaden*, S. 37 u. 155 ff.；Hopkins, *The Religions of India*, S. 217 ff.。

② Anguthara-nikāya II, 4, 39; Udana I, 9 (Winternitz, Buddhismus, S. 263 u. 293 [Zitat S. 293 f.])。（中译文参见《增支部》四集第四轮品第39节《问祭祀》，在汉译佛经中，本节译文为："一时，郁阇耶婆罗门，诣往世尊之处。诣已，与世尊俱相庆慰，欢叙，交谈感铭之语已，坐于一面。坐于一面之郁阇耶婆罗门，白世尊言：'尊瞿昙是不称赞祭祀耶？''婆罗门！我于一切祭祀，非一向称赞，但是，婆罗门！我并非不称赞一切祭祀。婆罗门！如祭祀时杀牛、山羊，杀羊，杀鸡豚，多杀有情，如是伴随勌劳之祭祀，当非阿罗汉或入阿罗汉道者所近趋。又，婆罗门！如不杀牛、山羊，不杀羊，不杀鸡豚，不杀众多有情，如是不与勌劳相伴随之祭祀。婆罗门！我予称赞。所谓：常施、随（族）祀，何以故？婆罗门！如是不与勌劳相伴伴之祀，阿罗汉或入阿罗汉道者，是所近趋。'<u>献马献人与力饮/投掷杖与无锁钥/勌劳允大无大果/山羊与羊又牛只/杀戮诸种之有情/不成祭祀之大仙/履修于正当行持/一切祭祀无勌劳平时常随习惯行/祀时以山羊与羊/不杀牛等诸畜牲/如斯祭祀正行者/是大仙人所营作/智者斯祀方云祀/当得盛大之熟果/致于此祀之行者/只有善事无恶事/诸天欢喜祀之大</u>"。加下划线部分为卡西尔所引内容。另：《自说经》（Udana）第一品菩提品第9节内容如下："如是我闻。尔时，世尊住伽耶象头山。尔时，众多之结发外道，在伽耶河寒冬之夜、中间之八日，雪降之时，或浮或沉，或沉或浮，自淋水为火神之祭，依此而思为清净。世尊见此众多结发外道于寒冬之夜、中间之八日，雪降之时，在伽耶河或浮或沉，或沉或浮，自淋水为火神之祭，依此为清净。世尊知此已，彼时唱此优陀那：'诸人多浴河，清净不因水；若有谛实法，[身心]得清净，是为婆罗门。'"——中译者注）

义和作用。一般说来，诸神由此被从那个真正决定性的宗教过程（religiösen Prozeß überhaupt）中排除出去了。只有纯粹的沉浸（die reine Versenkung）才带来了真正的拯救，纯粹的沉浸并没有把自我拓展为神（Gottheit），而是让自我寂灭为无（Nichts）。如果说在这里思维的思辨力量并没有在最终的结论面前退缩，如果说它为了抵达自我的**本质**而否定了自己的**形式**，那么，伦理的-一神论的各种宗教的基本特征在于，它们采取的是相反的道路。在这些宗教中，人的自我和神的人格性以最高的丰富性（Prägnanz）和明确性形成起来了。但是，这两个极点越是被清晰地指明，越是被清晰地相互区分开，它们之间的对立和张力也就表现得越清楚。真正的一神教并不试图平衡这种张力，因为对于它而言，这种张力是构成了宗教生活和宗教自我意识之本质的那种独特动力的表达和基础。正是由于献祭概念完成了与《奥义书》和佛教中发生的相同的转变，先知宗教也变成了它本身所是的东西。但是这种转变在这里有一个不同的目标。神对以赛亚说："你们所献的许多祭物，与我何益呢？公绵羊的燔祭，和肥畜的脂油，我已经够了。公牛的血，羊羔的血，公山羊的血，我都不喜悦。……学习行善。寻求公平，解救受欺压的，给孤儿伸冤，为寡妇辨屈。"① 由于自我的对立面即"你"与自我对立，自我才被保存在了先知主义的这种伦理的-社会的激情（Pathos）中，通过你，自我才真正发现和确证了自身。正如一种纯粹伦理的相互关系（Korrelation）把我与你联系了起来，因此，一种同样严格的交互联系（Wechselbeziehung）把人与神也联系了起来。在谈到该宗教的基本观念时，赫尔曼·柯亨如此界定先知主义的基本思想的特征："人并不是站在献祭面前，站在祭司面前，才能够获得纯粹性［……］人与神之间建立起了相互关系，任何其他部分都不能插入其中。……任何其他部分的加入都破坏了神的唯一性，而这种唯一性对于拯救比对于

---

① Jesaja 1, 11 u. 17. （中译文参见《圣经·以赛亚书》第1章第11、17节。——中译者注）

第三部分　作为生命形式的神话　神话意识中主观现实性的发现和规定

创造而言更加必不可少。"①

但是由此一来，礼品献祭在其能够达到的最高宗教变形（Verklärung）中就与献祭服务（Opferdienst）的另一个基本主题融合在一起了。因为，献祭在神和人这两个领域之间创造出来的**中介**可以被指称为献祭的一般性意义，这种意义以某种方式反复表现为各种不同的形式。献祭的一般性"概念"是从对其经验-历史表现形式整体的概览（Übersicht）中获得的和抽象出来的，人们曾经试图通过如下方式定义这一概念，即在任何情况下，献祭的目的都在于在"神圣东西"的世界与"世俗东西"的世界之间建立一种联系，而且是通过在神圣行动的过程中被毁灭的一种祭祀物件（geweihte Sache）这个中间环节建立起这种联系的。② 即使献祭的特征事实上总是在于追求这种联系，在献祭中造成的综合本身还是能够分为最为多样的等级。这种综合经历了从单纯物质的占有（Aneignung）到最高形式的纯粹观念共同体的各个阶段。这条道路上的每一种新的方式同时都改变了对位于道路终点的最终目标的理解：对于宗教意识来说，始终都是道路本身规定并形成了有关目标的观点。在其最基本的形式中能够把握住神与人之间的对立以及这一对立的克服，这个最基本的形式在于，按照特定的**物理的**基本关系的相似性来对待二者，对待共同体的分离和重建。在这里，谈论单纯的相似性并不够，而是从神话思维的基本特征来说，这种相似性总是转变为实际的同一性。一开始把神和人联结起来的是血缘共同体的现实纽带。在部族与它的神之间存在着一种直接的血缘亲缘关系（Verwandtschaft des Blutes）：神是整个部族由以产生的共同祖先。这种基本的直观远远超出了真正图腾表象方式的范围。③

---

① Cohen, *Die Religion der Vernunft*, S. 236.

② 参见：Henri Hubert/Marcel Mauss, *Essai sur la nature et la fonction du sacrifice*, in: Melanges d'histoire des religions, S. 1–130; S. 124。

③ 关于闪米特人的情况，参见：Baudissin, *Adonis und Esmun*。尽管女性主神［伊斯塔（Ishtar）、阿斯塔特（Astarte）等］总是有确定的自然基础，而她们代表了持续再生并从死亡中获得新生的生命观念，按照鲍迪辛（Baudissin）的观点，巴力（Baale）也代表了生育力量，但是，首先是部落的父亲以及相应地部落的统治者才通过一种实在的生产结构从她们中引申出来。（更多内容参见：Baudissin, *Adonis und Esmun*, S. 25 u. 39 ff.。）

献祭的真正意义现在也是被这种基本直观规定的。在这里似乎能够追踪到从图腾的基本形式到高度发达的文明宗教中的动物献祭形态的明确等级。在图腾崇拜中，爱护图腾动物一般而言被视为宗教义务，但是也有这样的情况，图腾动物虽然不能由单个的人捕食，但是可以在共同的神圣宴会上在遵守特定的仪式和习俗时由整个部落享用。这种共同享用图腾动物被视为一种手段，它证实并恢复了把单个人相互联结起来以及把他们与他们的图腾联结起来的那种血缘共同体（Blutsgemeinschaft）。尤其是在共同体遇到危险及其实存似乎受到威胁的危难时刻，更需要这种恢复共同体的物理的-宗教的原初力量。但是，神圣行动的真正重点在于，共同体作为**整体**完成该行动。在享用图腾动物的肉时，部落的统一性及其与图腾祖先的关联作为直接的、感性的-有形体的统一性重新生产出来了：在享用图腾动物的肉时，这种统一性在一定意义上总是重新得到恢复。这样巩固生命和部落共同体的观念、人与被视为部落之父的神的"圣餐"（Kommunion）的观念一开始在闪米特宗教的范围内属于动物献祭的原初主题，这一点似乎被罗伯森·史密斯的奠基性研究证明了。① 这种圣餐首先只能表现为纯粹物质性的，只有在一同吃喝时，在身体上享受同一个事物（Sache）时才能完成。但是，正是这种行动同时又把它所指向的事物本身（die Sache selbst）提升到了一个新的观念性的范围内。献祭是一个点，"世俗"与"神圣"不仅在这个点上互相接触，而且密不可分地互相渗透——在献祭中纯粹物理上存在的东西以及在献祭中满足了某种功能的东西，从此以后进入了神圣东西和祭祀的范围。但是，这意味着献祭最初一般而言并没有构成任何个别的、与人的平常和世俗的活动明确区别开的行为；而是任何一种活动，就其单纯内容而言不论多么感性实际都能成为献祭，只要它进入特定的宗教

---

① 尤其参见：Smith, *Die Religion der Semiten*, S. 212 ff. u. 239 ff. 。这里所代表的基本献祭观点是由威尔豪森（Julius Wellhausen）证明和补充的，他尤其提到了阿拉伯宗教的起源。参见：Julius Wellhausen, *Reste arabischen Heidentums. Gesammelt und erläutert*, Berlin ²1897, S. 112 ff. 。

第三部分　作为生命形式的神话　神话意识中主观现实性的发现和规定

"视角"并被它决定。除了吃喝之外，性行为尤其能够获得这种神圣的含义：即使在宗教发展的更高级的阶段上，卖淫也表现为侍奉神明的一种"献祭"、献身。在这里，宗教性东西的力量（die Kraft des Religiösen）恰恰在如下事实中被证明了，即宗教性东西还包含着存在和行为的尚未分离开的**整体**，它不排斥任何物理的-自然的定在领域，而是使这种定在充满了其基本的和原初的环节（Grund- und Urelemente）。**黑格尔**在这种交互联系中看到了异教崇拜的基本要素①，但是，宗教史的研究总是告诉我们，献祭思想的感性主题和精神主题的这种彼此渗透、交织在**基督教**的起点及其更进一步的发展中如何越来越强烈地确证了自身。② 而且如果说宗教在这种交织中才达到了其具体的-历史的**效果**，那么，它在这里事实上同时也发现了自身的**限制**。因为人和神之间要达到真正的统一性，他们最终必须具有相同的血肉。因此，感性东西的精神化通过献祭行动直接造成了精神东西的感性化。就其实存、物理定在而言，感性东西被消灭了——而且只有在这种消灭中，感性东西才完成了它的宗教功能。只有把献祭动物杀死并吃掉，它才能作为单个人与他的部落之间的"中介"、作为部落与它的神之间的中介发挥出自己的力量。但这种力量与就其完

281

282

---

① 参见：Hegel, *Vorlesungen über die Philosophie der Religion*, S. 225 ff. [Zitat S. 225-227]：在异教徒的崇拜中，"崇拜就是人表象为日常生活方式的东西，他生活在这种实体的统一性中，崇拜与生活是没有区分开的，而且绝对有限性的世界还没有与无限性对立起来。在异教徒那里，幸福的意识处于支配地位，距离他们近的神是民族、城市的神，这种感觉是，诸神对他们是友好的，而且把最好的享受赐予他们们。……因此，崇拜在这里本质上是如下规定，即它并不是一种独特的东西，一种与其他生命分离开的东西，相反，它构成了光明王国和善之中的一种持续生活。尘世的需要生活，这种直接的生活，就是崇拜，而主体还没有把其本质性的生活与其世俗生活的维持和直接有限实存的安排区别开。在这个阶段上，也许会出现对其神本身的一种明确意识，即向着绝对本质思想的提升，以及对绝对本质的朝拜和赞美。但是，这首先是一种自为的抽象关系，具体的生活还没有进入其中。一旦崇拜的关系具体地形成了，它本身就获得了关于个体的完全外在的现实性，而习惯的、日常的生活的整个范围，吃喝睡和满足自然需要的一切行动都与崇拜有关，而所有这些行动和安排的过程就构成了一种神圣的生活"。

② 关于这一点我并不会给出很多例子，我在这里仅仅指点读者看乌斯纳的富有意义的归纳和判断，参见：Hermann Usener,»Mythologie«, in: *Archiv für Religionswissenschaft* 7 (1904), S. 6-32：S. 15 ff. 。

_275

全的感性规定性和这一仪式规定的所有细节及特殊性来完成神圣行动紧密相关——其中最细微的偏差和疏漏都会让献祭丧失意义和效果。

这一点在崇拜的另一个主要要素中也证实了,这个要素几乎总是伴随着献祭并与献祭一起代表了崇拜行动的完善。像献祭一样,祈祷的规定也在于填满神与人之间的鸿沟。但是在祈祷中,语词不是单纯物理的东西,而是符号的、观念性的东西,正是通过语词的力量,二者之间的距离才被消除。而且,对于神话-宗教意识的开端而言,在感性**实存**领域和纯粹**含义**领域之间还不存在任何明确的界限。存在于祈祷之中的力量是一种具有巫术起源和巫术特性的力量:它的力量存在于语词的魔力对神的意志所造成的强制中。祈祷的这个意义在吠陀教的开始和后续发展中最清晰地表现出来了。在这里,正确地完成的献祭和祈祷行动总是表现得具有一种确实可靠的和不可抗拒的力量:这种行动是祭司束缚住诸神的网和陷阱。①神圣的赞美诗、格言、诗歌和韵律形成并支配着存在:世界进程的形态取决于它们的使用,取决于它们的正确或错误的运用。祭司早上在日出前献祭,由此让太阳神出现和产生。一切事物和一切力量都交织进唯一的梵(Brahman)、祈祷词的力量中,祈祷词不仅超越了人与神之间的障碍,而且拆除了该障碍。吠陀经文明确地说出了,祭司在祈祷和献祭行动中本身**变成**了神。② 基督教的起点也可以追踪到同样的基本观点:在教父那里,把人与神直接结合和混同起来(τὸ ἀνακραθῆναι τῷ πνεύματι)也还表现为祈祷的真正目的。③ 祈祷的更进一步的宗教发展越来越多地超出了这一巫术的范围。在其纯粹宗教意义上来理解,祈祷现在似乎超出了单纯的人的愿望和欲望了。它

---

① 参见:Richard Pischel/Karl Friedrich Geldner, *Vedische Studien*, Bd. I, Stuttgart 1889, S. 144 ff.。

② 参见:Archibald Edward Gough, *The Philosophy of the Upanishads and Ancient Indian Metaphysics. As exhibited in a Series of Articles contributed to the Calcutta Review*, London 1882, 以及 Oldenberg, *Die Lehre der Upanishaden*, bes. S. 10 ff.。

③ Origenes, περὶ εὐχῆς [Peri euches], Kap. 10, 2 (转引自:Farneil, *The Evolution of Religion*, S. 228)。

### 第三部分 作为生命形式的神话 神话意识中主观现实性的发现和规定

不再指向一个相对的、个别的**善**（Gut），而是指向一个与神的意志等同的客观的**善**。**爱比克泰德**（Epiktet）的"哲学"祈祷并祈求诸神只把他们自己意志中的东西赐予他，他认为人的任意相对于神的意志是虚无的，他的祈祷是要消灭人的任意——这一祈祷在宗教史上也有其典型的相似物。① 在所有这些情况下，献祭和祈祷都证明自己是典型的宗教表达形式，与其说它们从一个预先规定的、固定地限定的自我范围**通向**了神的范围（Kreis des Göttlichen），不如说正是它们才**规定**了二者的范围，并逐步在二者之间划出新的界限。在宗教过程中指称为神的领域和人的领域的东西中，涉及的不是两个从一开始就僵化地彼此分割开的、被空间的和质的障碍分离开的存在领域（Seinsgebiete），而是宗教精神**运动**，即其两个对立极点永远相互吸引（Einandersuchen）又相互排斥（Einanderfliehen）的一种原初形式（Urform）。因此，在祈祷和献祭的发展中，下面这一点也表现为真正决定性的东西：二者不仅表现为神和人这两个极端彼此沟通的**媒介**，而且正是它们才确立起这两个极端的内容，正是它们才教导人去**发现**该内容。祈祷和献祭的每一种新形式都表现了神与人的一种新内容及二者之间的新联系。正是在二者之间产生出来的张力关系才赋予了它们特征和意义。因此，对于宗教意识而言，一条从一开始就存在的鸿沟不仅被祈祷和献祭填满了，而且宗教意识**创造**了这条鸿沟，以便随后填满它：宗教意识越来越明确地表明了神与人之间的对立，以便从中发现克服它的方法。

这里发生的运动几乎完全表现为一种纯粹可逆的运动，这一点清楚地表明了：总是同时有一个确定的而且一般说来等价的"反题"（Gegensinn）与其"正题"（Sinn）相对应。神与人之间的结合（Vereinigung/ἕνωσις）构成了祈祷和献祭的目的。这种结合从一开始就可以用两种方式来理解和描述：在这种结合中不仅人变成了神，而

---

① 更多内容参见：Robert Ranulph Marett, *From Spell to Prayer* (in: *The Threshold of Religion*, London ³1924, S. 29 - 72)，以及 Farnell, *The Evolution of Religion*, S. 163 ff.。

且神也变成了人。在献祭服务（Opferdienst）的语言中，这一点表现在如下主题中，从"最原始的"神话表象和习俗直到我们的文明宗教的基本形式都能够追踪到这个主题的作用与效果。**向神**献祭并没有穷尽献祭的意义，而是只有在**神**本身作为祭品被献祭了或神献祭了自身的地方，献祭的意义似乎才完全表现出其真正的宗教的和思辨的深度。由于神受难和死亡，由于神进入了物理的-有限的定在并在这种定在中死亡了，定在才提升为神性的东西并摆脱了死亡。重大的神秘崇拜完全围绕着由神的死亡所传达的这种解救和再生的原始秘密进行。① 神的献祭死亡这个主题属于人类真正的神话-宗教"基本思想"；此外，这个主题也通过如下方式被证明了，即在发现新世界时，在美洲印第安人的原始宗教中几乎没有改变地重新发现了这一主题，而西班牙传教士只能通过如下方式来解释这种关联，即阿兹特克人的献祭习俗是对基督教圣餐奥秘的恶魔般的嘲笑和"滑稽模仿"。② 事实上，在这里把基督教与其他宗教区别开的与其说是这个主题的**内容**，不如说是该主题所产生的新的纯粹"精神性的"意义。另外，基督教中世纪的称义学说（Rechtfertigungslehre）抽象的思辨主要也是在神话思想的古老轨道内进行的。例如坎特伯雷的圣安瑟尔谟在他的著作《上帝何以化身为人》中所发展的赎罪学说（Satisfaktionslehre）试图赋予这些思想纯粹概念的和经院的-理性的形式，因为其出发点是，人的无限的罪只有通过无限的献祭即通过上帝本身的献祭才能够被赎还。但是，中世纪神秘主义从这里又往前迈了一步。对于这种神秘主义来说，问题不再是如何填满神与人之间的鸿沟，因为它不了解这种鸿沟，因为它在自己的宗教基本立场中已经否认了这种鸿

---

① 参见本书上文：S. 232 ff.；关于弗雷泽汇总的人种学和宗教史的材料，参见：James George Frazer, *The Golden Bough*, Bd. III：*The Dying God*, London ³1911。

② 参见：Brinton, *Religions of Primitive Peoples*, S. 190 f. 。——一种"替代性的罪的献祭"在巴比伦铭文中也能发现，参见：Heinrich Zimmern, *Keilinschriften und Bibel nach ihrem religionsgeschichtlichen Zusammenhang. Ein Leitfaden zur Orientierung im sog. Babel-Bibel-Streit mit Einbeziehung auch der neutestamentlichen Probleme*, Berlin 1903, S. 27ff. 。

第三部分　作为生命形式的神话　神话意识中主观现实性的发现和规定

沟。对于它而言，在人对神的关系中不存在任何单纯分裂开的东西，而是只有一种共同存在和为了对方存在（ein Mit- und Füreinander）。在这里，神必然地和直接地联系着人，正如人也必然地和直接地联系着神一样。一切民族和一切时代的神秘主义者都是这样说的——例如，**德贾拉尔·奥丁·鲁米**（Dschelal al-din Rumi）和**安格鲁斯·石勒修斯**（Angelus Silesius）说过同样的话。"在我们之间，"前一位说道，"没有我与你。我不是我，你不是你，你也不是我。我同时是你和我，你同时是你和我。"① 献祭概念的转型和持续的精神化中所表达的宗教运动在这里达到了终点——一开始表现为纯粹物质的或纯粹观念的**中介**的那种东西，现在被扬弃在了一种纯粹的相互关系中，在这种**相互关系**中才确定了神和人的特殊意义。

---

① Dschelal al-din Rumi, *Vierzeiler*，德语翻译参见：Ignaz Goldziher, *Vorlesungen über den Islam*, Heidelberg 1910 (*Religionswissenschaftliche Bibliothek*, hrsg. v. Wilhelm Streitberg u. Richard Wünsch, Bd. 1), S. 156。

# 第四部分
# 神话意识的辩证法

按照《符号形式哲学》提出的一般任务，到目前为止的研究试图把神话描述为精神的一种统一的活动（Energie）：描述为一种自足的理解形式（Form der Auffassung），它在所有不同的客观表象材料中都确证了自身。我们已经尝试从这种立场出发表明神话思维的基本范畴——在这些基本范畴中所涉及的并不是僵化的、永远静止的精神**图式**（Schemata des Geistes），而是说我们在这些基本范畴中试图辨别出的是特定的原初性赋形**方向**（bestimmte ursprüngliche Richtungen der Formung）。在极其丰富的神话构成物背后，应该以这种方式揭示出一种统一的形成力量（eine einheitliche Kraft des Bildens）和这种力量发挥作用时所遵循的法则。但是，如果神话的统一性仅仅意味着一种无对立的简单性，那么，神话就不是真正的**精神**形式。神话基本形式的展开及其在常新的主题和形态上的表现（Ausprägung）并不是按照一个简单的自然过程的方式完成的——并不是以一粒种子安静生长的方式完成的，种子从一开始就存在并且是预先形成的，只是还需要某些特定的外部条件以便分解并明显地表现出来。神话发展的各个个别阶段不是简单地彼此相连的，而是经常处于明确的对立之中。其进步在于，较早的阶段的特定基本特征、特定精神规定性不仅进一步发展了和完成了，而且它们也被否定了和被完全消除了。这种辩证法不仅表现在神话意识**内容**的转型中，而且也表现在它所支配的"内在形式"中。神话形态本身的**功能**被这种辩证法渗透了并被它从内部改变了。这种功能只有通过持续地从自身中产生出新的形态——只有通过它表现在神话面前的内部和外部宇宙（das innere und des äußere Universum）的客观表达才能实现。但是，当它沿着这条道路向前发展时，它达到了一个转折点——在这个点上，它所服从的法则变成了一个**问题**。这一点初看起来似乎确实是意料之外的：因为人们通常并不相信神话意识的"幼稚性"能够做出这种区分。而且事实上，这里涉及的并不是一种自觉的**理论**反思行动（ein Akt des bewußten theoretischen Reflexion），在这种行动中，神话把握住了自身并反对自己本身的基础和前提。毋宁说，决定性的东西在于，神话在这一转折中还停留并坚持在自身之内。神话完全没有越出其自身的范围，也没有转变为一种完全不同的"原理"——但是，当它完全充满了自己本身的范围时，它最终必然跳出这个范围。这种充满（Erfüllung）同时也是一种克服（Überwindung），它是由神话对其自身的**图像世界**（Bildwelt）所采取的立场造成的。神话只能显现和表现在这个图像世界中——但是神话越进步，这种表现本身（diese Äußerung selbst）对于它而言也就越多地开始变成某种"外在的东西"（etwas »Äußerlichem«），这种外在的东西对于神话真正的表达意愿而言又是完全不充分的。在这里存在着一个冲突的基础，这个冲突逐步越来越明确地表现出来了，而且当它分裂了神话意识时，恰恰在这种分裂中同时才真正揭示出了其最终的基础及其深刻性。

实证主义的历史和文化哲学——尤其是由**孔德**所奠基的实证主义的历史和文化哲学——认为精神发展有一个分阶段的进程（Stufengang），人类通过其各个阶段逐步从"原始的"意识阶段发展到理论知识，由此才能完全从精神上控制住现实。这条道路越来越确定地从充满那些最初阶段并构成其特征的虚构、幻想和信仰观念（Glaubensvorstellungen）通向对现实的科学理解，即对作为纯粹"事实"的现实的科学理解。在这里，精神的每一种单纯主观的成分都丧失了——在这里人面对着实在（Realität），该实在现在是作为它所是的东西给予人的，而人首先只是通过自己感觉和要求以及自己的图像（Bilder）和表象（Vorstellungen）等欺骗性的媒介来窥探实在的。按照孔德的观点，这种进步本质上分为三个阶段："神学的"阶段、"形而上学的"阶段和"实证的"阶段。在第一个阶段，人的主观愿望和主观表象被他转变成了魔鬼和众神；在第二个阶段，它们被转变成了抽象的概念；只有到了最后一个阶段，"内部"和"外部"才清楚地区分开，同时才确定了内部经验和外部经验的给定事实。在这里，神话宗教意识才逐步被一种它所陌生且外在于它的力量取代和克服了。一旦达到了更高级的阶段，那么，按照实证主义的图式，较早的阶段就被根除了，因此它的内容也必然枯萎。众所周知，**孔德**本

## 第四部分　神话意识的辩证法

人并没有得出如下结论：他的哲学不仅达到了实证**认知**体系的顶峰，而且达到了实证**宗教**、实证崇拜的顶峰。对宗教和崇拜的延后的承认在这里不仅构成了一个对孔德自己的精神发展很重要且很典型的特征，而且这种承认同时也间接地表明他容忍了实证主义历史建构**事实上**的缺陷。三阶段图式，即孔德的"三状态"（trios états）法则，不允许对神话-宗教意识的成就做出一种纯粹内在的评价（Würdigung）。在这里，该图式所追求的目标必然在其本身之外，在一个原则上与其不同的东西上去寻找。但是，如此一来就无法理解神话-宗教精神的真正属性和纯粹**内在的**活动（Bewegtheit）了。只有能够表明神话和宗教在自身之中拥有自己的"运动的起源"，即从神话和宗教最初的开端直到它们的最高的产物都是被自己的推动力决定并且从自己的源头获得营养的，才能真正地揭示出这种动力。即使在远远超出这些最初的开端的地方，神话和宗教也没有完全摆脱它们的精神沃土（Mutterboden）。它的肯定态度（Positionen）没有突然地、直接地变为否定态度（Negationen）——毋宁说，可以指明的是，它所迈出的每一步——即使在其自身之内——在一定程度上都具有双重的征兆（Vorzeichen）。与持续地**建构**（der stetige Aufbau）神话的图像世界相对应的是持续地**超出**（das stete Hinausdrängen）这个世界，然而其方式是，肯定和否定这两种态度都属于神话-宗教意识本身的形式，并且在该形式中结合为一个唯一的不可分割的行动。更深刻地考察的话，消灭（Vernichtung）的过程证明自己是一个自我确证的过程，正如后者只有借助前者才能完成一样，只有在它们持续的共同作用中，二者才一起推动了神话-宗教形式的真正本质和真正内容的产生。

我们在**语言形式**的发展中区分出了三个阶段，我们把它们指称为模仿的、类似的和符号的表达。我们发现第一个阶段的特征在于，在这个阶段上，语言"记号"与它所关联的直观内容之间还不存在真正的张力，毋宁说，二者必定尽力转化为对方并达成彼此的一致。记号作为模仿记号追求的是在自己的形式中直接再现内容，在一定程度上

_285

把该内容接收和吸收到自身之中。在这里逐步出现了一种疏离（Entfernung），一种不断增大的差异：正是由于这种疏离和差异，言谈的典型基本现象、**声音**与**含义**的分离才能达到。① 只有当这种分离已经完成时，语言"意义"本身的领域才建构起来。在其最初的起点中，语词还属于单纯**定在的领域**：在语词中被把握住的还不是其含义，而是一种本身实体性的存在和一种本身实体性的力量。语词并不指向一种物性的内容，而是把自身设定在其位置上；它变成了一种特殊的**原初-事物**（Ur-Sache），变成了一种影响了实际事件及其因果链条的力量。② 如果意识想要获得对语词的符号功能并由此获得对语词的纯粹观念性洞见，意识就需要摆脱这第一种观点。适用于语言记号（Sprachzeichen）的东西，在同等的意义上也适用于文字记号（Schriftzeichen）。文字记号不是立即就被**理解**为这样的，而是被视为对象世界的一部分，在一定意义上被视为对象世界中所包含的全部力量的一种萃取物（ein Auszug）。一切文字都是从一种模仿记号、一种图像记号（Bildzeichen）开始的，而这种图像一开始还不包含任何含义和交流特征（Bedeutungs- und Mitteilungscharakter）。毋宁说，它是为了对象本身而出现的；它代替了对象，也代表了对象。文字在其最初产生时以及在其初级的构形中也属于巫术领域。文字服务于从巫术上占有一个东西或者从巫术上摆脱一个东西；刻在对象上的记号把该对象拉进了自己影响的范围内，并避开陌生的影响。文字与其所表现的对象的**相同**之处越多，因此它越多地是纯粹的对象文字，这个目标也就被越充分地达到。在文字记号被理解为一个对象的表达很久以前，它在一定程度上都是作为由它所散发出的各种活动的实体性的总和，作为对象的一种魔鬼般的相似者被人恐惧。③ 只有当这种巫术情

---

① 参见：Cassirer, *Philosophie der symbolischen Formen*. Erster Teil, S. 136 ff. [ECW 11, S. 136 ff.].

② 更多内容参见我的研究：»Sprache und Mythos«, S. 38 ff.；也可参见本书上文：S. 54 ff.。

③ 相关证据可参见：Theodor Wilhelm Danzel, *Die Anfänge der Schrift*, Diss., Leipzig 1912。

## 第四部分 神话意识的辩证法

感褪色时,观察才从实在的东西转向观念的东西,从物性(Dingliche)转向功能性(Funktionale)。从象形文字(Bildschrift)中发展出一种音节文字并最终发展出语词文字和声音文字,在语词文字和声音文字中,表意文字、象形记号变成了纯粹的意义记号和符号。

我们在神话的图像世界中看到了相同的关系。在神话图像最初出现的地方,它绝没有被了解**为**图像和精神性的表达。毋宁说,神话图像被如此固定地混合进事物世界(Sachwelt)、"客观"现实和客观事件之中,以至于它表现为它的一个有机部分(integrierender Bestand)。因此,在现实与理想之间、在"定在"范围与"含义"范围之间一开始并没有任何分界线。这两个领域之间的转化在持续地发生,不仅持续地发生在表象和信仰中,而且也发生在人的行为中。①在神话行为的开端也有**伶人**(der Mimus),而且这种人从来没有单纯"审美的"、单纯表现性的意义。在神或魔鬼的面具下出现的舞蹈者在面具中不只是模仿神或魔鬼,而且也接受了神或魔鬼的本性,他变成了神或魔鬼并与之融合在一起。在这里,从来不存在一种单纯象形的东西(Bildhaftes)、一种空洞的代表(Repräsentation):所有单纯被思考的东西、被表象的东西或"被意味的东西"同时都是一个真实的且有效的东西。但是,在神话世界观的逐步发展中,现在开始出现了分离,而且正是这种分离构成了明确的**宗教**意识的真正开端。我们越是试图往前回溯到宗教意识**内容**的起源,就越难把宗教意识的内容与神话意识的内容区别开来。二者是如此紧密地互相纠缠交织在一起,以至于无法把它们真正确定地互相分离开并对立起来。如果人们试图从宗教的信仰内容中提取和分离出神话的基本成分,那么,人们所保留的便不再是其现实的、客观的-历史的现象了,而只是宗教的一个阴影、一个空洞的抽象。尽管神话的内容与宗教的**内容**是这样不可分割地交织在一起的,但是它们的形式还是不相同的。宗教"形式"的特性表现为,意识对神话的图像世界(Bildwelt)采取了不同的

---

① 关于这里以及下面的内容,参见本书上文:S. 51 ff. 。

**看法**。宗教不能缺少这个图像世界，它不能直接从自身中剔除掉这个世界；但是在透过宗教问题提法的媒介来看待这个世界时，这个世界逐步获得了一种新的意义。通过宗教而表现出来的新的理想性和新的精神"维度"不仅赋予神话一种不同的含义（Bedeutung），而且恰恰把"含义"与"定在"之间的对立引进神话领域。宗教完成了神话本身还陌生的步骤：在宗教运用感性的图像和记号时，它同时把它们了解为感性的图像和记号本身——了解为表达的工具，如果这种表达的工具表现出了一种确定的意义（Sinn），那么它必然同时落后于该意义，它"指向"（hinweisen）该意义，而又不能完全把握住并穷尽它。

每一种宗教在发展中都看到自己被引向了一个这样的点，在这个点上，它必须经受这一"危机"并摆脱其神话的基础和根基。但是就这种摆脱的方式而言，不同的宗教并不是相同的——而是其特殊的历史的和精神的特性恰恰在这里表现出来了。在这里一再反复告诉我们的是，在宗教与神话的图像世界采取一种新关系时，它由此同时也与整个"现实"、整个经验定在进入了一种新关系。如果不同时把现实的定在引入这个图像世界，宗教就不能完成它对这个图像世界的独特批判。因为正是由于在这里还没有分析性的理论知识意义上的被分离开的"客观"现实——由于对现实的直观毋宁说似乎还被融入了神话的表象、感觉和信仰的世界中，所以，意识对后者所获得的每一种不同的立场都可以追溯到定在本身的整个观点。因此，宗教的理想性并不是仅仅把整个神话构形（Gestaltungen）和力量降低到一种更低秩序的存在，而且把这种否定的形式也应用于感性的-自然的定在本身这个环节上。

为了解释这种关联，让我们追溯到宗教思想在反对它自己的神话根基和原初起点的斗争中所达到的一些意义丰富的例子和个别典型的基本态度。《旧约》先知书中的那种宗教意识的形式总是构成了在这里完成的这种重大反转和背离的真正经典的例子。先知的整个伦理的-宗教的激情（Pathos）都统合在这**一**个点上。这种激情以在先知那里活生生的宗教**意志**的力量和确定性为基础，这种力量和确定性推动

第四部分　神话意识的辩证法

先知超越对给定东西、单纯定在东西的一切直观。如果新的世界，即弥赛亚的未来世界复活了，这个定在必然陷落。先知世界在宗教观念中才是纯粹可见的，通过任何单纯的**图像**——图像总是指向感性的现在并被束缚于其中——都无法把握住它。因此，在先知意识中禁止**偶像崇拜**即禁止制造"在上天、下地和地底下、水中的百物"的摹本或相似物包含着一种全新的意义和一种新的力量：该禁令恰恰变成了该意识本身的构成部分。现在似乎一下子撕开了一条无反思的、"幼稚的"神话意识所不了解的鸿沟。先知与之斗争的多神论的表象世界和"异教徒的"基本观点并没有把敬拜神的一个单纯的"摹本"变成有罪的，因为对于这种观点而言，"原型"与"摹本"本身之间一般而言不存在任何区别。这种表象世界在它所制造的神的图像中还直接地占有着神本身——正是因为它从来不把这些图像视为**单纯的**记号，而是把它视为具体的-感性的启示。因此，从纯粹形式上看，先知对这种观点的批判在一定程度上以一种循环论证（petitio principii）为基础：因为它把一个见解硬塞给这种观点，这个见解本身并不存在于该种观点之中，而是通过新的考察、通过在这里研究它的视角才被带进这种观点中。以赛亚以激烈的热情反对人把他自己的构成物——他明知道这是他自己的创造物——敬拜为神的那种不理智：

> 谁制造神像，铸造无益的偶像？……铁匠把铁在火炭中烧热，用锤打铁器……木匠拉线，用笔划出样子。用刨子刨成形状，用圆尺划了模样……他把一分烧在火中……他用剩下的作了一神，就是雕刻的偶像，他向这偶像俯伏叩拜，祷告它说，求你拯救我，因你是我的神。他们不知道，也不思想，因为耶和华闭住他们的眼不能看见，塞住他们的心不能明白。谁心里也不醒悟，也没有知识，没有聪明，能说，我曾拿一分在火中烧了……我岂要作可憎的物吗？我岂可向木橔子叩拜呢？[①]

296

---

[①] Jesaja, 44, 10, 12f. u. 16-19.（中译文参见《圣经·以赛亚书》第44章第10、12、13、16-19节。——中译者注）

正如人们看到的，在这里必须在神话意识中放入一种新的、它所陌生的张力，一种神话意识还没有认识为对立的对立，神话意识才能由此被这一对立从内部分裂并消灭掉。但是，真正积极的东西并不在于这种分裂本身，而是在于产生出这种分裂的精神**主题**（Motiv）；真正积极的东西在于返回到宗教的"内心"，由于返回到了宗教的"内心"，神话的图像世界现在被承认为一种单纯外在的东西和一种单纯物性的东西。因为对于先知主义的基本观点而言，在神与人之间除了"我"对"你"的精神的-伦理的关系并不能发现任何别的关系，因此，凡是不属于这种根本联系的一切现在似乎都丧失了自身的宗教价值。在宗教功能由于发现了传承内在性的世界而从外在东西和自然定在的世界退回到自身的那一刻，这种定在也在一定程度上丧失了自己的灵魂，被降格为了僵死的"物品"（Sache）。由此，从这个领域提取出的每一幅图像都不再是精神性东西和神性东西的表达，而全然变成了其对立面。感性的图像和感性现象世界的整个领域必然都被剥夺了真正的"意义内容"：只有以这种方式才可能完成纯粹的宗教主观性在先知的思维和信仰中所经验到的深化，这种主观性不会再让自己被模仿进任何物性的东西中。

为了从存在领域进入真正宗教的意义领域，为了从图像（Bildhafte）进入非图像的东西（Bildlose），波斯-伊朗宗教踏上了另一条道路。希罗多德在他描述波斯信仰时已经把如下内容作为它的一个本质性要素提出来了，即建立雕像、神殿和祭坛在波斯人这里不是风俗，相反波斯人把有这种做法的人称为愚蠢的人，因为他们不像希腊人那样相信他们的神类似于人。① 事实上，在这里有效的是那个与在先知那里一样的**伦理**-宗教基本趋势，因为与先知神一样，波斯的创世神阿胡拉·马兹达只能被纯粹存在和伦理的善指称，而不能被任何别的东西指称。而在这个基础上，又产生了一种针对自然的以及一般地针对具体的-对象性的定在整体的不同立场。查拉图斯特拉的宗教对个别的

---

① Herodot, *Historiarum libri* IX (Buch 1, 131); vgl. bes. Buch 3, 29.

第四部分　神话意识的辩证法

自然要素和自然力量的敬拜是众所周知的。在这里对火和水的关注、保护自己免遭玷污的畏惧以及把这种玷污等同于最严重的道德缺陷而惩罚的严格，所有这些都证明了，把宗教与自然结合起来的那种纽带在这里绝没有被剪断。但是，如果人们不关注教条上的和仪式上的事实，而关注构成其基础的宗教**主题**，那么，这里又表现出了一种不同的关系。在波斯宗教中，自然要素不是由于它们自身的缘故而受到敬拜的，相反，赋予这些要素真正含义的是，它们在重大的宗教-伦理决定中、在善的精神与恶的精神为了世界统治的斗争中所持的立场。在这场斗争中，每一个自然定在也有其确定的位置和确定的任务。正如人们需要在这两种基本力量之间做出决定一样，诸个别的自然力量也站在这一边或另一边——要么服务于保护的工作，要么服务于破坏和消灭的工作。正是它们的这种功能，而不是它们的单纯的物理形态和物理力量赋予它们宗教的约束力。因此，完全不需要剥夺自然的神圣性，因为尽管自然从来不能被解释为神性存在的直接**摹本**，但是在自然本身之中还是存在着与神性意志及其最终目的的一种直接**联系**。自然与神的意志要么处于敌对的关系中，从而降格为单纯的魔鬼，要么与神的意志处于联盟的关系（Verhältnis der Bundesgenossenschaft）中。自然本身既非善亦非恶，既非"神性的"亦非"魔鬼般的"。但是，宗教思维把它变成了这样的，因为宗教思维不是把自然的内容视为单纯的存在环节（bloße Seinselemente）和存在因素（Seinsfaktoren），而是把它视为**文化因素**（Kulturfaktoren），并由此把它纳入伦理-宗教世界观的范围内。这些要素属于"天国的军团"（himmlischen Heerscharen），奥尔穆兹德用它们开展反对阿里曼的斗争，因而本身是值得敬拜的。火和水作为一切文化的与一切人类秩序和文明（Gesittung）的条件，就属于这个值得被敬拜者［即亚扎塔（Yazata）］的领域。从它们单纯**物理的**内容向着一种确定的**目的论**内容的这一转变尤其清楚地表现在，波斯宗教发达的有神论体系小心谨慎地致力于明确地消除对善和恶的漠不关心，而对善和恶的漠不关心似乎是一切单纯自然东西所固有的——同时，举例来说，它又教导我

298

们，火和水所引起的有害的或致死的结果不能归于它们本身，最多只能间接地归于它们。① 在这里可以再次清楚地看到，纯粹神话的要素——最初不仅构成了波斯宗教的基础，而且构成了一切其他宗教的基础——如何并没有被完全抑制住，而是越来越多地改变了自己的含义。这造成了自然潜能与精神潜能、物性的-具体的存在与抽象力量的一种显著的相互渗透（Ineinander）、一种独特的对应关系（Koordination）和相互关系（Korrelation）。在《阿维斯塔》的个别位置上，火和"善的思想"沃胡·马纳（Vohu Manah）一起表现为带来拯救的力量。当恶的精神落在善的精神的创造上时——这里教导说——沃夫·马纳和火就保护善的精神并打败恶的精神，如此一来，它就不再能够阻止水的流动或植物的生长。② 抽象东西（das Abstrakte）与图像性东西（das Bildhafte）的这种相互交错和相互转化，构成了波斯信仰学说的一个本质性的、明确的特征。最高的神虽然从根本上说要被思考为一神论的——因为他最终会战胜并消灭其敌人，但是，他也只是一个等级制的顶点（die Spitze einer Hierarchie），这个等级制包含了各种自然力量和纯粹的精神力量。在他旁边有六位"不死的神圣者"阿梅沙·斯潘塔（Amesha Spenta），他们的名字（"善的思想""至善的正义"等）清楚地表现出了一种抽象的-伦理的印记；接下来是众多亚扎塔（Yazatas），即马兹达宗教的天使，它们一方面把像真理、正直或顺从之类的伦理力量人格化了，另一方面把像火和水等自然要素人格化了。③ 因此在这里，通过人类文化的中间概念，通过把文化秩序理解为宗教拯救秩序，自然本身获得了双重的和宗教上分裂的意义。因为它虽然在特定的范围内被**保存**下来了，但是，为了被保存下来，自然必须同时被**毁灭**，即脱去其单纯物性的-物质的规定性，并通过与善和恶这一基本对立联系起来而被赋予了一种完全不同的考察维度。

---

① 更多内容参见：Henry, *Le Parsisme*, S. 63。
② Yasht 13, 77 (Geldner, *Die zoroastrische Religion*, S. 337)。
③ [S. Yasht 13, 81 u. 82 und Yasht 10, 1ff. (a. a. O., S. 337ff.)]

## 第四部分　神话意识的辩证法

为了把宗教实在意识（das religiöse Realitätsbewußtsein）的那种精细的、浮动的转化变得可以被识别，宗教语言拥有一种独特的手段，这种手段摒弃了逻辑的概念语言和纯粹的理论认识。对于后者而言，"现实"与"现象"之间、"存在"与"非存在"之间不存在任何中项。在这里，适用的是巴门尼德的选项，即"是者存在"（ἔστιν ἢ οὐκ ἔστιν）的裁决。[①] 但是在宗教的领域内，尤其是当宗教开始从单纯神话的领域中划分出来时，这个选项并不是无条件地有效的和有约束力的。如果说它否定并从自身排除了一开始支配着意识的特定神话形态，那么，这种否定并不意味着它完全落入了虚无之中。神话的各种构成物在被超越之后也没有丧失全部内容和力量。毋宁说，它们依旧存在——作为更低等的精灵力量依旧存在，相对于神而言它们表现为虚无，尽管它们在这种意义上已经被视为"假象"，它们仍然作为一种实体性的、在一定意义上本质性的假象为人所害怕。宗教语言的发展为宗教意识所经历的这个过程提供了典型的证据。因此举例来说，雅利安人的光明诸神和天国诸神的旧名称在《阿维斯塔》的语言中都经历了一种决定性的**含义转变**："deivos"或"devas"变成《阿维斯塔》中的"daêva"，指称的是追随阿里曼的恶的力量和魔鬼。人们在这里看到，由于宗教思维超出了对自然的神话式的神灵化（mythische Naturvergötterung）这个基础层次，处于这个层次上的一切似乎都获得了一种颠倒的标记。[②] 但是尽管如此，它们带着这些改变的标记保存下来了。魔鬼的世界、阿里曼的世界是一个谎言、假象和错觉的世界。正如真理和正义阿莎在奥尔穆兹德的战争中站在奥尔穆兹德一边，因此，谎言王国的统治者阿里曼在某些位置上甚至与谎言是等同的。这不仅意味着他把谎言和欺骗当作武器，而且意味着他本身客观上就被束缚在假象和非真理性的范围内。他是**目盲的**

---

① [Parmenides, *Fragm.* 8, 转引自: Diels, *Fragmente*, S. 123, Z. 16.]

② 关于语言的宗教含义转变，参见: Schroeder, *Arische Religion*, Bd. I, S. 273 ff., 以及 Jackson, *Die iranische Religion*, S. 646. 与达美斯特特（Darmesteter）相对，亨利（Henry）强调这不只是一个"语言上的偶然"（»un [...] accident de lexicologie«）: Henry, *Le parsisme*, S. 12 f. [Zitat S. 13].

(blind),而且正是这种盲目性和无知决定了他与奥尔穆兹德战斗,在这场战斗中——正如奥尔穆兹德提前知道的——阿里曼将走到终点。但是这种毁灭不是一下子完成的,而是只有在"诸时代的尽头"才能毁灭,同时,他在人类历史和人类文化出现的时代,在"战斗的时代"都在奥尔穆兹德之外保有自己反抗奥尔穆兹德的力量。实际上,以色列先知的宗教意识在这里又向前迈了一步:它试图证明低级的魔鬼世界是绝对的**虚无**——是一种不论在表象和信仰中还是在害怕的情感中都不能赋予它任何(不论多么间接的)"实在性"的虚无。耶利米说:"众民的风俗是虚空的。……你们不要怕它。它不能降祸,也无力降福。……他所铸的偶像本是虚假的,其中并无气息。都是虚无的,是迷惑人的工作。……"① 除非把与之对立的一切都完全解释为不真实的,解释为错觉,这里所宣告的新的神性生命就不能表达出来。而且,只有在宗教天才,在伟大的人那里,才能如此明确地画出分界线,而一般宗教史的发展则采取了另一条道路。即使在神话幻想的图像都丧失了自己真正的生命之后,即使在它们变成了单纯的梦和影子的世界之后,这些图像在这里还总是一再浮现出来。像在神话的灵魂信仰中死者还作为影子活动并存在一样,即使在宗教真理的名义下已经否认了神话图像世界的存在和真理时,它也长时间地证明了自己旧有的力量。② 像在一切"符号形式"的发展中一样,光明和影子在这里也融合在了一起。光明只有在它投下的阴影中才显示出并证明了自身:纯粹的"理智东西"以感性的东西为对立面,但是这个对立

---

① Jeremia 10,3,5 u. 14 f. 中译文参见:《圣经·耶利米书》第 10 章第 3、5、14、15 节。——中译者注

② 宗教意识的这种独特的和摇摆的状态在语言针对神话世界即"较低的"精灵世界的指称中经常还尤其清晰地表现出来了。如果说在《阿维斯塔》中阿里曼被指称为谎言(druj)的主人,那么这里所包含的印度-日耳曼语词根 dgrugh(梵语 druh)在日耳曼语词根 drug 中又出现了,这个词根在我们的语言中发展为 Trug 和 Traum。它还出现在了日耳曼语的魔鬼(Dämonen)和幽灵(Gespenster)这些术语中(古北欧语 draugr=Gespenst,即古高地德语中 troc、gitroc 等)。关于这种联系的更多内容,参见:Golther, *Handbuch der germanischen Mythologie*, S. 85, 以及 Friedrich Kluge, *Etymologischem Wörterbuch der deutschen Sprache*, 10, verb. u. verm. Aufl., Berlin/Leipzig 1924, S. v.》Traum《, S. 494 und 》Trug《, S. 498.

第四部分　神话意识的辩证法

面同时构成了其必然的相关物（Korrelat）。

神话的世界是如何在宗教思想和宗教思辨的进步中逐步落入虚无中的，以及这个过程是如何从神话的构形进一步扩展到**经验的**-感性的定在的构形上的，《奥义书》的学说为我们提供了第三个重要的例子。这一学说也是通过**否定**的道路达到其最后和最高目的的，对于它而言，否定在一定程度上变成了它的基本宗教范畴。对于绝对而言，最后还留下来的唯一的名称、唯一的指称就是否定本身。阿特曼是存在者，他唤作：不，不——没有任何其他更高的东西超出这一句"万法皆空"。① 当佛教把相同的否定过程从客体扩展到主体上时，这意味着在这条道路上迈出了最后一步。在先知的一神论的宗教中，宗教思想和宗教感情越多地脱离一切单纯物性的东西，自我与神之间的交互联系也就越纯粹、越有力地表现了出来。从图像和图像的对象性中解放出来，其目标只不过是让这种交互联系清楚明确地突出出来。否定在这里最终发现了一个确定的界限：它没有触动宗教关系的中心，没有触动人格（die Person）及其自我意识。对象性的东西沉陷得越远，它越少地表现为神性东西的足够的、充分的表达，一种新的构形形式（Form der Gestaltung）——意志和行为中的构形——就越清楚地突出出来。但是，佛教也超出了这个最后障碍：对于佛教而言，"自我"的形式像任何一种单纯物性的形式一样也变成了偶然的、外在的。因为其宗教"真理"不仅追求超越事物世界，而且也超越意愿和活动的世界。因为正是意愿和活动总是把人限制在**生成**的轮回中，即限制在"生的车轮"中。正是行为［**业**（Karman）］规定了人在生的无休止的序列中的道路，因而变成了他的苦难的永不枯竭的源头。因此，真正的解脱不仅在事物的彼岸，而且首先在行为和欲望的彼岸。谁要是获得了解脱，那么对于他而言，不仅我与世界的对立，

*302*

---

① 更多内容参见：Oldenberg, *Die Lehre der Upanishaden*, S. 63ff.［Zitat S. 64］，以及 Paul Deussen, *Allgemeine Geschichte der Philosophie mit besonderer Berücksichtigung der Religionen*, Bd. 1/2：*Die Philosophie der Upanishad's*, Leipzig 1899, S. 117ff. u. 206ff.。

而且至少我与你的对立就都消失了——对于他而言，人格也不仅不意味着核心，反而意味着外壳，意味着有限性（Endlichkeit）与图像（Bildlichkeit）领域的残余。解脱并没有任何的持久性，也没有自己的"实体性"，相反，它生活在并且仅仅存在于它的直接的现实性（Aktualität）中——也就是说，在来和去、产生和消失中有不同类型的即常新的定在环节（Daseinselemente）。因此，自我本身作为精神性的自我也属于流散和分散的构形世界，属于行（Samkhāra），其最终原因要在无知（Nichtwissen）中寻找。① "像森林里的……一只猩猩，绕着小树丛漫步，抓住一根树枝，把它扔掉，又抓住另一根树枝……这些就叫作精神、思维或知识，产生又消失，白天和黑夜不停交替。"② 因此，人格、自我不再只是我们赋予一个由各种暂时性定在内容（Daseinsinhalte）构成的复合体的名称：正如"马车"这个词所指称的不只是轭和车厢、车杠和车轮的总体，而且还指称一个特殊的自为存在的东西。"在这里没有**本质**"③。宗教思维的一种一般性基本方向在这个推论中又尤其明确清晰地表现出来了。这种思维的特征是，一切存在——事物的存在和自我的存在、内部世界的存在和外部世界的存在——只是由于与宗教过程及其中心有联系，在这里才有其存在和含义。在根本上，这个中心是唯一的实在：而所有其他的东西要么一般而言是无，要么只是作为这个过程中的**要素**拥有一种派生的存在、一种第二位的存在。根据对宗教过程的直观在历史上的个别宗教中获得的不同形态，根据不同宗教中各不相同的价值重点，不同的要素从它们之中挑选出来，并被用柏拉图的话说——"打上了存在的印章"④。在这里，一种行为宗教必定不同于一种苦难宗教；一种

---

① 关于行这个概念（Begriff der Samkhara）在佛教学说中的地位，尤其参见：Richard Pischel, *Leben und Lehre des Buddha*, Leipzig 1906（*Aus Natur und Geisteswelt, Sammlung wissenschaftlich-gemeinverständlicher Darstellungen*, Bd. 109）, S. 65 ff.；也可参见：Oldenberg, *Buddha*, S. 279 ff.。
② [A. a. O., S. 299.]
③ [Samyuttanikāya V, 10（Winternitz, *Buddhismus*, S. 248.）]
④ [Platon, *Phaidon* 75 D.]

第四部分 神话意识的辩证法

文化宗教必定不同于一种纯粹的自然宗教。对于宗教的直观和基本规定而言，最后只有那些接收到从宗教的中心发出的光亮的内容才成为"存在者"，而对核心的宗教决定单纯地漠不相关的一切其他东西都是沉入了虚无的黑暗之中的无关东西（ἀδιάφορον）。对于佛教来说，自我、个体和个体的"灵魂"也必定被归入这个虚无的领域，因为它们都没有进入佛教对基本宗教问题的描述。因为尽管就其本质性的内容和目标而言佛教是纯粹的救赎宗教，但是它所追求的救赎并不是个体性自我的救赎，而是从个体性自我中拯救出来。我们称作灵魂的东西和我们称作人格的东西本身不是真实的，只是最后的、最难被看透和克服的幻觉，在这种幻觉中，经验性的、依附于"形态和名称"的表象纠缠着我们。只有一个人完全超出了这个形态和名称领域，一个独立的个体性的假象对于他而言才丧失其力量。而且在这里，实体性灵魂的宗教相关物和对应物：实体性的神（Gottheit）才与实体性的灵魂同时消失。佛陀不否认人民宗教（Volksreligion）的诸神；但是对于佛陀而言，这些神只是像所有服从消亡法则的单个东西（das Einzelne）一样的单个存在物（Einzelwesen）。这些神本身都被限制在变化的范围内并因此被限制在苦难的范围内，从这些神中不能产生任何帮助，也不能产生任何摆脱苦难的解放。因此，佛教在这个方面变成了一种"无神论宗教"：不是在它否定诸神的定在的意义上，而是在更深刻的、更根本的意义上，即诸神的这种定在相对于它的核心和主要问题而言是不相干的和无意义的。但是，如果人们试图从这个理由出发争论佛教的宗教一般的名分（Namen der Religion überhaupt），并且不愿意把它视为宗教而是只愿意在其中看到一种实践的伦理学说，那么，这又存在着一种对宗教概念的任意狭隘化。因为不是某个学说的内容，而是单单其形式就能够把它标准地归在宗教概念之下：给某个学说打上宗教标签的，不是对某一种存在的主张（Behauptung irgendeines Seins），而是一种特殊的"秩序"、一种特殊的意义。只要宗教"赋予意义"（religiöse »Sinngebung«）的一般性功能依旧保持下来，任何一种存在要素——对于这一点而言，佛教正好是最

*304*

富有意义的例子之一——都能够被否定。在这里，宗教"综合"的基本行动指出了一个方向，在这个方向上，最终只有事件本身（das Geschehen selbst）被理解了并被置于一种特定的解释之下，而这个事件的每一个假定的**根基**（Substrat）越来越多地消失了并最终完全沉入了虚无。

**基督教**在其整个发展中也在开展这种战斗：为了适合于它自己的和它所独有的对宗教"实在"的规定而斗争。从神话的图像世界中摆脱出来在这里似乎更加困难，因为某些特定神话观点是如此深地沉陷于它自己的基本学说和它的教条的持存中，以至于这些观点不可能不危及这一持存本身就从中脱离出来。谢林以这一历史关系为基础，并从中得出了如下结论，即"自然宗教"必然是而且始终是每一种"启示宗教"的必要前提：

> 它［启示宗教］本身并没有**创造**它在其中形成起来的**材料**，它发现这些材料是独立于自己的。它的形式性的含义是单纯自然的、不自由的宗教的克服；但是正因此，启示宗教自身中就有这种自然的和不自由的宗教，正如扬弃者自身中就有被扬弃者。……如果允许在异教中看到启示真理的产生，那么反过来就不可能阻止在基督教中看到被纠正了的异教。……如果二者（神话和启示）之间的亲缘关系已经表现在它们共同的外在命运中，即人们通过在形式与内容、本质与单纯的时间外表之间做出一种完全相同的区分而把它们理性化，亦即试图把它们还原为一种理性的意义或者大多数情况下看起来理性的意义。但是，假如异教的东西都被剔除了，那么一切实在性也就从基督教中被排除了。①

谢林在这里说出的东西，正是宗教史的后续研究已经证实的，而他本人事先大概没有见到这些研究。今天在这些研究的基础上可以说，在基督教的信仰和表象世界里几乎不存在哪个特征、哪个意

---

① Schelling, *Einleitung in die Philosophie der Mythologie*, S. 248.

第四部分　神话意识的辩证法

图像（Sinnbild）或符号（Symbol）是不能找到其神话的-异教的对应物（Parallelen）的。① 教条史的整个发展——从其最初的开端到路德（Luther）和兹文利（Zwingli）——都向我们指出了，"圣事"（Sakramente）和"秘事"（Mysterien）等"符号"的原初历史意义（geschichtlicher Ursinn）与其引申的、纯粹"精神"意义之间的持续斗争。在这里，"观念性的东西"只是逐步地从物性东西、实在的-现实东西的领域摆脱出来的。尤其是洗礼和圣餐，最初完全是在这种实在的意义上按照它们所具有的直接作用（Wirksamkeit）来理解和评价的。**哈纳克**（Harnack）针对基督教的早期时代如此评论道："对于那个时代而言，符号性东西没有被思考为客观东西和实在东西的对立面，而是被思考为与自然东西、世俗的清晰性相对立的隐秘的神造的东西（Gottgewirkte / $\mu\upsilon\sigma\tau\acute{\eta}\rho\iota o\nu$）。"② 这种理解表达了一种最终可以追溯到神话思维的最后根源的区分。③ 而且，基督教历史力量的很大一部分正是被封闭在基督教的这一界限内。如果基督教没有这种神话的"根基"（Bodenständigkeit）并且在各种转型的尝试中一再重新维护这一根基，那么基督教有可能在与东方宗教围绕世界统治——古代世界晚期的特征就是世界的统治——而展开的争论中已经灭亡了。这种关联在基督教礼拜仪式的不同环节中都能够详细地追踪到和揭示出来。④ 因此，构成基督教特征的那种新的宗教趋势、表现在悔改要求中（Forderung der $\mu\varepsilon\tau\acute{\alpha}\nu o\iota\alpha$）的那种新的赋义在这里不能直接地得到表现和贯彻；而是只有在神话的材料上——它在这里在一定程度上起到了心理的-历史的"给定性"的作用——这种新的形式才能表达出来并趋于成熟。教义的发展始终是被这两个条件系列决定的：

---

① 我很满足于提到一份最近的研究，它从各个方面阐明了这种关联：Eduard Norden, *Die Geburt des Kindes. Geschichte einer religiösen Idee*, Leipzig/Berlin 1924（Studien der Bibliothek Warburg, hrsg. v. Fritz Saxl, Bd. 3）。

② Adolf Harnack, *Lehrbuch der Dogmengeschichte*, Bd. I: *Die Entstehung des kirchlichen Dogmas*, 3, verbess. u. verm. Aufl., Freiburg i. Brsg./Leipzig 1894, S. 198.

③ 参见本书上文：S. 95 ff. 。

④ 我在这里不再深入到细节。回忆一下迪特里希在其著作的第二部分对"礼拜仪式图像"（liturgischen Bilder）的深入分析就足够了：Dieterich, *Mithrasliturgie*, S. 92 ff. 。

因为所有教条都只不过是——在人们试图把这个教条表述为一个表象内容和存在内容时——纯粹宗教意义内容所采取的表述（Fassung）。

但是在这里，正是**神秘主义**在试图获得宗教本身（Religion als solche）的纯粹意义，即获得独立于与经验的-感性的定在的"差异性"（Andersheit）以及与感性的图像和表象世界（Bild- und Vorstellungswelt）的任何联系的纯粹意义。在神秘主义中，宗教感觉的纯粹动力（reine Dynamik）的作用是，尽力摆脱和消灭一切僵化的、外在的给定性。人类灵魂对上帝的关系在经验的或神话的直观的图像语言（Bildersprache）中无法发现其充分表达，在"事实"定在或经验-实在事件的范围内也无法发现其充分表达。只有当自我完全从这个领域退出来时，只有当自我居住于其本质和基础之中时，神的简单本质才不需要一个图像的中介就能触及自我：只有这时，纯粹的真理和这种关系的纯粹内在性才向他表现出来。因此，神秘主义像神话一样也从自身中排除了信仰内容的历史性环节。它追求的是克服教条，因为在教条中——即使以纯粹思想性的表述来表现这个教条——图像要素（das Moment des Bildhaften）仍然是首要的。因为每一个教条都是孤立的和有局限的：它追求的是，把只有在宗教生活的动力中才能被理解和充满意义的东西都转变为**表象**及其固定"构成物"的规定性。因此，从神秘主义的立场来看，图像和教条，即宗教东西的"具体"表达和抽象表达是等同的。神化身为人不应再被理解为一个事实，不论是神话的事实还是历史的**事实**：它被理解为在人的**意识**中一再重新完成的过程。在这里，并不存在两个现存的、对立的"自然"后来被结合起来（Einswerdung）；而是说，正是从宗教**联系**的统一体中——这种统一性对于神秘主义来说是唯一已知的和最初的材料——这个联系中的两个**要素**突然出现了。迈斯特·艾克哈特（Meister Eckhart）写道："天父连续不断地生育他的子孙，我进一步说……他不仅生育了我，他的儿子，而且生育了更多：他为了自己生育了我，并为了我生育了他自己。"[①] 有关极

---

[①] Meister Eckhart, *Predigten und Traktate*, hrsg. v. Franz Pfeiffer (Deutsche Mystiker des 14 Jahrhunderts, Bd. II), Leipzig 1857, S. 205.

第四部分　神话意识的辩证法

性（Polarität）的这种基本思想——两极试图消融于纯粹的相互关系中，尽管如此又必须保持为两极——决定了基督教神秘论的特征和道路。这条道路的特征又在于"否定性神学"，这种方法始终贯穿了直观和思维的一切"范畴"。为了理解神性东西，必须首先摆脱有限的和经验的存在，"何地"、"何时"和"何物"的一切条件。神没有——按照艾克哈特和苏索（Suso）的观点——处所（Wo）：他是"一个闭合的圆环，这个圆环的中心遍布一切地方，它的圆周不在任何地方"①，时间——过去、现在和未来——的每一种区别和对立在他之中都消失了：他的永恒性是一个当前的现在（ein gegenwärtiges Jetzt），他对于时间一无所知。因此，对于他而言只剩下了"无名的虚无"②，即无形态的形态（die Gestalt der Gestaltlosigkeit）。基督教的神秘论也一再受到如下危险的威胁，即这种虚无和无内容不仅控制了存在，而且控制了自我。相对于佛教的思辨，这里最后还剩下一个它没有超越的局限。因为在基督教中，个体性的自我的问题、**单个灵魂**的问题是中心，在这里，**从自我中解放出来始终只能被思考为同时为了自我而得到解放**。即使在艾克哈特和陶勒（Tauler）似乎接近佛教涅槃的边界时，即使在他们让自我消融在上帝之中时，他们还是在尽力地为了保持这种消融（Erlöschen）的个体性的形式：只剩下了一个自我**知道**要与之一起消亡的点，一个"火星"（Fünklein）。

　　贯穿神话-宗教意识的整个发展的那个辩证法在这里再次尤其清晰地表现了出来。神话思维方式的一个基本特征在于，只要它在两个部分之间设定了一种确定**联系**，它就总是把这种联系转变为一种**同一性**的关系（Verhältnis der Identität）。在这里，被寻求的综合（Synthesis）必然又总是导致了一致（Zusammenfall），即导致了即将被连接起来的各个环节的直接"结合"（Konkreszenz）。③ 即使在宗教

---

① [*Seuses Leben*, in: Heinrich Seuse, *Deutsche Schriften*, hrsg. v. Karl Bihlmeyer, Stuttgart 1907, S. 7-195: S. 178.]
② [A. a. O., S. 187; »namlosen nihtekeit«.]
③ 更多内容参见本书上文：S. 83 ff. 。

感觉和宗教思想超出它们最初的神话局限性的地方，这种统一性要求的**形式**总是一再回响。只有当神与人之间的差异已经消失时，只有当神已经变成人而且人已经变成神时，似乎才能达到拯救的目标。直接化为神（Vergottung），神化（Apotheose）："τοῦτό ἐστι τὸ ἀγαθον τέλος τοῖς γνῶσιν ἐσχηκόσι θεωθῆναι" 在诺斯替教（Gnosis）中被视为最高目标。① 我们在这里处在一条分界线上，这条分界线把神话的-宗教的见解与更狭窄、更严格意义上的宗教**哲学**见解划分开了。宗教哲学的观点并不把神与人之间的统一性视为实体性的统一性，而是把它视为真正**综合的**统一性：视为不同东西的统一性。因而对它来说，分离构成了一个必然的要素，构成了实现统一性本身的一个条件。柏拉图以经典的简明性说出了这一点。在《会饮篇》狄奥提玛的言谈（Diotima-Rede）中，神与人之间的联系是由**爱**（Eros）产生的，作为伟大的媒介，爱的任务是向众神传达和解释来自人的东西，并向人传达和解释来自众神的东西。爱位于神与人之间，它填满了神与人之间的鸿沟，以至于宇宙都被它联结起来了。"因为神不会与人相混合，神与人之间的一切联系和交流都是通过爱完成的，不论是清醒还是昏睡。"② 在这样拒绝神与人的"混合"（Mischung）时，作为辩证法家的柏拉图画出了神话和神秘论都不能画出的明显分界线。现在，取代神化、上帝与人之间的同一性的是与神相似（ὁμοίωσις τῷ θεῷ）的要求：这个要求只有在人的行为中、在朝着善的方向的持续进展中才能完成，而善本身依旧是"存在的彼岸"（jenseits des Seins / ἐπέκεινα τῆς οὐσίας）③。在这里，尽管柏拉图远没有拒绝神话图像本身，尽管他在**内容**上似乎非常近地触及了特定的基本神话表象，但是，一种新的**思维形式**还是即将出现。对观（Synopsis）不再导致一致（συμπτῶσις）——它变成了理想性的观看

---

① Poimandres I, 22；参见本书上文：S. 52f.；更多内容参见：Reitzenstein, *Die hellenistischen Mysterienreligionen. Nach ihren Grundgedanken und Wirkungen*, S. 38 ff., 以及 Norden, *Agnostos Theos*, S. 97 ff. [Zitat S. 98].

② Platon, *Symposion* 203 A.

③ [Ders., *Politeia* 509 B.]

第四部分　神话意识的辩证法

(Schau) 的统一性，这种统一性正是通过相互联系，通过联结和分离之间的无法消除的相互关系而被建构起来的。

与此相对，宗教意识的特征在于，宗教意识所包含的纯粹意义内容与该内容的图像性表达之间的冲突在宗教意识中从来没有平息，在其发展的所有阶段都总是重新爆发出来。两个极端之间的调和虽然在被持续地寻求，但从未被完全达到。宗教过程本身的一个基本要素恰恰位于超出神话的图像世界的努力（Hinausstreben）中，以及在与这个世界的无法消除的结合（Verklammerung）和依存（Verhaftung）中。宗教所经历的最崇高的精神升华也不会让这一对立消失：它的作用仅仅在于，让这一对立变得越来越明确地可以辨认并在其内在必然性中**理解**这一对立。在这一点上，宗教道路与**语言**道路之间的类似再次出现了。在这种类似中涉及的不是单纯的主观反思，单纯的主观反思试图在两个相距很远并且按照其内容被分离开的精神领域之间建立起一种人为的中介，而是我们借此把握住了一种关联，宗教思辨看到自身在发展中一再重新被带回到这一关联，而且它试图用它自身的概念和思维工具重新指称和规定这一关联。向共同的、"世俗的"世界观表现为"事物"之直接给定现实的东西——宗教的见解把它转变成了一个"记号"的世界。特殊的宗教观点恰恰是由这种颠倒决定的。一切物理的和物质的东西，每一种定在和每一种事件现在都变成了比喻：变成了一种精神东西的肉身的-图像性的表达。"图像"（Bild）与"事物"（Sache）之间幼稚的未区分性及其内在性——正如它们在神话思维中存在的那样①——现在开始消失了：在它们的位置上越来越明确清晰地发展出了那种"超越性"的形式（Form der »Transzendenz«），宗教**意识**从现在起在自身中所经历的那种新的划分就表达在——用本体论的术语来说——那种"超越性"的形式中。任何事物和事件的含义都不再完全是它们自身，而是它们都已经变成了一个"他物"、一个"彼岸东西"的提示。在"摹本性"和"原本

———————
① 参见本书上文：S. 51 ff.。

性"存在的这种严格划分中，宗教意识才达到了其固有的和独特的同一性，同时，宗教意识在这里又触及了哲学思维通过完全不同的道路并在不同的前提下逐渐创立的一个基本思想。观念性东西的这两种形式现在在这里能够在其历史效果中直接互相影响。柏拉图教导说，善的理念是"存在的彼岸"（jenseits des Seins），如果他相应地把它与太阳相比较——人的眼睛不能直接看太阳，而是只能观察它在水中的反射和倒影，那么，他由此也为宗教的形式语言创造了一种典型的、持续的表达工具。在基督教的历史中，从《新约》到中世纪教条的、神话的思辨再到18、19世纪的宗教哲学都可以追踪到这一表达工具的发展、其进一步的形成及其在宗教上的深化。在这里，宗教思想的一条不间断的链环从保罗通向艾克哈特和陶勒，再通向哈曼和**雅克比**（Jacobi）。在这里，宗教的问题总是一再——借助记号的决定性工具概念（Mittelbegriffs des Zeichens）——与语言问题结合在一起。"我从灵魂深处对您说，"哈曼向**拉瓦特**（Lavater）写道，"我的整个基督教信仰……是对记号的品味，即对水、面包和酒等要素的一种品味。这里有丰富的东西满足饥饿和干渴——这些丰富的东西并不像律法那样在**未来的**财富上投下阴影，而是给出了事物的图像本身（αὐτὴν τὴν εἰκόνα τῶν πραγμάτων），因为它能够通过一面镜子表现出来并被现实化；因为完满（τέλειον）还位于它的彼岸。"① 正如对于艾克哈特的神话基本观点而言一切创造物都只不过是"上帝的言语"（Sprechen Gottes）②，因此，在这里，整个创造，全部自然的和精神的-历史的事件通过创造物都变成创造者对创造物的一种持续的**话语**。"因

---

① Johann Georg Hamann, Brief an Johann Kaspar Lavater vom 24. Januar 1778, in: Schriften, hrsg. v. Friedrich Roth, Bd. V, Berlin 1824, S. 273–282；S. 278；关于哈曼"符号性的"世界观和语言观的更多内容，参见温格的卓越描述：Rudolf Unger, *Hamanns Sprachtheorie im Zusammenhange seines Denkens. Grundlegung zu einer Würdigung der geistes-geschichtlichen Stellung des Magus in Norden*, München 1905, Rudolf Unger, *Hamann und die Aufklärung. Studien zur Vorgeschichte des romantischen Geistes im 18. Jahrhundert*, 2 Bde., Jena 1911。

② 例如参见：Meister Eckhart, *Predigten und Traktate*, S. 92："一切创造物都是上帝的言语"。

第四部分 神话意识的辩证法

为**一天**说出了另一天，**一夜**说出了另一夜。它们的**口令**穿过了每一种气候直到世界的尽头，并且人们在每一种方言中都听到了它们的声音。"① 雅克比试图把哈曼的形而上学的-符号的世界观的基本要素与康德的要素在自己的思想中混合起来，在这里揭示出来的客观关联经历了一种向主观东西、向心理学的-超验东西的转变。语言与宗教通过如下方式联系起来并最为紧密地彼此结合起来，即它们是从同一个精神根源中引申出来的：二者只不过是感性地把握超感性东西、超感性地把握感性东西的那种心灵的不同能力。人的一切"理性"作为一种被动的"知觉"（ein passives »Vernehmen«）需要感性东西的帮助。因此，在人类精神与事物的本质之间始终而且必然插入了作为居间者的图像和记号的世界。

在我们与真正的本质之间始终有某种东西：感觉、图像或语词。我们总是只看到一种隐藏的东西；但是，作为一种隐藏的东西，我们看到和**感受到了**相同的东西。我们为了被看到和感受到的东西把语词设定为记号、活的东西。这是语词的尊严。它本身不启示；但是它证明了启示、加固了启示，并且帮助传播启示。……如果没有直接启示和解释的这种馈赠，话语的运用在人类中就不可能产生。**借助**这种馈赠，整个人类从最开始同时发明了话语。……每一个种族构成了一门自己的语言；任何一个种族都不理解其他种族，但是所有种族都说话——所有种族都说话，因为一切人——就算不是在相同的尺度上，也是在相近的尺度上——**都用理性接受了这一馈赠**：从外在的东西中看到内在的东西、从显现的东西中看到隐藏的东西、从可见的东西中看到不可见的东西。②

---

① Johann Georg Hamann, *Aesthetica in nuce. Eine Rhapsodie in Kabbalistischer Prose*, in: Schriften, Bd. II, Berlin 1821, S. 255-308; S. 261. ——这种起源于神话的基本观点本身在现代知识学说中还有着多么强的影响，首先由贝克莱的例子证明了，他的心理学的和知识论的学说在如下观点中达到了顶点，即整个感官知觉只是感性记号的体系，在其中神的无限精神与人的有限精神交流（参见：Cassirer, *Philosophie der symbolischen Formen*. Erster Teil, S. 79f. [ECW 11, S. 77f.]）。

② Friedrich Heinrich Jacobi, *Ueber eine Weissagung Lichtenbergs*, in: Werke, Bd. III, Leipzig 1816, S. 197-243; S. 209ff. [Zitat S. 209 u. 215].

如果说宗教哲学的研究和语言哲学的研究以这种方式都指向一个点，在这个点上，语言和宗教分离开了，同时又在一定意义上相互结合为精神"意义"的唯一媒介，那么由此就向符号形式哲学提出了一个新的问题。对于符号形式哲学而言，问题其实并不在于，让语言与宗教的特殊差异性消融在某一种原初的统一性中——不论这种统一性是被理解为客观的还是被理解为主观的，不论它是被规定为事物的神性原初基础的统一性还是被规定为理性的统一性、人类精神的统一性。因为它的问题并不研究**起源**的整体性，而是研究**结构**的整体性。它并不寻求语言与宗教之间的一种被隐藏的**根据**统一性，而是它必须追问，二者——作为完全独立的、不同种类的构成物——之间是否没有表现出某种**功能**的统一性。如果存在着这种统一性，那么，除了在符号表达本身的基本方向中、在这种表达按照其发展和展开的内在规则中，在任何别的地方都不可能找到这种统一性。我们在对语言的研究中已经努力表明了，语词和语言声音如何经过一系列中间阶段才实现了它们的纯粹符号功能，在这些中间阶段中，它似乎还位于"事物"世界与"含义"世界之间的一个摇摆的中间点。在这里，声音只有通过如下方法才能"指称"它所指向的内容，即它用某种方式等同于它，与它进入一种直接"相似"或间接"相符"的关系中。如果记号想要发挥出表达事物世界的功能的话，那么，记号必须以某种方式与事物世界相融合，必须变成与之同类的东西。在其最初表现出来的形态中，宗教表达的特征在于它与感性定在的这种直接接近性。如果宗教表达无法以这种方式以执拗的器官（mit klammernden Organen）附着于感性的-物性的东西，它就不能存在并持续存在。事实上，与语言和声音相似，在任何宗教精神的表达中——不论多么"原始"——都能看到朝向分裂、朝向一种将要发生的未来"危机"的**趋势**。因为，即使在宗教的最基本的构成物中，"神圣东西"的世界与"世俗东西"的世界之间总是完成了一种区分。但是，这两个世界之间的区分并不排斥它们之间的一种持续的转化，并不排斥它们之间的一种连续的交互作用（Wechselwirkung）和一种一般的相互同

第四部分　神话意识的辩证法

化（Angleichung）。毋宁说，神圣东西的力量表现在，它用一种不受限制的、一种直接感性的力量支配每一种个别的物理定在和每一种特殊的物理事件——它总是已经侵入了这些东西并把它们作为自己的工具来使用。因此，一切东西——不论多么个别的、偶然的、感性的-特殊的东西——同时都拥有一种巫术的-宗教的"含义"（Bedeutsamkeit），事实上正是这种特殊性和偶然性本身变成了突出的标记，通过这种标记，一个事物或过程似乎脱离了普通东西的领域而进入了神圣东西的领域。巫术和献祭的技术试图在"意外东西"的这种混乱中划下确定的固定界限，试图把一种确定的分节和一种"系统的"秩序引入这一技术。预言家在观察鸟飞翔时，把天空的整体划分为不同的区域，每一个区域住着一个神，由一个神统治，他提前就把这些区域视为并命名为特定的神圣区域。这种固定的图式表现出了朝向"一般性"的最初意图。但是，即使在这种固定的图式之外，每一个个别的东西——不论多么孤立和分开的个别东西——都能够随时获得标志功能（die Funktion des Wahrzeichens）。存在的和发生的一切东西都同时属于一个巫术的-宗教的复合体，属于含义和预兆的复合体（Komplex der Bedeutungen und Vorbedeutungen）。因此，一切感性的存在即使在其感性的直接性中也同时是"记号"和"奇迹"（Wunder）：在这个思考阶段上，二者必然还是结合在一起的，且只是同一个事实的不同表达。一旦不是在其单纯的空间-时间实存中观察个别的东西，而是把它视为魔鬼力量的或神圣力量的表达值（Ausdruckswert）和表现（Äußerung），那么，个别的东西就变成了记号和奇迹。因此，在这里，记号作为基本的宗教形式的符号把一切东西都与自身联系了起来，并且把它们变成了自己——但是与此同时，记号本身也进入了感性-具体定在的整体，并且与这个整体密切地融合在一起。

但是，正如语言的精神发展是通过如下方式决定的，即它依附于感性东西并尽力超越它，它超出了单纯"模仿性"记号的狭窄范围，因此，在宗教的范围内也表现出了同样典型的基本对立。在这里，转化也不是直接完成的，而是在两个极端之间存在着精神的一种一定程度上的中间姿态。感性东西与精神性东西在宗教中没有以任何方式合二为一，但是它们依然不断地指向对方。它们处在一种"类似"的关系中，通过这种类似，它们不仅看起来互相分离开了，而且同时互相联系起来了。只要感性东西的世界与超感性东西的世界、精神性东西的世界与肉体性东西的世界分离开了，但是，只要这两个世界又由于反映在了对方之中而体验到了它们具体的宗教赋形，那么，这种联系就总是会出现在宗教中。因此，"类似"总是带有典型的"寓言"特征：因为现实的一切宗教"理解"都不是从现实中发源的，相反在这种理解中，现实被关联于一种"不同的"东西并在这种东西中理解了它的意义。首先正是在中世纪的思想中，人们才看清了这个不断发展的精神性比喻过程。在这里，一切现实都由于服从于特殊的宗教"解释"（Sinngebung）而丧失了其直接的存在含义（Seinsbedeutung）。其物理的持存只剩下了遮盖和掩饰，其后隐藏着其精神意义（spiritueller Sinn）。需要在四种解释形式（Form der Deutung）中阐释（auszulegen）这种意义：中世纪的原始文献把这四种形式区分为历史阐释的原则、寓言阐释的原则、道德教化阐释的原则和灵意阐释的原则。如果说在第一种情况下是就其纯粹经验事实性理解一个事件的，那么在另外三种情况下，则是要揭示其真正的内容，其伦理的-形而上学的含义。但丁不变地坚持着这个中世纪的基本见解，不仅他的神学而且他的诗也同样根植于这一见解。① 这种比喻的形式给出了一种新的、典型的"视角"，即与现实的一种新的远近关系。宗教精神现

---

① Dante Alighieri, Il convivio, in: Opera omnia, Bd. II, Leipzig 1921, S. 67-290, Trattato secondo (Kap. 1), S. 101 f.："为了理解一部作品，并进而对它进行阐述，需要掌握它的四种意义。第一种意义叫作字面的意义，它不超越词语的字面上的意思，例如诗人写的寓言。……第二种意义叫作譬喻的意义，这种意义在诗人写的寓言的掩盖下隐藏着，是美妙的虚构里隐蔽着的真实。第三种意义不妨叫作道德的意义，它是读者应该在作品里细心探求的意义，以使自己和自己的学生获得教益。福音书里也可以遇见这样的例子，例如描写耶稣登上高山、改变自己的形象时，他在12使徒中只挑选了3名跟随。这从道德的意义上来看，可以理解为在做极端秘密的事情时，我们只应该有很少的同伴。第四种意义叫作奥妙的意义，也就是超意义，或者说从精神上加以阐明的意义。一部作品不只在字面上具有真实的意义，而且可以通过作品描写的事物，来表示崇高的、永恒光荣的事物。这可以在《诗篇》里看得很清楚。《诗篇》说，以色列人民逃出埃及，犹太成为神圣的、自由的地域。从字面的意义看，这显然是真实的，可是从精神的意义着眼，也同样是真实的，就是说灵魂一旦脱离罪孽，它就获得自由的意志，进入神圣的境地。"

第四部分　神话意识的辩证法

在能够沉浸于实在中，沉浸于个别东西和事实东西中，而又没有持续地束缚于它，因为它在现实中看到的从来都不是它本身的直接性，而是间接地表现于其中的超越意义。现在，记号本身所属的那个世界与通过记号表达出来的那些东西之间的张力获得了一种全新的广度和强度，由此也达到了一种不同的、被强化了的记号**意识**（Bewußtheit des Zeichens）。在第一个研究阶段上，记号与被指向的东西似乎还属于同一个层面：一个感性的"事物"、一个经验的事件指向了另一个事物、另一个事件，并作为它的标志（Wahrzeichen）和预兆（Vorbedeutung）服务于它。与此相反，在这里处于支配地位的不是这种直接的联系，而只是一种被反思（Reflexion）中介过的联系。"道德教化的"思维形式把一切定在都转变为一种单纯的教导、一种隐喻，但是，对这种隐喻的解释需要宗教"解释"的独特艺术，中世纪的思维试图使之服从固定的规则。

为了确立起这一规则并应用和贯彻它，确实需要一个点，精神的超越"意义"与经验的-时间性的现实——尽管它们具有内在的区别和对立——在这个点上相互接触——事实上在这个点上它们直接相互渗透。一切寓言的-道德教化的解释都与拯救的基本问题并由此与作为固定中心的拯救者的历史现实性有关。一切时间性的生成、一切自然事件和一切人类行为都是从这个中心获得自己的光亮的：它们通过表现为宗教"拯救计划"的必要部分并充满目的地嵌入其中而组织成了一个充满意义的宇宙。而且解释的范围从这个精神中心逐步拓展开来。一旦能够在一段经文或一个特定事件中发现它指向了超尘世的东西或者指向了其直接的历史表现即**教会**，那么这段经文或事件的最高的、"灵意"（anagogische）意义就被揭示出来了。① 人们看到，在这里对自

_316_

---

① "当字面上说的是一回事而精神上意味的是另一回事，以及当在行为中做的是一回事而打算的却是另一回事时，这就是寓言。如果后者是可见的，整个过程就是寓言；如果是不可见的和天国的，就是灵意。当一个状态是由另一个状态描述的时，例如当基督的耐心、教会的圣餐是由神秘的语词或行为阐明和执行的时，这也是寓言。……而灵意的意思是把可见的东西向上引导到不可见的东西，引导到更高的和天国的东西……谈论未来的赏赐和来世的生活。" Guilelmus Durandus, *Rationale divinorum officiorum*（1286），Proem. fol. 2 a, 转引自：Sauer, *Symbolik des Kirchengebäudes*, S. 52, Anm. 3.

然存在的一切如此大规模的"精神性"阐释、一切精神化都与如下前提和对立主题有关，即逻各斯本身降低到了感性东西的世界中，并且在其中"化身"（inkarnieren）为时间性的一次性东西（zeitliche Einmaligkeit）。但是，中世纪神秘论针对这种隐喻形式已经提出了基督教学说的基本符号的一种不同的新意义。它把时间性的一次性东西扬弃在永恒性中，它从宗教过程中抛弃了其中所包含的所有单纯历史性内容。拯救的过程被交还给自我的深处、灵魂的渊薮，拯救过程在这里脱离了一切陌生的中介，进入了自我与神以及神与自我的直接相互关系中。① 我们现在已经说明了，一切基本宗教概念的意义如何取决于在这些概念中活跃的符号体系（Symbolik）的特性和方向——因为这种符号体系在神秘论中达成的新定向（neue Orientierung der Symbolik）现在赋予了每一个个别概念一种新的内容，而且似乎也赋予其一种新的情绪和音调。一切感性东西都是而且保持为记号和比喻（Gleichnis），但是，如果人们在其特殊性中、在超感性东西的个别的、特殊的启示中看到了奇迹的特征，那么这种记号就不再具有"奇迹"了。真正的启示不再发生于个别的东西中，而是发生于整体中：发生于世界的整体和人类灵魂的整体中。②

我们由此发现了一个基本观点，其充分发展和育成超出了宗教领域的界限。只有在现代哲学唯心主义的历史中，在神秘论中出现的新"符号"观才经历了其整个思想形态。莱布尼茨在他的论文《论真正的神秘神学》中，明确地结合着艾克哈特的话"一切个别的存在都是'上帝的足迹'"③ 写道："在我们的自我本质（Selbstwesen）中存在着

---

① 参见本书上文：S. 307。

② "对于这种宗教而言……一切'事物'都变成了'神走向我的脚印'，我走向神的脚印。因此，'世界'只不过是一条道路，在这条道路上达到了'趋近于神'。……宗教语词'世界'的含义就是这种关系。而且如果我与神的关系是永恒的，那么我与世界的关系就是时间性的，世界作为我与神之间的全部中间环节，意味着在时间性中发现永恒性，在永恒性中发现时间性。……一切宗教——最清晰的形式，即艾克哈特的德国神秘论——包含着一种见证，即从宗教经验最深刻的基础中达到对世界的整体拯救。" Albert Görland, *Religionsphilosophie als Wissenschaft aus dem Systemgeiste des kritischen Idealismus*, Berlin/Leipzig 1922，S. 263 ff.。

③ [Meister Eckhart, *Predigten und Traktate*, S. 11:» [...] wan alle creatüre sint ein fuozstapfe gotes [...] «.]

第四部分　神话意识的辩证法

一种无限性、上帝之全知全能的一个脚印和一个相似者。"① 因此，他的"和谐"的世界图像（Weltbild der »Harmonie«）的基础并不在于某种因果性影响的形式（Form des kausalen Einflusses），不在于个别存在物的相互作用，而在于它们原初的相互"对应"（Entsprechung）。每一个单子本身都是完全独立的、自足的东西，但是正是在这种特殊性和自足性中，它才是"宇宙的活的镜子"（der lebendige »Spiegel des Universums«）②，每一个单子都按照自己特殊的视角表达了宇宙。因此这里就产生了一种符号体系，这种符号体系并不排斥而是包含了涵盖一切存在和事件的颠扑不破的**规律性**（Gesetzlichkeit）的思想，而且事实上这种符号体系正是以这一思想为基础的。记号最终已经摆脱了一切特殊性和偶然性，它已经变成了一种一般性秩序的纯粹表达。在普遍和谐的系统中不再存在"奇迹"。但是，和谐本身意味着持久的、一般性的奇迹，它把一切特殊东西都扬弃在了自身之内并由此"吸收了"它们。③ 精神性东西为了在感性东西中创造一个个别的摹本或类似物而不再渗透于感性的东西中，不再表现于感性的东西中——整个感性东西都是启示精神性东西的真正场地（das eingentliche Feld der Offenbarung des Geistigen）。感觉世界的整体揭示的恰恰是精神。莱布尼茨给**博叙埃**（Bossuet）写道：整个自然界"都充满了奇迹，但是是理性的奇迹……"④。因此，在这里

318

---

① 参见：Gottfried Wilhelm Leibniz, *Von der wahren Theologia mystica*, in: *Deutsche Schriften*, hrsg. von Gottschalk Eduard Guhrauer, Bd. I, Berlin 1838, S. 410-413; S. 411。

② [Gottfried Wilhelm Leibniz, *La Monadologie* (vulgo: Principia philosophiae seu theses in gratiam Principis Eugenii conscriptae) (Abschn. 56), in: Leibnitii opera philosophica quae exstant latina gallica germanica omnia, hrsg. v. Johann Eduard Erdmann, Berlin 1840, S. 705-712; S. 709;»un miroir vivant perpetuel de l'univers«. ]

③ Gottfried Wilhelm Leibniz, *Reponse aux reflexions contenues dans la seconde Edition du Dictionnaire Critique de M. Bayle*, article Rorarius, sur le systeme de L'Harmonie preetablie, in: *Philosophische Schriften*, Bd. IV, 2. Abt. , S. 554-571; S. 557;»[…] le merveilleux universel fait cesser et absorbe, pour ainsi dire, le merveilleux particulier, parces qu'il en rend raison. «

④ Gottfried Wilhelm Leibniz, *Brief an Jacques-Benigne Bossuet vom 18. April 1692*, in: Oeuvres de Leibniz, publiees pour la premiere fois d'apres les manuscrits originaux, hrsg. v. Louis Alexandre Foucher de Careil, 7 Bde. , Paris 1859-1875, Bd. I, S. 271-278; S. 277。

_311

一种新的、独特的综合出现在了"符号性东西"与"理性东西"之间。只有当我们提升到一个观点并从这个观点出发把一切存在和事件都同时视为理性的、符号性时，世界的意义才向我们展现出来。正如通过"通用字符术"思想（Gedanken der »allgemeinen Charakteristik«）的中介，莱布尼茨的**逻辑学**与其对符号性东西的见解最紧密地结合在一起并被该思想渗透一样。

在现代宗教哲学中，这一基本观点随后被施莱尔马赫进一步发展并系统化了。施莱尔马赫的《论宗教》恰恰按照莱布尼茨的表述接过了这一问题。正是借助这种观念性的和精神史的关联，施莱尔马赫的"宇宙"宗教超出了单纯自然主义"泛神论"的形式。按照施莱尔马赫的观点，把所有个别的东西视为整体的一部分，把所有有限的东西视为无限的东西的表现，就是宗教。但是，空间和质量并不构成世界，因此也不是宗教的材料——在其中寻找无限性是一种幼稚的思维方式。"事实上外部世界里对宗教感官言说的，不是世界的物质，而是其法则。"而且，奇迹的真正的、真实的和特有的宗教意义恰恰就包含在这些法则中。

> 什么是奇迹！请告诉我在哪种语言中……它的含义不是记号（Zeichen）和解释（Andeutung）？因此，所有这些表达所说的只不过是一个现象与无限的东西、与宇宙的直接联系；但是，这又排除了与有限的东西以及与自然的同样直接的关系吗？奇迹只是给定性的宗教名称，只要宗教的观点能够成为支配性的观点，每一种给定性——即使最自然的给定性——都是一个奇迹。①

最初的见解认为，符号性东西意味着一种客观的-实在的东西（ein Objektiv-Reales）、一种直接神造的东西（ein unmittelbar-Gottgewirktes）、一种神秘之物（ein Mysterium）。② 我们在这里处在该

---

① Friedrich Schleiermacher, *Über das Wesen der Religion*, in: *Über die Religion. Reden an die Gebildeten unter ihren Verächtern*, hrsg. von Rudolf Otto, Göttingen 1899, S. 22-74; S. 33, 47 u. 66 [Zitate S. 47 u. 66]。

② 参见本书上文：S. 305。

第四部分　神话意识的辩证法

最初的见解的对极上。因为，一个事件的宗教含义现在不再取决于它的内容，而纯粹取决于它的形式：赋予一个事件符号特征的，不是它是什么及它直接产生于何处，而是它所表现出的精神方面及它在宗教感觉和宗教思想中获得的与宇宙的"联系"。宗教精神的那种运动就存在于这两种基本见解的往复和活生生的摇摆之中，宗教精神正是在这种运动中才把它自身的形式不是建构为一种静止的**形态**（ruhende Gestalt），而是建构为一种独特的**构形**方式（Weise der Gestaltung）。在这里表现出了"意义"与"图像"的相互关联以及它们之间的冲突，这种相互关联和冲突都深刻地根植于符号表达即意义图像表达本身的本质之中（im Wesen des symbolischen, des sinn-bildlichen Ausdrucks überhaupt）。一方面，最低级的、最原始的神话构形证明自己是意义的**载体**（Sinnträger）；因为它已经位于那种原初划分的记号（Zeichen jener Ur-Teilung）之中，这种原初划分从"世俗"世界中塑造出了"神圣东西"的世界（die Welt des »Heiligen«），并且划定了它们之间的界限。另一方面，宗教最高的"真理"还仍旧依附于感性的定在——依附于图像的定在和事物的定在。该真理必须一再持续地沉入并淹没在这种定在之中，而这种定在又是它按照自己最后的"理智"目标尽力从自身中排除和消除的东西，因为只有在这种定在中，宗教真理才拥有自己的表现形式（Äußerungsform），因而才拥有自己具体的现实性（Wirklichkeit）和效果（Wirksamkeit）。正如柏拉图关于概念、关于理论认识的世界所说的，一划分为多和多回复到一在这里既没有起点也没有终点，过去、现在、将来始终都是我们的思维和话语本身的一次"无止息和不衰竭的相遇"——因此，"意义"和"图像"的相互渗透和相互对立都属于宗教的本质条件。如果纯粹的、完全的平衡取代了这种相互渗透和相互对立，那么，宗教的内在张力也被消除了，而宗教作为"符号形式"的含义就以这一张力为基础。这种平衡的要求因此也指向了另一个领域。只有当我们从神话图像的世界和宗教意义的世界转向艺术和艺术表达的领域时，支配着宗教意识发展的那个对立——如果没有被消除的话——才表现为在

*320*

—313

一定程度上被平息的和缓和的东西。因为艺术性东西的基本方向（die Grundrichtung des Ästhetischen）恰恰在于，图像在这里始终纯粹被承认为**这样**的，为了实现其功能，不需要放弃其本身及其内容中的任何东西。神话在图像中总是同时看到实体性现实的一个片段、事物世界本身的一个部分，这个部分被赋予了与这个世界相同或更高的力量。宗教的见解努力地从这个最初的巫术观点进展到越来越纯粹的精神化（immer reinerer Vergeistigung）。它也总是一再看到自己被带回到如下这个点上：在这个点上，追问其意义内容和真理内容的问题变成了追问其对象的现实性的问题；在这个点上，"实存"的问题（das Problem der »Existenz«）尖锐地摆在它面前。只有美学的意识才真正抛弃了这个问题。由于它从一开始就沉浸于纯粹的"沉思"，由于它在与一切活动形式（alle Formen des Wirkens）的区别和对立中形成了观看的形式（die Form des Schauens），在意识的这种行为中形成的图像这时才获得了一种纯粹内在的含义。图像承认自己是与事物的经验的-实在的现实性相对立的假象，但是，这种假象有其自身的真理性，因为它拥有它自身的法则。在返回到这种法则时同时产生出了意识的一种新的自由：图像现在不再是作为一种独立的-物性的东西反作用于精神，相反，对于精神而言，图像已经变成了它自身创造性力量的纯粹表达。

# 关键术语、人名对照表

## 术语对照表

Aktion，行为
Algonkin，阿尔贡金
Allegorisch，寓言的
Almacabala，阿尔玛卡巴拉
*Alt Testament*，《旧约》
Ahnenkult，祖先崇拜
Animismus，泛灵论
Ahriman，阿里曼
Asha，阿莎
Astrologie，占星术
astronomische Wissenschaft，天文学
*Atharvaveda*，《阿闼婆吠陀》
Atman，阿特曼
*Avesta*，波斯古经《阿维斯塔》
Batak，巴塔克人
Bewegung，运动
Bororos，博罗罗斯人
Brahman，梵
Buddhismus，佛教
Buddha，菩提
Cherokees，切洛基族人
Christentum，基督教
Cora-Indianer，科拉印第安人
Dämon，魔鬼，精灵
Eucharistie，圣餐
Genius，守护神
Geschehen，事件
Gnosis，诺斯替教
Gott，上帝，神
Griechen，希腊
Handlung，行动
*Ilias*，《伊利亚特》
Kreuz，十字

Kult，崇拜
Kulturreligion，文明宗教
Licht，光亮
Magie（Magisch），巫术（的）
Mana，曼纳
Mohammedanismus，伊斯兰教
Mond，月亮
Namen，名
Objekt，客体
Objektivität，客观性
Opfer，牺牲，献祭
Ormuzd，奥尔穆兹德
Orphisch，俄耳甫斯的
Pharao，法老
Polytheismus，多神论
Prophet，先知
Purusha，普鲁沙
Pyramidentext，金字塔经文
Raum，空间
Renaissance，文艺复兴
*Rigveda*，《梨俱吠陀》
Ritual，仪式
Samkhara，行（梵语）
*Samyutta-Nikaya*，佛经《相应部》
Schaffen，创造
Schicksal，命运
Semitisch religion，闪米特人宗教
Sinnlich，感性的
Schatten，阴影
Sophistik，智者派
Seele，灵魂
Stoa，斯多亚派

Tabu，禁忌
Tao，道
Taufe，洗礼
Prozess，过程
*Timaeus*，《蒂迈欧篇》
Tätigkeit，活动
Titan，泰坦
Totemismus，图腾
*Udana*，佛经《自说经》
*Upanishad*，《奥义书》
Vedische Religion，吠陀教
Wort，语词
Wunder，奇迹
Zahl，数
Zauber，魔法
Zeichen，记号
Zeit，时间
Zruvanismus，祖尔万教派

## 人名对照表

Aischylos，埃斯库罗斯
Anaximander，阿那克西曼德
Anselm von Canterbury，安瑟尔谟
Ariovist，阿里奥维斯特
Aristoteles，亚里士多德
Boll, Franz，波尔
Bossuet, Jacques-Benigne，博叙埃
Brahe, Tycho，第谷·布拉赫
Bruno, Giordano，布鲁诺
Cohen, Hermann，赫尔曼·柯亨
Comte, Auguste，孔德
Cushing, Frank Hamilton，库欣

## 关键术语、人名对照表

Dante Alighieri，但丁
Demokrit，德谟克里特
Descartes, Rene，笛卡尔
Dürkheim, Emile，涂尔干
Eckhart, Meister，艾克哈特
Einstein, Albert，爱因斯坦
Fermat, Pierre de，费玛
Feuerbach, Ludwig，费尔巴哈
Frazer, James George，弗雷泽
Freud, Sigmund，弗洛伊德
Gennep, Arnold van，范杰纳
Goethe, Johann Wolfgang von，歌德
Groot, Johann Jakob Maria de，格鲁特
Hegel, Georg Wilhelm Friedrich，黑格尔
Helmholtz, Hermann，赫尔姆霍茨
Heraklit，赫拉克利特
Herder, Johann Gottfried，赫尔德
Herodot，希罗多德
Hillebrandt, Alfred，希尔布兰特
Hölderlin, Friedrich，荷尔德林
Homer，荷马
Humboldt, Wilhelm von，洪堡
Hume, David，休谟
Husserl, Edmund，胡塞尔
Jacobi, Friedrich Heinrich，雅克比
Jeremia，耶利米
Jesaja，以赛亚
Jesus，耶稣
Junker, Heinrich，容克
Kant, Immanuel，康德
Kapp, Ernst，卡普
Kepler, Johannes，开普勒
Konfuzius，孔夫子
Lavoisier, Antoine Laurent de，拉瓦锡
Leibniz, Gottfried Wilhelm，莱布尼茨
Leukipp，留基伯
Levy-Bruhl, Lucien，列维-布留尔
Luther, Martin，马丁·路德
Moret, Alexandre，莫雷特
Natorp, Paul，纳托普
Oldenberg, Hermann，奥尔登贝格
Origenes，奥利金
Parmenides，巴门尼德
Patrizzi, Francesco，帕特里奇
Petrus，彼得
Philolaos，菲洛劳斯
Planck, Max，普朗克
Platon，柏拉图
Plotin，普罗提诺
Plutarch，普鲁塔克
Polybios，波利比乌斯
Powell, John Wesley，鲍威尔
Preuß, Konrad Theodor，普罗伊斯
Pythagoras，毕达哥拉斯
Saxl, Fritz，萨克斯尔
Schelling, Friedrich Wilhelm Joseph，谢林
Schiller, Friedrich von，席勒
Schleiermacher, Friedrich Daniel Ernst，施莱尔马赫

Seneca，塞涅卡
Sokrates，苏格拉底
Sophokles，索福克勒斯
Spencer, Herbert，斯宾塞
Usener, Hermann，乌斯纳

Vico, Giambattista，维科
Weber, Max，韦伯
Wundt, Wilhelm，冯特
Zarathustra，查拉图斯特拉

图书在版编目(CIP)数据

符号形式哲学.第二卷,神话思维/(德)恩斯特·卡西尔著；李彬彬译.--北京：中国人民大学出版社，2022.8
（当代世界学术名著）
ISBN 978-7-300-30879-1

Ⅰ.①符… Ⅱ.①恩…②李… Ⅲ.①卡西勒（Cassirer，Ernst 1874—1945)-哲学思想-研究 Ⅳ.①B516.59

中国版本图书馆 CIP 数据核字（2022）第 138973 号

当代世界学术名著
**符号形式哲学**
第二卷　神话思维
［德］恩斯特·卡西尔（Ernst Cassirer）　著
李彬彬　译
Fuhao Xingshi Zhexue

| 出版发行 | 中国人民大学出版社 | | |
|---|---|---|---|
| 社　　址 | 北京中关村大街 31 号 | 邮政编码 | 100080 |
| 电　　话 | 010-62511242（总编室） | 010-62511770（质管部） | |
| | 010-82501766（邮购部） | 010-62514148（门市部） | |
| | 010-62511173（发行公司） | 010-62515275（盗版举报） | |
| 网　　址 | http://www.crup.com.cn | | |
| 经　　销 | 新华书店 | | |
| 印　　刷 | 唐山玺诚印务有限公司 | | |
| 开　　本 | 720 mm×1000 mm　1/16 | 版　次 | 2022 年 8 月第 1 版 |
| 印　　张 | 21 插页 2 | 印　次 | 2025 年 4 月第 2 次印刷 |
| 字　　数 | 282 000 | 定　价 | 78.00 元 |

版权所有　　侵权必究　　印装差错　　负责调换